チャート＆コンパスから
単元の目標を考える

# 公共

## トレーニング

清水書院編集部 編

清水書院

# まえがき

● **新科目「公共」**

　令和4年度4月から，公民科の新科目「公共」の学びがスタートしました。「公共」では，私たちを取り巻く，現代社会において発生している様々な問題に対して，主体的に判断しながら，自分を社会の中でどのように位置づけ，これからの社会をどう描くかを考え，多様な人生観や世界観，価値観をもつ他者と共に生き，課題を解決していくための力を学び，身につけていくことをめざしています。

● **「問い」が柱となる学び**

　様々な情報や出来事を「どうなっているのか？」と理解しながら受け止め，「なぜ？」とその背景や原因，理由などを探究。自分事として「どのように判断するのか？」と意思を確認し，よりよく生き，よりよい社会を構築するために「どうする？」と主体的に問う力を習得。これからの社会を創り出す一員として，学びの成果を活用する資質・能力を養っていきます。

● **学びの質の向上**

　知識や技能を覚え，身につける段階にとどまることなく，現実社会の様々な課題に対して，その課題を解決するために，知識や技能を活用して考察し構想する学びを「公共」ではめざしています。

● **「探究」する学びは「ゆかい」な学び**

　作家の井上ひさしさんの言葉に「むずかしいことをやさしく，やさしいことをふかく，ふかいことをおもしろく，おもしろいことをまじめに，まじめなことをゆかいに，そしてゆかいなことはあくまでゆかいに」があります。「公共」でめざす学びは，「ゆかい」な学びです。

● **「ウェルビーイング（Well-being）」**

　新科目「公共」などを通して展開される教育改革では，「私たちが実現したい未来」である「ウェルビーイング」の方向にむかうために「ラーニング - コンパス（羅針盤）」が大切であるという考え方があります。まさに，この問題集は，この「ラーニング - コンパス（羅針盤）」を形にしたものです。

● **「対策」を超えた自学自習**

　「発想の転換」（パラダイムシフトの認識）も必要です。センター試験から共通テストとなり，「新たな「対策」が必要」と考えるのではなく，「共通テストとともに，学びを深めていこう」と考えるのです。共通テストの特徴として，「授業」に関連させた「問題の場面設定」があります。従来の「リード文」を外して，「授業」を再現するような「場面」の再現に問題形式が転換しています。この転換をふまえて本書では，特に詳細な解答解説編を作成し，皆さん一人ひとりと対話しながら，学びを進めていきます。

● **「身近な教材」**

　身近であると感じるのは，「生活・体験空間的に身近」「時間的に身近」「興味関心など感覚的に身近」な場合がありますが，これらとともに重要なのが「考え取り組む過程的に身近」な場合です。本書は，「公共」を自ら学ぼうとする皆さんの「身近な教材」となることを，強く望んでいます。

チャート＆コンパスから
単元の目標を考える

# 公共
## トレーニング

### もくじ

本書は,「公共」の趣旨をふまえて第1編から第5編で構成されています。また全編で60の「関門（テーマ）」を設け,それぞれに目標が設定されていますので,その目標の達成に向けて,しっかりと取り組んでください。

## ◆全編の構成

### 第1編 「公共の扉」をひらく（大項目A）

ここでは,15の「関門」を用意しました。中学校までの学びと「歴史総合」や「地理総合」などの学習の成果を生かしながら,現代社会の諸課題に取り組むための「ものの見方・考え方」を身につけていきます。現代社会における多様な人間観や世界観,価値観をもった他者と共に生きていく上で,しっかりと理解し身につけておきたい知識や技能を学びます。扉を開くことは,視野を広げることでもあります。「広い視野」にたって,ものごとを多面的・多角的に考察,構想する力を身につけていきましょう。

### 第2編 基本的人権の尊重と法（大項目B）

現代社会を生きる人間としての在り方生き方として,「人間が,個人として相互に尊重されるべき存在である」ということの理解は,とても重要なことです。ここでは,8の「関門」を用意して,基本的な理念や考え方を理解し,具体的な「現実社会の諸課題」を通した考察に取り組んでいきましょう。

### 第3編 現代の民主政治と社会参画（大項目B）

ここでは,18の「関門」を用意しました。「よりよい社会」を形成するための資質・能力を身につけるための第一歩として,「現実社会の諸課題」の中からいくつかの課題を取り上げ,第1編で身につけた「ものの見方・考え方」を活用し,「学習課題（主題）」を設定しながら,「よりよい社会」について,考察し構想してください。ここでは主に,法や政治の側面から取り組みますが,多角的・多面的に考えることが大切です。

### 第4編 現代の経済社会と国民生活（大項目B）

ここでは,15の「関門」を用意しました。第3編から引き継いで,ここでは主に,経済の側面から「よりよい社会」についての考えを深めていきます。現代社会は,急激に変化しています。その変化に対応しながら,「よりよい社会」の形成をめざして,主体的にそして合意を形成しながら,協働して取り組んでいくためになにが必要なのか,「学習課題（主題）」を設定しながら,学んでいきましょう。

### 第5編 持続可能な社会をつくる（大項目C）

ここでは,4の「関門」を用意しました。この第5編は,第4編までとは少し異なった目的があります。

第5編では,この先,皆さんが,自ら探究する課題を見いだし,これまでに身につけたことを利活用して,主体的に学習に取り組むことができるように,きっかけとなる4つの例を「関門」として設定しました。あくまでも例です。主に共通テストの問題を解きながら,今後皆さんが,課題を探究する際のポイントや留意点を確認してください。

**全編を通した学びの課題**

　60の「関門（テーマ）」を設けました。各「関門」には，それぞれ「問い」や「目標」の形で，学びのねらいや到達目標が設定されています。それら一つ一つの学習課題に，着実に取り組んでいくとともに，全体を通した繰り返しの学びも，皆さんには期待しています。全編を見通しながら，何度も振り返り，繰り返す学びです。この「見通し」と「振り返り」によって，学習課題に対する理解を深め，力を向上させていく取り組みです。

　60の「関門」を突破することは，例えると，「点を線で結ぶこと」を意味します。さらに，何度も振り返り，繰り返す学びは，「線を面に広げること」を意味します。本書を，学びの身近なパートナーとして活用し，「点を線に」，そして「線を面に」広げていってください。

## ◆ 「関門（テーマ）」ごとの構成

### 「テーマ」と「問い」

　「関門」ごとの学習内容を「テーマ」として簡潔に表示し，その「テーマ」にしたがった「問い」＝「学習課題（主題）」を，「〜だろうか」「〜してみよう」のような，皆さんへの「問いかけ」の形で示しています。この「問いかけ」を意識しながら，以下に示された事項の理解や問題演習に取り組んでください。

### 目標 「目標」

　「テーマ」に関連する学習内容を学び，その成果としての「到達目標」を示しました。学習の手順や留意すべき点を具体的にあげながら，皆さんに身につけて欲しい力を簡潔に示しています。

###  「チャート」と「コンパス」

　「チャート」には，重要用語・事項を簡潔に整理して配置し，「コンパス」にはそれらの知識や概念，理論等を活用するための視点や課題，見方・考え方などを提示しました。また，特に注意して欲しい部分は，赤字で印刷してあります。「学びの航海」に乗り出す皆さんにとっての，心強いアイテムとしての「チャート」と「コンパス」です。日々の取組みの中で，教科書や資料集などの他の教材に目を通すときにも，このアイテムを有効に活用してください。

### トレーニング 「トレーニング」

　主に，センター試験などの過去問を，精選して掲載しています。ただ単に正解を導くばかりでなく，一つの問題を解く中で，複数の選択肢について，その関連事項を確認し，知識を掘り下げ，学習内容に関連する事項の理解を広げてください。ここに掲載した問題は，あくまでも「例題」です。なお，この自主的なトレーニングに際して，手元の「解答解説編」が，皆さんの良き相談相手となるはずです。問題を間に挟んで，手元の「解答解説編」としっかりと「対話」を重ね，「腑に落ちるレベル」，つまり「理解から納得するレベル」まで，トレーニングとしての学びを進めてください。

### チャレンジ 「チャレンジ」

　ここでは主に，大学入学共通テストの過去問を掲載しています。共通テストは，「授業」の再現のような「問題の場面設定」が多く，設問の設定説明や提示されている資料等も多彩で，その分量も格段に多くなっています。設問文，資料等の読み取りの量も多く，限られた時間の中での読解力が求められます。また，話題や素材も，「現実社会の諸課題」を通しての学びが重視されていることから，身近な，そして時事的な題材が多くなってきています。教科書の範疇を越えたものも，どんどん出題されます。けれども心配ご無用。共通テストの特徴として，問題の流れに沿って素直に読み込んでいくと，予想以上に正解を導くことは容易です。この「問題の流れに沿って素直に読み込むコツ」を，チャレンジしながら，自分のものにしてください。

### 「まとめと発展」

　「点から線」「線から面」の学びをさらに発展させて，「面から立体」にすることをめざして，「テーマ」に関連する，いくつかの課題を取り上げたものです。「関門」ごとの「目標」をさらに深める取組みとして，積極的に取り組んでみてください。なお，正解が一つとは限らない課題も，多くあります。多面的・多角的に考えてみてください。

## 「自ら学ぶ生徒」をめざして

　本書は，皆さんの「自らの学び」つまり「自学自習」を想定して作成しました。「公共」という新たな科目を通して，主体的によりよい社会を形成していく資質・能力を，積極的に，養ってほしいとの願いからです。60の「関門」を5編にまとめてありますが，学習の進め方は自由です。すべての「関門」を突破し，次のステップに突き進む，皆さん一人ひとりの頑張りを期待しています。

第1編

# 「公共の扉」を
# ひらく

## （大項目Ａに対応）

| 関 門 | 青年期の心理と課題 |
| --- | --- |

# 「子ども」が「大人」になるのはいつか

目 標　高校生は「大人」なのだろうか，「子ども」なのだろうか？　また，「子ども」や「大人」と感じるのは，どのような場面なのだろうか？

チャート

青年期／第二の誕生／第二次性徴／自我のめざめ／思春期／心理的離乳／第二反抗期／エリクソン／アイデンティティの確立／アイデンティティの拡散／葛藤（コンフリクト）／欲求不満（フラストレーション）／フロイト／防衛機制／マズロー／自己実現

キーワードの意味を確認し，その内容や関連事項，役割の変化をまとめておこう。

&

青年期とは，人生の中でどのように位置付けられる時期だろうか。その特徴を知り，この時期に求められる私たちの課題について，考えてみよう。

トレーニング　選択肢に示されている用語や事柄を通してチャートの内容を確認しよう。

[1] 次のア〜エは，自我・自己・個性の形成と社会や他者との関わりについて考え方を説明したものである。その正誤の組合せとして正しいものを，下の①〜⑧のうちから一つ選べ。(13倫理　本)

　　ア　マズローは，自己実現に至る欲求の五つの階層のなかで，身体の安全を求める欲求より上位に，他者に認められたい欲求をおいた。

　　イ　フィヒテは，自己を伝統的な価値や社会の通念への従属から解放して，自由な価値創造の主体として肯定する意志を，力への意志と名づけた。

　　ウ　マーガレット・ミードは，サモア島などでの調査から，歴史的・地域的な状況が個性の形成に大きく影響すると考えた。

　　エ　ユングは，個人の社会的経験を通じて後天的に身についた集合的無意識と自我の関連を，神話や伝説の分析を通して指摘した。

　　①　ア　正　イ　正　ウ　誤　エ　正　　　②　ア　正　イ　正　ウ　誤　エ　誤
　　③　ア　正　イ　誤　ウ　正　エ　正　　　④　ア　正　イ　誤　ウ　正　エ　誤
　　⑤　ア　誤　イ　正　ウ　誤　エ　正　　　⑥　ア　誤　イ　正　ウ　誤　エ　誤
　　⑦　ア　誤　イ　誤　ウ　正　エ　正　　　⑧　ア　誤　イ　誤　ウ　正　エ　誤

[2] 次のア・イは，マズローが考えた欲求の理論についての説明である。その正誤の組合せとして正しいものを，下の①〜④のうちから一つ選べ。(18倫理　本)

　　ア　他者と関わり親密な関係を築きたいという，愛情と所属の欲求が満たされると，承認（自尊）の欲求が生じるようになる。

　　イ　生理的欲求，安全の欲求などの欠乏欲求が満たされると，自己実現の欲求という，より高次の欲求が生じるようになる。

　　①　ア　正　イ　正　　　②　ア　正　イ　誤　　　③　ア　誤　イ　正　　　④　ア　誤　イ　誤

トレーニング　「コンパス」の視点や課題意識の「活用」に重きを置いた過去問に挑戦してみよう。

[3] 働くことや職業を選択することは経済的な自立だけでなく，青年期においては自立した人格の形成にとって重要な役割を果たす。職業選択に関する次の具体例ア〜ウと，それぞれの例にあてはまる人格形成に関する記述A〜Cの組合せとして正しいものを，下の①〜⑥のうちから一つ選べ。(14倫理　本)

　　ア　私は，就職活動では自分の適性や長所を理解し，自己アピールができるように取り組んできた。しかし，不採用の経験が重なって，自分の価値が分からなくなり，社会から孤立しているように感じてしまう。

　　イ　私は，関心をもった職業について幅広く調べるだけでなく，現実にその職業と関わるため，就業体験にも行ってみた。そうしたなかで，生涯にわたって打ち込める仕事をじっくり探すことが大切だと考えるようになった。

　　ウ　私は，仕事の内容は問わず，自分が生活していける収入と安定した身分が保証されることを優先して職に就いた。ただ，最近は仕事に慣れてきて，自分の働きぶりを上司や同僚から認めてもらいたいと思うようになった。

　　A　オルポートが挙げた，成熟した人格の特徴。

B　マズローの理論における，欲求の階層構造。

C　エリクソンが述べた，自我同一性の拡散。

① アーA　イーB　ウーC

② アーA　イーC　ウーB

③ アーB　イーA　ウーC

④ アーB　イーC　ウーA

⑤ アーC　イーA　ウーB

⑥ アーC　イーB　ウーA

◇ チャレンジ 　「大学入学共通テスト」に挑戦してみよう。

1　会話文中の下線部の具体的な事例として最も適当なものを，後の①〜④のうちから一つ選べ。(18倫理　試)

孫　：今日，「倫理」の授業でマズローの欲求の階層について学んで，下から生理的欲求，安全の欲求，所属と愛情の欲求，自尊の欲求，自己実現の欲求がピラミッド状に描かれている図を見たよ。

祖母：でも，マズローの『人間性の心理学』には，そういう図は描かれていないようね。マズローは，欲求があらわれる順序がいつも固定されているわけではなくて，ある欲求が，それより低次の欲求が満たされていないのに，あらわれることがあるとも言っているのよ。

祖父：例えば，「武士は食わねど，高楊枝」とかもそうかな。お腹がすいているのに，見栄をはるということで。

祖母：もう少し詳しく言うとね，低次の欲求が強制的に抑圧された場合や，低次の欲求を自発的に放棄した場合でも，高次の欲求があらわれることがあると書いているのよ。

祖父：心理学の法則は，例外も多いから，気をつけないといけないね。

①　他者と関わり親密な関係を築きたいという欲求が満たされると，他者から認められたいという欲求が生じるようになる。

②　芸術家や発明家が，寝食の時間を惜しんで創作活動や開発に没頭し，創造力を発揮しようとする。

③　高校生の中には，勉強の成績よりも部活動での活躍で賞賛されることを望む人がいる。

④　周りの人たちから認められたいという気持ちが満たされると，そのことが自己実現への欲求の基礎となる。

2　次の会話文中の下線部①〜④は，会話文中の表に示されている各段階に典型的な考え方を例示しようとしたものである。例示として適当でないものを，次の①〜④のうちから一つ選べ。(18倫理　試)

孫　：人生の段階図やマズローの欲求の階層と比べてみて，おじいちゃんとおばあちゃんの人生はどう？

祖父：いろいろなことがあったねえ。でも，そのおかげで，若かった頃よりもいろいろなものの見方ができるようになったかな。

祖母：生涯にわたる成長というと，発達心理学者のコールバーグが提唱した道徳的判断の発達段階も面白いわ。コールバーグはピアジェからも影響を受けていて，より広く他者の視点に立って公平な判断を下せるようになる過程を，発達段階としてあらわしたのよ。表にしてみると，次のようになるかしら。

| 第1段階 | 他者の利害関心を考慮しないで，罰を受けたり物理的な被害を引き起こしたりしないことを正しいと考える。 |
| --- | --- |
| 第2段階 | 自他の間で利害関心が異なることを認識した上で，それぞれが自分自身の利害関心を満たすように行為することや，自他間で対等な交換を行うことを正しいと考える。 |

| 第3段階 | 共有される合意や期待が個々人の利害関心に優先することを認識して，友人や親，きょうだいといった自分自身の役割に対して，身近な人たちが一般的に期待する行動をとることを正しいと考える。 |
| --- | --- |
| 第4段階 | 第3段階における対人間の合意と，社会全体を見通す観点とを分けて捉え，法など現に広く認められている義務をはたすことや，社会や制度に貢献することを正しいと考える。 |
| 第5段階 | 多数派の意見にかかわらず，社会契約の観点から生じる責務に従うことや，生命や自由といった，いかなる社会でも支持されるべき非相対的な価値や権利を守ることを正しいと考える。 |
| 第6段階 | 自らが選択したものとしての普遍的な公正の原理や，人格としての人間の尊厳を尊重することを正しいと考える。 |

孫　：例えば，子育てや介護への生活支援として，行政による公助に加えて地域住民同士の相互扶助，ボランティアも求められている状況に当てはめてみると，①支援に協力しなくても怒られないなら自分は関係ないという考え方は第1段階になるね。

祖父：②ボランティアをして相手には喜んでもらえても自分は楽しくないから支援に協力しないと考えるなら，これは第2段階だね。

孫　：③親が積極的に関わっている支援活動に自分も協力するのは，欲しいものを買ってもらえるからだというのは，第3段階の考え方だよね。

祖母：④公助と相互扶助とで生活支援が成り立っている現状を理解して，地域社会を守るために支援に携わるべきだと第4段階では考えられるわね。

祖父：地域住民同士の生活支援が定着していく中で，一部の人たちにその負担が集中したときなどには，基本的な自由が皆に保障されるように制度の在り方を一から考え直す視点も必要になるよ。そうやって第5段階から先も見ていくと，人生やるべきことはまだたくさんあると強く感じるよ。

祖母：まさにプロダクティブ・エイジングね。ちなみに，この発達段階は年齢に基づくものではないから，おじいちゃんに限らず，ほとんどの人は発達の途上ということになるのよ。

### まとめと発展

　サブ・カルチャーがもつ影響力は，若者だけではなく，社会全体に及んでいるといえるが，サブ・カルチャーとはどのようなものを指すか説明してみよう。

[ 　　　　　　　　　　　　　　　　　　　　　　　　　　 ]

## 人間としての平等と公正は，どのように考えられているだろうか

互いを尊重する社会の実現に向けて，世界で起こっている社会的な課題に対し，ロールズの考え方を用いたり，「平等」や「公正」の言葉の違いに注目しながら，課題解決の方法を構想してみよう。

**チャート**

ロールズ／「善に対する正の優越」／原初状態／
無知のヴェール／『正義論』／正義の二つの原理／
平等な自由の原理／公正な機会均等の原理／格差原理／
リベラリズム（自由主義）
ノージック／『アナーキー・国家・ユートピア』／
「最小国家」／「獲得の正義」／「移転の正義」／
リバタリアニズム（自由至上主義）／
コミュニタリアリズム（共同体主義）

キーワードの意味を確認し，その内容や関連事項，役割の変化をまとめておこう。

&

**コンパス**

まずは，どの社会活動においても全体利益と一部犠牲の対立があり，利益か公正かという選択・判断が問われているという視点を持つことが大切。

そこには，「平等」「公正」という2つのキーワードが重要となる。

現代社会の諸課題として，
① よりよい環境を求めるが，逆に周辺住民にとっては環境を悪くしてしまう例
② わが国における社会保障のあり方
など，現実の社会生活で起こり得る課題が挙げられる。

**トレーニング** 選択肢に示されている用語や事柄を通してチャートの内容を確認しよう。

[1] 以下の社会のあり方に関する思想についての記述として**適当でないもの**を，次の①～④のうちから一つ選べ。(12 現社 本)
① ブライスは，地方自治は民主主義の最良の学校であるとして，地方自治を確立することが，民主主義を実現する上での基礎であることを主張した。
② J.S.ミルは，他者に何ら危害を及ぼさない限り，個人の自由は最大限尊重されるべきであるとして，個人の利益と社会の利益との調和を重んじた。
③ リースマンは，現代では，人々の社会的性格が「伝統指向型」や「他人指向型」から「内部指向型」へと変わってきたことを指摘した。
④ ロールズは，公正としての正義という概念を定式化し，機会均等などの条件が満たされない限り，格差や不平等は容認されるべきではないと考えた。

[2] より良い社会のあり方の探求に関する記述として最も適当なものを，次の①～④のうちから一つ選べ。(16 現社 本)
① J.ロールズは，恵まれない人々の状況が改善されるという条件のもとでのみ，生まれつき恵まれた人々がその利益を得ることが許容されるという考え方を示した。
② J.S.ミルは，人は自由であるためにその行動に責任があり，個人として生きることは同時に「社会参加（アンガジュマン）」を意味するものであると考えた。
③ T.ホッブズは，幸福は計算可能であり，「最大多数の最大幸福」を立法などの基準にするべきとした。
④ M.ホルクハイマーは，福祉が目指す方向として，潜在能力が確保される平等を重視した。

**トレーニング** 「コンパス」の視点や課題意識の「活用」に重きを置いた過去問に挑戦してみよう。

[3] 「現代社会」の授業が始まった頃に先生が，社会で起こる問題を考える際に手掛かりとなる次の【考え方A】・【考え方B】と，様々な制度や政策を紹介してくれた。そして，問題を自分で考え，結論を導き出すことの大切さについて話してくれた。このことに関して，下の問い（問1～3）に答えよ。(21 現社 本改)

【考え方A】 幸福な社会は，どのようにすれば実現できるだろう。そもそも人はどんなときに幸福を感じるだろうか。それは，楽しいことや快適なことがあったときではないか。反

対に，人は苦痛を感じるときに不幸なのではないか。

人間の基本的な性質がこのようなものであるなら，「快」の量が多いほど，また「苦」の量が少ないほど，その社会は幸福な社会ということになる。「快」と「苦」は量として測定でき，幸福の量を計算することが可能であれば，「快」の総量から「苦」の総量を差し引いたものを，幸福量とみなすことができる。

そうであるなら，社会全体の幸福量を最大にすることによって，幸福な社会が実現できることになる。

**【考え方B】** 望ましい社会を構想する場合, 正義とは何か, 公正な社会はどのようにあるべきか, という問いに答えなければならないのではないか。そのために思考実験をしてみよう。

自分がどのような境遇になるか分からず, また, 境遇を決めることもできないという条件で, 生まれ変わることができるとする。この場合, 自由が奪われた境遇や, 恵まれない境遇に生まれ変わりたいなどと, ほとんどの人は思わないだろう。

そうであるなら, 社会の全メンバーの自由を最大限尊重しつつも, 実際に恵まれない境遇にある人に対して, 生活を改善していくような社会が望ましいことになる。

**問1** 【考え方A】には, ある基本的な考え方が含まれている。それは次のうちどれか。最も適当なものを, 次の①〜④のうちから一つ選べ。

① 個々人によって幸福の感じ方は異なる。

② 個々人に幸福を平等に分配しなければならない。

③ 個々人には幸福を求める義務が最初からある。

④ 個々人の幸福は足し合わせることができる。

**問2** 【考え方B】には, ある基本的な考え方が含まれている。それは次のうちどれか。最も適当なものを, 次の①〜④のうちから一つ選べ。

① 人間はみな自分が生まれた社会の影響を受けながら育つのだ

から, 現在の自分の境遇に対して社会が責任をもつべきである。

② 人間はみな生まれた時の環境はそれぞれ別々で, 一人ひとりは独自の存在なのだから, 各々の現在の境遇を個性だと考えるべきである。

③ 人間は人生を自分で選んで決定しているのだから, その意味ではみな現在の自分の境遇に対して自分が責任をもつべきである。

④ 人間はどのような境遇に生まれるかを自分で選んだわけではないのだから, その意味ではみな同じだと考えるべきである。

**問3** 制度や政策には, 様々な考え方が背景にある。【考え方A】と【考え方B】は, どのような制度や政策と関連しているか。それぞれについて, 最も適当なものを, 次の①〜④のうちから一つずつ選べ。

① 投票などで明らかになった多数者の意思に基づいて, 政策の基本方針を決めるような制度

② 累進課税によって所得を再分配するなどして, 社会保障を充実させるような政策

③ 外国との間で, 互いに旅行や学習, 就労の機会が得られるようにするなど, 異文化間の相互理解を促進するような制度

④ 様々な規制を緩和するなどして, 経済活動の自由を最大限にすることを目的とするような政策

---

**チャレンジ** 「大学入学共通テスト」に挑戦してみよう。

**1** 高校の現代社会の時間に「共同体を問い直す」というテーマで授業が行われた。次の配布プリントは, その時に配布されたある社会学者の文章の一部であり, 後のミニレポートは, この授業を受けたイノウエさんが書いたものである。それぞれの文章を読み, 後の問いに答えよ。(22 現社 本改)

> **配布プリント**
>
> 近代の個人化は, 個人を共同体の拘束から解放し, 自由と自律性を約束する意義を担ったが, その反面で自己決定・自己責任という論理を個人に強いてきた。そして「つながり」や「絆」が希薄化し, 他者と共に生きるという社会的なもの (共同性) の本質が失われつつある。こうした事態に危機意識を感じて, しばしば「つながり」や「絆」の必要性が声高に叫ばれる。
>
> 確かに, 「絆」や「つながり」は⑧人間の共同性のために不可欠である。しかし, 個人化が進んだ今日, かつてのような共通の価値規範による拘束を前提にした共同体に先祖返りすることはありえない。論点は, 個人化を前提とした共同性はいかにして可能かという問いにある。もはやかつてのように共同体の眠りについた個人ではなく, ⑤自由で自律した個人を前提にした共同性の構築を考えるほかない。
>
> (今田高俊「個人化のもとで共同体はいかにして可能か」)

**問** 先生は次のように説明した。「配布プリントの文章を読んで, 私は個人の価値観や能力を大切にすることが重要なのだと思いました。これからの社会やコミュニティは, 多様性 (ダイバーシティ) がキーワードになるのかもしれませんね。つまり一人一人が違いをいかしつつ, 共同体にとってかけがえのない存在になるわけです。このことは, これまで不利益を被り, 不平等を感じていた人々の人権を尊重することにもつながります」。この説明を聞いたイノウエさんは, 自治体や企業などで行われている取組みについて調べた。

それぞれの個性や能力を承認し, 一人一人の活躍を促すため

の取組みの事例として**適当でないもの**を, 次の①〜④のうちから一つ選べ。

① ある企業では, これまで管理職に就く女性が少なかったので, 女性管理職比率の数値目標を引き上げた。

② ある企業では, 資金調達のために, 株主だけでなく, 一般の投資家に対しても財務情報を公開し, 幅広い人々にその企業の株式の購入を促した。

③ ある自治体では, これまで障害者が参加できるスポーツ大会が少なかったので, ルールや用具を工夫することで, すべての人がともに楽しめるスポーツ大会を企画した。

④ ある自治体では, 同性カップルが共同生活する上で多くの困難があったが, 同性パートナーシップ制度を導入することで, 家族向け公営住宅への入居を可能にするなどした。

---

> **まとめと発展**
>
> (1) ロールズが提唱した, 「善に対する正の優越」とはどのような考え方か。
>
> [　　　　　　　　　　　　　　　　　　]
>
> (2) ロールズの考える正義の二つの原理をそれぞれ答えよう。
>
> [　　　　　　　　　　　　　　　　　　]
>
> (3) 「平等」と「公正」の違いはどこにあるか考えてみよう。
>
> [　　　　　　　　　　　　　　　　　　]
>
> (4) 自宅のそばに高速鉄道が建設されたとしよう。この鉄道は騒音や振動がひどく, 沿線の住民が健康被害に悩まされている。これに対し, どう対応するか考えてみよう。
>
> [　　　　　　　　　　　　　　　　　　]

## 古来より存在する，人類共通の謎とは何だろうか

 **目 標** 古代ギリシアで始まり展開された哲学の営みを踏まえた上で，ソクラテス，プラトン，アリストテレスが希求した「より良く生きること」について理解し，自分自身の「よい」の基準について考えてみよう。

**チャート**

神話／自然哲学者／アルケー／タレス／ピュタゴラス／ポリス／ヘラクレイトス／ロゴス／エンペドクレス／デモクリトス／ソフィスト／プロタゴラス／「人間は万物の尺度」／ソクラテス／問答法／「無知の知」／フィロソフィア／魂への配慮／プラトン／イデア／想起／エロース／善のイデア／哲人政治／四元徳／知恵・勇気・節制・正義／アリストテレス／幸福／観想／形相（エイドス）／質料（ヒュレー）／知性的徳／習性的徳／中庸／「ポリス的動物」／全体的正義／部分的正義／配分的正義／調整的正義／友愛

キーワードの意味を確認し，その内容や関連事項，役割の変化をまとめておこう。

**&**

 **コンパス**

アルケーは何かという謎に，自然哲学者がどのような思考をしたのかを理解しよう。また，ソフィストの活躍した時代に生きた3人の哲学者における「倫理的価値」をもとに，自分自身が今大切にしていることの価値基準はどこにあるのか，以下の問いを参考にして考えてみよう。
① 「よい人」とはどのような人か？
② 「よい人生」とはどのような人生か？
③ 「よりよい社会」とはどのような社会で，そのような社会を創るために必要なことは何か？

**トレーニング** 選択肢に示されている用語や事柄を通してチャートの内容を確認しよう。

[1] タレスに関する記述として最も適当なものを，次の①～④のうちから一つ選べ。(06 倫理 追)
　① 世界は生成変化のうちにあり，静止しているものはないと考えた。
　② 世界は根本的原理によって説明ができ，それは水であると考えた。
　③ 世界は不死なる魂と美しい数的秩序の調和のうちにあると考えた。
　④ 世界は土・水・火・空気の離合集散から成り立っていると考えた。

[2] ソクラテスに関する記述として最も適当なものを，次の①～④のうちから一つ選べ。(04 倫理 本)
　① デルフォイの神託がソクラテス以上の知者はいないと告げたことを誇りとし，問答によって人々に真理そのものを説いた。
　② 神霊（ダイモン）を導入して青年たちを新しい宗教に引き込み，彼らを堕落させたと告発され，アテネを追放された。
　③ 自らを「無知の知」に基づく知者と公言し，アテネにアカデメイアという学校を創設し，多くの弟子たちを教えた。
　④ 「汝自身を知れ」というデルフォイ神殿の標語のもとに，問答法によって人々とともに知の探究に努めた。

[3] プラトンの考え方に合致するものとして最も適当なものを，次の①～④のうちから一つ選べ。(10 倫理 本)
　① イデアは個物に内在する真の本質であり，感覚ではなく，知性だけがそれを捉えることができる。
　② イデアは生成消滅しない真の存在であり，感覚ではなく，知性だけがそれを捉えることができる。
　③ イデアは個物に内在する真の本質であり，感覚は知性の指導のもとにそれを捉えることができる。
　④ イデアは生成消滅しない真の存在であり，感覚は知性の指導のもとにそれを捉えることができる。

[4] 自然の事物に関するアリストテレスの思想の記述として最も適当なものを，次の①～④のうちから一つ選べ。(02倫理 追)
　① 眼前の花が美しいのは，その花の個体としての色や形のゆえではなく，その花が永遠の「美そのもの」にあずかることによる。
　② 動植物に様々な種が存在しているのは，種類ごとに固有な形相が各個体に内在し，それが発現してくることによる。
　③ 生物を含むすべての事物のあり方が個体ごとに異なるのは，それを構成する原子の形態と配列と位置が異なることによる。
　④ 事物全体は永遠の火として存続するが，個体ごとに変化していくのは，そこにおいて相互に対立する力のうち一方が他方に優越することによる。

[5]　「プラトンの立場に対して，アリストテレスは自己実現としての人間の幸福を別の仕方で論じている。アリストレレスの幸福についての記述として，最も適当なものを，次の①〜④のうちから一つ選べ。(03 倫理　追)

① 人間の幸福とは苦痛によって乱されることのない魂の平安であり，これを実現するには，公的生活から離れ，隠れて生きるべきである。

② 人間の幸福とは肉体という牢獄から魂が解放されることであ

り，これを実現するには，魂に調和と秩序をもたらす音楽や数学に専心すべきである。

③ 人間の幸福とは自己自身の内省を通して，宇宙の理と通じ合うことにあり，そのためには自らの運命を心静かに受け入れることが大切である。

④ 人間の幸福とは行為のうちに実現しうる最高の善であり，これを実現するためには，よい習慣づけによる倫理的徳の習得が不可欠である。

[1]　真理に関して，様々な宗教や思想家による真理についての説明として最も適当なものを，次の①〜④のうちから一つ選べ。(22 倫理　本)

① ソクラテスは，ソクラテス自身が持っている真理を，対話相手に教え込むために，産婆術（助産術）に喩えられる対話活動を重ねた。

② イスラームにおいて，ムハンマドは，神の真理の言葉を託された者であり，彼によって示された言行・慣行も，信者の生活規範となっている。

③ 中世ヨーロッパのスコラ哲学では，神学は哲学に仕えるべきものとされ，哲学の真理は信仰に基づく神学の真理に優越すると考えられた。

④ ブッダは，生来の身分ごとに異なる義務をそれぞれ全うすることで，真理を体得できると説いた。

[2]　人間の生き方をめぐる様々な宗教や思想家の考え方についての説明として最も適当なものを，次の①〜④のうちから一つ選べ。(22 倫理　本)

① アリストテレスによれば，人間は，知性的な徳の中でも実践的な徳である思慮（フロネーシス）を働かせて，行為や情念に過剰や不足がある状態を避けるべきである。

② 回心後，各地で布教活動をしたパウロは，信徒が信仰・正義・愛の三つに基づいて倫理的に生活することを勧めたが，これらは後にキリスト教の三元徳と呼ばれた。

③ イエスが語ったとされる「実に，神の国はあなたがたの中にある」という言葉は，黄金律と呼ばれ，後にJ.S.ミルによって功利主義道徳の精神を表現するものとして重視された。

④ 苦しみに耐え忍ぶ実践としての忍辱を重視した大乗仏教では，他者の忍辱の修行を妨げないようにするため，苦しむ人を助けるという慈悲の実践を控えることが推奨された。

[3]　Bは次の資料を見付け，Aに見せた。後の会話を読み，会話中の　a ・ b 　に入る記述の組合せとして最も適当なものを，後の①〜④のうちから一つ選べ。(22 倫理　本)

資料
　もし誰かが私の理解と行いが正しくないと批判し，そのことを示してくれるならば，ありがたく過ちを正そう。なぜなら，私は真理を求めているのであり，誰も真理によって害されたことはないのだから。対して，自己への欺きと無知にとどまる者こそ，害を被っているのである。
　　　　　　　　　　　　　　　（マルクス・アウレリウス『自省録』より）

B：この資料によると，私は自分が面倒なことを背負い込んだり，不快な思いをしたりするのが怖くて，議論を避けたわけだから，　 a 　ってことになるね。

A：なるほど。確か，ローマ皇帝のマルクス・アウレリウスって，ストア派の哲学者でもあったんだよね。ストア派って，　 b 　って考えたって授業で習ったよね。

B：そうした思想が，この資料の背景にあるのかもしれないね。

① a　真理を見ようとせず，無知による害を受けかねない
　 b　喜怒哀楽の情念に惑わされない人間が賢者である

② a　真理を見ようとせず，無知による害を受けかねない
　 b　人間は情念をありのままに受け入れて，惑わされないようにすべき

③ a　無益な議論を避けることで，自分にとっての真理に対して誠実だった
　 b　理性を持つ人間は，自然の理法に平等にあずかることができる

④ a　無益な議論を避けることで，自分にとっての真理に対して誠実だった
　 b　人間は理性によって情念を従わせ，幸福になることができる

---

**まとめと発展**

(1)　アルケーとはどういう意味か。また自然哲学者はアルケーを何だと捉えたか例を挙げよ。

〔　　　　　　　　　　　　　　　　　　　　　　　　　　〕

(2)　ソクラテスはなぜ死刑の判決をそのまま受け入れたのだろうか。

〔　　　　　　　　　　　　　　　　　　　　　　　　　　〕

(3)　プラトンが理想とした政治はどのような政治だろうか。

〔　　　　　　　　　　　　　　　　　　　　　　　　　　〕

(4)　配分的正義とは何か。また，現代社会において配分的正義の考え方に近い社会の制度やしくみは何か。

〔　　　　　　　　　　　　　　　　　　　　　　　　　　〕

(5)　「よい社会とは何か」について友人と議論する際に，あなたはどんなテーマを提供するか。

〔　　　　　　　　　　　　　　　　　　　　　　　　　　〕

関門　一神教の教え　人間と社会の多様性と共通性

A-4　**世界に大きな影響を与える一神教の教えにはどのような共通点があるのだろうか**

**目標**　現代の世界には多くの宗教が存在しており，中でも中近東で生まれた一神教は，多くの人たちに影響を与えている。ユダヤ教，キリスト教，イスラームの教えを学び，一神教の特徴を捉えよう。

宗教／一神教／ユダヤ教／選民思想／ヤハウェ（ヤーウェ）／
『旧約聖書』／預言者／モーセ／十戒／律法／
イエス／アガペー／隣人愛／黄金律／キリスト／メシア／
『新約聖書』／立法主義／ペトロ／パウロ／原罪／贖罪／
三元徳／三位一体論／アウグスティヌス／恩寵／東方正教会／
イスラーム／ムハンマド／メッカ／アッラー／ウンマ／
『コーラン』（『クルアーン』）／最後の審判／偶像崇拝の禁止／
ムスリム／シャリーア／六信五行／啓典の民／ジハード

キーワードの意味を確認し，その内容や関連事項，役割の変化をまとめておこう。

&

　3つの宗教について，預言者，教典，現在広まっている地域等，自分なりに表にしてまとめることが有効である。そして以下の手がかりを参考にしながら，一神教の特徴について考えよう。
①3つの宗教の共通点は何か。
②3つの宗教は日常生活にどのような影響を与えているだろうか。
③現代社会において一神教はどのような影響を与えているだろうか。

**トレーニング**　選択肢に示されている用語や事柄を通してチャートの内容を確認しよう。

[1]　律法の説明として**適当でないもの**を，次の①〜④のうちから一つ選べ。（16倫理　本）
　①　イスラエル人は，律法を守れば祝福が与えられ，律法を破れば裁きの神としてのヤハウェに厳しく罰せられるとされている。
　②　律法の中心をなす十戒は，神の絶対性に関わる宗教的な規定（義務）と人間のあり方に関わる道徳的な規定（義務）から成り立っている。
　③　イスラエル人は，エジプトに移り住む際の心構えとして神から与えられた律法を，神と民との間に結ばれた契約の徴とみなしている。
　④　律法に従って神の恩恵に応える限り，イスラエル人は神に選ばれた特別な民として，神から民族の繁栄を約束されている。

[2]　イエスの教えについての説明として最も適当なものを，次の①〜④のうちから一つ選べ。（16倫理　本）
　①　愛を実践する生き方の基本として，「人にしてもらいたいと思うことは何でも，あなたがたも人にしなさい」と説いた。
　②　ユダヤ教の教典に書かれた律法を重視し，たとえ形式的であっても律法を厳格に順守しなければならないと説いた。
　③　旧約聖書の根幹をなす「敵を愛し，迫害する者のために祈りなさい」という教えを受け継ぎ，敵をも赦す普遍的な愛を説いた。
　④　神が与えてくれた悔い改めの機会として，安息日を忠実に守り，すべての労働を避けなければならないと説いた。

[3]　新約聖書の説明として最も適当なものを，次の①〜④のうちから一つ選べ。（09倫理　追）
　①　新約聖書の「新約」とはイエスがもたらした神と人間との新しい契約であり，旧約聖書の律法は完全に否定されている。
　②　新約聖書ではイエスが救い主キリストであるという信仰と，イエスの十字架上の死による神からの赦しが語られている。
　③　新約聖書では神の国が到来したこと，また神の国とローマ帝国などの地上の国との戦いが終結したことが述べられている。
　④　新約聖書では神の無償の愛であるアガペーと，それにこたえて真の実在としての神へ向かう愛であるエロースとが説かれている。

[4]　アッラーの意志に関する記述として**適当でないもの**を，次の①〜④のうちから一つ選べ。（08倫理　本）
　①　アッラーの意志を示すものであるクルアーン（コーラン）は，結婚や遺産相続などの生活上の規範も説いている。
　②　アッラーの意志はムハンマドを通じて人間に伝えられたが，ムハンマドにそれを仲介したのは天使だとされる。
　③　ユダヤ教とキリスト教の聖典はアッラーの意志を示すものではないため，イスラームの聖典とは認められない。
　④　ムスリムは，「アッラーの意志に従う者」を指し，民族の違いにかかわらず平等に信徒として認められている。

14　第1編　「公共の扉」をひらく

[5] クルアーン（コーラン）には，神がモーセに下したとされる
十戒同様，十の戒律が列挙されている箇所がある。次に示す
両者の要約を読み，イスラーム教とユダヤ教を比較した記述
として最も適当なものを，下の①〜④のうちから一つ選べ。
（12倫理　本）

【クルアーンの十の戒律】
神に並ぶものを配してはならない。
両親によくしなさい。
貧乏を恐れて子を殺してはならない。
醜悪なことに近づいてはならない。
理由なく命を奪ってはならない。
孤児の財産に近づいてはならない。
十分に計量し正しく量れ。
発言する際には，公正であれ。
神との約束を果たせ。　神が示した正しい道に従え。

【モーセの十戒】
私以外のどんなものも神とするな。
像を造って，ひれ伏してはならない。

神の名をみだりに唱えてはならない。
安息日を心に留め，これを聖とせよ。
父母を敬え。　　　　　殺してはならない。
姦淫してはならない。　盗んではならない。
隣人に関して偽証してはならない。
隣人の家をむさぼってはならない。

① 両宗教ともに神を唯一なるものと考え，唯一神以外の神を崇
拝することを禁止しているが，ユダヤ教では偶像崇拝を許容
している。
② イスラーム教の神は超越者ではないので，超越神を信奉する
ユダヤ教のように，神の名をむやみに唱えることを禁止する
戒律はない。
③ 人間の健康と福祉は両宗教において何よりも重視されている
ので，ともに過労を防ぐために一切の労働を停止し休息をと
る日を定めている。
④ 両宗教が定める倫理規範においては，力点の置き方が多少違
うものの，ともに親孝行と並んで社会的な振舞い方が規定さ
れている。

チャレンジ　「大学入学共通テスト」に挑戦してみよう。

[1] 様々な宗教において正しいとされる事柄についての説明として
最も適当なものを，次の①〜④から一つ選べ。（23倫理　本）
① イスラームにおいては，ムハンマドが啓示を受ける以前のア
ラビア社会の宗教的伝統を遵守して暮すように厳しく命じ
られている。
② ヒンドゥー教では，バラモン教で形成された身分制度は否定
され，全ての人を平等とみなし，宗教的義務を果たすことが
要求された。
③ 仏教の在家信者には，不妄語，不偸盗などの五戒が行為規範
として課せられていたが，出家信者にはさらに多くの戒律が
課せられていた。
④ ユダヤ教の十戒においては，唯一神ヤハウェ以外の神々を崇
拝してはならないことや救世主（メシア）を待望すべきこと
などが定められている。

[2] AとBは，授業で配付された次の資料を読み，後の会話を交わ
した。会話中の a ・ b に入る記述の組合せとして最
も適当なものを，後の①〜④から一つ選べ。（23倫理　本）

資料　クルアーンより
おお，信ずる者たちよ，どの民にも他の民を嘲笑させてはならない。
これら（嘲笑される民）はそれら（嘲笑する民）よりもすぐれている
かもしれないのだから。……おまえたち，互いに悪口を言うものでは
ない。悪いあだなをつけあってはならない。信仰にはいったあとで邪
悪な呼称をつけることは悪いことだ。……おお，信ずる者たちよ，憶
測をできるだけ避けよ。ある種の憶測は罪である。互いにさぐりあっ
たり，陰口をたたいたりするのはない。……神を畏れよ。まことに神
はよく憐れむお方，慈悲あつきお方である。

A：人間相互の関係に着目してみるって話だけど，この資料には，
a と書いてあるね。
B：そう，授業でも，イスラームでは自らの共同体を大事にし，

ムスリム同士は b によって強く結び付いているって教
わったよね。
① a 相手の方がすぐれているかもしれないから，人を嘲笑し
てはいけない
b 仲間として貧者を救済すること
② a 不確かな根拠に基づいて，人の悪口を言ってはいけない
b 1日に5回，エルサレムに向かって祈ること
③ a 限られた情報を頼りに想像力を駆使して，人を総合的に
評価すべきだ
b 仲間として相互扶助を行うこと
④ a 憐れみ深く，愛に満ち溢れたアッラーを崇敬しなければ
ならない
b 1日に5回，ムハンマドの肖像画を拝むこと

まとめと発展
(1) ユダヤ教において，律法が存在している理由は何か。
〔　　　　　　　　　　　　　　　〕
(2) イエスはユダヤ教のどのようなところを批判したか。
〔　　　　　　　　　　　　　　　〕
(3) キリスト教が「愛の宗教」と呼ばれるのはなぜか。
〔　　　　　　　　　　　　　　　〕
(4) イスラームが，当初ユダヤ教やキリスト教を優遇したのは
なぜか。
〔　　　　　　　　　　　　　　　〕
(5) 一神教は日常生活にどのような形で影響を与えているか。
〔　　　　　　　　　　　　　　　〕

## 東洋の宗教や思想は，現代社会の文化や私たちの価値観に，どのような影響を与えているか考えてみよう

 **目　標**　宗教は，社会の様々な場面，特に，私たちの価値観や道徳観の形成過程に影響をおよぼしている。思想は，よりよい人生や社会のあり方について，その考え方を説いている。日本を含めて東アジアの世界に，大きな影響を与えている宗教と思想について，まとめてみよう。

★ **チャート**

仏教以前　バラモン教／輪廻／解脱／苦行
仏教の誕生　仏陀（ブッダ）の教え／一切皆苦／四苦八苦／縁起の法／諸行無常／諸法無我／涅槃寂静／中道／八正道／慈悲の心
仏教の展開　大乗仏教／上座部仏教／自利／一切衆生の救済／利他／菩薩／北伝仏教・南伝仏教
古代中国の思想　諸子百家／孔子・孟子／儒家／老子・荘子／道家
儒家の思想　孔子／『論語』／仁／礼／君子／徳治主義／孟子／性善説／四端／王道政治／朱子学／理気二元論／陽明学／知行合一
道家の思想　老子／道／無為自然／柔弱謙下／荘子／万物斉同／真人／道教／老荘思想

キーワードの意味を確認し，その内容や関連事項，役割の変化をまとめておこう。

★ **コンパス**

&

　仏教は，何を説いた宗教だろうか。その教えと私たちの価値観との相違点について考えてみよう。

　仏教成立以前のバラモン教の教義から，輪廻の循環，それからの解脱を求める苦行に対して，本質的な苦しみを脱する方法を悟り説いた仏陀の教えとして，仏教は誕生した。仏教が世界宗教の一つとして広まる要因を考えながら，仏教の教え，大乗仏教の成立とその伝播について，まとめてみよう。

　次に，日本人の価値観や道徳観の形成に影響を与えた中国の伝統的な思想について，代表的な思想家に注目しながら，その思想や考え方を学び，人間としてのあり方や生き方，よりよい人生や社会のあり方について考えてみよう。

 **トレーニング**　選択肢に示されている用語や事柄を通してチャートの内容を確認しよう。

[1] ブッダの教えを表す四つの命題である「四法印」についての説明として最も適当なものを，次の①～④のうちから一つ選べ。（14倫理　追）
　① 「諸法無我」とは，それ自体で存在するような不変の実体は何もない，という教えを指す。また「一切皆苦」とは，一見楽しそうなことも含め，この世の現実のすべては苦しみにほかならない，という教えを指す。
　② 「諸行無常」とは，あらゆる行為は常に変転し続けるので，苦行にも意味はない，という教えを指す。また「涅槃寂静」とは，我執を断った安らぎの境地へと至ることが理想である，という教えを指す。
　③ 「諸法無我」とは，ブッダのもろもろの説法は，すべて「我などない」という一つの真理を表している，という教えを指す。また「一切皆苦」とは，心のなかの煩悩が一切の苦しみの原因である，という教えを指す。
　④ 「諸行無常」とは，すべてのものは常に変転し続け，とどまることはない，という教えを指す。また「涅槃寂静」とは，聖典に定められた様々な祭祀の執行を通して解脱に至るべき，という教えを指す。

[2] 儒家の家族観についての記述として**適当でないもの**を，次の①～④のうちから一つ選べ。（17倫理　本）
　① 孔子は，祖先に対する祭祀儀礼を批判し，生存している自分の父母や家族を最優先に考えるべきだと説いた。
　② 『論語』では，父母に対する孝や兄に対する悌といった徳目が重視され，それらが仁の根幹であると説かれている。
　③ 孟子は，基本的に人間関係を五倫としてまとめ，「父子」の間には「親」という関係が成立すると説いた。
　④ 朱子学では，個人の修養や国家の安定などとともに，家族・親族の人間関係をうまく取り仕切る「斉家」の実践が要請された。

**トレーニング**　「コンパス」の視点や課題意識の「活用」に重きを置いた過去問に挑戦してみよう。

[3] 大乗仏教における菩薩についての記述として最も適当なものを，次の①～④のうちから一つ選べ。（01倫理　本）
　① 悟りを開こうとする求道者だが，生きとし生けるものすべて

の救済のためには自己の悟りを後回しにして献身する。
　② 悟りを開いて真理に目覚めた者だが，実は肉体をもって出現した宇宙の真理そのものである。

③ 悟りを開く前のブッダの姿であり，苦行にも快楽にも偏らない中道を歩む者である。

④ 自己の悟りを求めて厳しい修行を完成した聖者であり，次に生まれ変わった時には仏となることができる。

[4] 老子の説く「道」の説明として**適当でないもの**を，次の①〜④のうちから一つ選べ。(17倫理 追)

① 万物を育みながら，その働きを意識したり，その功績を誇っ

たりすることのない，万物の母としての根本原理である。

② 人間の感覚や知性によっては把握できない，神秘的な宇宙の根本原理であり，名付けようがないため「無」とも呼ばれる。

③ 何もしていないように見えながら天地万物を生み出し，成長させ，秩序づける，無限の力をもつ根本原理である。

④ 宇宙や人間など万物を貫く様々な働きの根本原理であり，道徳規範としての「礼」を必然的に規定するものである。

## チャレンジ 「大学入学共通テスト」に挑戦してみよう。

[1] 「資料を比較しながら，さまざまな思想の源流について理解を深めよう」という課題にあなたが取り組むとする。次の**あなたの発言**は，課題について調べたことや分かったことをまとめた発表の一部である。これを読み，下の(1)〜(4)に答えよ。(18倫理 試)

（資料は，一部省略したり，書き改めたりしたところもある。）

---
**あなたの発言**
　私は，「倫理」の授業で　ア　に興味をもち，調べてみたところ，それに関して書かれている資料として「　イ　」という記述を見つけました。さらに，　ア　を説いている教えを調べてみると，　ウ　も分かりました。これらのことから，　エ　と考えました。
---

(1) あなたの発言の　ア　に入れる語句を，次の①〜④のうちから任意に一つ選べ。

なお，(1)で①〜④のいずれを選んでも，以降の(2)〜(4)の問いについては，それぞれに対応する適当な選択肢がある。

① 天国　　② 空　　③ 非攻　　④ 梵我一如

(2) (1)で選んだ　ア　について，**あなたの発言**の　イ　に入る記述として最も適当なものを，次の①〜④のうちから一つ選べ。

① いや，まったくのところ，おまえたちは審判を嘘だといっている。しかし，おまえたちの上には監視役たちがいる。気高い書記がいる。彼らは，おまえたちの所業をよく知っている。敬虔な者は，至福の中に住むが，放蕩者は，業火の中に住み，審判の日，その中で焼け滅びる。そこから抜けだすこともかなわぬ。

② 一人の人間を殺害すると，それを不正義として，きっと一つの死刑の罪があてられる。(中略)百人を殺害すると百の不正義をかさねたことになって，きっと百の死刑の罪が適用されるわけである。(中略)ところが，他国を攻撃するという大きな不正義を働くものについては，それを非難することを知らず，かえって追従してそれを誉めたたえて正義であるといっている。

③ 芽や諸行などの諸存在に自性(じしょう)がもしあるとすれば，すでにそれはそのものとして現に存在しているのである。なんの必要があってそれに対する因や縁が考えられるのであるか。つまり，諸行や芽が現に存在するものとしてなりたっているならば，それを再び成立させるために，無明(むみょう)や種子などがその因や縁として設定される必要はないはずである。

④ この世の万物は最高原理を本質としている。それは真にあるもの，それはアートマンである。この世のすべてはこのアートマンである。この万有はブラフマンにほかならない。この世の万物はアートマンにほかならない。この世において何物も，多様には存在しない。そして，もしこのようではないとすれば，一者を認識することによってすべての認識が達成さ

れはしないのである。

(3) (1)で選んだ　ア　について，**あなたの発言**の　ウ　に入る記述として最も適当なものを，次の①〜④のうちから一つ選べ。

① この教えは，封建制度が崩壊し始め，諸侯が国の秩序安定をはかり富国強兵に努めた時代の中国で説かれたもので，古い習慣や自説を固く守り続けることを意味する故事成語がこの教えから生まれたこと

② この教えは，現世での生き方が来世の在り方を決定すると説き，多神教の宗教としてインドにおいて発展したもので，その後，民間信仰等と融合して，現在のインドに根づいている宗教に変容したこと

③ この教えは，争いが絶えず，貧富の差が大きかったアラブ社会において，唯一神の前での信者の平等，同胞愛，社会的な正義を説き，生活すべてにおいて聖典に従うよう信者に求めたこと

④ この教えは，戒律の解釈の違いから諸部派に分かれ，その部派の在り方に対する批判から改革運動が起こった際，自利行と同様に利他行も重視する立場を生み出したこと

(4) (1)で選んだ　ア　について，**あなたの発言**の　エ　に入る記述として最も適当なものを，次の①〜④のうちから一つ選べ。

① 人間は平等に神の裁きを受けて死後の運命が決定されると，この教えでは捉えていることがわかりました。混沌とした社会だからこそ，神の言葉のままに生きようとしたのだろう

② すべての物は自らを成り立たせる本質などなく，他から成り立たせられるものであるに過ぎないのではないかと思いました。また執着から離れることも必要だと思いますが，そうすることは非常に難しい

③ 宇宙の根源の原理と自己の永遠不滅の実体とが一体となった境地に達することで，苦から逃れ安らぎを得られるとしたのだと思いました。そのために厳しい修行や禁欲の生活を必要としたのだろう

④ なぜ世界から戦争がなくならないのか疑問をもちました。戦争がなくなり平和な世界が来るように，すべての人々を愛する無差別で平等な愛が求められているのではないか

---
**まとめと発展**

(1) 大乗仏教では，観音菩薩など菩薩への信仰が生まれたが，そもそも菩薩とはどのような存在であったか，まとめてみよう。

〔　　　　　　　　　　　　　　　　　　　　　　　　　〕

(2) 性善説の立場を説いた孟子の理想の政治である「王道政治」は，「覇道政治」とどのように違うのだろうか，まとめてみよう。

〔　　　　　　　　　　　　　　　　　　　　　　　　　〕
---

## 日本の豊かな自然と四季の細やかな変化は，日本人の思想とどのように関係しているのだろうか

 目標

日本は，中国や朝鮮，インドさらには欧米の思想を積極的に受容しつつ，旧来の思想を捨て去ることなく保存し，日本独自の思想を形成してきた。日本の風土に根ざした伝統的な文化や思想をまとめてみよう。

**チャート**

日本の風土　和辻哲郎『風土』／モンスーン型／豊かな自然と四季の変化／島国

日本古来の信仰　八百万神／祭祀／清明心／穢れ／祓い・禊

仏教の受容と隆盛　蕃神／神仏習合／本地垂迹説／「世間虚仮　唯仏是真」／鎮護国家／密教／「一切衆生悉有仏性」／大日如来／阿弥陀仏／浄土信仰／末法思想

鎌倉仏教の展開　浄土宗／浄土真宗／念仏／曹洞宗／臨済宗／坐禅／日蓮宗／唱題

キーワードの意味を確認し，その内容や関連事項，役割の変化をまとめておこう。

**コンパス**

&

日本の国土や気候の特徴と，日本人の思想がどのように関係しているかに注目しよう。さらに，外来の思想を，日本古来の生活や信仰と結びつけながら受容し，独自の展開を遂げている点にも注目しよう。

蕃神として仏教が伝来し，奈良・平安時代には仏教が国家を守護するものとして鎮護国家となった。密教の伝来によって，大日如来と一体化する成仏により仏としての可能性が広がり，末法思想，浄土信仰の流行から，鎌倉時代はさらに仏教が展開したことを，歴史的な背景も理解しながら確認しよう。

**トレーニング**　選択肢に示されている用語や事柄を通してチャートの内容を確認しよう。

[1] 平安時代に盛んとなり，当時の人々の信仰に影響を与えた本地垂迹説に関する説明として最も適当なものを，次の①〜④のうちから一つ選べ。(08倫理　本)

①　仏が仮に人になって日本の国土に現れるとする考え方

②　神が仮に仏となって日本の国土に現れるとする考え方

③　仏が仮に神となって日本の国土に現れるとする考え方

④　神が仮に人となって日本の国土に現れるとする考え方

[2] 鎌倉時代に活躍した僧の説明として正しいものを，次の①〜④のうちから一つ選べ。(11倫理　追)

①　法然は，念仏弾圧を受けて越後国へ流罪となり，その地で妻帯し非僧非俗の自覚に立って自らの仏道を実践した。

②　日蓮は，自らを『法華経』に登場する菩薩になぞらえ，念仏の力によって万人が救済される仏国土の実現に生涯を尽くした。

③　末法思想を否定した道元は，ひたすら坐禅に打ち込むという修行こそがそのまま悟りであるとする修証一等を唱えた。

④　華厳宗を再興した明恵は，『摧邪輪』を著し，源信の観想念仏について，菩提心を否定するものだと厳しく批判した。

**トレーニング**　「コンパス」の視点や課題意識の「活用」に重きを置いた過去問に挑戦してみよう。

[3] 平安時代初期，仏教における学びの意義や方法を確立しようとした人物の一人として，最澄がいる。最澄についての説明として最も適当なものを，次の①〜④のうちから一つ選べ。(15倫理　本)

①　仏教の力によって国家の安泰をはかる鎮護国家の考え方を否定し，世俗を離れた奥山での学問と修行を重んじた。

②　各人の能力や資質によって到達できる悟りに違いがある，とする考え方を批判し，生あるものは等しく成仏し得る，と説いた。

③　大乗菩薩戒を受けた者を官僧とするそれまでの制度を否定し，鑑真が伝えた正式な授戒儀式に立ち戻るべきだと主張した。

④　入唐して天台の奥義・禅・密教を学び，帰国後，これらを総合

した日本天台宗の教えを，主著『三教指帰』によって示した。

[4] 日本における仏と神との関係についての説明として最も適当なものを，次の①〜④のうちから一つ選べ。(18倫理　追)

①　蕃神とは，外国の神という意味であるが，仏教伝来当初は日本の神を指して使われた語である。

②　神宮寺とは，神前で読経するなど，神に対して仏教の儀式を行うために神社の境内に設けられた寺である。

③　権現とは，仏が仮に神として現れることを指して，反本地垂迹説の立場から唱えられた語である。

④　神仏分離令とは，仏教を神道から切り離し，仏教の優位を明確にするために出された法令である。

[5] 次のア～ウは，日本の仏教者についての説明である。その正誤の組み合わせとして正しいものを，下の①～⑧のうちから一つ選べ。（17倫理　追）

ア　空海は，仏教の多様な教えを，大日如来の教えである顕教と釈迦の教えである密教に分類したうえで，密教こそが人々を悟りに導く究極の教えであると主張した。

イ　蓮如は，平易な和文で『教行信証』を著し，自力の修行ではなく，阿弥陀仏の他力によって極楽往生を遂げるべきだと説く浄土真宗の教えを，人々に広く浸透させた。

ウ　日蓮は，災害の多発する状況は，釈迦の究極の教えである『法華経』が軽視されていることに起因するとして，禅や念仏を厳しく排斥し，『法華経』に帰依すべきだと主張した。

① ア　正　イ　正　ウ　正
② ア　正　イ　正　ウ　誤
③ ア　正　イ　誤　ウ　正
④ ア　正　イ　誤　ウ　誤
⑤ ア　誤　イ　正　ウ　正
⑥ ア　誤　イ　正　ウ　誤
⑦ ア　誤　イ　誤　ウ　正
⑧ ア　誤　イ　誤　ウ　誤

## チャレンジ　「大学入学共通テスト」に挑戦してみよう。

1　次の留学生と先生の会話文を読み，問いに答えよ。（資料は，一部省略したり，書き改めたりしたところもある。）（18倫理　試）

留学生：この週末，「日本の宗教美術」という展覧会を見に行ってきました。とても面白かったです。

先　生：それはよかったですね。何か印象に残った作品はありましたか。

留学生：はい。展覧会のチラシのこの図（図1）なのですが，これは那智の滝を描いているのですね。滝は自然物でしょう。どうして宗教美術の展覧会に滝の絵が展示されているのでしょうか。とても不思議に思いました。

先　生：それは，　a　　だと思いますよ。

留学生：ああ，そういうことですか。それからこちらの図（図2）ですけれど，ずいぶんいろいろな仏や菩薩の姿が描かれていますね。私の出身地である　b　　では，　c　　が信仰されていて，仏像というと釈迦牟尼仏がほとんどですから，とても驚きました。

先　生：この図にはいろいろな仏や菩薩が描かれていますが，このような図を　d　　といって，仏の悟りの完全な世界を表していると言われています。一番外側には，人喰い鬼まで描かれていることもあるのですよ。

留学生：えっ。仏の完全な世界に何で鬼が必要なのですか。

先　生：それは，あらゆるものを排除せずに，仏の真理の一つの現れとして意味づけようとする考え方を表しているのだと言われています。

留学生：同じ仏教と言っても，いろいろですね。現代の日本人の宗教意識ももっと知りたいです。

問1　　a　　に入る説明として適当なものを，次の①～④のうちから二つ選べ。ただし，解答の順序は問わない。

① この滝そのものが御神体だから
② この滝が「祀る神」であると同時に「祀られる神」であるから
③ 清らかな滝の水が，古来，被造物としての神聖さの象徴だったから
④ 日本では古来，自然物が神格化されてきたから

問2　　b　　・　c　　に入る語句の組合せとして最も適当なものを，次の①～⑥のうちから一つ選べ。

① モンゴル　大乗仏教
② チベット　大乗仏教
③ タイ　大乗仏教
④ モンゴル　上座部仏教
⑤ チベット　上座部仏教
⑥ タイ　上座部仏教

問3　　d　　に入る語句について，その説明として最も適当なものを，次の①～④のうちから一つ選べ。

① この図は，臨終来迎の儀式を執り行うために用いられた。
② この図に描かれた像は皆，中央にいる大日如来の分身である。
③ この図の作成方法は，『山家学生式』の中で詳しく述べられている。
④ この図は，末法思想が広がるにつれ盛んに描かれるようになった。

図1

図2

### まとめと発展

親鸞の弟子の唯円は『歎異抄』の一節で，「善人なをもて往生をとぐ，いはんや悪人をや」と親鸞の悪人正機の考え方を説いているが，この言葉はどのような意味だろうか。その考え方をまとめてみよう。

## 江戸時代から近代の日本において，儒教（儒学）や西洋文明が，政治思想や国家形成にどのようにかかわっていたのか考えよう

 **目標** 5世紀頃に大陸から移入された儒教（儒学）が政治と道徳の理念として広まったのは江戸時代である。明治時代には，さまざまな分野で西洋文明の急速な受容が行われた。江戸時代から明治時代にかけて，学問がどのように広まり，社会の形成にどのような役割を果たしたのか，まとめてみよう。

**チャート**

儒学の受容と江戸時代の展開　朱子学／林羅山／上下定分の理／居敬窮理／陽明学／中江藤樹／孝／古学／山鹿素行／士道／古義学／伊藤仁斎／古文辞学／荻生徂徠／経世済民／先王之道

国学の出現　国学／本居宣長／もののあはれ／惟神／漢意／蘭学や洋学（天文学・地理学・医学・軍事技術）

西洋思想の受容　啓蒙思想家／明六社／福沢諭吉／独立自尊／『学問のすゝめ』／中江兆民／「東洋のルソー」／恩賜的民権／回復的民権／内村鑑三／二つのJ／夏目漱石／自己本位／森鷗外／諦念／『舞姫』／西田幾多郎／主客未分の純粋経験／和辻哲郎／間柄的関係／『風土』／柳田国男／民俗学／常民／平塚らいてう／女性解放運動／軍部の台頭

第二次世界大戦後　社会の民主化／丸山真男／主体的な個の確立

キーワードの意味を確認し，その内容や関連事項，役割の変化をまとめておこう。

 **コンパス**

**＆**

まず，江戸時代になぜ儒学が一般に広まったのか，考えてみよう。

儒学が果たした役割として，身分秩序を重んじる封建制の維持，戦国時代を経て秩序と安定を求めた社会の生活を規律する道徳の形成，学問として合理的な側面を持ち，後に西洋文明を受け入れ近代化していく母体づくりに寄与，などがあげられている。

儒学はさらに，朱子学，陽明学，古学派と発展し，その儒学の発展に影響され，江戸時代には他の学問も盛んとなり，蘭学や洋学なども受容された。

幕末期には西洋諸国との接触も増え，明治維新につながる日本の近代化の方向性が模索され，西洋文明が本格的に受容される明治時代を迎えた。

このような時代的な流れをとらえながら，江戸時代の学問の展開，そして明治時代の近代化へのあゆみをまとめてみよう。

**トレーニング**　選択肢に示されている用語や事柄を通してチャートの内容を確認しよう。

[1] 江戸時代の儒学者についての記述として**適当でないもの**を，次の①〜④のうちから一つ選べ。（16倫理　追）

① 雨森芳洲は，堪能であった朝鮮語の能力を生かして朝鮮使節を応接するとともに，外交関係の構築には誠意と信頼を根本とした「誠信」が重要であると説いた。

② 新井白石は，文治主義による政治の実践に関わるとともに，密入国したイタリア人宣教師への尋問を通して，世界の地理やキリスト教に関する新たな知識を摂取した。

③ 山鹿素行は，朱子学で説かれる理を観念的なものと批判し，古典の言葉を正確に理解する古学の方法によって，六経に記された先王の道を学ぶべきであることを主張した。

④ 伊藤仁斎は，『論語』や『孟子』に説かれた言葉を，朱子の注釈に拠らずに熟読して深く理解しようとする古義学を唱え，「忠信」の実践による「仁愛」の実現を強く求めた。

[2] 近代日本のキリスト者についての説明として最も適当なものを，次の①〜④のうちから一つ選べ。（19倫理　本）

① 新島襄は，『代表的日本人』を著し，中江藤樹などの優れた先人が育んできた日本の文化的土壌にこそキリスト教が根付くと主張した。

② 新渡戸稲造は，国際社会における地位向上のため，キリスト教に基づく教育を行い，日本の西欧化に尽力するとともに，脱亜論を主張した。

③ 植村正久は，『武士道』を著し，武士道道徳を基盤として，キリスト教的な人格主義教育を行うことが日本の近代化に必要だと主張した。

④ 内村鑑三は，日清戦争を正義のための戦いと捉えて肯定したが，日露戦争に際してはキリスト教に基づく非戦論を主張した。

[3] 本居宣長について説明した文章として最も適当なものを，次の①〜④のうちから一つ選べ。（12倫理 追）

① 儒教や仏教を批判的に受容し，漢意に従った日本人の生き方を明らかにしようとした。彼が説いた「からくにぶり」とは，『古今和歌集』などにみられる，理知に富んだ歌風と心のあり方のことである。

② 古代の和歌や物語を読解し，真心に従った日本人の生き方を明らかにしようとした。彼が説いた「もののあはれ」を知る心とは，世の様々なことに出会い，それらの趣を感受して「あはれ」と思う心のことである。

③ 『古事記』を読解し，そこに描かれている神々の事跡から，人間の普遍的な生き方としての道を見いだした。その道は惟神の道とも呼ばれ，儒教や仏教と同じく，神々に従って率直に生きる身の処し方であった。

④ 『古事記』を読解し，そこに描かれている神々の事跡から，日本人の生き方としての惟神の道を見いだした。惟神の道は古道とも呼ばれ，もはや実現不可能な，古代日本人に特有な理想的な生き方であった。

[4] 次のア〜ウは，近代以降の社会や思想のあり方を考察した思想家についての説明であるが，それぞれ誰のことか。その組合せとして正しいものを，下の①〜⑥のうちから一つ選べ。（21倫理 本）

ア 近代社会を担う主体性の確立を思想的課題として位置付け，伝統的な日本の思想のあり方を，様々な思想の「雑居」にすぎないと批判した，

イ 近代批評の確立を目指すとともに，明治以来，思想や理論が，その時々の流行の「意匠」として弄ばれてきたと批判した。

ウ 国家や社会組織の本質を問い直す『共同幻想論』を著すとともに，大衆の実生活に根ざす，自立の思想の確立を目指した。

① ア 小林秀雄　イ 吉本隆明　ウ 丸山真男
② ア 小林秀雄　イ 丸山真男　ウ 吉本隆明
③ ア 吉本隆明　イ 小林秀雄　ウ 丸山真男
④ ア 吉本隆明　イ 丸山真男　ウ 小林秀雄
⑤ ア 丸山真男　イ 小林秀雄　ウ 吉本隆明
⑥ ア 丸山真男　イ 吉本隆明　ウ 小林秀雄

[1] 次のレポートは，江戸時代を担当した2班の高校生Dがまとめたものの一部である。レポート中の a ・ b に入る語句や記述の組合せとして正しいものを，下の①〜④のうちから一つ選べ。（21倫理 本）

レポート

江戸時代に入ると，儒者たちは，現実的な人間関係を軽視するものとして仏教を盛んに批判し始めた。そうした儒者の一人であり，徳川家康ら徳川家の将軍に仕えた a は，「持敬」によって己の心を正すことを求めた儒学を講じ， b と説いた。一方，泰平の世が続き都市経済が発展するとともに，中世以来の厭世観とは異なる現世肯定の意識が町人の間に育まれていった。その過程で，武家社会と異なる様々な文化や思想が，町人社会にも形成されていくこととなった。

① a 林羅山
b 「理」を追求するのではなく，古代中国における言葉遣いを学び，当時の制度や風俗を踏まえて，儒学を学ぶべきである

② a 林羅山
b 人間社会にも天地自然の秩序になぞらえられる身分秩序が存在し，それは法度や礼儀という形で具現化されている

③ a 荻生徂徠
b 「理」を追求するのではなく，古代中国における言葉遣いを学び，当時の制度や風俗を踏まえて，儒学を学ぶべきである

④ a 荻生徂徠
b 人間社会にも天地自然の秩序になぞらえられる身分秩序が存在し，それは法度や礼儀という形で具現化されている

[2] 次の文章は，和辻哲郎がヨーロッパ留学を終え，日本の伝統に注目しつつ，西洋思想と向き合う中で，人間をどのような存在として捉えていたのかを示すものである。この文章から読み取れる和辻の人間観と共通する観点を含む見方として最も適当なものを，下の①〜④のうちから一つ選べ。（18倫理 試）

倫理学を「人間」の学として規定しようとする試みの第一の意義は，倫理を単に個人意識の問題とする近世の誤謬から脱却することである。この誤謬は近世の個人主義的人間観に基づいている。（中略）個人主義は，人間存在の一つの契機に過ぎない個人を取って人間全体に代わらせようとした。この抽象性があらゆる誤謬のもととなるのである。
（和辻哲郎『倫理学』より）

① 個的な人間存在はロゴスによる実践を行う者であり，人と動物や植物とを分けるのは，まさにロゴスに基づく卓越性としての道徳であるという見方。

② 人は生産によって特徴づけられ，生産は初めから社会的であるのだから，孤立的存在としての人がある発展段階において社会を作るのではなく，人が人になったときすでに社会的であるという見方。

③ 実践哲学の中心には善意志があるとし，自分の行為の原則が常に普遍性を持つように行為せよとする定言命法に従って自己の意志の自律をはかるという見方。

④ 人は自然状態においては互いに連絡を持たないアトムであって，しかもそれぞれが欲望を持つために闘争は必然であるとし，闘争による害悪を避けるために外的な全体性として国家が形成されるという見方。

まとめと発展

和辻哲郎は，個人を基礎として人間をとらえる西洋哲学を批判して，独自の倫理学を構想した。彼は人間を間柄的存在と考えたが，これにはどのような意味があるのか，まとめてみよう。

[                                    ]

## 善悪を決めるのは，動機だろうか？結果だろうか？　考えて行為を選択すべきことを理解しよう

 目標
選択や判断の手掛かりとして，行為の動機となる公正などの義務を重視する考え方と，行為の結果である個人や社会全体の幸福を重視する考え方がある。場面や課題に応じた判断の基準を身に付けよう。

チャート

カント／義務論／動機主義（動機説）／道徳法則／善意志／定言命法と仮言命法／自律／自由／目的の国
●カントにおいて，道徳法則に従って行為することが義務。その義務は定言的に命じられるが，その命令はあくまでも意志の自律に基づいている。
ベンサム／功利主義／功利性の原理／「最大多数の最大幸福」／快楽計算／量的功利主義／質的功利主義／Ｊ．Ｓ．ミル／「満足した豚であるよりも不満足なソクラテスのほうがよい」／他者危害の原則
●功利主義について，人間の行為が正しいかどうかの基準は，その行為が役に立つかどうかの結果（功利性）に着目する。

キーワードの意味を確認し，その内容や関連事項，役割の変化をまとめておこう。

&

 コンパス

　ある状況で，私たちが，正しい行為は何かを選択し判断する手掛かりとして，ここでは対照的な義務論と功利主義の２つの考え方を学ぶ。
　義務論は，予期される結果に関わりなく，人間には従うべき義務的な制約（道徳の基準）があり，それに基づいて行為すべきであるという考え方。
　功利主義は，行為によって影響を受けるであろう全ての人々の幸福が最大限となることが，道徳的にも正しいと考える原理を重視する考え方。
　カントとベンサムやＪ．Ｓ．ミルの思想を比較しながら，人間としての在り方・生き方について，どのような行為が正しく，よい行為なのか考えてみよう。

トレーニング　選択肢に示されている用語や事柄を通してチャートの内容を確認しよう。

[1]　カントは，自然界に自然法則が存在しているように，人間の心には人間が従うべきものがあるとしたが，その法則を何というか。

[2]　道徳的な価値判断の基準が行為の結果ではなく，動機にあるとする考え方を何というか。

[3]　道徳法則を自ら打ち立てて，自ら進んで主体的にそれに従うことを，他律に対比して何というか。

[4]　善悪の基準を，快楽や幸福を生み出すことが出来るかどうかという功利性，有用性に求める哲学を何というか。

[5]　Ｊ．Ｓ．ミルの，他者に迷惑をかけない限り個人の自由は最大限に尊重されるとする考えを何というか。

[6]　カントの哲学のように，行為の正しさの基準を動機の純粋性に求める動機説に対して，功利主義のように結果の善さに求める考えを何というか。

[7]　Ｊ．Ｓ．ミルの考え方として最も適当なものを，次の①～④のうちから一つ選べ。(07倫理　追)
　①　人間は誰でも，何らかの形で「尊厳の感覚」をもっている。したがって，「満足した豚であるより，不満足な人間であるほうがよく，満足した馬鹿であるより不満足なソクラテスである方がよい。」
　②　各個人は，社会の利益ではなく自分の利益を追求する。しかし，各個人の「利益を追求していくと，かれは，自然に，というよりもむしろ必然的に，その社会にとっていちばん有利なような資本の使い方を選ぶ結果になる。」
　③　「自然は人類を苦痛と快楽という，二人の主権者の支配のもとにおいてきた。」このように考える目的は，「理性と法律の手段によって，幸福の構造を生み出す」ことにある。
　④　「われわれが無制限に善と認めうるものとしては，この世界の内にも外にも，ただ善なる意志しか考えられない。善なる意志は，人間が幸福であるに値するためにも，不可欠な条件をなしている。」

[8] 道徳をめぐるカントの考え方として最も適当なものを，次の①～④のうちから一つ選べ。(15倫理　追)

① 人間は理性的であるとともに感性的な存在でもあり，しばしば感性的な欲求に動かされてしまう。だが，理性は，あらゆる条件を抜きにして，道徳法則に義務として従うよう人間に命じるのである。

② 人間は感性的な欲求に動かされて生きているため，義務として理性に従うことが必要となる。理性に従うときにのみ，道徳的に正しいだけでなく自己や他者のためを思った行為を，行うことができる。

③ 嘘をついてはならないのは，嘘によって結局は他人に迷惑がかかり，社会の多くの人の不利益につながるからである。社会的な利益を最大にするためにこそ，道徳的な行為を命じる道徳法則が必要となる。

④ 嘘をついてはならないのは，たとえ嘘が人を救うことがあるとしても，信用を失う恐れがあるからである。こうした物事の両面性を見極め，どう行為すべきかを判断することが，道徳的義務である。

[9] カントの人間観についての説明として最も適当なものを，次の①～④のうちから一つ選べ。(17倫理　追)

① 人間は，自由となるべく運命づけられている存在であり，自由でないことを選択することはできない。このように自由という刑に処せられている人間は，逃れようもなく孤独である。

② 人間は，単に内省によって自己を捉えるのではない。人間は，

現実の世界に働きかけて自己の理想を世界のうちに表現し，矛盾を克服しながら自己を外化していく存在である。

③ 人間は，自己の利益を追求して経済競争を行う。しかし，この利己的な人間同士の競争は，共感に媒介されることで，おのずと社会全体に利益をもたらすことになる。

④ 人間は，純粋に善をなそうとする善意志をもつ。人間の道徳的な行為は，よい結果がもたらされたかによって評価されるべきではなく，善意志が動機になっているかで評価されるべきである。

[10] 行為の判断基準として行為の結果を重んじた功利主義者ベンサムの考え方による発言として最も適当なものを，次の①～④のうちから一つ選べ。(09倫理　本)

① 「私は，どんな状況下でも嘘をつくべきではないと考えているので，自分に不利益が及ぶとしても，正直に話をすることにしている。」

② 「私の行動原則は，その時々の自分の快楽を最大にすることだから，将来を考えて今を我慢するようなことはしないことにしている。」

③ 「社会の幸福の総和が増大するとしても，不平等が拡大するのはよくないから，まずは個々人の平等を実現すべきだと，私は考える。」

④ 「自分の行動が正しいかどうかに不安を覚えるとき，私は，その行動をとることによって人々の快楽の量が増えるかどうかを考える。」

① 温暖化に関して，次の資料は，授業で気候変動についての議論のために配布されたものであり，後のア～ウは，資料の下線部XとYのいずれかに当てはまる事例である。資料の趣旨を踏まえて，Xに当てはまる事例をア～ウのうちから全て選んだとき，その組合せとして最も適当なものを，後の①～⑧のうちから一つ選べ。(22倫理　本)

> 資料
> ほとんど誰もが，次の基本的な道徳原理を認識している。他の人にX危害を及ぼすのであれば，自分自身の利益になることであってもすべきではない。……そして通常は，Y危害を引き起こすときはいつでも，その被害を受けることになる人に補償すべきだ。……車の運転，電力の使用……これら全ての活動は，気候変動の一因となる温室効果ガスを生じる。……基本的な道徳原理は，他の人に危害を及ぼす行動をやめる努力をし，私たちが危害を及ぼすであろう人々に補償をしておくべきだ，と告げる。　　（J. ブルーム『気候変動の倫理』より）

ア 化石燃料で動く交通・輸送手段の利用で二酸化炭素が放出されるため，生活者たちが，それらの使用を控えるべく，生活や仕事の場を近くに集約させるとともに，できる限りその地域で生産した物を消費する。

イ 牛や羊は，ゲップやおならによって二酸化炭素の数十倍の温室効果を持つメタンを出すので，消費者や企業が，こうした

動物の肉・乳や毛・革の過剰な売買と利用をやめて，温室効果ガスの排出量を減少させる。

ウ 気候変動の影響で海面が上昇するため，温室効果ガスを大量に排出した人々や企業が，高波の危険に曝される人々のための防波堤の設置や，海の近くに住めなくなる人々の生活や移住の支援のために，資金を拠出する。

① ア　　　　② イ　　　　③ ウ　　　　④ アとイ
⑤ アとウ　　⑥ イとウ　　⑦ アとイとウ　⑧ なし

> まとめと発展
>
> (1) 自律的であるために，人は何を必要とするのか，考えてみよう。
>
> [　　　　　　　　　　　　　　　　　　　　　　]
>
> (2) J. S. ミルは，『功利主義』という著書の中で，「人にしてもらいたいと思うように他人のためにし，我が身を愛するように隣人を愛しなさい」というイエスの言葉に，功利主義の道徳があるとしている。その根拠として，この言葉に含まれる二つの主張をまとめてみよう。
>
> [　　　　　　　　　　　　　　　　　　　　　　]

関門 医療技術の進歩と生命倫理

A-9 **科学技術の発達は私たちの生き方を変えたのだろうか**

**目標** 科学技術，特に医療技術の飛躍的な進歩によって，多くの命が助けられるようになった。一方で，生命をめぐってさまざまな倫理的問題も生じている。それらに対して，私たちはどのように考えていけばよいのか，学んでいこう。

**チャート**

代理出産／出自を知る権利／ベビーM事件／リプロダクティヴ・ライツ／出生前診断／人工妊娠中絶の是非／デザイナー・ベビー／遺伝子操作技術／臓器移植法／脳死／再生医療／クローン／キメラ／ES細胞／iPS細胞／生命の尊厳／生命の質／終末期医療／尊厳死／安楽死／リヴィング・ウィル／自己決定権

キーワードの意味を確認し，その内容や関連事項，役割の変化をまとめておこう。

**コンパス**

医療技術の進歩に伴って生じている倫理的問題について，個別の事例に則り，自らに引きつけて考えてみよう。また，死をできる限り回避する生命の尊厳という立場から，当事者の自己決定に基づく生命の質という立場への考え方の変化も理解しよう。生命の維持や延命に役立つ医療技術が進歩する中，治療や死をめぐる倫理的問題について，どのような基準に従って判断すべきか考えてみよう。

**トレーニング** 選択肢に示されている用語や事柄を通してチャートの内容を確認しよう。

[1] 医療技術の発達や生命倫理に関する記述として**適当でないもの**を，次の①〜④のうちから一つ選べ。(11現社　本)
　① 日本では，臓器移植法の改正により，生前の本人の意思表示が不明の場合は，たとえ遺族が承諾しても，臓器提供はできないことになった。
　② 患者が治療を受ける際に，病状や治療内容を理解できるよう医師から十分に説明を受けて，治療への同意など，患者が自ら決定できるようにするインフォームド・コンセントが求められている。
　③ ヒトゲノムを解読するため，日本の研究グループも参画した国際的な研究プロジェクトが進められ，そのプロジェクト作業の完了が発表された。
　④ 出生前に胎児の障がいや遺伝病の有無などを調べる出生前診断には，障がいのある子どもが生まれる可能性がある場合にあらかじめ準備ができるとの指摘がある一方で，命の選別につながるとの指摘もある。
[2] 生命倫理をめぐる日本の現状に関する記述として**適当でないもの**を，次の①〜④のうちから一つ選べ。(17現社　追)
　① 出生前診断は，生まれてくる子の情報を得ることを目的として行われるが，生命の選別につながるという指摘もある。
　② 現在，クローン技術の研究が進められているが，ヒトのクローン胚の作成は，法律によって規制されている。
　③ 代理母による出産が行われると，生まれた子の親権や養育権をめぐって争いが起きうるが，現状では，出産した人が法律上の母親になる。
　④ iPS細胞（人工多能性幹細胞）は，その作成にあたってヒトの受精卵などの胚を壊す点で，倫理的な問題をめぐる議論がある。

**トレーニング** 「コンパス」の視点や課題意識の「活用」に重きを置いた過去問に挑戦してみよう。

[3] 医療をめぐる状況に関する記述として**適当でないもの**を，次の①〜④のうちから一つ選べ。(14現社　本)
　① 日本では，終末期にある高齢者の胃にチューブで直接栄養などを送る「胃ろう」は，延命が期待できる一方で，本人に苦痛を与える可能性があるということが指摘されている。
　② 医師が患者に対して病状や治療方法を説明し，患者の同意を得た上で治療を行うことは，リビング・ウィルと呼ばれている。

　③ 日本では，本人の意思が明らかでなくても家族の承諾がある場合には，脳死判定を受けた人の臓器を移植手術のために提供できることが法律で定められている。
　④ ホスピスでは，その人らしく生きられることを目指して，終末期の患者に対して苦痛や不安を和らげるケアが行われている。

1 生殖技術に関連して，次のア・イは，生殖技術についての説明である。その正誤の組合せとして正しいものを，後の①〜④のうちから一つ選べ。(22倫理 追)

ア　iPS細胞は，様々な細胞に分化する可能性を持ち，再生医療への応用が期待されているが，人の受精卵や胚を破壊して作製されることから，倫理的な問題が指摘されている。
イ　クローン技術を使って，全く同一の遺伝子を持つクローン個体を作り出すことが可能になっているが，日本ではクローン技術規制法によってクローン人間を作ることは禁止されている。

① ア 正　イ 正　　② ア 正　イ 誤
③ ア 誤　イ 正　　④ ア 誤　イ 誤

2 自由で自律した個人に関連して，イノウエさんは医療に関する自己決定を思い出した。次の語句A〜Cと，それらに対応する記述ア〜ウの組合せとして最も適当なものを，後の①〜⑥のうちから一つ選べ。(22現社 本)

A　インフォームド・コンセント
B　リプロダクティブ・ヘルス／ライツ
C　リヴィング・ウィル

ア　医師が専門的知見に基づいて病状や治療内容を患者に説明し，患者自身が同意した上で治療を選択すること。
イ　患者が将来，自身の意思を表明できなくなったときのために，延命治療を含む死のあり方に関する意向を，あらかじめ文書により表明しておくこと。
ウ　子どもを産むか産まないか，産むとしたらいつ，何人産むのかといった性や生殖に関する事柄を，女性が自ら決定すること。

① A―ア　　B―イ　　C―ウ
② A―ア　　B―ウ　　C―イ
③ A―イ　　B―ア　　C―ウ
④ A―イ　　B―ウ　　C―ア
⑤ A―ウ　　B―ア　　C―イ
⑥ A―ウ　　B―イ　　C―ア

3 臓器移植に関連して，モリさんは授業で日本における臓器移植について学習した際，2009年の臓器移植法改正後，臓器を提供する側のドナーについて，どのような条件があれば臓器提供が行われるのかに関心をもち，調べてみた。ドナー候補が臓器提供について書面による有効な意思表示をしていない場合に着目し，ドナー候補の年齢と臓器提供への家族の承諾の有無という二つの条件で分類して，次の表のケースA〜Dを考えた。このうち，脳死判定後に臓器を提供できるケースの組合せとして最も適当なものを，下の①〜⑨のうちから一つ選べ。(21現社 本)

|  | ドナー候補 | 臓器提供への家族の承諾 |
|---|---|---|
| A | 15歳以上 | 有 |
| B | 15歳以上 | 無 |
| C | 15歳未満 | 有 |
| D | 15歳未満 | 無 |

① AとBとCとD　　② AとBとC
③ AとB　　　　　④ AとC
⑤ A　　　　　　　⑥ B
⑦ C　　　　　　　⑧ D
⑨ 提供できるケースはない

4 人間の尊厳に関連して，次のア〜ウは，生命倫理における生命の尊厳や患者の意思の尊重に関わる考え方についての説明である。その内容として正しいものをア〜ウから全て選んだとき，その組合せとして最も適当なものを，後の①〜⑦のうちから一つ選べ。(23倫理 追)

ア　SOLは，生命が絶対的な価値と尊厳を有するという立場と関連し，終末期医療において，患者の回復の見込みがなくても生命を維持する治療を行う根拠と見なされている。
イ　パターナリズムは，患者が十分な説明を受けて，理解した上で治療の方針や方法に同意することを指し，患者の知る権利や，生命や身体に関する自己決定権を尊重する立場を背景とする。
ウ　QOLは，望ましい生き方や生命の質を重視する立場と関連し，終末期医療の治療選択の場面では，患者の意思を尊重する根拠となり得るが，質が低いとされる生命の軽視につながるという批判もある。

① ア　　　　　② イ　　　　　③ ウ
④ アとイ　　　⑤ アとウ　　　⑥ イとウ
⑦ アとウとイ

---

**まとめと発展**

(1) 医療の現場において，「治療」に偏るのではなく，患者の「生命の質」に配慮した「看護」のあり方として，どのような取組みが重視されているだろうか。

(2) 安楽死の法制化について，どのような考え方があるか，調べてみよう。

# ヒューマニズムの精神は，市民社会の形成にどのような役割をはたしたのだろうか

西ヨーロッパで起きたヒューマニズムの精神の高まりが，ルネサンスや宗教改革，近代科学の成立，経験論・合理論につながっていることを理解し，近代の科学技術や知のあり方の課題について，考えてみよう。

チャート

人文主義／宗教改革／科学技術の発展／資本主義／ルネサンス／ヒューマニズム／宗教改革／ルター／カルヴァン／予定説／地動説／機械的自然観／ベーコン／経験論／「知は力なり」／帰納法／デカルト／合理論／方法的懐疑／コギト・エルゴ・スム／演繹法／物心二元論

キーワードの意味を確認し，その内容や関連事項，役割の変化をまとめておこう。

&

コンパス

　西ヨーロッパで始まったヒューマニズムの精神が，資本主義を誕生させ，市民社会へ変革した原動力となったことを理解しよう。

　そのヒューマニズムが，科学技術の発達を推し進め，目的論から機械論へという自然観の転換，そして近代的な知のあり方につながったことも理解しよう。その上で，近年の科学技術の課題や限界について考えよう。

---

**トレーニング**　選択肢に示されている用語や事柄を通してチャートの内容を確認しよう。

**[1]** ルネサンス期の説明として**適当でないもの**を，次の①～④のうちから一つ選べ。(15倫理　本)

① ルネサンス期には，古代ギリシア・ローマの文芸を再生し，古典を学び直そうという運動が広く展開した。古典を模範とすることで，人間性を解放し，新たな人間像を探究する人間中心の文化が花開いた。

② ルネサンス期には，古典研究を通して，キリスト教世界の根源にある古代の異教的世界を再興しようという考えが現れた。自然を再発見することで，古代の神々を中心とする神話的世界観が復活した。

③ ルネサンス期には，美術の世界でも，遠近法が確立し，人体の写実的な描写が始まるなどの革新がみられた。「最後の審判」など，絵画や彫刻作品を数多く制作したミケランジェロは，建築の分野でも活躍した。

④ ルネサンス期には，人間の本性はあらかじめ定まってはいないという考えが現れた。ピコ・デラ・ミランドラは，人間は自由意志に基づいて自分の本性を形成する存在であるとし，そこに人間の尊厳の根拠をみた。

**[2]** ルネサンス期以降，キリスト教をめぐって生じた様々な運動や立場についての説明として最も適当なものを，次の①～④のうちから一つ選べ。(20倫理　本)

① 教会中心のあり方を見直し，古典文化の復興を通じて自由な「人間性（フマニタス）」の回復を追求した運動は，ヒューマニズムと呼ばれる。

② 人間の自由意志に基づく善行の実践を推奨し，従来の教会の教義に「抗議（プロテスト）」したルターの立場は，プロテスタンティズムと呼ばれる。

③ 時代や地域によって変わることのない「普遍的（カトリック）」な教義の確立を目指したカルヴァンの立場は，カトリシズムと呼ばれる。

④ イグナティウス・デ・ロヨラの主導の下，信仰を「浄化する（ピューリファイ）」ことを目指した人々の運動は，ピューリタニズムと呼ばれる。

**[3]** 次のア・イは，ベーコンによるイドラについての説明であるが，それぞれ何と呼ばれているか。その組合せとして正しいものを，下の①～④のうちから一つ選べ。(19倫理　本)

ア 人間相互の交わりおよび社会生活から生じる偏見。例えば，人々の間を飛び交う不確かな噂（うわさ）を，事実であると信じ込むこと。

イ 個人の資質や境遇に囚（とら）われることから生じる偏見。例えば，自分が食べ慣れた好物を，誰もが好むに違いないと思い込むこと。

① ア　種族のイドラ　　イ　劇場のイドラ　　② ア　種族のイドラ　　イ　洞窟のイドラ

③ ア　市場のイドラ　　イ　劇場のイドラ　　④ ア　市場のイドラ　　イ　洞窟のイドラ

[4] 次のア〜ウは，自然をめぐる西洋の思想についての説明である。その正誤の組合せとして正しいものを，下の①〜⑥のうちから一つ選べ。(18倫理 本)

ア コペルニクスは，「知は力なり」という信念から，学問や科学的知識は自然を支配するための手段だと考えて，観察や実験から一般的な法則を導く帰納法を提唱した。

イ ニュートンは，地上から天空に及ぶ，すべての物体の運動を力学的な法則によって統一的に説明し，機械のような存在として自然を捉える自然観の確立に大きく寄与した。

ウ カーソンは，農薬や殺虫剤などに含まれる有害な化学物質の氾濫が自然環境や生態系を破壊していると指摘し，その影響は人間の健康や生命にも及んでいると警告した。

① ア 正 イ 正 ウ 誤
② ア 正 イ 誤 ウ 正
③ ア 正 イ 誤 ウ 誤
④ ア 誤 イ 正 ウ 正
⑤ ア 誤 イ 正 ウ 誤
⑥ ア 誤 イ 誤 ウ 正

[5] 論理を展開する方法の一つに演繹法がある。正しい演繹的な推論として最も適当なものを，次の①〜④のうちから一つ選べ。(20倫理 追)

① 雨が降れば，自宅の中庭は必ず濡れる。今日起きたら，自宅の中庭が濡れていた。よって，朝方，雨が降っていたのだろう。

② 今日は雨が降っており，自宅の中庭は濡れている。先週も先月も雨が降ったときはそうだった。よって，雨が降れば，自宅の中庭は濡れるのだ。

③ 雨が降れば，自宅の中庭は必ず濡れる。今日は雨が降っている。よって，今日，自宅の中庭は濡れているはずだ。

④ 雨が降れば，自宅の中庭は必ず濡れる。今日は雨が降っていない。よって，今日，自宅の中庭は乾いているはずだ。

1 次の文章は，良心をめぐるルターの思想が後世に対して果たした役割について，心理学者・精神分析学者のエリクソンが論じたものである。その内容の説明として適当でないものを，下の①〜④のうちから一つ選べ。(21倫理 本)

ルターの語った良心は，形骸化した宗教道徳の内部に溜まった澱のようなものではなかった。それは，むしろ，一人の人間が……知り得る最高のものだった。「私はここに立っている」という，後に有名になったルターの言葉*……は，信仰においてのみならず，政治的にも，経済的にも，また知的な意味でも，自ら現実に向き合おうと決意し，その決意に自分のアイデンティティを見いだそうとした人々にとって，新たなよりどころとなった。……良心が人間各人のものであることをルターは強調し，それによって，平等，民主主義，自己決定といった一連の概念へ通じる道を開くことになる。そして，ルターを源とするこれらの概念が，……一部の人々のではなく，万人の尊厳と自由のための基盤となったのである。 (『青年ルター』より)

*1521年の帝国議会において，宗教制度の改革を唱える自説の撤回を迫られたルターが，皇帝の要求を拒んで述べたとされる言葉。

*Young Man Luther* by Erik H. Erikson, W. W. Norton & Company, Inc.

① ルターの思想は，個々人の良心を政治や経済の諸問題から切り離すことで，信仰の純粋さを守る役割を果たした。

② ルターの思想は，人が，現実世界に対峙することを通して自らのアイデンティティを確立しようとする努力を支える役割を果たした。

③ ルターの思想は，人間としての尊厳があらゆる人に備わっている，という考えを用意する役割を果たした。

④ ルターの思想は，平等その他，その後の社会のあり方を支える諸概念の形成を促す役割を果たした。

## まとめと発展

(1) 近代化の始まりによって，自然科学が発展したのはなぜだろうか。

(2) 宗教改革を行ったルターとカルヴァンの考え方の違いについて，説明してみよう。

(3) コペルニクスが唱えた「地動説」とはどのような考え方か，説明してみよう。

(4) 演繹法の推論の例を一つ考えてみよう。

(5) 「市場のイドラ（コミュニケーションの齟齬から生じる偏見）」に当てはまる先入観や偏見の例を一つ考えてみよう。

A‑11

## ホッブズ，ロック，ルソーの社会契約説を比較し，その考え方が，現在の政治制度にどのように反映されているか，調べてみよう

 ホッブズ，ロック，ルソーが「自然状態」をどのように捉え，それが彼らの思想にどう反映されているかに着目し，さらにそれが現代の法規範や政治のあり方にどのように反映されているか考えていこう。

**チャート**

王権神授説／社会契約説／自然法／実定法／自然権／自然状態／

万人の万人に対する闘争／自然権の譲渡／『リヴァイアサン』／

自然権の信託／抵抗権（革命権）／『統治論（市民政府論）』／

自然に帰れ／特殊意思／全体意思／一般意思（法律の源泉であり，国家と各個人の幸福を目指す）／人民主権／

直接民主制／『社会契約論』

キーワードの意味を確認し，その内容や関連事項，時代背景などをまとめておこう。

&

 **コンパス**

　3人の思想家が，それぞれ「自然状態」と「国家権力のあり方」をどのように捉えているのかを，彼らが生きた国や時代背景も考慮して整理したうえで，次の課題も考えよう。

① 災害や感染症の拡大などで国家が大きな混乱に陥ったとき，我々は自然権を「放棄」し，権力者に「譲渡」するほうが幸福なのだろうか。

② ルソーが「イギリス人が自由なのは選挙の時だけだ」と批判したことに，あなたは同意するか。

③ 「自然に帰れ」というルソーの思想は「格差社会」ともいわれる現代において，どのような意味を持つか。

**トレーニング**　選択肢に示されている用語や事柄を通してチャートの内容を確認しよう。

[1] 国家に関連して，近代国家のあり方を支えるさまざまな考え方を唱えた書物A〜Cと，その主張内容ア〜ウの組合せとして正しいものを，下の①〜⑥のうちから一つ選べ。(01政経　本)

A 『社会契約論』　　　B 『国富論』（『諸国民の富』）　　　C 『リヴァイアサン』

ア 利己心に基づいて私的利益を追求する各個人の行動が，「見えざる手」の作用によって，社会全体の利益の調和をもたらす。

イ 自然状態は万人の万人に対する闘争状態であり，平和を確立するには，契約を結び，絶対的支配権をもつ国家を形成する必要がある。

ウ 人間は社会では鎖につながれており，それを克服するには，自由で平和な自然状態から契約を結び，人民主権の国家を形成する必要がある。

① A—ア　B—イ　C—ウ　　② A—ア　B—ウ　C—イ　　③ A—イ　B—ア　C—ウ

④ A—イ　B—ウ　C—ア　　⑤ A—ウ　B—ア　C—イ　　⑥ A—ウ　B—イ　C—ア

[2] 近代の自然権思想のなかで，ジョン・ロックの自然権思想についての記述として最も適当なものを，次の①〜④のうちから一つ選べ。(03政経　本)

① 自然状態においては，各人の有する自然権は相互に衝突し，「万人の万人に対する闘争」が生じる。

② 自然界において，強者が弱者を支配することが神の摂理に叶うように，君主は臣民を絶対的に支配する自然権を有する。

③ 人間はその本性からして，孤立して生きることができないため，政治的共同体に所属し，政治に参加する権利をもつ。

④ 自然状態において，各人は自らの生命・自由・財産に対して自然権を有しており，この権利を保全するために政府が設立される。

[3] 近代民主政治の理論的な基礎に関連する記述として最も適当なものを，次の①〜④のうちから一つ選べ。(01政経　追)

① ホッブズは，君主は外交権を握るべきであるが，国内においては，国民の信託を得た代表が国政を担当すべきであると説いた。

② ロックによれば，政府が国民の生命や財産を侵害した場合，国民は政府に抵抗する権利を持っている。

③ アメリカ独立革命を目撃したモンテスキューは，一般人民を主権者とする社会契約説を唱えて，フランス革命に影響を与えた。

④ 「人民の人民による人民のための政治」というリンカーンの言葉は，ルソーの説く一般意志と同じように，間接民主制を否定している。

[4] 近代の自然権思想に関連して，近代の社会契約説についての記述として最も適当なものを，次の①〜④のうちから一つ選べ。(12 政経 本)

① 政府と人民の関係は，神と人間，親と子，夫と妻の間にみられるような愛情と信頼に由来する。

② ホッブズによれば，各人は自らの生命と安全を確保するために，主権者に自然権を譲渡することなく国家の運営に参加する必要がある。

③ 国家は人為的な産物ではなく，歴史の中で長く受け継がれてきた伝統を通じて形成される。

④ ロックによれば，人民の信託を受けた政府が人民の生命・自由・財産の権利を侵害した場合，人民には政府に抵抗する権利がある。

[5] 次の a〜d は，「政治・経済」の授業で，「民主主義とは何か」について考えた際に，4人の生徒が自分なりにまとめた説明である。これを読んで，問に答えよ。(18 政経 試)

a 国民は主権者なので，国政上の重要な事項について，慎重に議論をしたうえで投票を行うことによって，国民が国家の意思決定に直接参加するのが民主主義だ。

b 国民は主権者であるが，すべての国民が実際に直接，政治に参加することは困難なことから，国民が選んだ代表者を通じて国家の意思決定を行うのが民主主義だ。

c 国政の重要な事項は国民全員に関わるものなので，主権者で

ある国民が決めるのであれ，国民の代表者が決めるのであれ，全員またはできるだけ全員に近い人の賛成を得て決めるのが民主主義だ。

d 国政の重要な事項は国民全員に関わるものであるが，主権者である国民が決めるのであれ，国民の代表者が決めるのであれ，全員の意見が一致することはありえないのだから，過半数の賛成によって決めるのが民主主義だ。

問 次の文章は，ある思想家が書いた本の一節である。この文章から読みとれる考え方は，生徒の説明 a〜d のうちのどれに近いか。最も適当なものを，下の①〜④のうちから一つ選べ。

「主権は譲渡されえない。同じ理由から，主権は代表されえない。(中略)だから人民の代議士は人民の代表ではないし，人民の代表になることはできない。代議士は人民の代理人にすぎないのである。代議士が最終的な決定を下すことはできないのだ。人民がみずから出席して承認していない法律は，すべて無効であり，それはそもそも法律ではないのである。イギリスの人民は自らを自由だと考えているが，それは大きな思い違いである。自由なのは，議会の議員を選挙するあいだだけであり，議員の選挙が終われば人民はもはや奴隷であり，無にひとしいものになる。人民が自由であるこの短い期間に，自由がどのように行使されているかをみれば，[イギリスの人民が]自由を失うのも当然と思われてくるのである。」

① a　② b　③ c　④ d

[1] 生徒Xは，図書館で資料調査をする中で，国家権力のあり方に関するある思想家の著作に次のような記述があることを発見した。この記述から読みとれる内容として最も適当なものを，後の①〜④のうちから一つ選べ。なお，一部表記を改めた箇所やふりがなを振った箇所がある。(22 政経 本)

> およそ権力を有する人間がそれを濫用しがちなことは万代不易の経験である。彼は制限に出会うまで進む。…（中略）…
> 権力を濫用しえないようにするためには，事物の配置によって，権力が権力を抑止するようにしなければならない。誰も法律が義務づけていないことをなすように強制されず，また，法律が許していることをしないように強制されないような国制が存在しうるのである。…（中略）…
> 同一の人間あるいは同一の役職者団体において立法権力と執行権力とが結合されるとき，自由は全く存在しない。なぜなら，同一の君主または同一の元老院が暴君的な法律を作り，暴君的にそれを執行する恐れがありうるからである。
> 裁判権力が立法権力や執行権力と分離されていなければ，自由はやはり存在しない。もしこの権力が立法権力と結合されれば，公民の生命と自由に関する権力は恣意的となろう。なぜなら，裁判役が立法者となるからである。もしこの権力が執行権力と結合されれば，裁判役は圧制者の力をもちうるであろう。
> もしも同一人間，または，貴族もしくは人民の有力者の同一の団体が，これら三つの権力，すなわち，法律を作る権力，公的な決定を執行する権力，犯罪や個人間の紛争を裁判する権力を行使するならば，すべては失われるであろう。

① 権力を恣意的に行使する統治に対する革命権の重要性を説いている。

② 権力を分立することにより公民の自由が保護されると説いている。

③ 権力をもつ者が権力を濫用するのではなく公民の自由を保護する傾向にあることを前提としている。

④ 権力をもつ者が人民から自然権を譲渡された絶対的な存在であることを前提としている。

### まとめと発展

(1) ロックの革命権は，現代的な民主主義国家においては，どのような方法で行使されることが考えられるか。

[ ]

(2) ルソーによれば，「人民は一般意思が具体化されたものとしての法に従う存在であるが，同時に一般意思を形成する主体でもある」が，現代において，この思想は実現されている例があるか考えてみよう。

[ ]

## 国家の形成に，人々はどのようにかかわっているのだろうか

 目標　カント以降，国家や社会についての新たな思想が登場する一方で，個人の主体性を重んじる思想も現れた。それらの思想を学んでいこう。

**チャート**

ヘーゲル／精神／絶対精神／世界精神／「世界史は自由の意識の進歩」／弁証法（正，反，合）／法，道徳，人倫（家族，市民社会，国家）／欲望の体系，人倫の喪失態／マルクス／エンゲルス／社会主義／疎外／類的存在／階級闘争／下部構造／唯物史観／科学的社会主義⇔空想的社会主義（オーウェン，サン＝シモン，フーリエ）

キーワードの意味を確認し，その内容や関連事項，役割の変化をまとめておこう。

&

 **コンパス**

①ヘーゲルのいう「自由」とカントのいう「自由」は，どのような点で異なるのだろうか。同じ言葉でも意味するところが違うことに注意しよう。

②労働は人間にとってどのような意味を持つのだろうか。また，18世紀後半からの産業革命をきっかけに成立した資本主義社会の問題点とその解決策は，どのようなものだろうか。

**トレーニング**　選択肢に示されている用語や事柄を通してチャートの内容を確認しよう。

[1] ヘーゲルの弁証法の説明として最も適当なものを，次の①〜④のうちから一つ選べ。（15倫理　追）
　① 事象や行為の意味を，主観的な意識を超えた社会的・文化的なシステムとしての構造に注目することによって，解明しようとする思考法。
　② 哲学的な問題を，何よりも言語と関わっているものと捉え，言語の働きとその限界の分析によって，解決しようとする思考法。
　③ 矛盾を単なる誤りとするのではなく，すべての存在や認識は，対立や矛盾を通してより高次なものへと展開していく，とする思考法。
　④ 真理の判定基準は，認識と実在との一致に求められるのではなく，生きるうえでの課題の解決へと行動を導く点にある，とする思考法。

[2] 次の会話は，Pと先生Tが交わしたものである。会話中の下線部①〜④のうちから，マルクスについての説明として**適当でないもの**を一つ選べ。（21倫理　本）
　P：先生，ベンヤミンが言う「解放」って何のことですか？
　T：そこには様々な意味が込められていますが，この言葉の背後にある思想の一つは，マルクス主義です。マルクスの歴史観を覚えていますか？
　P：マルクスは，①歴史を弁証法的に捉えるヘーゲルの影響を受けているんでしたね。そして，彼は②物質的な生産関係という上部構造が歴史を動かす原動力になると言っていたはずです。その上で彼は，③対立する階級間の闘争によって歴史は発展すると考えたんでした。だとすると，「解放」は，マルクスが④労働者階級による革命が起こることで資本主義が打破されると主張したことと関係がありそうです。
　T：よく理解していますね。でもね，一つだけ間違いがありましたよ。
　P：あれぇ，どこだろう。

[3] 次のア〜ウは産業革命がもたらした社会問題の克服を模索した思想家についての記述であるが，それぞれ誰のものか。その組合せとして正しいものを，下の①〜⑥のうちから一つ選べ。（15倫理　本）
　ア　経営者の立場から，労働者の生活や労働条件の改善に努めた後，理想社会の実現を目指してアメリカに渡り，共同所有・共同生活の村（ニューハーモニー村）を実験的に建設した。
　イ　自由競争下での産業社会は統一性を欠いた無政府的なものであり，不正や欺瞞に満ちていると考え，農業を基本とした，調和と統一のとれた理想的な共同社会（ファランジュ）を構想した。
　ウ　フェビアン協会の指導者の一人であり，福祉政策の充実や，生産手段の公有化などを行うことによって，現代社会が抱える悲惨な状況を少しずつ改善していくべきであると主張した。

① ア　フーリエ　　　　　　　イ　バーナード・ショウ　　ウ　オーウェン

② ア　フーリエ　　　　　　　イ　オーウェン　　　　　　ウ　バーナード・ショウ

③ ア　バーナード・ショウ　　イ　フーリエ　　　　　　　ウ　オーウェン

④ ア　バーナード・ショウ　　イ　オーウェン　　　　　　ウ　フーリエ

⑤ ア　オーウェン　　　　　　イ　フーリエ　　　　　　　ウ　バーナード・ショウ

⑥ ア　オーウェン　　　　　　イ　バーナード・ショウ　　ウ　フーリエ

## トレーニング　「コンパス」の視点や課題意識の「活用」に重きを置いた過去問に挑戦してみよう。

[4] カントの立場を形式的であると批判して，倫理の具体的内容を重視したヘーゲルによるカント批判として最も適当なものを，次の①〜④のうちから一つ選べ。(08倫理　本)

① 責務を担う主体は，この私自身であるから，道徳は自己の実存に関わる真理の次元で具体的に考える必要がある。

② 責務を果たす手段は，物質的なものであるから，道徳の具体的内容を精神のあり方から観念的に考えてはならない。

③ 責務を担う場面は，人間関係や社会制度と深く関わっているから，これらを通して道徳を具体化せねばならない。

④ 責務を果たす目的は，人々の幸福の具体的な増大にあるから，道徳的に重視すべきは行為の動機よりも結果である。

[5] マルクスが論じた労働疎外についての記述として**適当でない**ものを，次の①〜④のうちから一つ選べ。(21倫理　追)

① 労働とは本来，生きていくために必要なものを獲得するため

の苦役であるが，資本主義社会では，人々が自由に活動をすることが認められているため，そうした苦役から解放されている。

② 人間とは本来，労働の生産物のうちに自己の本質を表現することに生きがいを感じる存在であるが，資本主義社会では，自らの生産物を資本家に搾取されるため，労働に生きがいを感じることができなくなっている。

③ 労働とは本来，他の人々と協働することで，連帯を生み出していく営みであるが，資本主義社会では，労働が単なる生活の手段となるため，労働の場面で人間的な連帯を実現することが困難になっている。

④ 人間とは本来，自然に働きかけ事物を作り変える力を持つ存在であるが，資本主義社会では，賃金と引き換えにそうした力を資本家に売り渡してしまうため，人間は自らの本来的なあり方を見失ってしまう。

## チャレンジ　「大学入学共通テスト」に挑戦してみよう。

[1] 人と人との対立や争いといった試行錯誤を経て教養や歴史がつくられるということに関して，生徒Cは，クラスのオンライン掲示板に次の記事を投稿し，クラスのみんなに問いかけた。記事中の空欄　ア　〜　ウ　に当てはまる語句の組合せとして最も適当なものを，後の①〜④のうちから一つ選べ。(22公共・倫理　試)

**記事**

＊＊月＊＊日　投稿者C
　科学はなんでも説明できるようになるのでしょうか。友人は，個々の人間がどんな権利をもつかについても，科学的説明が可能となるというのです。個人がもっている能力を科学的に計測し，その人の能力にあった権利を与えることができるようになれば，対立や争いを減らし，個人と社会全体の幸福量を合理的に増やすことができるようになると彼はいいます。でも，この考え方は，精神が　ア　を実現する過程や運動として人間の歴史をとらえるヘーゲルのような考え方と異なると思いました。
　「倫理」の授業で学習したのですが，ヘーゲルは，個人の道徳性と社会の法が総合されて　ア　が実現される共同体を「人倫」と呼びました。それは家族，市民社会，　イ　の三つの段階からなるといいます。そして，各自が自分の利益を追求することで対立や争いのたえない市民社会においても，人は自分の内面にいだくものを外に向けて表現する　ウ　を通じて自己への自覚を深め，自らを形成していくとヘーゲルは考えました。また，　イ　は，家族の結びつきと市民社会における個人の独立性を総合するところに成立するとのことでした。対立や争いといった試行錯誤を経て教養や歴史がつくられると

いう考え方は，科学が発達すると迷信になるのでしょうか？　科学の発達は，私たちの世界観をどのように変えるのでしょうか？　みんなはどう思いますか？

① ア　平等　　イ　企業　　ウ　止揚

② ア　自由　　イ　国家　　ウ　労働

③ ア　平等　　イ　国家　　ウ　労働

④ ア　自由　　イ　企業　　ウ　止揚

### まとめと発展

(1) ヘーゲルの世界史観はどのようなものか。

(2) マルクスは，資本主義のもとで労働者は四つの疎外を被るとした。その内容を調べてみよう。

(3) 社会主義思想が，イギリスやドイツなどヨーロッパ各国でどのような展開をたどったか，調べてみよう。

## 20世紀を代表する思想である実存主義は，どのように始まり，どのように展開したのだろうか

 個々人が主体的に生きることを求める実存主義という思想が生まれた背景と思想の具体的な内容を，さまざまな思想家の立場から理解していこう。

チャート

実存主義／キルケゴール／美的実存／倫理的実存／宗教的実存／単独者／ニーチェ／ニヒリズム／ルサンチマン／奴隷道徳／「神は死んだ」／力への意志／超人／永劫回帰／運命愛／ヤスパース／限界状況／超越者／「愛しながらの闘争」／ハイデッガー／現存在／被投性／世界内存在／世人＜ダス・マン＞／死へと関わる存在／サルトル／「実存は本質に先立つ」／「自由の刑に処せられている」／アンガジュマン／ボーヴォワール／フェミニズム思想／

キーワードの意味を確認し，その内容や関連事項，役割の変化をまとめておこう。

&

 ①実存主義は，有神論的実存主義（キルケゴール，ヤスパース）と無神論的実存主義（ニーチェ，サルトル）に分類できる。それぞれの思想家は，個々人が主体的に生きるためには何が求められるとしたかを押さえよう。

②多くの用語が出てくるので，それぞれの用語の意味に注意して，各思想家の思想の内容について考えるようにしよう。

トレーニング　選択肢に示されている用語や事柄を通してチャートの内容を確認しよう。

[1] 次のア～ウは，キルケゴールが説いた実存の三段階についての説明である。その組合せとして最も適当なものを，下の①～④のうちから一つ選べ。（21倫理　本）

ア　自分の社会的な責務を引き受け，それを果たそうと努力するさなかで，自分の力の限界を思い知らされた状態。

イ　自分自身の無力さに打ちのめされて苦しむさなかで，自らを神の前に立つ単独者として発見するに至った状態。

ウ　その場限りの感覚的な快楽を際限なく追い求めるさなかで，欲望の奴隷となって自分を見失った状態。

① 第一段階―ア　第二段階―イ　第三段階―ウ　　② 第一段階―ア　第二段階―ウ　第三段階―イ

③ 第一段階―イ　第二段階―ア　第三段階―ウ　　④ 第一段階―イ　第二段階―ウ　第三段階―ア

⑤ 第一段階―ウ　第二段階―ア　第三段階―イ　　⑥ 第一段階―ウ　第二段階―イ　第三段階―ア

[2] 次の文章中の　A　に入れるのに最も適当なものを，下の①～④のうちから一つ選べ。（06倫理　本）

　　我々はこのニヒリズムにどのように対応すべきだろうか。ニーチェ自身は，　A　超人の立場を説いた。しかし，我々はまず，ニーチェが言うように伝統的な形而上学や宗教の主張がすべて幻想にすぎないのかどうか，慎重に検討してみる必要がある。

① 意味や目的のない世界をあえて引き受け力強く生きる

② 意味や目的のない世界を離れて芸術的創造に癒しを求める

③ 意味や目的のない世界を破壊して理想的社会を建設する

④ 意味や目的のない世界を傍観してつねに超然と生きる

[3] 次のア～ウのうち，ハイデッガー（ハイデガー）の思想についての説明として正しいものはどれか。その組合せとして最も適当なものを，下の①～⑦のうちから一つ選べ。（16倫理　本）

ア　人間は，存在するとはそもそもいかなることかを問うことのできる，唯一の存在者である。私たちのそうしたありようは，現存在（ダーザイン）と呼ばれる。

イ　人間は，それ自体で存在する事物（即自存在）とは異なって，未来に向けて投企しつつ，自己を意識する。私たちのそうしたありようは，対自存在と呼ばれる。

ウ　人間は，世界のなかに投げ出されており（被投性），そこで様々な事物や他者と関わりながら日常を生きる。私たちのそうしたありようは，世界内存在と呼ばれる。

① ア　　　　② イ　　　　③ ウ　　　　④ アとイ

⑤ アとウ　　⑥ イとウ　　⑦ アとイとウ

[4] サルトルの思想の説明として適当でないものを，次の①～④のうちから一つ選べ。（19倫理　本）

① 人間は，自己と自己を取り巻く社会の現実に関わらざるを得ないが，全人類への責任を自覚し，自ら進んで社会へ身

を投じることで，現実を新たにつくりかえていく可能性に開かれている。

② 人間は，絶えず自らを意識しながら，自らを新たに形作ろうと努める存在であるため，いかなる状況においても変化しない，同一の本質をそなえた事物とは異なっている。

③ 人間は，自由であることから逃れられず，自由であることから生じる責任を他者に委ねることもできないため，不安に耐えて，自己と自己を取り巻く社会の現実に関わらざるを得ない。

④ 人間は，あらかじめ自らの本質が定められており，その本質を実現するために自らを手段として活用することによって，未来の可能性を切り開いていく，自由な存在である。

## トレーニング 「コンパス」の視点や課題意識の「活用」に重きを置いた過去問に挑戦してみよう。

[5] 次のア～エの中で，20世紀の思想家が唱え始めた主張として正しいものはどれか。当てはまるものをすべて選び，その組合せとして最も適当なものを，後の①～④のうちから一つ選べ。(22公共・倫理 試)

ア 人間は原罪を負っているため，人間の救済は自らの自由意志によってではなく，神の無償の愛である恩寵による。

イ 人間は世界の中に投げ込まれ，死へと向かう存在であるが，その死と向き合うことで，本来の自己に立ち返る。

ウ 人間の悲劇は，偏見や独断によって生じるから，「私は何を知るか」という反省を謙虚に繰り返さねばならない。

エ 人間は死，苦悩，争い，罪責といった限界状況にぶつかって挫折するが，それを通して永遠の超越者に出会う。

① イ　　② アとウ　　③ イとエ　　④ アとウとエ

[6] 次の文章を手がかりに，性をめぐる文化的差異についてのボーヴォワールの考え方として適当でないものを，下の①～④のうちから一つ選べ。(11倫理 追)

まず，こう問うべきである―女とは何か，と。
……人は女に生まれるのではない。女になるのだ。

(ボーヴォワール『第二の性』)

① 女とは，男を中心とする社会が「他者」として作り上げた，男にとって好ましいイメージや性質を押し付けられた性である。

② 女とは，自然本性として具わる「女らしさ」に基づいて，徐々に本当の女へと作り上げられていく性である。

③ 女とは，文明社会全体が道徳や慣習などを通して，男より劣ったものとして作り上げた性である。

④ 女とは，男とは異なった文化的・社会的役割が割り振られることで作り上げられた性である。

## チャレンジ 「大学入学共通テスト」に挑戦してみよう。

[1] 次の資料は，「倫理」の授業中に，先生が配付したものである。後のア～エのうち，資料で示されているニヒリズムの発生過程の具体例として当てはまるものはどれか。当てはまるものをすべて選び，その組合せとして最も適当なものを，後の①～⑥のうちから一つ選べ。(22公共・倫理 試)

資料

○ニーチェの遺稿から
　心理学的状態としてのニヒリズムは，まず第一に，いっさいの出来事のなかに実際には存在しないひとつの「意味」をさがし求め，その結果その探求者がついに気力を失うにいたった場合に生じざるをえないだろう。
　(中略)
　これらすべてに共通しているのは，なにかあるものは過程そのものによって達成されるはずだという考え方である。――そしていまや生成で目指されているものはなにもなく，達成されるものもなにもないという事態がはっきりする……かくしてニヒリズムの原因としてのいわゆる生成の目的に関し幻滅することになる。この幻滅はひとつのまったく特定の目的に関しても，また一般的に，全「発展」に関わるこれまでのあらゆる目的仮説が挫折したという洞察に関しても同じように起こる（――人間はもはや生成の協力者ではなく，いわんや生成の中心点などではない）。

ア 歴史的出来事は意味をもつが，それは解釈の仕方によって変化するので確定できず，そこに客観的意味を見いだそうと努力するとき，その試みは失敗してニヒリズムが到来する。

イ この世界は神によって創造され，世界の歴史は神の摂理に導かれて目的に向かって進むという信仰が失われたとき，世界の出来事や人生の意味が見失われてニヒリズムが到来する。

ウ 科学的研究によって開発される製品には，その最初の使用目的が平和的なものであっても軍事的目的に転用可能なものがあるため，科学への信頼が失われてニヒリズムが到来する。

エ 実存としての人間には予め定められた本質がないため，自ら生きる目的を主体的に設定するが，目的達成までの道のりは険しいため，努力する気力が失われてニヒリズムが到来する。

① イ　　　② ウ　　　③ アとウ
④ イとエ　⑤ アとイとエ　⑥ アとウとエ

### まとめと発展

(1) ヤスパースの説く実存は，どのようにして深められるのか，まとめてみよう。

[　　　　　　　　　　　　　　　　　　　　]

(2) ハイデッガーはいかにして実存を回復すると考えているか，まとめてみよう。

[　　　　　　　　　　　　　　　　　　　　]

(3) 私たちが自由を行使するときには，どのような責任が伴っているだろうか。サルトルのアンガジュマンを踏まえ，具体的な行為を挙げて考えてみよう。

[　　　　　　　　　　　　　　　　　　　　]

# 近代的理性の見直しを主張し，公共性の復権を唱える現代の諸思想には，どのようなものがあるだろうか

 **目標**　近代から現代の思想の展開を，プラグマティズム，フランクフルト学派，構造主義，「他者」を手がかりにした思想，生命の尊重という，さまざまな観点から理解しよう。

**チャート**

プラグマティズム（パース，ジェームズ，デューイ）／創造的知性／道具主義／民主主義／フランクフルト学派（ホルクハイマー，アドルノ）／道具的理性／批判的理性／

公共性をめぐる思想（ハーバーマス，アーレント）／生活世界の植民地化／対話的理性／コミュニケーション的行為／労働・仕事・活動／

構造主義（レヴィ＝ストロース，フーコー）←構造言語学（ソシュール）からの影響／野生の思考／自文化中心主義／規格化する権力／パノプティコン／他者とのかかわりをめぐって（レヴィナス）／「顔」／

20世紀のヒューマニスト（ガンディー，シュヴァイツァー，マザー＝テレサ）／サティヤーグラハ（真理把持）／非暴力（アヒンサー）と不服従／生命への畏敬／「愛の反対は無関心」

キーワードの意味を確認し，その内容や関連事項，役割の変化をまとめておこう。

&

 **コンパス**

① プラグマティズムの思想家やフランクフルト学派の思想家，構造主義の思想家が，近代的理性のどのような点を批判したのか，どのような新たな視点を提示したのかを押さえよう。

② 公共性の復権をめざしたハーバーマス，アーレントが論じた現代社会の問題点とそれに対する「処方箋」を，具体例と合わせて押さえよう。

③ 他者をめぐる倫理について論じた思想家・実践家の主張を，エピソードと合わせて押さえよう。

**トレーニング**　選択肢に示されている用語や事柄を通してチャートの内容を確認しよう。

[1] ホルクハイマーやアドルノは近代的な理性をどのように考えたか。その説明として最も適当なものを，次の①〜④のうちから一つ選べ。（08 倫理　本）

① 理性は，自然を客体化し，技術的に支配することを可能にする能力として，手段的・道具的なものである。

② 理性は，物事を正しく判断し，真と偽とを見分ける良識として，すべての人間に等しく与えられている。

③ 理性は，真の実在を捉えることができる人間の魂の一部分として，気概と欲望という他の二部分を統御する。

④ 理性は，人と人とが対等の立場で自由に話し合い，合意を形成することができる能力として，対話的なものである。

[2] ガンディーについて述べた記述として最も適当なものを，次の①〜④のうちから一つ選べ。（09 倫理　追）

① 人は，人種に関わりなく，誰もが実質的に平等でなくてはならないとの考えから，社会で差別されていた黒人の解放を目指して，非暴力主義のもと，黒人差別撤廃運動を指導した。

② すべての命がもっている生きようとする意志に，人は愛と畏敬の念をもつべきであると考え，倫理の原理としての「生命への畏敬」という理念を抱きつつ，アフリカで医療事業に従事した。

③ 貧しい中でも最も貧しい人々にこそ尽くすべきであるとの思いから，カルカッタ（現コルカタ）などに「死を待つ人の家」や「孤児の家」を設けて，キリスト教の隣人愛の実践に生涯を捧げた。

④ 自らの欲望やそれに基づく行動を精神の力で制御するとともに，あらゆる命を傷つけたり殺したりすることなく，ともに平和を享受するべきであるとの立場から，非暴力・不服従の運動を指導した。

**トレーニング**　「コンパス」の視点や課題意識の「活用」に重きを置いた過去問に挑戦してみよう。

[3] 政治思想家アーレントによれば，人々の間で行われる「活動」は，物と人との間で成立する「労働」「仕事」とは異なり，人と人とが直接関わり合う行為であり，ゆえに政治を始めとする公的な営みもまた活動であるべきなのである。アーレントが活動の特徴を述べた次の文章を読み，活動の具体例として最も適当なものを，下の①〜④のうちから一つ選べ。（13 倫理　本）

> 話したり何かをしたりすることを通じて，私たちは人間世界に自ら参入するのである。……この参入は，労働のように必要に強いられたものではなく，仕事のように有用性に促されたものでもない。それは，私たちがその仲間に加わりたいと願う他者の存在に刺激されたものである。……語り合うことによって，人は自分が誰であるかを示し，自分がユニークな人格をもつ存在であることを積極的に明らかにし，そのようにして人間世界に自分の姿を現すのである。
>
> （『人間の条件』より）

① 文化祭で劇を上演することになり，Qさんは衣装係を割り当てられたので，演者の個性が引き立つような，ユニークな衣装を作った。

② Rさんは，飢餓に苦しむ人々を支援する運動に同級生が参加していることを知り，自分もアルバイトをして貯めたお金を寄付した。

③ 高校で生徒会選挙があり，仲のよい同級生が生徒会長の候補者となったので，Sさんはその同級生に投票することにした。

④ Tさんは，休み時間に教室で，同級生がその場にいない人を中傷しているのを目にして，憤りを感じたので，彼らに抗議した。

[4] ハーバーマスの「対話的理性」という考え方に合致している発言として最も適当なものを，次の①〜④のうちから一つ選

① 議論をしても埋まらない立場の相違や利害の衝突は，多数者の意思に基づいて解決していく。それが，民主主義社会の公共性の原理でしょ。

② 多数決なんて乱暴だな。理想論って言われるかもしれないけど，みんなが互いに納得し合えるまで，とことん話し合いを続けるべきだよ。

③ 納得し合う必要もなくて，とことん意見をぶつけ合っていけばいいのさ。議論で一番大切なのは，互いの意見の違いを明らかにすることだからね。

④ 理想的な対話は，見知らぬ者同士では難しいよ。理性的に話し合うためには，互いに信頼し合える親密な関係が不可欠だよ。

**チャレンジ**　「大学入学共通テスト」に挑戦してみよう。

1 イノウエさんは，今後，新たな共同性を構築する際に，文化の異なる人々との対話や共生のあり方が重要になるのだと考えた。この点に関する記述として最も適当なものを，次の①〜④のうちから一つ選べ。（22現社 本）

① キング牧師は，アメリカ合衆国において，人種差別撤廃のための公民権運動を指導し，平等な社会を希求した。

② マララ・ユスフザイは，南アフリカ共和国で行われてきたアパルトヘイトの撤廃運動を指導し，和解や協調を進めた。

③ フーコーは，いわゆる未開社会の「野生の思考」が，西洋的思考と比べて劣ったものでないことを，思考の背後にある無意識的な構造から説明した。

④ リースマンは，「対話的理性」に基づいて自由な討議やコミュニケーション的行為を行うことで，合意の形成ができることを追究した。

2 先生はFに，「立ち止まって考える」ことについてデューイが論じている次の資料を示した。後のメモは，それを読んでFが書いたものである。資料の内容と，デューイの思想を踏まえて，メモ中の　a　・　b　に入る記述の組合せとして最も適当なものを，下の①〜④のうちから一つ選べ。（22倫理 本）

資料
　いかなる場合であれ，自然な衝動や願望が行動の出発点となる。しかし，最初に現れてくる衝動や願望を，何らかのかたちで組み立て直し，あるいは作り変えることなしに，知的成長はない。……「立ち止まり，考えよ」という古くからの警句は，健全な心構えである。というのも，思考は衝動が即座に現れることを食い止め，……それによって，いっそう包括的で一貫した行動の見通しが形成されるからである。……人は，目，耳，手を使って客観的条件を観察したり，過去に何が起きたかを思い出したりする。このようにして，考えることは，即座の行動を先延ばしにすると同時に，観察と記憶との結合を通じて，衝動を自分の内部で統御することを可能にする。この結合が，自分を振り返るということの核心なのである。　（『経験と教育』より）

メモ
　デューイはプラグマティズムに属する思想家で，　a　と主張している。この主張の根底には，資料に示されている，　b　という考えがある，と言えるだろう。

① a　知性には，科学的真理を探究するだけでなく，生活の中で直面する問題を把握し，課題の解決に向かって行動を

導く創造的な働きがある

　b　思考の役割は，自然な衝動や願望を抑えつつ，自己を取り巻く客観的な条件を観察したり，過去の事例を振り返るなどして，自分がこれからなそうとする行動の当否を吟味することだ

② a　社会もまた知性の働きによって改善されるべきであり，知性には，理想的な民主社会の実現に向けて重要な役割を果たすことが期待される

　b　思考の役割は，自然な衝動や願望を抑えつつ，行動を妨げるであろう要因を列挙して取り除いておくことで，環境の制約や過去の記憶から自由でいられるようにすることだ

③ a　現代社会において人々の価値観は多様であるが，各々が知性を働かせて協働することで，唯一絶対の普遍の価値に到達することができる

　b　思考の役割は，自然な衝動や願望を抑えつつ，自己を取り巻く客観的な条件を観察したり，過去の事例を振り返るなどして，自分がこれからなそうとする行動の当否を吟味することだ

④ a　資本主義の発展により知性は衰退し，民主主義の理念も崩壊の危機に瀕しているため，教育により創造性を育むことがいっそう重要になる

　b　思考の役割は，自然な衝動や願望を抑えつつ，行動を妨げるであろう要因を列挙して取り除いておくことで，環境の制約や過去の記憶から自由でいられるようにすることだ

**まとめと発展**

(1) 公共性の復権を唱えて，古代ギリシャのポリスを念頭において人間の行為を分類したアーレントは，公共性の領域をどのようにとらえていたか。なぜ全体主義という悪が生じたと考えたのか，まとめてみよう。

[　　　　　　　　　　　　　　　　　　　　　　]

(2) インターネットやSNSの普及によって，ハーバーマスのいうところの討議空間は復活するだろうか。自分の意見を考えてみよう。

[　　　　　　　　　　　　　　　　　　　　　　]

## A-15 どのような原理を用いて，望ましい政治や社会を実現すべきなのだろうか

 望ましい政治や道徳はどうあるべきかという問いに対して，ロールズやノージック，サンデル，センの考え方を手がかりにしながら，原理について学習していこう。

**チャート**

ロールズ／正義論／善に対する正の優越／無知のヴェール／平等な自由の原理／公正な機会均等の原理／格差原理／リベラリズム／公正としての正義／ノージック／最小国家／リバタリアニズム／コミュニタリアニズム／マッキンタイア／サンデル／正に対する善の優越／共通善／セン／ケイパビリティ

キーワードの意味を確認し，その内容や関連事項，役割の変化をまとめておこう。

**コンパス**

&

　現代の公共的な空間において，政治や道徳はどうあるべきかという問いに対して，ベンサムの功利主義やロールズのリベラリズム，ノージックのリバタリアニズム，サンデルのコミュニタリアニズム，センのケイパビリティ論などが手がかりになるだろう。
　「正義」や「平等」などを踏まえ，国家や社会のルールを決める際の重要な原理について考えてみよう。

**トレーニング** 選択肢に示されている用語や事柄を通してチャートの内容を確認しよう。

[1] センによる福祉の捉え方の説明として最も適当なものを，次の①〜④のうちから一つ選べ。(18倫 本)
　① 個人の才能としての「潜在能力」を最大限に引き出し，各人が自分の能力を社会で発揮できるようにすることによって，財や所得の豊かさという福祉の目標を実現しなければならない。
　② 生き方の幅としての「潜在能力」を改善し，各人が自分の達成できる状態・活動をより自由に実現できるようにすることで，財や所得の豊かさという福祉の目標を実現しなければならない。
　③ 個人の才能としての「潜在能力」を最大限に引き出し，各人が自分の能力を社会で発揮できるようにすることが福祉の目標であり，財はこの目的のために分配されなければならない。
　④ 生き方の幅としての「潜在能力」を改善し，各人が自分の達成できる状態・活動をより自由に実現できるようにすることが福祉の目標であり，財はこの目的のために分配されなければならない。

[2] 個人の自由をめぐるノージックの思想についての説明として最も適当なものを，次の①〜④のうちから一つ選べ。(20倫 本)
　① 自由は，まずもって各人に平等に保障されるべきものであるが，不遇な人々の福祉を実現するために，その自由は制限されなければならない。そのため，あるべき国家の姿は，「拡張国家」ということになる。
　② 自由は，まずもって各人に平等に保障されるべきものであるが，不遇な人々の福祉を実現するために，その自由は制限されなければならない。そのため，あるべき国家の姿は，「最小国家」ということになる。
　③ 個人の自由は，最大限尊重されるべきものであり，国家が強制的課税によって富を再分配することは，個人の自由に対する侵害である。そのため，あるべき国家の姿は，「拡張国家」ということになる。
　④ 個人の自由は，最大限尊重されるべきものであり，国家が強制的課税によって富を再分配することは，個人の自由に対する侵害である。そのため，あるべき国家の姿は，「最小国家」ということになる。

[3] 富の格差をはじめとする様々な不平等を思想家たちは問題にしてきた。次のア〜ウは，そうした思想家たちの説明であるが，それぞれ誰のことか。その組合せとして正しいものを，下の①〜⑧のうちから一つ選べ。(17倫 本)
　ア 敬虔なキリスト教徒にして人文主義者（ヒューマニスト）である立場から，金銭や富が人間よりも大切にされる社会を批判し，貨幣や私有財産のない理想社会を描く作品を発表した。
　イ 男性優位の文化・習慣が女性に特定の生き方を強いていることを明らかにし，「人は女に生まれるのではない，女になるのだ」と主張して，以後のフェミニズム運動に影響を与えた。
　ウ 自由競争によって生じる所得や地位の不平等は，社会の最も不遇な人々の境遇の改善につながる限りで認められるとする格差原理を主張して，公正としての正義を構想した。

| | | | | |
|---|---|---|---|---|
| ① | ア | トマス・モア | イ ボーヴォワール | ウ ロールズ |
| ② | ア | トマス・モア | イ ボーヴォワール | ウ サンデル |
| ③ | ア | トマス・モア | イ シモーヌ・ヴェイユ | ウ ロールズ |
| ④ | ア | トマス・モア | イ シモーヌ・ヴェイユ | ウ サンデル |
| ⑤ | ア | サン＝シモン | イ ボーヴォワール | ウ ロールズ |
| ⑥ | ア | サン＝シモン | イ ボーヴォワール | ウ サンデル |
| ⑦ | ア | サン＝シモン | イ シモーヌ・ヴェイユ | ウ ロールズ |
| ⑧ | ア | サン＝シモン | イ シモーヌ・ヴェイユ | ウ サンデル |

🏃 **トレーニング** 「コンパス」の視点や課題意識の「活用」に重きを置いた過去問に挑戦してみよう。

[4] 次の文章は，望ましい社会のあり方についてのコミュニタリアニズム（共同体主義）による見解を説明したものである。文章中の a ～ c に入れる語句の組合せとして正しいものを，下の①～⑧のうちから一つ選べ。(16倫理 本)

コミュニタリアニズムは， a が前提とする人間像や社会観を批判し，そのうえに成り立つ道徳や正義観に異議を唱える。 a では，社会とは自由で独立した個人の集合体であり，個人はあたかも自分にとって望ましい生き方を好きなように取捨選択することができる存在，いわば， b であるかのように捉えられている。ところが，現実の人間は，国家や民族，地域社会や家族など様々な共同体に帰属しており，その成員の間で広く共有され，その共同体それ自体を成り立たせる c に照らすことにより，はじめて自らのアイデンティティを形成し得る。自由で独立した個人を前提とし，またその結果として，個人の権利や個人間の公正さを重視する道徳観・正義観は，道徳や正義が共同体の c を離れて成立し得るかのようにみなしている点で，狭隘な見方に陥っているのである。そのため，コミュニタリアニズムは，抽象的な正義によって一元的に統制された社会ではなく，それぞれの共同体が育んできた複数の徳が継承され，成員が友愛や道徳的・政治的な責務を積極的に担うような社会が望ましいと考える。

| | | | | | | |
|---|---|---|---|---|---|---|
| ① | a | 社会主義 | b | 負荷なき自我 | c | 最高善 |
| ② | a | 社会主義 | b | 負荷なき自我 | c | 共通善 |
| ③ | a | 社会主義 | b | 超自我 | c | 最高善 |
| ④ | a | 社会主義 | b | 超自我 | c | 共通善 |
| ⑤ | a | 自由主義 | b | 負荷なき自我 | c | 最高善 |
| ⑥ | a | 自由主義 | b | 負荷なき自我 | c | 共通善 |
| ⑦ | a | 自由主義 | b | 超自我 | c | 最高善 |
| ⑧ | a | 自由主義 | b | 超自我 | c | 共通善 |

⬡ **チャレンジ** 「大学入学共通テスト」に挑戦してみよう。

[1] 次の資料は，ロールズが才能について論じたものであり，倫理の授業で配付された。ロールズの思想と資料の内容の説明として最も適当なものを，後の①～④のうちから一つ選べ。(23倫理 本)

> 資料 ロールズ『正義論』より
> 人が持つ道徳上の価値は，どれくらい多くの人がその人と同じような技能を提供しているか，どれくらい多くの人がその人が生み出せるものを欲することになるか，といった事情によって異なるはずがない。……希少な生得的才能を持っているために人より多く稼ぎ出される所得は，鍛錬にかかる費用を賄（まかな）い，学ぼうとする努力を促すためだけではなく，共通利益を最大限高めるように能力を向かわせるためのものでもある。結果として生じる分配上の取り分は，道徳上の価値と相関するものではない。どのような天性の強みを生まれつき授かるか，その強みが若年期に発達し育つかどうかには，道徳的に重要な根拠があるわけではないから。

① 均等な機会の下での競争の結果であり，かつ最も恵まれない境遇を改善する場合にのみ不平等は許容されると説いたロールズが，資料では，人の道徳的な価値は才能や技能に対する需要で決まるものではないと論じている。

② 西洋思想の基礎にある，あらゆる二項対立的な図式を問い直す必要があると説いたロールズが，資料では，自らの才能を伸ばすことができるかどうかで人の道徳的優劣は決まらないと論じている。

③ 功利主義の発想に基づいて，社会全体の効用を最大化することが正義の原理に適うと説いたロールズが，資料では，才能ある人は道徳的な共通目標のために自らの私財を提供するべきだと論じている。

④ 無知のヴェールの下で正義の原理を決定しようとする際，人々は何よりも基本的な自由を重視することになると説いたロールズが，資料では，個々人の才能に応じて社会の利益を分配することこそが正義に適うと論じている。

**まとめと発展**

(1) 「リベラリズム」とはどのような考え方だろうか。
[                                              ]

(2) ロールズとノージックは，どのような点で異なる見解を示しているか。
[                                              ]

(3) サンデルが具体的に考える「共通善」にはどのようなものがあるだろうか。
[                                              ]

(4) センが提唱する「ケイパビリティ（潜在能力）」とは，どのようなものだろうか。
[                                              ]

# 第2編

# 基本的人権の尊重と法

## （大項目Bに対応）

関門　近代国家と立憲主義

## B-1　市民革命による民主政治の成立について理解しよう

**目標**　国を治めるための原則である立憲主義とは，どのような内容を持つか考察しよう。

**チャート**

権力／公私二分論／立憲主義／市民革命／

権力分立／モンテスキュー／

法の精神／法の支配／人の支配

キーワードの意味を確認し，その内容や関連事項，役割の変化をまとめておこう。

&

絶対王政の理論と絶対王政に対する市民階級の理論を比較してみよう。また，民主主義の原理についての理解を深めていこう。

**トレーニング**　選択肢に示されている用語や事柄を通してチャートの内容を確認しよう。

[1] 個人と国家の権力とのあり方について論じた人物A〜Cとその主張ア〜ウとの組合せとして最も適当なものを，下の①〜⑥のうちから一つ選べ。(13政経　追)

　A　コーク（クック）　　B　モンテスキュー　　C　ロック

　ア　人民の自由の保障のため，国家権力を，立法権，行政権，司法権の三権に分け，相互の抑制と均衡を図るべきである。

　イ　政府が人民の生命，自由，財産に対する権利を侵害する場合，人民には，これに抵抗する権利がある。

　ウ　国王といえども，コモン・ローの支配下にあるのであって，法に従うべきである。

　①　A—ア　　B—イ　　C—ウ　　　②　A—ア　　B—ウ　　C—イ　　　③　A—イ　　B—ア　　C—ウ

　④　A—イ　　B—ウ　　C—ア　　　⑤　A—ウ　　B—ア　　C—イ　　　⑥　A—ウ　　B—イ　　C—ア

[2] 生徒Xは，そもそも国家はなぜあるのかについて興味があり，ホッブズの『リヴァイアサン』を読み，議論の流れや概念の関係を整理した次の図を作った。次の文章a〜dは，『リヴァイアサン』の一節あるいは要約であり，図中の空欄　ア　〜　エ　には，a〜dのいずれかの文章が入る。空欄　エ　に入る文章として最も適当なものを，下の①〜④のうちから一つ選べ。(21政経　追)

　a　人は，平和と自己防衛のためにかれが必要だとおもうかぎり，他の人びとも
　　またそうであるばあいには，すべてのものに対するこの権利を，すすんです
　　てるべきであり，他の人びとに対しては，かれらがかれ自身に対してもつこ
　　とをかれがゆるすであろうのと同じおおきさの，自由をもつことで満足すべ
　　きである。

|自然権　[ア]|「第一の自然法」　[ウ]|
|自然状態　[イ]||

「第二の自然法」　[エ]

契約(信約)を締結して国家を創設する。

　b　人びとが，かれらすべてを威圧しておく共通の権力なしに，生活していると
　　きには，かれらは戦争とよばれる状態にあり，そういう戦争は，各人の各人
　　に対する戦争である，ということである。

　c　各人は，かれ自身の自然すなわちかれ自身の生命を維持するために，かれ自身の意志するとおりに，かれ自身の力を
　　使用することについて，自由をもっている。

　d　各人は，平和を獲得する希望があるかぎり，それにむかって努力すべきであるというのが，理性の戒律すなわち一般
　　法則である。その内容は，「平和をもとめ，それにしたがえ」ということである。

（出所）水田洋訳『リヴァイアサン（一）』による。表記を一部改めている。

　①　a　　②　b　　③　c　　④　d

**トレーニング**　「コンパス」の視点や課題意識の「活用」に重きを置いた過去問に挑戦してみよう。

[3] 国家権力の濫用を防止するという法の役割に関する原則として形式的法治主義，実質的法治主義，および法の支配がある。次の文章を読み，ア〜エの各行為を，この三つの原則に照らして違反の有無を判定した場合，その組合せとして最も適当

なものを，下の①〜④のうちから一つ選べ。(19政経　追)

　国家権力の濫用を防止するという法の役割に関する原則としては，まず法の支配がある。これは，国家権力の行使は，法に基づいてなされなければならず，さらにこの場合の法は，

内容が基本的人権を侵すようなものであってはならないとする考え方である。これに対して，法治主義は当初，行政に対して議会が制定した法律に従うことは要請するものの，法律の内容までは問わない形式的法治主義であった。しかし，今日の法治主義は，法の支配と同様に，行政が従うべき法律の内容に関しても，基本的人権を侵害しないものであることを要求する実質的法治主義を意味する。

ア　行政機関が，法律の根拠なく，国民の財産を強制的に収用する。

イ　行政機関が，法律に基づいて，国民に特定の職業に就くことを強制する。

ウ　議会が，国民に特定の職業に就くことを強制する法律を定める。

エ　議会が，国民の財産権の行使について公共の福祉の観点から必要最小限度の制限を課する法律を定める。

| | | 形式的法治主義 | 実質的法治主義 | 法の支配 |
|---|---|---|---|---|
| ① | ア | 違反しない | 違反しない | 違反しない |
| ② | イ | 違反しない | 違反しない | 違反する |
| ③ | ウ | 違反しない | 違反する | 違反する |
| ④ | エ | 違反する | 違反する | 違反する |

## チャレンジ　「大学入学共通テスト」に挑戦してみよう。

1　法の支配に関連して，次の文章中の空欄　ア ・ イ　に当てはまる言葉を下の記述A〜Cから選び，その組合せとして正しいものを，下の①〜⑥のうちから一つ選べ。(20政経 本)

イギリスでは中世のマグナ・カルタ（大憲章）において，すでに法の支配の萌芽(ほうが)がみられた。近世の絶対君主制の下でそれは危機に瀕(ひん)したが，17世紀初頭にイギリスの裁判官エドワード・コーク（クック）は，13世紀の法律家ブラクトンの言葉をひいて　ア　と述べ，法の支配を主張した。

絶対君主制への批判は，国王の権力を制限しようとする社会契約論や立憲主義思想へとつながっていく。こうした考え方は，17世紀から18世紀にかけて近代市民革命へと結実し，フランス人権宣言に　イ　と謳(うた)われた。

A　「あらゆる政治的結合の目的は，人の，時効によって消滅することのない自然的な諸権利の保全にある」

B　「経済生活の秩序は，すべての人に，人たるに値する生存を保障することをめざす正義の諸原則に適合するものでなければならない」

C　「王は何人の下にも立つことはない。しかし，神と法の下には立たなければならない」

① ア―A　イ―B　　② ア―A　イ―C
③ ア―B　イ―A　　④ ア―B　イ―C
⑤ ア―C　イ―A　　⑥ ア―C　イ―B

2　国の法制度に関連して，生徒Xは，図書館で資料調査をする中で，国家権力のあり方に関するある思想家の著作に次のような記述があることを発見した。この記述から読みとれる内容として最も適当なものを，後の①〜④のうちから一つ選べ。なお，一部表記を改めた箇所やふりがなを振った箇所がある。(22政経 本)

およそ権力を有する人間がそれを濫用しがちなことは万代不易(ばんだいふえき)の経験である。彼は制限に出会うまで進む。…（中略）…

権力を濫用しえないようにするためには，事物の配置によって，権

[4]　民主主義の歴史の上で重要な憲法・宣言A〜Cと，その文言ア〜ウとの組合せとして正しいものを，下の①〜⑥のうちから一つ選べ。(10政経 本)

A　アメリカ独立宣言
B　フランス人権宣言
C　ワイマール憲法

ア　「経済生活の秩序は，すべての人に，人たるに値する生存を保障することを目ざす，正義の諸原則に適合するものでなければならない。」

イ　「すべての人は平等に造られ，造物主によって一定の奪うことのできない権利を与えられ，その中には生命，自由および幸福の追求が含まれる。」

ウ　「権利の保障が確保されず，権力の分立が定められていないすべての社会は，憲法をもたない。」

① A―ア　　B―イ　　C―ウ
② A―ア　　B―ウ　　C―イ
③ A―イ　　B―ア　　C―ウ
④ A―イ　　B―ウ　　C―ア
⑤ A―ウ　　B―ア　　C―イ
⑥ A―ウ　　B―イ　　C―ア

力が権力を抑止するようにしなければならない。誰も法律が義務づけていないことをなすように強制されず，また，法律が許していることをしないように強制されないような国制が存在しうるのである。…(中略)…

同一の人間あるいは同一の役職者団体において立法権力と執行権力とが結合されるとき，自由は全く存在しない。なぜなら，同一の君主または同一の元老院が暴君的な法律を作り，暴君的にそれを執行する恐れがありうるからである。

裁判権力が立法権力や執行権力と分離されていなければ，自由はやはり存在しない。もしこの権力が立法権力と結合されれば，公民の生命と自由に関する権力は恣意的となろう。なぜなら，裁判役が立法者となるからである。もしこの権力が執行権力と結合されれば，裁判役は圧制者の力をもちうるであろう。

もしも同一人間，または，貴族もしくは人民の有力者の同一の団体が，これら三つの権力，すなわち，法律を作る権力，公的な決定を執行する権力，犯罪や個人間の紛争を裁判する権力を行使するならば，すべては失われるであろう。

① 権力を恣意的に行使する統治に対する革命権の重要性を説いている。

② 権力を分立することにより公民の自由が保護されると説いている。

③ 権力をもつ者が権力を濫用するのではなく公民の自由を保護する傾向にあることを前提としている。

④ 権力をもつ者が人民から自然権を譲渡された絶対的な存在であることを前提としている。

### まとめと発展

「法の支配」と「法治主義」は，現在ではほぼ同じ意味で使用されているが，本来，どのような違いが見られたか，整理してまとめてみよう。

〔　　　　　　　　　　　　　　　　　　　　　　　　〕

関 門
B-2

明治憲法と日本国憲法

## 明治憲法と日本国憲法の違いはどのような点にあるだろうか。そこから何が読み取れるか話し合ってみよう

明治憲法と日本国憲法が制定された際の時代背景を考察しつつ，その内容の違いを整理しよう。また，それぞれの制定過程から何が読み取れるか話し合い，自分なりの意見を持とう。

**チャート**

大日本帝国憲法（明治憲法）／欽定憲法／天皇大権／統治権の総攬／統帥権／輔弼／協賛／臣民／法律の留保／治安維持法／外見的立憲主義／大正デモクラシー／普通選挙制／政党政治／私擬憲法／植木枝盛／ポツダム宣言／連合国軍総司令部（GHQ）／憲法問題調査委員会／松本案／国体の護持／マッカーサー三原則

キーワードの意味を確認し，その内容や関連事項，役割の変化をまとめておこう。

&

**コンパス**

①大日本帝国憲法の制定に先立って作られた私擬憲法のなかには，「東洋大日本国国憲按」に記載された抵抗権など，先駆的な内容もみられたが，実際の憲法にはそれは明記されていない。その理由を考えながら学習しよう。
②戦前，日本の軍部が暴走した一因として「統帥大権（統帥権の独立）」があるといわれているが，それはなぜだろうか。
③1925年に普通選挙法が制定されたが，それと同年に治安維持法が制定された意味を考えよう。

**トレーニング** 選択肢に示されている用語や事柄を通して「チャート」の基本的事項を確認しよう。

[1] 大日本帝国憲法（明治憲法）から日本国憲法への変化についての記述として**適当でないもの**を，次の①〜④のうちから一つ選べ。(02 政経　本)
① 明治憲法で統治権を総攬するとされた天皇は，日本国憲法では日本国と日本国民統合の象徴とされた。
② 明治憲法では臣民の権利が法律の範囲内で与えられたが，日本国憲法では基本的人権が侵すことのできない永久の権利として保障された。
③ 明治憲法では皇族・華族・勅任議員からなる貴族院が置かれていたが，日本国憲法では公選の参議院が設けられた。
④ 明治憲法で規定されていた地方自治は，日本国憲法ではいっそう拡充され，地方特別法を制定する場合，事前に住民投票を行う制度が導入された。

[2] 日本国憲法の成立過程をめぐる記述として**誤っているもの**を，次の①〜④のうちから一つ選べ。(08 政経　本)
① 憲法問題調査委員会は，ポツダム宣言の受諾に伴って，憲法改正に関する調査を行うために設置された。
② 日本国憲法の政府案は，GHQ（連合国軍総司令部）が提示したマッカーサー草案を基に作成された。
③ 女性の参政権は，日本国憲法の制定に先立って行われた衆議院議員総選挙で初めて認められた。
④ 日本国憲法の政府案は，帝国議会で審議されたが，修正されることなく可決された。

[3] 日本国憲法の制定過程や基本原理に関する記述として正しいものを，次の①〜④のうちから一つ選べ。(17 政経　本)
① 日本国憲法によって列挙された基本的人権は，法律の範囲内において保障されている。
② 日本国憲法は，君主である天皇が国民に授ける民定憲法という形で制定された。
③ 日本国憲法は，憲法問題調査委員会の起草した憲法改正案（松本案）を，帝国議会が修正して成立した。
④ 日本国憲法における天皇は，国政に関する権能を有しておらず，内閣の助言と承認に基づいて国事行為を行う。

**[4]** 日本における平等に関する歴史についての記述として**誤っているもの**を，次の①～④のうちから一つ選べ。(03政経　本)

① 明治政府の下で，旧来の士農工商の身分制度は廃止された。

② 大日本帝国憲法（明治憲法）の下では，華族制度が存在していた。

③ 1925年の普通選挙法で，女性の高額納税者にも選挙権が認められた。

④ 日本国憲法の下で，栄典にともなう特権は廃止された。

**[5]** 第二次世界大戦後，日本国憲法制定に先立って行われた改革の例として正しいものを，次の①～④のうちから一つ選べ。(00 政経　追)

① 農業基本法の制定

② 男女普通選挙制度の実現

③ 国民皆保険，皆年金制度の導入

④ 労働基準法の制定

**[6]** 国内法は，日本では憲法，法律，命令，条例などによって構成され，憲法が最高法規であるとされる。憲法は国の最高法規であるという原則を定めた日本国憲法の規定はどれか。正しいものを，次の①～④のうちから一つ選べ。(16政経　追)

① 国会は，国権の最高機関であって唯一の立法機関である。

② 内閣総理大臣その他の国務大臣は，文民でなければならない。

③ 憲法に反する法律，命令，詔勅および国務に関するその他の行為は，効力を有しない。

④ 地方自治体の組織および運営に関する事項は，地方自治の本旨に基づいて，法律で定める。

**1** 生徒Xは，「政治・経済」の教科書を読み，日本の立法過程について整理した。日本の立法過程に関する記述として**誤っているもの**を，次の①～④のうちから一つ選べ。(22政経　本)

① 国会議員が予算を伴わない法律案を発議するには，衆議院では議員20人以上，参議院では議員10人以上の賛成を要する。

② 法律案が提出されると，原則として，関係する委員会に付託され委員会の審議を経てから本会議で審議されることになる。

③ 参議院が衆議院の可決した法律案を受け取った後，60日以内に議決をしないときは，衆議院の議決が国会の議決となる。

④ 国会で可決された法律には，すべて主任の国務大臣が署名し，内閣総理大臣が連署することを必要とする。

**2** 第二次世界大戦後に日本国憲法が制定されると，中学生に憲法を平易に解説する冊子として，当時の文部省は『あたらしい憲法のはなし』(1947年)を発行した。次の問いに答えよ。

『あたらしい憲法のはなし』は，憲法上の権利の重要性を述べ，憲法がそれを「侵すことのできない永久に与えられた権利として記している」ことを強調する。日本における憲法上の権利とそれに関連する記述として**適当でないもの**を，次の①～④のうちから一つ選べ。(21現社　追)

① 財産権は，公共の福祉による制限を受けない権利である。

② 大学における学問の自由を保障するため，大学の自治が認められている。

③ 憲法で保障されている生存権の理念に基づいて，必要な保護を行うとともに，自立を助長することを目的として，生活保護法が制定されている。

④ 表現の自由は，自由なコミュニケーションを保障するための権利であると同時に，民主主義の実現にとっても重要な権利であるとされる。

---

**まとめと発展**

(1) 明治憲法には地方自治に関する規程は明記されていないが，それはなぜだろうか。

[ ]

(2) 日本国憲法では内閣総理大臣の権限が強化されたが，この理由について調べてみよう。

[ ]

## 平等権の実現に向けて，現代ではどのような取り組みがされているのだろうか

 **目標**　基本的人権の中心となる平等権の意義や内容を理解し，現在も残る差別や偏見について考え，人権の意識を向上するような態度を育てていこう。

**チャート**

個人の尊重／平等権／女子差別撤廃条約／
男女雇用機会均等法／ジェンダー／
男女共同参画社会基本法／全国水平社／
同和対策審議会答申／アイヌ文化振興法／
アイヌ民族支援法／ヘイトスピーチ／
障害者基本法／ノーマライゼーション／
アファーマティブ・アクション

キーワードの意味を確認し，その内容や関連事項，
役割の変化をまとめておこう。

**&**

 **コンパス**

　平等権は，基本的人権の中心となっており，これまで形式的平等から実質的平等の確保が求められてきた。しかし，差別を禁止してもなお，私たちの日常生活のあらゆる側面で不合理な差別が存在しており，そういった差別意識を根絶するために，私たちが日常生活でどのような工夫ができるかについて考えていこう。
　当面の課題として，
①どうしたら，あらゆる差別をなくし，すべての人々が活躍できる社会になるか。
②実質的な平等の確保をどのように行うか。
などが挙げられる。

**トレーニング**　選択肢に示されている用語や事柄を通してチャートの内容を確認しよう。

[1]　日本における施策についての記述として正しいものを，次の①～④のうちから一つ選べ。（18政経　追）
　①　一定割合以上の障害者を雇用するよう求める法定雇用率に関する制度は，民間企業を対象としていない。
　②　アイヌの人々を法的に民族として認め，その文化の振興などを図るために，アイヌ文化振興法が制定された。
　③　公共施設などにおけるバリアフリー化を促進するために，地域保健法が制定された。
　④　地方公務員の採用において，国籍条項の緩和や廃止をする地方自治体は出てきていない。

[2]　家族や男女平等をめぐる日本の法制度に関する記述として適当でないものを，次の①～④のうちから一つ選べ。（18現社　追）
　①　育児・介護休業法では，育児や介護のための休業の取得は女性労働者に限られている。
　②　男女雇用機会均等法は，職場におけるセクシュアル・ハラスメントを防止することの義務を事業主に課している。
　③　臓器移植法では，脳死した者の生存中の意思が不明な場合でも，書面による家族の承諾があれば臓器の摘出を行うことができる。
　④　日本国憲法には，家族生活における両性の平等に関する内容が含まれている。

**トレーニング**　「コンパス」の視点や課題意識の「活用」に重きを置いた過去問に挑戦してみよう。

[3]　次の表は，男性の賃金を100とした場合の女性の賃金，管理職に占める女性の割合，閣僚に占める女性の割合，最高裁判所裁判官に占める女性の割合の国際比較を示したものである。この表から読みとれる内容として正しいものを，次の①～④のうちから一つ選べ。（18政経　本）

|  | 男性の賃金を100とした場合の女性の賃金 | 管理職に占める女性の割合（%） | 閣僚に占める女性の割合（%） | 最高裁判所裁判官に占める女性の割合（%） |
|---|---|---|---|---|
| 日本 | 72 | 11 | 22 | 17 |
| アメリカ | 83 | 44 | 26 | 25 |
| ドイツ | 81 | 29 | 33 | 21 |
| フランス | 85 | 33 | 50 | 35 |

（注）男性の賃金を100とした場合の女性の賃金と管理職に占める女性の割合とは2014年の数値である。閣僚に占める女性の割合は2015年の数値である。最高裁判所裁判官に占める女性の割合は，日本とアメリカが2013年の数値であり，ドイツとフランスが2012年の数値である。
（資料）独立行政法人　労働政策研究・研修機構（編）『データブック国際労働比較（2016年版）』および OECD, Government at a Glance 2013, 2015（OECD Webページ）により作成。

　①　任期4年で3選禁止の国家元首がおり，二大政党制が定着しているこの国は，閣僚に占める女性の割合が最も高い。
　②　半大統領制をとり，国連安全保障理事会の常任理事国であるこの国は，管理職に占める女性の割合が最も低い。
　③　議院内閣制をとるが，実質的な権限をもたない大統領もいるこの国は，最高裁判所裁判官に占める女性の割合が2番目に

低い。

④ 連邦国家ではなく，議院内閣制の下で一党優位の時期が長く続いたこの国は，男性の賃金を100とした場合の女性の賃金が２番目に高い。

[4] 次の文章は，自由と平等とについての考え方をある生徒がまとめたものである。この文章の ┃X┃・┃Y┃ のそれぞれには後の**考え方ア・イ**のどちらかが入る。┃Y┃ に入る**考え方**と，その考え方に対応する具体的な**政策や取り組みの例** a～d の組合せとして最も適当なものを，後の①～⑧のうちから一つ選べ。(18政経　試)

　　近代の市民革命では，人間が生まれながらにさまざまな権利をもつ存在であるという考え方から導かれた自由と平等という二つの理念が，封建社会を打ち破る原動力となった。市民革命の後に各国で定められた多くの人権宣言は，自由と平等を保障している。ここでは，┃X┃ との考え方がとられていた。

　　しかし，その後の歴史の経過をみると，自由と平等とは相反する側面ももっていることがわかる。19世紀から20世紀にかけて，┃X┃ との考え方は，現実の社会における個人の不平等をもたらした。資本主義の進展によって，財産を持てる者はますます富み，それを持たざる者はますます貧困に陥ったからである。そこで，平等について新しい考え方が現れることになった。すなわち，┃Y┃ との考え方である。

　　もっとも，平等についてこのような考え方をとると，今度は平等が自由を制約する方向ではたらくことになる。国家

は，持たざる者に対する保護の財源を，持てる者からの租税により調達する。持てる者にとって，その能力を自由に発揮して得た財産に多くの税を課されることは，みずからの自由な活動を制限されているに等しい。また，国家は，持たざる者に保護を与えるにあたり，その資産や収入を把握する。持たざる者は，これを自由に対する制約であると感じるだろう。

　　このようにみると，自由と平等との関係は一筋縄ではいかないことがわかる。

**考え方**

**ア** すべての個人を国家が法的に等しく取り扱い，その自由な活動を保障することが平等である

**イ** 社会的・経済的弱者に対して国家が手厚い保護を与えることで，ほかの個人と同等の生活を保障することが平等である

**政策や取組みの例**

a 大学進学にあたり，高等学校卒業予定またはそれと同等の資格をもつ者の全員に大学受験資格を認定する。

b 大学進学にあたり，世帯の年収が一定の金額に満たない者の全員に奨学金を支給する。

c 大学入試において，国際性を有する学生を確保するため，帰国子女の特別枠を設定する。

d 大学入試において，学力試験のみでは評価しにくい優れた能力をもつ学生を獲得するため，アドミッション・オフィス入試（AO入試）を実施する。

① アーa　② アーb　③ アーc　④ アーd
⑤ イーa　⑥ イーb　⑦ イーc　⑧ イーd

**チャレンジ** 「大学入学共通テスト」に挑戦してみよう。

1 次の文章は，L市内の民間企業の取組みについて，生徒Xと生徒Yがまとめた発表用原稿の一部である。文章中の空欄 ┃ア┃ にはaかb，空欄 ┃イ┃ にはcかdのいずれかが当てはまる。次の文章中の空欄 ┃ア┃・┃イ┃ に当てはまるものの組合せとして最も適当なものを，後の①～④のうちから一つ選べ。(22政経　本)

　　一つ目はA社とB大学についての事例です。L市に本社があるベンチャー企業のA社は，それまで地元の大学からの人材獲得を課題としていました。そのためA社は，市内のB大学と提携してインターンシップ（就業体験）を提供するようになりました。このインターンシップに参加したB大学の卒業生は，他の企業への就職も考えたものの，仕事の内容を事前に把握していたA社にやりがいを見いだして，A社への就職を決めたそうです。この事例は ┃ア┃ の一例です。

　　二つ目は事業者Cについての事例です。事業者Cは，市内の物流拠点に併設された保育施設や障がい者就労支援施設を運営しています。その物流拠点では，障がいのある人たちが働きやすい職場環境の整備が進み，障がいのない人たちと一緒に働いているそうです。この事例は ┃イ┃ の一例です。

a スケールメリット（規模の利益）を追求する取組み
b 雇用のミスマッチを防ぐ取組み
c トレーサビリティを明確にする取組み
d ノーマライゼーションの考え方を実行に移す取組み

① アーa　　イーc
② アーa　　イーd
③ アーb　　イーc
④ アーb　　イーd

**まとめと発展**

(1) 日本国憲法で定められた平等権には，具体的にどのような規定があるだろうか。

[　　　　　　　　　　　　　　　]

(2) 「ジェンダー」とはどのような意味をもつか。

[　　　　　　　　　　　　　　　]

(3) 「ノーマライゼーション」とはどのような考え方だろうか。

[　　　　　　　　　　　　　　　]

(4) 私たちの周りに残っている差別にはどのようなものがあるか一つ挙げ，解決策を考えてみよう。

[　　　　　　　　　　　　　　　]

関門 B-4 個人の尊重と人権保障 －自由権－

## 日本国憲法は，どのように私たち個人の尊重を保障しているのだろうか

**目標** 個人が尊重されるために，日本国憲法が保障していることを理解し，具体的に争われた裁判において，その争点はどこにあるかを考え，その判断の結果について自分なりの意見を持とう。

基本的人権／幸福追求権／人身の自由／奴隷的拘束の禁止／苦役からの自由／法定手続きの保障／令状主義／黙秘権／罪刑法定主義／残虐な刑罰／冤罪／足利事件／免田事件／取り調べの可視化／精神の自由／思想及び良心の自由／信教の自由／政教分離の原則／津地鎮祭訴訟／愛媛玉串料訴訟／空知太神社訴訟／集会・結社・表現の自由／検閲の禁止／家永教科書訴訟／学問の自由／経済活動の自由／居住・移転の自由／職業選択の自由／財産権／公共の福祉／知的財産権

キーワードの意味を確認し，その内容や関連事項，役割の変化をまとめておこう。

&

日本国憲法における自由権を整理し，個人の尊重が憲法によっていかに保障されているかを理解しよう。また，判例を読み，その訴訟のどこに問題があり，司法はそれをどのように判断したのかを確認しよう。さらに自分なりにその判決に対し，以下のことを参考に考えを持とう。

①自由権が「国家からの自由」と呼ばれる背景，理由を個人と国家の関係から考えてみよう。

②個人の尊重においては「公共の福祉」も重要である。どういうことか調べてみよう。

**トレーニング** 選択肢に示されている用語や事柄を通して「チャート」の基本的事項を確認しよう。

[1] 日本における精神的自由の保障に関する記述として正しいものを，次の①～④のうちから一つ選べ。(12 政経 本)
  ① 最高裁判所が，三菱樹脂事件で，学生運動の経歴を隠したことを理由とする本採用拒否は違法であると判断した。
  ② 最高裁判所は，愛媛玉串料事件で，県が玉串料などの名目で靖国神社に公金を支出したことは政教分離原則に反すると判断した。
  ③ 表現の自由の保障は，国民のプライバシーを尊重するという観点から，マスメディアの報道の自由の保障を含んでいない。
  ④ 学問の自由の保障は，学問研究の自由の保障のみを意味し，大学の自治の保障を含んでいない。
[2] 日本における身体の自由についての記述として**誤っているもの**を，次の①～④のうちから一つ選べ。(15 政経 追)
  ① 何人も，現行犯で逮捕される場合を除き，検察官が発する令状によらなければ逮捕されない。
  ② 何人も，自己に不利益な唯一の証拠が本人の自白である場合には，有罪とされることも刑罰を科せられることもない。
  ③ 何人も，法律の定める手続によらなければ，生命や自由を奪われることも刑罰を科せられることもない。
  ④ 何人も，実行の時に犯罪でなかった行為について，その後に制定された法律によって処罰されない。
[3] 日本国憲法が保障する表現の自由および通信の秘密に関する記述として正しいものを，次の①～④のうちから一つ選べ。(17 政経 追)
  ① 『チャタレイ夫人の恋人』という小説の翻訳が問題となった刑事事件で，最高裁判所は，わいせつ文書の頒布を禁止した刑法の規定は表現の自由を侵害するので違憲とした。
  ② 通信傍受法は，組織犯罪に関して捜査機関が電話を傍受する際に裁判所の発する令状を不要としている。
  ③ 『石に泳ぐ魚』という小説のモデルとされた女性がプライバシーを侵害されたとして小説の出版差止めを求めた事件で，最高裁判所は，表現の自由を侵害するとして出版差止めを認めなかった。
  ④ 特定秘密保護法は，日本の安全保障に関する情報で特定秘密に指定された情報の漏洩を禁止している。
[4] 経済的自由権に関する記述として最も適当なものを，次の①～④のうちから一つ選べ。(02 政経 本)
  ① 日本国憲法では，私有財産は，正当な補償をすることを条件に，公共のために用いられうることが明文で定められている。
  ② 日本国憲法では，奴隷的拘束や苦役からの自由は経済的自由権と位置付けられている。
  ③ 日本国憲法では，職業選択の自由とともに，選択した職業を自由に営むことを保障する営業の自由が明文で定められている。
  ④ 日本国憲法が保障する自由権は，経済的自由権と精神的自由権の二つの種類に分けられる。

**1** 空き家について、生徒Xは、国土交通省のWebページで「空家等対策の推進に関する特別措置法」（以下、空家法という）の内容を調べ、次のメモを作成した。Xは生徒Yと、メモをみながら後の会話をしている。後の会話文中の空欄 ア ・ イ に当てはまる語句の組合せとして最も適当なものを、後の①〜⑥のうちから一つ選べ。（22 政経 本）

---

1. 「空家等」（空家法第2条第1項）
・建築物やそれに附属する工作物で居住等のために使用されていないことが常態であるもの、および、その敷地。
2. 「特定空家等」：次の状態にある空家等（空家法第2条第2項）
 (a) 倒壊等著しく保安上危険となるおそれのある状態
 (b) 著しく衛生上有害となるおそれのある状態
 (c) 適切な管理が行われないことにより著しく景観を損なっている状態
 (d) その他周辺の生活環境の保全を図るために放置することが不適切である状態
3. 特定空家等に対する措置（空家法第14条）
・特定空家等の所有者等に対しては、市町村長は、特定空家等を取り除いたり、修繕したりするなど、必要な措置をとるよう助言や指導、勧告、命令をすることができる。
・上記(a)または(b)の状態にない特定空家等については、建築物を取り除くよう助言や指導、勧告、命令をすることはできない。

---

X：空家法によると、市町村長は、所有者に対し建築物を取り除くよう命令し、従わない場合は代わりに建築物を取り除くこともできるみたいだよ。

Y：そうなんだ。でも、市町村長が勝手に私人の所有する建築物を取り除いてしまってもよいのかな。

X：所有権といえども、絶対的なものとはいえないよ。日本国憲法第29条でも、財産権の内容は「 ア 」に適合するように法律で定められるものとされているね。空家法は所有権を尊重して、所有者に対し必要な措置をとるよう助言や指導、それから勧告をすることを原則としているし、建築物を取り除くよう命令できる場合を限定もしているよ。でも、空家法が定めているように、 イ には、所有者は、建築物を取り除かれることになっても仕方ないんじゃないかな。

Y：所有権には所有物を適切に管理する責任が伴うということだね。

① ア 公共の福祉
　イ 周辺住民の生命や身体に対する危険がある場合
② ア 公共の福祉
　イ 周辺の景観を著しく損なっている場合
③ ア 公共の福祉
　イ 土地の有効利用のための必要性がある場合
④ ア 公序良俗
　イ 周辺住民の生命や身体に対する危険がある場合
⑤ ア 公序良俗
　イ 周辺の景観を著しく損なっている場合
⑥ ア 公序良俗
　イ 土地の有効利用のための必要性がある場合

**2** 民泊について、生徒Xと生徒Yは次のような会話をしている。次の会話文中の空欄 ア ・ イ に当てはまる語句の組合

せとして最も適当なものを、後の①〜④のうちから一つ選べ。（22 政経 本）

X：住宅宿泊事業法が制定されて、住宅を宿泊事業に用いる民泊が解禁されたと聞いたけど、うちのJ市も空き家を活用した民泊を推進しているらしいね。でも、同じく宿泊施設であるホテルや旅館の経営者の一部からは、経営への悪影響を懸念して規制をすべきという声も出ているらしいよ。

Y： ア を支持する考えからすれば、民泊がたくさんできると、利用者の選択肢が増え利便性が上がるだろうし、将来的には観光客の増加と地域経済の活性化につながって、いいことなんだけどね。

X：問題もあるんだよ。たとえば、閑静な住宅街やマンションの中に民泊ができたら、夜間の騒音とか、周辺住民とトラブルが生じることがあるよね。彼らの生活環境を守るための対策が必要じゃないかな。

Y：民泊の営業中に実際に周囲に迷惑をかけているなら個別に対処しなければならないね。でも、自身の所有する住宅で民泊を営むこと自体は財産権や営業の自由にかかわることだし、利用者の選択肢を狭めてはいけないね。だから、住宅所有者が民泊事業に新たに参入することを制限するのはだめだよ。その意味で、 イ ことには反対だよ。

① ア 規制強化
　イ 住宅街において民泊事業を始めることを地方議会が条例で禁止する
② ア 規制強化
　イ 夜間の激しい騒音を改善するよう民泊事業者に行政が命令する
③ ア 規制緩和
　イ 住宅街において民泊事業を始めることを地方議会が条例で禁止する
④ ア 規制緩和
　イ 夜間の激しい騒音を改善するよう民泊事業者に行政が命令する

---

**まとめと発展**

(1) 令状が必要となるのはどのような場面だろうか。
[　　　　　　　　　　　　　　]

(2) 政教分離とは何か。また、判例の根拠として用いられる「目的効果基準」とは何か。
[　　　　　　　　　　　　　　]

(3) 職業選択の自由が規制される際の根拠は何だと思うか。
[　　　　　　　　　　　　　　]

(4) 上記の共通テストの抜粋問題の**2**について、あなたは民泊事業に関して規制を緩和することを支持するか、しないか。また、その理由は何か。
[　　　　　　　　　　　　　　]

(5) 「わがまま」と「個人の権利の主張」の違いは何だと思うか。
[　　　　　　　　　　　　　　]

関 門
B-5

社会権を具体化する制度と課題 −社会権−

## 社会権を具体化する制度と課題にはどのようなものがあるのだろうか

目標
社会権が福祉国家観に基づく基本的人権であることを理解し，さらに社会権に関わる判例からどのように権利が保障され，かつ制度化されてきたかについて学んでいこう。

チャート

国家による自由／福祉国家／社会権／
ワイマール憲法／生存権／
健康で文化的な最低限度の生活を営む権利／
社会保障制度／朝日訴訟／堀木訴訟／
プログラム規定説／法的権利説／
勤労権／労働三権／労働三法／
男女共同参画社会／働き方改革／
ライフワークバランス／教育を受ける権利

キーワードの意味を確認し，その内容や関連事項，役割の変化をまとめておこう。

コンパス

&

まず，「朝日訴訟」や「堀木訴訟」などの判例を通して，「幸福・公正・正義」の視点で社会権を始めとし，勤労の権利や労働基本権，教育を受ける権利を理解・考察する。

当面の課題として，
①豊かな福祉社会を実現するために，生存権の理念をどう生かすか。
②2018年に政府が打ち出した「働き方改革」をどう実現していくか。
などが挙げられる。

トレーニング 選択肢に示されている用語や事柄を通して「チャート」の基本的事項を確認しよう。

[1] 日本国憲法が保障する社会権についての記述として**誤っているもの**を，次の①〜④のうちから一つ選べ。(08政経 追)
① 最高裁判所は，朝日訴訟において，生存権を定めた規定は直接個々の国民に対して具体的な権利を与えたものではないとした。
② 最高裁判所は，堀木訴訟において，障害福祉年金と児童扶養手当との併給禁止を違憲ではないとした。
③ 勤労の権利とは，働く意思のある者が，希望の職業に就くことを国家に請求する権利のことである。
④ 労働三権とは，団結権，団体交渉権および団体行動権を総称したものである。

[2] 日本における社会権の保障についての記述として**誤っているもの**を，次の①〜④のうちから一つ選べ。(13政経 追)
① 生存権は，新しい人権として環境権が主張される際に，その根拠の一つとなっている。
② 教育を受ける権利は，児童・生徒が公立学校において，自らの信仰する宗教の教義の教育を受ける権利を含んでいる。
③ 勤労権は，職業安定法，雇用対策法などの法律によって，実質的な保障が図られている。
④ 団体交渉権は，国家公務員および地方公務員については，民間企業の労働者よりも制限されている。

[3] 日本国憲法は，労働基本権（労働三権）を保障している。労働基本権は，労働者に「ある権利」を実質的に保障するためのものであるといわれている。その「ある権利」を定めた日本国憲法の条文として最も適当なものを，次の①〜④のうちから一つ選べ。(18政経 試)
① 財産権は，これを侵してはならない。
② すべて国民は，健康で文化的な最低限度の生活を営む権利を有する。
③ 信教の自由は，何人に対してもこれを保障する。
④ 何人も，裁判所において裁判を受ける権利を奪はれない。

[4] 社会権A〜Cとそれを実現するために日本で行われている具体的な施策ア〜ウとの組合せとして最も適当なものを，下の①〜⑥のうちから一つ選べ。(12政経 本)
A 勤労権　　　 B 生存権　　　 C 団結権
ア 労働組合員であることを理由に労働者を解雇することを，不当労働行為として法律で禁止する。
イ 公共職業安定所（ハローワーク）を設置し，求職者に職業を紹介することを法律で定める。
ウ 生活に困窮する者に対して，公費を財源に厚生労働大臣が定める基準に基づき扶助を行うことを法律で定める。
① A—ア B—イ C—ウ ② A—ア B—ウ C—イ ③ A—イ B—ア C—ウ
④ A—イ B—ウ C—ア ⑤ A—ウ B—ア C—イ ⑥ A—ウ B—イ C—ア

**[5]** 日本国憲法が保障する社会権について説明した次の記述Ａ～Ｃのうち，正しいものはどれか。当てはまる記述をすべて選び，その組合せとして最も適当なものを，下の①～⑦のうちから一つ選べ。（20政経　追）

  Ａ プログラム規定説によれば，憲法第25条の生存権は国民が国家に対して積極的な施策を請求することができる具体的権利である。

  Ｂ 憲法第26条は，ひとしく教育を受ける権利を保障する教育の機会均等を定めている。

  Ｃ 憲法第28条に定められている団結権は，労働基準法の各条文で詳細に保障されている。

 ① Ａ  ② Ｂ  ③ Ｃ  ④ ＡとＢ

 ⑤ ＡとＣ  ⑥ ＢとＣ  ⑦ ＡとＢとＣ

---

**チャレンジ**　「大学入学共通テスト」に挑戦してみよう。

**1** 社会保障に関連して，「国民が受給している社会保障給付を削減する法律の合憲性について，裁判所はどのような審査をすべきか」という問題が提起された。生徒Ｘと生徒Ｙは，ある判決文の一部を抜き出して作成された次の資料を読んだ上で，後の会話文のように話し合った。会話文中の空欄　ア　にはａかｂ，空欄　イ　にはｃかｄのいずれかが当てはまる。会話文中の　ア・イ　に当てはまるものの組合せとして最も適当なものを，後の①～④のうちから一つ選べ。（22政経　追）

> 憲法25条にいう「『健康で文化的な最低限度の生活』なるものは，きわめて抽象的・相対的な概念であって，その具体的内容は，その時々における文化の発達の程度，経済的・社会的条件，一般的な国民生活の状況等との相関関係において判断決定されるべきものであるとともに」，同規定を「現実の立法として具体化するに当たっては，国の財政事情を無視することができず，また，多方面にわたる複雑多様な，しかも高度の専門技術的な考察とそれに基づいた政策的判断を必要とするものである。したがって，憲法25条の規定の趣旨にこたえて具体的にどのような立法措置を講ずるかの選択決定は，…（中略）…それが著しく合理性を欠き明らかに裁量の逸脱・濫用と見ざるをえないような場合を除き，裁判所が審査判断するのに適しない事柄である」。
>
>   （出所）最高裁判所民事判例集36巻7号により作成。

Ｘ：この判決では，どのように制度を作るかについて，立法府の　ア　と判断しているね。すでに国民が受給していた社会保障給付を従来よりも削減する立法についても，同じように審査されるのかな。

Ｙ：違う考え方もあると思うよ。たとえば，　イ　と考えられるよね。

Ｘ：なるほど。たしかに，そういう考え方もできそうだね。だけど，Ｙさんの意見には，最新の社会情勢や財政事情をもとに行われる立法府の判断が，過去の立法府の判断に拘束されてしまうという問題もありそうだね。

　ア　に当てはまる内容の記述

ａ 広い裁量に委ねられる

ｂ 裁量は否定される

　イ　に当てはまる内容の記述

ｃ 社会保障制度を作り直す時の「健康で文化的な最低限度の生活」の内容は，立法府が改めて国の財政事情を踏まえ専門技術的な考察をして政策的に判断することになるよね。そうだとすると，最高裁判所は，最初に作られた時と同じように立法府の裁量を尊重すべきだ

ｄ 法律で一度は「健康で文化的な最低限度の生活」の内容が具体化されているし，社会保障給付を受給していた国民は将来も受給できると期待するよね。そうだとすると，最高裁判所は，立法府が判断を変更して社会保障給付を削減する場合は，合理的な理由があるかを踏み込んで審査すべきだ

① アーａ  イーｃ

② アーａ  イーｄ

③ アーｂ  イーｃ

④ アーｂ  イーｄ

---

**まとめと発展**

(1) 20世紀前半に規定されたワイマール憲法とは，どのような憲法であったか。

> [           ]

(2) 生存権について，日本国憲法第25条第1項ではどのような文面で保障しているか。

> [           ]

(3) 最高裁判所が朝日訴訟の判決で適用した「プログラム規定説」とはどのような考え方か。

> [           ]

(4) 労働市場をめぐる課題を一つ挙げ，その解決策を考えてみよう。

> [           ]

(5) 今日の教育をめぐる課題を一つ挙げてみよう。

> [           ]

## B-6 参政権はどの範囲の人に保障されるべきだろうか

 参政権や請求権の具体的な規定や制度について理解しながら，一市民として政治に関わることの重要性や，人権が侵害された際にどのような救済手段があるかについて考えよう。

**チャート**

参政権／国務請求権／普通選挙／秘密選挙／
選挙権・被選挙権に関する差別の禁止／
憲法改正の国民投票権／
最高裁判所裁判官の国民審査権／
地方自治特別法の制定同意権／
請願権／裁判を受ける権利／刑事補償請求権／
国家賠償請求権

キーワードの意味を確認し，その内容や関連事項，役割の変化をまとめておこう。

&

 **コンパス**

　参政権が，国や地方自治体に国民のさまざまな意思を伝える重要な権利であることを理解した上で，18歳選挙権が導入されたことにより選挙の意義がいっそう高まっていることを理解しよう。
　当面の課題として，
①成人年齢の引き下げとともに，若者の主権者意識をどう高めていくのか
②参政権をどの範囲の人に認めていくべきか
などの課題がある。

**トレーニング** 選択肢に示されている用語や事柄を通してチャートの内容を確認しよう。

[1] 日本における参政権についての記述として最も適当なものを，次の①〜④のうちから一つ選べ。(09政経　本)

① 地方自治体の長については，憲法上，その地方自治体の住民による直接選挙が保障されている。

② 衆議院議員選挙では，永住資格を有する在日外国人も選挙権をもつ。

③ 参議院議員選挙では，成年の国民が被選挙権をもつ。

④ 条約の批准については，憲法上，成年の国民による国民投票が保障されている。

[2] 憲法で定められる基本的人権を，国民が国家に対して何を求めるかに応じて，次のA〜Cの三つの類型に分けたとする。これらの類型と日本国憲法が定める基本的人権ア〜ウとの組合せとして最も適当なものを，下の①〜⑥のうちから一つ選べ。(16政経　本)

A 国家に対して，不当に干渉しないことを求める権利

B 国家に対して，一定の積極的な行為を求める権利

C 国家に対して，その意思形成への参画を求める権利

ア 選挙権　　　イ 国家賠償請求権　　　ウ 信教の自由

① A—ア　　B—イ　　C—ウ　　② A—ア　　B—ウ　　C—イ　　③ A—イ　　B—ア　　C—ウ

④ A—イ　　B—ウ　　C—ア　　⑤ A—ウ　　B—ア　　C—イ　　⑥ A—ウ　　B—イ　　C—ア

[3] 政治参加の手段や方法として現在の日本で**認められていないもの**を，次の①〜④のうちから一つ選べ。(19政経　追)

① 日本国憲法に保障された請願権を行使して，路上喫煙を取り締まる法律の制定を国に要望する。

② インターネットを利用した選挙運動の解禁をうけて，電子メールで友人に自分の支持する候補者への投票を依頼する。

③ 住民運動に参加して，高速道路建設に反対する署名を集めて関係機関に提出する。

④ パブリック・コメント制度を利用して，自治体のゴミ処理計画に対する意見を関係機関に提出する。

**トレーニング** 「コンパス」の視点や課題意識の「活用」に重きを置いた過去問に挑戦してみよう。

[4] 次のA〜Cは，選挙において若年世代の声をより反映させようとする提案である。各々の提案とそれらの利点に関する記述ア〜ウとの組合せとして最も適当なものを，下の①〜⑥のうちから一つ選べ。(15政経　追)

A 選挙で投票できる年齢を，20歳から18歳に引き下げる。

B 選挙での投票において，未成年の子どもを有する親には，その

の子の数だけ投票権を追加して与える。

C 選挙区を有権者の年齢別に20〜39歳，40〜59歳，60歳以上の三つで構成し，各選挙区の有権者数の割合に従って議席を配分する。

ア 子育てや教育に強い関心をもつ世代の声を，より多く政治に反映できるようになる。

イ 若年世代の投票率が低くても，その世代の意見を代表する者を一定数必ず確保できるようになる。

ウ より多くの若年者が，自ら投票することによってその意思を直接的に表明できるようになる。

① A―ア　　B―イ　　C―ウ
② A―ア　　B―ウ　　C―イ
③ A―イ　　B―ア　　C―ウ
④ A―イ　　B―ウ　　C―ア
⑤ A―ウ　　B―ア　　C―イ
⑥ A―ウ　　B―イ　　C―ア

[5] 次の記述ア～ウは，日本における参政権の保障に関する説明である。その正誤の組合せとして正しいものを，下の①～⑧のうちから一つ選べ。(20政経　追)

チャレンジ 「大学入学共通テスト」に挑戦してみよう。

1 生徒Xと生徒Yは地方議会の選挙について，次の資料aと資料bを読み取った上で議論している。資料aと資料bのグラフの縦軸は，統一地方選挙における投票率か，統一地方選挙における改選定数に占める無投票当選者数の割合のどちらかを示している。後の会話文中の空欄　ア　～　エ　に当てはまる語句の組合せとして最も適当なものを，後の①～⑧のうちから一つ選べ。(22政経　本)

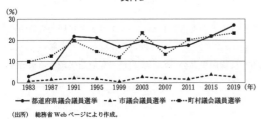

資料a

(出所) 総務省Webページにより作成。

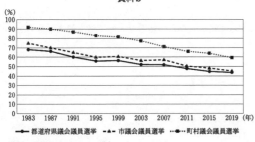

資料b

(出所) 総務省Webページにより作成。

X：議員のなり手が不足しているといわれている町村もあることが資料　ア　からうかがえるね。町村議会では，立候補する人が少ない背景には議員報酬が低いためという指摘があるよ。議員定数を削減する町村議会も一部にあるんだね。

Y：都道府県議会議員選挙では，それぞれの都道府県の区域を分割して複数の選挙区を設けるのに対し，市町村議会議員選挙では，その市町村の区域を一つの選挙区とするのが原則なんだね。図書館で調べた資料によると，都道府県議会議員選挙での無投票当選は，定数1や2の選挙区で多い傾向があるよ。資料　ア　から，都道府県や町村の議会議員選挙では，市議会議員選挙と比べると無投票当選の割合が高いことがわか

ア 日本国憲法の施行に先立って，衆議院議員選挙法が改正され，日本国籍をもつ20歳以上の男女に選挙権が認められた。

イ 日本国憲法は，「公務員を選定し，及びこれを罷免することは，国民固有の権利である」と定めている。

ウ 2015年の公職選挙法の改正をうけて，参議院議員の被選挙権が20歳以上に引き下げられた。

① ア 正　イ 正　ウ 正
② ア 正　イ 正　ウ 誤
③ ア 正　イ 誤　ウ 正
④ ア 正　イ 誤　ウ 誤
⑤ ア 誤　イ 正　ウ 正
⑥ ア 誤　イ 正　ウ 誤
⑦ ア 誤　イ 誤　ウ 正
⑧ ア 誤　イ 誤　ウ 誤

るけど，無投票当選が生じる理由は同じではないようだね。

X：なるほど。この問題をめぐっては，他にも議員のなり手を増やすための環境づくりなどの議論があるよ。無投票当選は，選挙する側からすると選挙権を行使する機会が失われることになるよ。議会に対する住民の関心が低下するおそれもあるんじゃないかな。

Y：資料　イ　において1983年と2019年とを比べると，投票率の変化が読みとれるね。投票率の変化の背景として，　ウ　が関係しているといわれているけど，これは政治に対する無力感や不信感などから生じるそうだよ。

X：　エ　をはじめとして選挙権を行使しやすくするための制度があるけど，政治参加を活発にするためには，無投票当選や　ウ　に伴う問題などに対処していくことも必要なんだね。

① ア―a　イ―b　ウ―政治的無関心　エ―パブリックコメント
② ア―a　イ―b　ウ―政治的無関心　エ―期日前投票
③ ア―a　イ―b　ウ―秘密投票　　　エ―パブリックコメント
④ ア―a　イ―b　ウ―秘密投票　　　エ―期日前投票
⑤ ア―b　イ―a　ウ―政治的無関心　エ―パブリックコメント
⑥ ア―b　イ―a　ウ―政治的無関心　エ―期日前投票
⑦ ア―b　イ―a　ウ―秘密投票　　　エ―パブリックコメント
⑧ ア―b　イ―a　ウ―秘密投票　　　エ―期日前投票

**まとめと発展**

(1) 国民の意志を政治に反映させるために，国民ができることはどんなことだろうか。
〔　　　　　　　　　　　　　　　　　　　　　　　〕

(2) 日本国憲法では参政権について，どのような規定を設けているか。
〔　　　　　　　　　　　　　　　　　　　　　　　〕

(3) 参政権に関わる課題を一つ挙げてみよう。
〔　　　　　　　　　　　　　　　　　　　　　　　〕

(4) みなさんの人権が侵害された場合，どのような解決法があるか考えてみよう。
〔　　　　　　　　　　　　　　　　　　　　　　　〕

関門 現代的課題と新しい人権

B-7 **こんにちの人権をめぐる課題にはどのようなものがあるのだろうか**

目標 社会の変化にともなって主張されている「新しい人権」について理解し、「環境権」や「知る権利」「プライバシーの権利」などの課題について考えよう。

| チャート | & | コンパス |
| --- | --- | --- |
| 四大公害／環境権／知る権利／情報公開条例／情報公開法／特定秘密保護法／報道の自由／プライバシーの権利／自己情報コントロール権／個人情報保護法／自己決定権 キーワードの意味を確認し、その内容や関連事項、役割の変化をまとめておこう。 | | 社会の変化のなかで、どのような権利が具体的に主張されているかを理解し、その権利の内容や意義を考えてみよう。 現実の社会では、 ①人々が健康で安全、快適な環境で生活できる権利が重要視されている ②他者により容易に個人情報が収集・蓄積・利用される危険性が高まった現代における、プライバシーの考え方が重要視されている ③自分のことを自分自身で判断・決定する自己決定の権利が重要視されている ことなどが課題である。 |

**トレーニング** 選択肢に示されている用語や事柄を通してチャートの内容を確認しよう。

[1] 次の文章中の ア ・ イ に当てはまる語句の組合せとして最も適当なものを、下の①〜④のうちから一つ選べ。(16 政経 本)

　マスメディアは、報道を通じて人権侵害の被害者への支援を行うことがある。しかし、マスメディア同士の競争を背景に、 ア と呼ばれる集団的かつ過剰な取材活動によって人々のプライバシーが侵害される場合や、事象の一面しか伝えない報道が行われる場合もある。そのため、人々が意見広告や反論記事といった形で自己の見解を掲載するようマスメディアに求める イ が主張されるようになっている。

① ア メディア・リテラシー　イ アクセス権
② ア メディア・リテラシー　イ リコール権
③ ア メディア・スクラム　イ アクセス権
④ ア メディア・スクラム　イ リコール権

[2] 日本で主張されている次の権利の名称A、Bと、それらに対応する記述ア〜ウとの組合せとして最も適当なものを、下の①〜⑥のうちから一つ選べ。(19政経 本)

A 知る権利　　B プライバシーの権利
ア 自らの情報が勝手に利用されないように、その情報をコントロールする。
イ 患者が自己の宗教的信念に基づいて、輸血を拒否する。
ウ 税金の使途が適切かどうかを確認するため、国に対して情報の公開を求める。

① A―ア B―イ　　② A―ア B―ウ　　③ A―イ B―ア
④ A―イ B―ウ　　⑤ A―ウ B―ア　　⑥ A―ウ B―イ

[3] 日本の公害についての記述として最も適当なものを、次の①〜④のうちから一つ選べ。(19政経 追)
① 四大公害訴訟の判決には、損害賠償を認めるにあたり、加害者の行為と健康被害との間の疫学的因果関係という考え方を採用したものがある。
② 公害健康被害補償法は、1987年の改正において、大気汚染による公害病患者の新規認定対象を拡大した。
③ 環境基本法は、典型7公害として公害を七つの種類に分類しているが、振動と悪臭はいずれもこの7公害に含まれない。
④ 大阪空港公害訴訟の最高裁判決では、環境権に基づいて飛行差止めと損害賠償が認められた。

**[4]** 日本国憲法上の権利および最高裁判所の判決に関する記述として最も適当なものを，次の①～④のうちから一つ選べ。(20現社 追)

① 良好な自然環境などを享受する環境に関する権利の保障は，憲法に明文で規定されている。

② チャタレー事件の最高裁判所判決では，わいせつ文書の頒布を禁止した刑法の規定は，憲法に違反するとされた。

③ 郵便，電話，電子メールなどによる，特定の者の間のコミュニケーションに関する秘密を保障するものとして，「通信の秘密」が憲法に規定されている。

④ 住民基本台帳ネットワーク（住基ネット）訴訟の最高裁判所判決では，住基ネットによって，行政機関が住民の本人確認情報を管理，利用等することは，憲法に違反するとされた。

**[5]** 日本の公害や環境問題に関連する記述として**誤っているもの**を，次の①～④のうちから一つ選べ。(22政経 追)

① 環境に影響を与える可能性がある事業について，あらかじめその影響を評価する手続きを定めた環境影響評価法（環境アセスメント法）が制定された。

② 石綿（アスベスト）による健康被害について，その被害の救済に関する法律が制定された。

③ 大阪空港を離着陸する航空機の騒音や排気ガスなどにより被害を受けた周辺の住民から夜間使用差止めや損害賠償を求める訴訟が提起され，損害賠償の一部と，使用差止めを命ずる最高裁判所の判決が出された。

④ 広島県福山市鞆の浦地区での埋立て・架橋計画が景観を損なうとして，周辺の住民から埋立ての差止めを求める訴訟が提起され，差止めを命ずる判決が出された。

**①** 情報通信技術の発展は，グローバル化の進展に大きな役割を果たしている一方で，デジタル情報の複製による知的財産権の侵害という問題を引き起こしている。著作権に関する次の記述ア・イの正誤の組合せとして最も適当なものを，後の①～④のうちから一つ選べ。(22現社 本)

ア 無料動画サイト上の人気アーティストのオリジナル楽曲を，違法にアップロードされていると知りながらダウンロードすることは，著作権侵害にあたる。

イ 複製を防ぐ技術的保護手段が施されていない音楽CDのデータを，私的使用目的で自身のスマートフォンにコピーすることは，著作権侵害にあたる。

① アー正 イー正
② アー正 イー誤
③ アー誤 イー正
④ アー誤 イー誤

**②** 日本における個人情報についての法整備に関する記述として最も適当なものを，次の①～④のうちから一つ選べ。(22現社 本)

① 組織的犯罪の捜査に際して，捜査機関が電話やインターネット上の通信内容を取得するための手続きを定めている法律は，特定秘密保護法である。

② 税と社会保障に関する情報を，住民一人一人に「個人番号」を付して管理するための仕組みを，住民基本台帳ネットワークという。

③ アクセス制限がなされているコンピュータに対し，他人のパスワードを無断で利用してアクセスすることは，禁止されていない。

④ 個人情報保護法に基づいて，一定の場合に，個人情報を扱う事業者に対して，本人が自己の個人情報の開示や利用停止を求めることができる。

---

**まとめと発展**

(1) 新しい人権の根拠は，日本国憲法のどこに規定されているのだろうか。

(2) 知る権利とはどのような権利だろうか。

(3) プライバシーの権利とはどのような権利だろうか。

(4) 個人情報保護はなぜ必要なのか，考えてみよう。

関門 B-8　グローバル化と国際人権

## グローバル化によって新たに生じた問題にはどのようなものがあるだろうか

**目標**　世界人権宣言や国際人権規約，国連が採択したさまざまな条約の意義を理解し，外国人の人権や国境を越えた人権の確保について考察しよう。

**チャート**

世界人権宣言／国際人権規約／

社会権規約／自由権規約／選択議定書／

女性差別撤廃条約／男女雇用機会均等法／

子どもの権利条約／障害者の権利に関する条約／

前国家的権利／改正出入国管理法／

ヨーロッパ人権条約／国際刑事裁判所／

アムネスティ・インターナショナル／

赤十字国際委員会／国境なき医師団／国際NGO

キーワードの意味を確認し，その内容や関連事項，役割の変化をまとめておこう。

&

**コンパス**

　外国人の人権に関して，人間は生まれながらにして自由かつ平等であり，個人として尊重される地位にあるという考えから，個人の保有する権利であるとされる自由権の多くは，外国人にも保障されている。しかし，社会権や参政権については，ただちに保障されるものではない。

　国際慣習法上，私生活の保護や家族の一体性を根拠として，国家の出入国管理権限が制約されることもある。

　以上を踏まえ，課題や解決方法を考察しよう。

**トレーニング**　選択肢に示されている用語や事柄を通してチャートの内容を確認しよう。

[1] 国際裁判所に関する記述として正しいものを，次の①〜④のうちから一つ選べ。(17政経　本)
　① 日本は，国際司法裁判所（ICJ）で裁判の当事国となったことがない。
　② 日本は，国際刑事裁判所（ICC）に加盟していない。
　③ 国際司法裁判所は，紛争当事国双方の同意がない限り，国家間の紛争を裁判することはできない。
　④ 国際刑事裁判所は，人道に対する犯罪などの処罰をめぐる国家間の紛争を裁判する機関であって，個人を裁くための裁判所ではない。

[2] 国際平和実現のための制度や取組みについての記述として正しいものを，次の①〜④のうちから一つ選べ。(18政経　追)
　① 日本がポツダム宣言を受諾した年に開催されたサンフランシスコ会議では，国連憲章が採択された。
　② 常設仲裁裁判所は，国際連合の主要機関の一つである。
　③ 国際連盟は，勢力均衡の理念に基づく国際組織である。
　④ 冷戦終結後に開催されたウェストファリア会議では，欧州通常戦力条約が採択された。

**トレーニング**　「コンパス」の視点や課題意識の「活用」に重きを置いた過去問に挑戦してみよう。

[3] 国際的な人権保障に関連する以下の条約のうち，2020年1月1日時点において，日本が**批准していないもの**をすべて選べ。（10学習院大　改）
　① ジェノサイド禁止条約
　② 難民の地位に関する条約
　③ 子どもの権利条約（児童の権利条約）
　④ 死刑廃止議定書（死刑廃止条約）
　⑤ 人種差別撤廃条約

[4] 人権を国際的に保障することを目的とした文書に関する記述として正しいものを，次の①〜④のうちから一つ選べ。(16政経　本)
　① 子どもの権利条約（児童の権利条約）は，小学校に就学している児童の権利保護を目的とするものであり，中学校や高校に就学している生徒は対象外とされている。
　② 世界人権宣言は，すべての国が実現すべき共通の人権基準を定めたものであり，国を法的に拘束する効力を有する。
　③ 日本は，市民的及び政治的権利に関する国際規約（B規約）を批准しているが，権利を侵害された個人が国際機関に通報できる制度を定めた選択議定書は批准していない。
　④ 日本は，障害者の人権や基本的自由を保護することなどを定めた障害者権利条約を批准していない。

1　生徒Xと生徒Yらは，二つのグループに分かれて，「日本による発展途上国への開発協力のあり方」について探究を行い，クラスで発表することとなった。下の図は，その準備としてすべきことを整理したものである。(21政経　本改)

Ⅰ．課題の設定
○日本による多様な国際貢献
　—どのような国際的課題があり，どのような国際貢献を日本がこれまでに行ってきたか？
○そのうち開発協力をとくに取り上げる理由
　—日本の国際貢献において開発協力がもつ意味

＊何を，どのような観点から取り上げるかを特定し，設定した課題に関連する資料を収集する。

＊関係する資料を調査，検討，整理する。

Ⅱ．情報収集
○開発協力に関する日本の政策と実績（政府開発援助など）
　—「開発協力大綱」などの資料，専門書，論文
○国際機関，政府，NGOなどによる調査資料，報告書（アンケートや統計資料）

＊検討を進めるためにさらに必要な資料を調べる。

Ⅲ．整理と分析
○日本による開発協力の特徴
　—どの地域，またどのような開発協力にとくに力を入れているか？
○開発協力に対する日本国民の意識
　—開発協力をどのように考えているか？

＊理解しやすいように，説明の仕方と構成を工夫する。

Ⅳ．まとめと発表
○開発協力をめぐる世界の動きと日本が担う役割
○開発協力に対する日本国民の関心と理解の必要性
○探究の過程で明らかになった課題とその解決策

問1　「課題の設定」を行うために生徒Xと生徒Yらが日本による多様な国際貢献について話し合う中で，他国への日本の選挙監視団の派遣について，次のようなやり取りがあった。Xが下線部で示したように考えることができる理由として最も適当なものを，下の①〜④のうちから一つ選べ。

X：途上国で行われる選挙に，選挙監視団が派遣されたって聞いたことがあるよ。たとえば，カンボジアやネパールで新憲法を制定するための議員を選ぶ選挙が行われた際に，選挙監視要員が派遣されたんだ。

Y：なぜこうした国は，憲法の制定に関わるような問題に，外国からの選挙監視団を受け入れたんだろう？　そして，どうしてそれが国際貢献になるのかな？

X：選挙監視団の目的は，自由で公正な選挙が行われるようにすることだよね。民主主義における選挙の意義という観点から考えれば，そうした選挙を実現させることは，その国に民主的な政治体制が定着するきっかけになるよね。民主的な政治体制がうまく機能するようになれば，再び内戦に陥って国民が苦しむようなことになるのを避けられるんじゃないかな。

Y：そうだね。それに，自由で民主的な政治体制が確保されている国の間では戦争は起きないって聞いたこともあるよ。もしそうだとすると，選挙監視団を派遣することは国際平和にもつながっているとも言えるね。

①　民主主義においては，国民に選挙を通じた政治参加を保障することで，国の統治に国民全体の意思を反映すべきものとされているから。

②　民主主義においては，大衆が国の統治を特定の個人や集団による独裁に委ねる可能性が排除されているから。

③　民主主義においては，暴力によってではなく裁判によって紛争を解決することとなっているから。

④　民主主義においては，国民が政治的意思を表明する機会を選挙以外にも保障すべきものとされているから。

問2　日本の国際貢献のあり方をクラスで発表した生徒Xと生徒Yらは，日本の開発協力に向けて国民の関心と理解を高めることが重要だと述べた。これについて他の生徒から，「日本の税金や人材によって他国を援助する以上，国民の理解を得るには，日本が他国を援助する理由を示す必要があると思います。X，Yらはどう考えますか。」との質問が出た。これに対しXとYらは，日本が援助を行う理由を説明した。次のノートはそのメモである。

経済格差や社会保障の問題など，国内にも対処しなければならない問題があることは確かです。しかし，それでもなお，日本の税金や人材によって他国を援助する理由はあると思います。

　　　　　　　　　　　　ア

しかも世界では，環境問題，貧困問題，難民問題など，国内より大規模な，人類共通の利益にかかわる問題が出現しています。

　　　　　　　　　　　　イ

このような理由からやはり，国際的な問題に日本は関心をもち，その解決のために貢献をする理由はあると，考えます。

ノート中の空欄　ア　では「国際貢献は日本国憲法の依拠する理念や原則に照らしても望ましい」ことを，空欄　イ　では「国際貢献は日本の利益に照らしても望ましい」ことを，それぞれ理由としてあげることにした。空欄　ア　には次の①か②，空欄　イ　には次の③か④が入る。空欄　ア　・　イ　に入る記述として最も適当なものを，次の①〜④からそれぞれ一つ選べ。

①　日本国憲法の前文は，平和主義や国際協調主義を外交における基本理念として示しています。この理念に基づくと，国同士が相互に尊重し協力し合い，対等な関係の国際社会を築くことが重要です。そのために，日本は国際協力を率先して行う必要があると思います。

②　日本国憲法の基本的人権の保障の内容として，他国における他国民の人権保障状況についても，日本は他国に積極的に改善を求めていくことが義務づけられています。このことは，憲法前文で示しているように，日本が国際社会の中で名誉ある地位を占めるためにも望ましいと考えます。

③　こうした中で大事なのは，日本の利益より人類共通の利益であり，日本の利益を追求していては問題は解決できないという点です。日本の利益から離れて純粋に人道的な見地から，他国の人たちに手を差し伸べる方が，より重要ではないでしょうか。

④　こうした中で大事なのは，人類共通の利益と日本の利益とが無関係ではないという点です。人類共通の利益の追求が日本の利益の実現につながりうることを考えれば，国際的な問題の解決に貢献することも日本にとって重要ではないでしょうか。

まとめと発展

世界人権宣言と国際人権規約との相違点をまとめてみよう。

〔　　　　　　　　　　　　　　　　　　　　　　　　　〕

# 第3編

# 現代の民主政治と
# 社会参画

## （大項目Bに対応）

関門 B－9　自由民主主義の成立と危機

# 現代において自由民主主義にはどのような課題があるのだろうか

**目標**　自由民主主義はどのように成立したのかを理解した上で，課題について具体例をもとに考えよう。そして自由民主主義が今後乗り越えるべき壁について考えを深めていこう。

自由主義／民主主義／大衆／大衆社会／普通選挙制／リースマン／他人指向型／フロム／「自由からの逃走」／権威主義的パーソナリティ／マルクス／共産主義社会／ファシズム／ナチス／人種主義／夜警国家／福祉国家／新自由主義／自己責任論／格差社会／行政国家／行政の肥大化／ポピュリズム／大衆迎合主義／ナショナリズム／自民族中心主義／小さな政府／大きな政府／

キーワードの意味を確認し，その内容や関連事項，役割の変化をまとめておこう。

**&**

　日本を含めた先進国では一般的である自由民主主義だが，「自由民主主義＝万能」というわけではないことに留意が必要である。以下は自由民主主義における課題の一例である。
①自由な競争には格差が伴うこと。
②ポピュリズムは政治問題の過度な単純化を招きうること。
③行政が肥大化し，非効率な手続きが増えること。

**トレーニング**　選択肢に示されている用語や事柄を通してチャートの内容を確認しよう。

**[1]** 大衆社会に関する記述として最も適当なものを，次の①～④のうちから一つ選べ。(16現社　本)
① 「一億総中流」は，主に第二次世界大戦期における日本人の階層に関する社会意識を表す言葉として用いられている。
② 大衆民主主義社会の時代の到来に伴い，世論へのマスメディアの影響力は弱くなったと言われている。
③ トックビルは，自分自身の考えや信念よりも，むしろ周囲の意見や評価を基準にして生きる大衆の社会的性格について，著書『孤独な群衆』のなかで論じている。
④ フロムは，自由の重荷に耐えられない人々が自分を拘束する権威を求めることで，ファシズムの発展が促されたことについて，著書『自由からの逃走』のなかで論じている。

**[2]** ナチスドイツに関する記述として最も適当なものを，次の①～④のうちから一つ選べ。(10現社　追)
① 杉原千畝は，ナチスドイツの迫害から逃れてきたユダヤ人に対して，日本政府の意向を受け迅速に多くのビザを発給し，その命を救った。
② 第二次世界大戦後，ナチスドイツの反省を踏まえて，西ドイツで制定されたのが，ワイマール憲法である。
③ 第二次世界大戦後，ナチスドイツの指導者であったヒトラーは，国際刑事裁判所（ICC）において人道に対する罪に問われた。
④ フロムの著書『自由からの逃走』では，ナチスドイツを支持した大衆の心理が分析されている。

**[3]** 日本における「小さな政府」をめぐる動きの記述として最も適当なものを，次の①～④のうちから一つ選べ。(09現社　追)
① 国の行政組織をスリム化するために，独立行政法人制度に加えて新たに特殊法人制度が創設された。
② 郵政民営化法が成立し，日本郵政公社が引き続き行う郵便事業を除き，郵便貯金，簡易保険の郵政2事業が民営化された。
③ 財政危機に直面した政府は財政構造改革法を成立させ，それ以降国債残高は減少の一途をたどっている。
④ 国は市町村の合併を推進してきたが，市町村が実施した住民投票で合併に対する反対が賛成を上回ったことがある。

**[4]** 社会的意思決定の方式の一つとして多数決があるが，これに関する記述として最も適当なものを，次の①～④のうちから一つ選べ。(09現社　追)
① 議会では，これ以外の意思決定方式は取り得ない。
② 民主政治での意思決定においてこれを採用する場合は，少数意見を尊重することが課題とされる。
③ 意思決定方式としてこれを採用することは，構成員による討議を保障することと矛盾する。
④ 司法判断に向かない意思決定方式のため，裁判では取り得ない。

[5] 国民と政治のかかわり方についての記述として最も適当なものを，次の①～④のうちから一つ選べ。(16政経　追)

① 利益集団（圧力団体）とは，国民の中に存在する特定の利益を実現するために，政治や行政に対して働きかける集団のことである。

② 国民は，報道機関を通じて提供された政治に関する情報を批判的な視点をもって活用する「第四の権力」と呼ばれている。

③ 多数決による決定ではなく，意見の異なる政治勢力の間の合意を重視する民主政治のあり方を，多数者支配型民主主義という。

④ 政治指導者が大衆迎合的な政策を掲げて世論を動員しようとすることを，直接民主制と呼ぶ。

① ムトウさんは，様々な国の選挙結果を調べた。第一党の得票率と議席率の差が10ポイント以上の国もあれば，2ポイント以下の国もあった。得票率と議席率の差が大きいことと民主主義は両立するのであろうかと疑問に思い，先生に質問した。すると，先生は民主主義国のなかでも，何を重視して選挙制度を設計するかに違いがあることを説明し，政治学者レイプハルトの研究を紹介した。レイプハルトの議論では，民主主義が多数決型民主主義とコンセンサス型民主主義の二つに区分され，選挙制度を含む10の側面が注目されている。

ムトウさんは，レイプハルトの文献を参考にして，多数決型民主主義の特徴とコンセンサス型民主主義の特徴を比較するために次の表を自分で作成した。表の中の矢印の両端は，極限のかたちを示し，実際の政治制度は多数決型民主主義とコンセンサス型民主主義のどちらかの特徴をより強くもつ，あるいは同じようにもっている。ムトウさんは自分で作った表を参考にして，様々な国の政治制度を後のように当てはめてみた。そして，民主主義が一様ではないことを改めて理解した。

後の文章の ア ～ ウ に入る語句の組合せとして最も適当なものを，後の①～⑧のうちから一つ選べ。(22現社　追)

表 民主主義の二類型の特徴（10の側面のうち，3つのみを掲載）

| 多数決型民主主義 | 側面 | コンセンサス型民主主義 |
|---|---|---|
| 二つの有力な政党が存在し，第一党となることを目指し，競合する。 | 《政党制》 | 多くの政党が政権獲得を目指し，競合する。 |
| 一つの院で，審議を行う。 | 《議会制度》 | 異なる方法で選出される議員の集まる二つの院で，複数回の審議を行う。片方の院の決定はもう一方の決定に優越しない。 |
| 中央政府の権限を強め，県や州などが自分たちの判断で政策を実施する機会を限定的にする。 | 《中央地方関係の制度》 | 政治権力を，中央政府と県や州などの間で分割する。 |

イギリスは，2019年の総選挙において，第一党である与党（議席率56.2%）と最大野党の両党で庶民院の87.4%の議席を占めた。ドイツは，2017年総選挙において，第一党（議席率34.7%）と第二党の両党で連邦議会の56.3%の議席を占めた。これらの結果に関して言えば，イギリスはドイツに比べて政党制の側面で ア 型民主主義の特徴を有している。

アメリカでは，上院議員は州の人口にかかわらず各州から2名ずつ選ばれる一方で，下院議員は人口調査に基づき各州の議員数が決まっている。また，片方の院の否決した法案をもう一方の院が再可決することはできない。この点では，アメリカは日本に比べて議会制度の側面で イ 型民主主義の特徴を有している。

ドイツにおける州と連邦の役割分担について，ドイツの連邦憲法では，憲法が定める例外事項以外は州の所管とされている。この点では，ドイツは日本と比べて中央地方関係の制度の側面で ウ 型民主主義の特徴を有している。

| | ア | イ | ウ |
|---|---|---|---|
| ① | コンセンサス | コンセンサス | コンセンサス |
| ② | コンセンサス | コンセンサス | 多数決 |
| ③ | コンセンサス | 多数決 | コンセンサス |
| ④ | コンセンサス | 多数決 | 多数決 |
| ⑤ | 多数決 | コンセンサス | コンセンサス |
| ⑥ | 多数決 | コンセンサス | 多数決 |
| ⑦ | 多数決 | 多数決 | コンセンサス |
| ⑧ | 多数決 | 多数決 | 多数決 |

## まとめと発展

(1) なぜ人々は「自由からの逃走」をしようとするのか，説明してみよう。

(2) 「大きな政府」のメリットとデメリットをまとめてみよう。

(3) 新自由主義における政府の政策はどのようなものか，推測して答えよう。

(4) 大衆迎合主義的な政策に対して，私たちはどのように向き合っていけばよいだろうか。

## 大統領と総理大臣（首相）の違いは何だろう？　世界の政治体制を比較し，その特徴を理解しよう

 目標

世界の政治制度として，議院内閣制，大統領制，民主（権力）集中制，そして発展途上国の開発独裁と呼ばれるような政治体制がある。それらの特徴について，比較しながら理解を深めていこう。

**チャート**

議院内閣制／立法権優位の政治制度／内閣が議会の信任で成立／イギリス発祥の「国王は君臨すれども統治せず」／

大統領制／行政権優位の政治制度／アメリカは厳格な三権分立／大統領は議会から独立して行政権行使／大統領は議会に対し責任を負わない／フランス，ドイツには大統領と首相がいる／

民主（権力）集中制／中国などの社会主義国の政治体制は権力分立制を否定／人民主権による代表制／共産党による一党支配／

開発独裁／発展途上国などの強権的政治体制

キーワードの意味を確認し，その内容や関連事項，役割の変化をまとめておこう。

&

 **コンパス**

　立法権と行政権が密接に関係した議院内閣制，立法権，行政権，司法権の三権を明確に分離し，権力相互の均衡と抑制をはかる大統領制，共産党の一党支配による中央集権的な民主集中制，発展途上国に見られる軍事独裁・一党独裁などの開発独裁など，各国は現在に至る歴史を経て，これらの制度と体制を確立させてきた。

　各国の国内政治，歴史的な背景の理解とともに，例えば，国家の意思決定や国家権力の行使の仕方，選挙制度や経済社会体制の特徴などに注目しながら，各国の政治制度を比較し，国際社会の実際についての理解を深めていこう。

**トレーニング**　選択肢に示されている用語や事柄を通して「チャート」の基本的事項を確認しよう。

[1] アメリカとイギリスの政治制度について述べた次の文章中の空欄　ア　〜　ウ　に当てはまる語句の組合せとして正しいものを，下の①〜⑧のうちから一つ選べ。(18政経　本)

　　アメリカでは，大統領は連邦議会の議員の選挙とは別に公選され，議会に議席をもたない。大統領は，議会が可決した法案に対する拒否権と議会への　ア　権とをもつが，議会の解散権をもたない。また議会は，大統領に対し　イ　を行う権限をもたない。

　　これに対しイギリスでは，下院（庶民院）の多数派から首相が任命されて内閣を組織する。内閣は法案を提出することができ，通常は与党議員である大臣が議会で説明や答弁を行う。また伝統的に，下院は内閣に対する　イ　権をもち，これに対抗して内閣は下院を解散することができるとされてきた。

　　こうしてみると，アメリカでは，イギリスよりも立法府と行政府との間の権力分立が　ウ　である。

① ア　教書送付　イ　弾　劾　ウ　厳　格　　② ア　教書送付　イ　弾　劾　ウ　緩やか
③ ア　教書送付　イ　不信任決議　ウ　厳　格　　④ ア　教書送付　イ　不信任決議　ウ　緩やか
⑤ ア　法案提出　イ　弾　劾　ウ　厳　格　　⑥ ア　法案提出　イ　弾　劾　ウ　緩やか
⑦ ア　法案提出　イ　不信任決議　ウ　厳　格　　⑧ ア　法案提出　イ　不信任決議　ウ　緩やか

[2] 各国の議会制度の説明として**誤っているもの**を，次の①〜④のうちから一つ選べ。(20政経　本)
① アメリカでは，国民の直接選挙によって選出される上院が置かれ，条約締結についての承認権（同意権）など，重要な権限が付与されている。
② イギリスでは，非民選の議員からなる貴族院が置かれ，最高裁判所の機能も果たしてきたが，現在ではその機能を喪失している。
③ 日本では，国民の直接選挙によって選出される参議院が置かれ，戦前の貴族院と異なり解散が認められるなど，民主化が図られている。
④ フランスでは，任期6年の上院が置かれ，上院議員選挙人団による間接選挙で議員が選出される。

**[3]** 20世紀には自由民主主義体制のほかに，さまざまな政治体制が出現した。これらについての記述として**適当でないもの**を，次の①～④のうちから一つ選べ。(03政経　追)

① ソ連ではレーニンの死後，共産党書記長スターリンが，他の幹部の粛清や農業集団化によって，独裁の基盤を確立した。

② ドイツではヒトラーに率いられたナチスが，議会に議席を持つことなく，クーデターによって権力を直接掌握した。

③ 1940年代初めの日本では，新体制運動の下に，各政党が解散して大政翼賛会がつくられ，国民生活への統制が行われた。

④ 韓国やフィリピンでは，反体制派政治家や市民運動などによって，独裁政権の腐敗が批判され，1980年代以降，民主化が進んだ。

---

**トレーニング**　「コンパス」の視点や課題意識の「活用」に重きを置いた過去問に挑戦してみよう。

**[4]** 各国の立法府と行政府との関係についての記述として**誤っているもの**を，次の①～④のうちから一つ選べ。(12政経　本)

① アメリカでは，大統領は下院の解散権を有する。

② イギリスでは，原則として下院の多数党の党首が首相となる。

③ フランスでは，大統領制と議院内閣制とをあわせた形態を採用している。

④ ドイツでは，大統領には政治の実権がなく議院内閣制を採用している。

**[5]** 各国の政治体制を次の表中のA～Fのように分類したとき，それぞれの国の政治体制の記述として最も適当なものを，下の①～④のうちから一つ選べ。(19 政経　本)

|  | 議院内閣制 | 半大統領制 | 大統領制 |
|---|---|---|---|
| 連邦国家 | A | B | C |
| 単一国家 | D | E | F |

（注）ここでいう「単一国家」とは，中央政府に統治権が集中する国家を指す。また，「連邦国家」とは，複数の国家（支分国）が結合して成立した国家を指す。「連邦国家」は，国家の一部を構成する支分国が，州などのかたちで広範な統治権をもつ点などにおいて，単一国家と異なる。

① アメリカはFに該当する。

② イギリスはCに該当する。

③ フランスはEに該当する。

④ ロシアはAに該当する。

---

**チャレンジ**　「大学入学共通テスト」に挑戦してみよう。

**1** 政治体制について二つの次元で類型化を試みる理論に接した生徒Yは，その理論を参考にいくつかの国のある時期の政治体制の特徴を比較し，次の図中に位置づけてみた。図中のa～cのそれぞれには，下の政治体制ア～ウのいずれかが当てはまる。その組合せとして最も適当なものを，下の①～⑥のうちから一つ選べ。(21政経　本)

Ⅰ．包括性（参加）：選挙権がどれだけの人々に認められているか（右にいくほど，多くの人々に認められている）。

Ⅱ．自由化（公的異議申立て）：選挙権を認められている人々が，抑圧なく自由に政府に反対したり対抗したりできるか（上にいくほど，抑圧なく自由にできる）。

ア　日本国憲法下の日本の政治体制

イ　チャーティスト運動の時期のイギリスの政治体制

ウ　ゴルバチョフ政権より前のソ連の政治体制

① a―ア　　b―イ　　c―ウ

② a―ア　　b―ウ　　c―イ

③ a―イ　　b―ア　　c―ウ

④ a―イ　　b―ウ　　c―ア

⑤ a―ウ　　b―ア　　c―イ

⑥ a―ウ　　b―イ　　c―ア

**2** 世界各国の政治体制は多様であり，たとえば大統領制，議院内閣制のありようも国ごとに違いがある。生徒Xは，現在のアメリカとフランスの政治体制についてまとめてみた。次の文章中

の空欄　イ　～　エ　に当てはまる語句の組合せとして最も適当なものを，下の①～⑧のうちから一つ選べ。(21政経　追)

　アメリカは大統領制を導入している。アメリカの大統領は，　ア　によって選ばれ，連邦議会に　イ　。大統領は，議会解散権や法案提出権をもたないが，連邦議会が可決した法案に対する拒否権をもつ。一方で，連邦議会は立法権や予算の議決権をもっているが，大統領に対して　ウ　を行う権限はもっていない。

　これに対し，フランスは大統領制と議院内閣制を混合した政治体制を導入している。フランスの大統領は，　エ　によって選ばれ，首相の任命権，議会（下院）の解散権をもっている。一方で，首相は議会に対して責任を負い，議会の信任も必要である。

① イ　議席をもつ　　ウ　不信任決議　　エ　直接選挙

② イ　議席をもつ　　ウ　不信任決議　　エ　間接選挙

③ イ　議席をもつ　　ウ　弾劾　　エ　直接選挙

④ イ　議席をもつ　　ウ　弾劾　　エ　間接選挙

⑤ イ　議席をもたない　　ウ　不信任決議　　エ　直接選挙

⑥ イ　議席をもたない　　ウ　不信任決議　　エ　間接選挙

⑦ イ　議席をもたない　　ウ　弾劾　　エ　直接選挙

⑧ イ　議席をもたない　　ウ　弾劾　　エ　間接選挙

---

**まとめと発展**

　議院内閣制，大統領制，民主集中制，開発独裁の違いを簡潔にまとめてみよう。

〔　　　　　　　　　　　　　　　　　　　　　　　　〕

関門 世論の形成と民主社会

B-11

# なぜ政治家は世論に敏感であるか考えてみよう

**目標** 新聞，テレビ，ラジオ，SNSなどが提供する情報にはそれぞれどのような特徴があり，世論の形成にどのような役割を果たしているだろうか。

**チャート**

世論／マスメディア／市民（公衆）／
ステレオタイプ／情報操作／
SNS／情報リテラシー／情報モラル／
インターネットの利便性と危険性／
仮想空間と民主主義／情報の受信と発信

キーワードの意味を確認し，その内容や関連事項，役割の変化をまとめておこう。

&

**コンパス**

　国民の入手する情報の内容で世論も左右されるため，健全な世論形成のためには情報公開の徹底や意図的な情報操作のないことが必要となる。また，世論操作を回避するには，マスメディアの活動を保障する言論・報道の自由の確立，情報公開制度の活用，アクセス権の行使などが必要である。

**トレーニング** 選択肢に示されている用語や事柄を通してチャートの内容を確認しよう。

[1] マスメディアや世論についての記述として**適当でないもの**を，次の①～④のうちから一つ選べ。（03政経　本）

① ファシズムの経験に示されているように，マスメディアが世論操作に利用される危険がある。

② 公正な報道を確保するために，日本国憲法の下で新聞，雑誌には各政党の主張を同じ量だけ紹介する法的義務が課されている。

③ 世論調査は十分な情報が提供されずに行われることがあるなど，政策決定に際して世論調査に頼ることには問題点もある。

④ 世論の形成のためには，多様な意見が広く知られる必要があり，日本国憲法の下で報道の自由など表現の自由が保障されている。

[2] 国民の意見を国の政治に反映させる手段についての記述として**適当でないもの**を，次の①～④のうちから一つ選べ。（10政経　本）

① 圧力団体（利益集団）とは，特定の利害関心に基づく意見を国の政治に反映させることを目的とする団体である。

② 世論調査結果についてマスメディアが行う報道は，調査の対象となった問題に対する意見を国の政治に反映させる機能をもつ。

③ 族議員とは，特定の政策分野に限定することなく，その議員を支持する者の意見を国の政治に反映させることを目的とする議員である。

④ 大衆運動は，国政選挙における特定の勢力の支援を目的としない場合でも，運動に参加した者の意見を国の政治に反映させる機能をもつ。

[3] 徹底的な大衆操作を行った例としてしばしば言及される，ドイツのナチス党についての記述として正しいものを，次の①～④のうちから一つ選べ。（00政経　本）

① ゲルマン民族の優越を説く極端な排外主義や人種理論を掲げて，全体主義の克服を主張した。

② 暴力的手段を使って反対勢力を威嚇する一方で，選挙によって第一党となり，政権の座に着いた。

③ 政権獲得後は，テレビなどのマスメディアを政府の管理下におき，組織的な政治宣伝を行った。

④ 第二次世界大戦末期に行われた選挙において，戦局の悪化の責任を問われて大敗し，政権の座を追われた。

[4] 政治権力に対する監視にとっては，マスメディアや世論が重要である。マスメディアや世論についての記述として**適当でないもの**を，次の①～④のうちから一つ選べ。（09政経　本）

① 世論調査の結果は，同じ事柄について尋ねたものであっても，マスメディア各社で同じであるとは限らない。

② マスメディアは，国民に多くの情報を提供する能力を有しており，世論形成に重要な役割を果たしている。

③ 世論調査の結果は，選挙における有権者の投票行動に影響を与えることがある。

④ マスメディアは，これまで政治権力による報道の統制に従ったことはない。

⬡ **チャレンジ** 「大学入学共通テスト」に挑戦してみよう。

1 キタノさんは，Z市教育委員会による市の教育改革（「誰一人取り残さない教育」という方針の下，新しい学びのプログラムの開発，および教員の働き方の改善を進めてゆくもの）を発表した記者会見について報道した次の記事1・2を比較しながら，クラスメイトのナンバさんとともに情報の読み解き方を議論した。

　　後の会話文中の ア には後のa・bの記述のいずれかが， イ には後のc・dの記述のいずれかが入る。 ア ・ イ に入るものの組合せとして最も適当なものを，後の①〜④のうちから一つ選べ。（23現社　追）

**記事1**

 **EDUinfo チャンネル**　　　　2022. 11. 30. 18：40

**学校を取り戻せ！**
　Z市の教育長が「誰一人取り残さない教育」という新たな方針を発表。すべての子どもの学びの保障に乗り出す。ただ，授業時間数の不足から課外活動や部活動は制限されることになり，学力を保障する授業が軸となる。教員の業務を教員目線で抜本的に整理・削減しZ市の教育を良い方向へ導く，魅力的な教育改革である。

💬 コメント 260　　❤ いいね 18.3万　　➡ 共有

Y.N：部活動の制限はどうなんだろう……
　EDUinfo チャンネル：制限は多忙な先生の時間捻出に効果的だと思います。
　OKEgasukinaHSG：私は部活（吹奏楽部に入っています）がなくなってしまうと困ります。
Taromaru：先生の多忙化解消は重要だと思う。
・・・

**記事2**

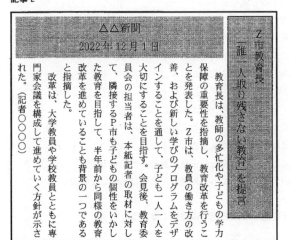

△△新聞
2022年12月1日

Z市教育長
「誰一人取り残さない教育」を提言

　教育長は、教師の多忙化や子どもの学力保障の重要性を指摘し、教育改革を行うことを発表した。Z市は、教員の働き方の改善、および新しい学びのプログラムをデザインすることを通して、子ども一人一人を大切にすることを目指す。会見後、教育委員会の担当者は、本紙記者の取材に対して、隣接するP市も子どもの個性をいかした教育を目指して、半年前から同様の教育改革を進めていることも背景の一つであると指摘した。
　改革は、大学教員や学校教員とともに専門家会議を構成して進めていく方針が示された。（記者○○○○）

ナンバ：二つを比較すると，記事1は記者会見の内容よりも発信者の意見を強調したタイトルになっているように感じます。その上で，情報の発信者と受信者間，および受信者どうしでコメントをやり取りすることができるため，双方向的なコミュニケーションになっています。

キタノ：情報の中身に着目すると，記事2は記者名が明記されていることに加え， ア 。

ナンバ：この記事1と記事2の比較から，メディアの特性の違いを理解して，情報を利用する必要があることが分かりました。

キタノ：報道される「事実」もまたメディアにより異なる場合が少なくありませんので，事実に関して，できるだけ正確な情報を得るためには イ ことが大事ですね。

ア に入る記述

a　会見で語られた内容を紹介し，背景情報を追加して発出されています

b　会見で語られた内容に対する賛否を両論併記して発出されています

イ に入る記述

c　多様なメディアから多くの記事を集めて比較したり，分析したりする

d　自分と同じ意見をもつ一つのメディアの記事のみを分析する

① アーa　　イーc
② アーa　　イーd
③ アーb　　イーc
④ アーb　　イーd

**まとめと発展**

(1)　SNSのプラス面と問題点をまとめてみよう。

[　　　　　　　　　　　　　　　　　　　　　　　　　]

(2)　メディアは私たちが情報を受信するだけではなく，私たちから情報を発信するためのものでもある。情報を発信する上で，守るべきルールとして，どのようなものがあるか，考えてみよう。

[　　　　　　　　　　　　　　　　　　　　　　　　　]

## 私たちの意見を政治に反映させるためには，どのような改革が必要だろうか

 目標

どのような状態が，民主主義を危険にさらす原因となるのか，考えてみよう。また，選挙における市民としての役割とは何だろうか。

 チャート

市民／自己統治／主権者（有権者）／代表民主主義／
自己決定／政治的無関心／参加民主主義／請願／デモ／市民運動／異議申し立て／自発的な結社／住民投票／直接参加／大選挙区制／小選挙区制／死票／比例代表制／衆議院／参議院／衆議院議員総選挙／中選挙区制／拘束名簿式比例代表制／小選挙区比例代表並立制／重複立候補制度／参議院議員通常選挙／選挙区制／非拘束名簿式比例代表制／一票の格差／公職選挙法／連座制／戸別訪問／政党／与党／野党／マニフェスト（政権公約）／綱領／利益団体（圧力団体）

キーワードの意味を確認し，その内容や関連事項，役割の変化をまとめておこう。

&

コンパス

民主政治の課題

　投票率の低下や政治的無関心，多額な選挙費用，一票の格差など多くの課題がある。課題の解決に向けて

①どうすれば，若者の声を政治に反映させることができるようになるだろうか。

②日本の選挙制度の問題点と政党政治の特徴には，どのようなものがあるのだろうか。

を考えよう。

トレーニング　選択肢に示されている用語や事柄を通してチャートの内容を確認しよう。

[1]　両院の選挙制度の現状についての記述として正しいものを，次の①〜④のうちから一つ選べ。（11政経　本）
　①　衆議院の選挙区選挙では，都道府県単位の選挙区ごとに1名以上の議員を選出する。
　②　衆議院の比例代表選挙は，政党名または候補者名のいずれかを記して投票する方式である。
　③　参議院の選挙区選挙では，比例代表選挙の名簿登載者も立候補できる。
　④　参議院の比例代表選挙は，全国を一つの単位として投票する方式である。

[2]　日本における現在の制度の記述として誤っているものを，次の①〜④のうちから一つ選べ。（19政経　本）
　①　衆議院議員選挙では，複数の小選挙区に立候補する重複立候補が認められている。
　②　投票日に投票できないなどの事情がある有権者のために，期日前投票制度が導入されている。
　③　国が政党に対して，政党交付金による助成を行う仕組みがある。
　④　政治家個人に対する企業団体献金は，禁じられている。

[3]　選挙資金制度に関連する記述として正しいものを，次の①〜④のうちから一つ選べ。（11政経　追）
　①　政党の政治資金を公費で助成するため，一定の要件を満たした政党に，政党交付金が支給される。
　②　政党による政治資金の収支の報告は，法律上の義務ではないので，これを怠っても処罰されない。
　③　政治家個人が企業や労働組合から政治献金を受け取ることは，政治資金規正法上認められている。
　④　選挙運動の責任者や出納責任者が買収などの罪を犯し刑に処せられても，候補者の当選は無効にならない。

トレーニング　「コンパス」の視点や課題意識の「活用」に重きを置いた過去問に挑戦してみよう。

[4]　小選挙区制によって議員が選出される議会があり，その定員が5人であるとする。この議会の選挙で三つの政党A〜Cが五つの選挙区ア〜オでそれぞれ1人の候補者を立てたとき，各候補者の得票数は次の表のとおりであった。いま仮に，この得票数を用いて，五つの選挙区を合併して，各政党の候補者が獲得した票を合計し，獲得した票の比率に応じて五つの議席をA〜Cの政党に配分する場合を考える。その場合に選挙結果がどのように変化するかについての記述として誤っているものを，次の①〜④のうちから一つ選べ。（14政経　本）

| 選挙区 | 得票数 | | | 計 |
| --- | --- | --- | --- | --- |
| | A | B | C | |
| ア | 45 | 35 | 20 | 100 |
| イ | 35 | 50 | 15 | 100 |
| ウ | 45 | 40 | 15 | 100 |
| エ | 50 | 15 | 35 | 100 |
| オ | 25 | 60 | 15 | 100 |
| 計 | 200 | 200 | 100 | 500 |

① 過半数の議席を獲得する政党はない。

② 議席を獲得できない政党はない。

③ Ｂ党の獲得議席数は増加する。

④ Ｃ党の獲得議席数は増加する。

### チャレンジ 「大学入学共通テスト」に挑戦してみよう。

1 日本の選挙制度に関する次の文章を読んで、下の(1)・(2)に答えよ。(21政経 追)

　現在，衆議院の選挙制度は，小選挙区とブロック単位の比例区とを組み合わせた小選挙区比例代表並立制を採用し，465人定数のうち，小選挙区で289人，比例区で176人を選出することとなっている。いま，この選挙制度を変更するとして，小選挙区比例代表並立制と定数を維持した上で，次の二つの変更案のどちらかを選択することとする。なお，この変更により有権者の投票行動は変わらないものとする。

　変更案ａ：小選挙区の議席数の割合を高める。

　変更案ｂ：比例区の議席数の割合を高める。

(1) まず，あなたが支持する変更案を選び，変更案ａを選択する場合には①，変更案ｂを選択する場合には②のいずれかをマークせよ。

　なお(1)で①・②のいずれを選んでも，(2)の問いについては，それぞれに対応する適当な選択肢がある。

(2) (1)で選択した変更案が適切だと考えられる根拠について，選挙制度の特徴から述べた文として適当なものを次の記述ア～エのうちから二つ選び，その組合せとして最も適当なものを，下の①～⑥のうちから一つ選べ。

ア　この変更案の方が，多様な民意が議席に反映されやすくなるから。

イ　この変更案の方が，二大政党制を導き政権交代が円滑に行われやすくなるから。

ウ　もう一つの変更案だと，政党の乱立を招き政権が安定しにくくなるから。

エ　もう一つの変更案だと，少数政党が議席を得にくくなるから。

① アとイ

② アとウ

③ アとエ

④ イとウ

⑤ イとエ

⑥ ウとエ

2 生徒Ｘは，日本の国政選挙について番組で説明した。次の図ａは第44回，後の図ｂは第45回の衆議院議員総選挙の結果をうけた衆議院議員の政党別の当選人数である。図ａや図ｂの結果をもたらしたそれぞれの総選挙後の日本政治に関する後の記述ア～ウのうち，正しいものはどれか。当てはまる記述をすべて選び，その組合せとして最も適当なものを，後の①～⑦のうちから一つ選べ。(23政経 追)

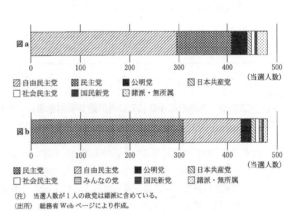

(注) 当選人数が1人の政党は諸派に含めている。
(出所) 総務省Webページにより作成。

ア　図ａや図ｂの結果をもたらした衆議院議員総選挙後には，いずれも連立政権が成立した。

イ　図ａの結果をもたらした衆議院議員総選挙後に，小泉純一郎内閣の下で郵政民営化法が制定された。

ウ　図ｂの結果をもたらした衆議院議員総選挙後に，細川護熙内閣の下で衆議院の選挙制度に小選挙区比例代表並立制が導入された。

① ア

② イ

③ ウ

④ アとイ

⑤ アとウ

⑥ イとウ

⑦ アとイとウ

---

### まとめと発展

　リースマンは政治的無関心を二つに分類しているが，その相違点をまとめよう。また，政党と利益団体（圧力団体）の相違点をまとめてみよう。

〔　　　　　　　　　　　　　　　　　　　　　　　　　　　　　〕

関 門

B－13

国会の役割としくみ

## 国会が「国権の最高機関」に位置づけされているのはなぜだろうか

 目 標

「国権の最高機関」として，衆議院の優越が定められている理由や参議院が果たしている役割について，学んでいこう。

チャート

「国権の最高機関」／「国の唯一の立法機関」／

法律の制定／予算の承認／条約の承認／

憲法改正の発議／内閣総理大臣の指名権／

内閣不信任決議／国政調査権／弾劾裁判／

二院制／衆議院の優越／通常国会／臨時国会／

特別国会／参議院の緊急集会／委員会中心主義／

不逮捕特権／免責特権／歳費特権／

国会審議活性化法／党首討論／議員立法

キーワードの意味を確認し，その内容や関連事項，役割の変化をまとめておこう。

 コンパス

＆

国会のしくみや国会議員の役割が，近代民主政治の基本理念である国民主権の原理に基づいて構築されており，また，国会が「国権の最高機関」とされていることに注目する。

当面の課題として，

①法案の成立を急ぐがあまり，審議が不十分なことがあること

②法律の成立件数で見ると，内閣提出法案はほぼ採択されるのに対し，議員提出法案で採択されるのは1割以下であること

などが挙げられる。

トレーニング　選択肢に示されている用語や事柄を通してチャートの内容を確認しよう。

[1] 日本国憲法が定める国会についての記述として正しいものを，次の①～④のうちから一つ選べ。(19政経　本)

① 在任中の国務大臣を訴追するには，国会の同意が必要となる。

② 大赦や特赦などの恩赦を決定することは，国会の権限である。

③ 衆議院で可決した予算を参議院が否決した場合に，両院協議会を開いても意見が一致しないとき，衆議院の議決が国会の議決となる。

④ 最高裁判所の指名した者の名簿によって，下級裁判所の裁判官を任命することは，国会の権限である。

[2] 日本国憲法が定めている国会の議決の方法の中にも，過半数の賛成で足りる場合と過半数よりも多い特定の数の賛成を必要とする場合とがある。過半数の賛成で足りる場合として正しいものを，次の①～④のうちから一つ選べ。(18政経　試)

① 国会が憲法改正を発議するため，各議院で議決を行う場合

② 条約の締結に必要な国会の承認について，参議院で衆議院と異なった議決をしたときに，衆議院の議決をもって国会の議決とする場合

③ 各議院で，議員の資格に関する争訟を裁判して，議員の議席を失わせる場合

④ 衆議院で可決し，参議院でこれと異なった議決をした法律案について，再度，衆議院の議決だけで法律を成立させる場合

トレーニング　「コンパス」の視点や課題意識の「活用」に重きを置いた過去問に挑戦してみよう。

[3] 日本の国会や議院がもつ権限とその行使をめぐる記述として誤っているものを，次の①～④のうちから一つ選べ。(18政経　本)

① 両議院の審議において大臣に代わって官僚が答弁する政府委員の制度が，設けられている。

② 内閣総理大臣は，答弁または説明のために出席を求められれば，議席をもっていない議院にも出席する義務がある。

③ 両議院は，それぞれ国政に関する調査を行うため証人を出頭させて証言を求めることができる。

④ 衆議院は，出席議員の過半数の賛成によって，内閣不信任決

議案を可決することができる。

[4] 生徒Bは模擬政府の財務大臣として，次年度の国の財政について次の表のような予算案を作成し，模擬国会に提出して審議してもらうことにした。生徒Cは議員として，この予算案について質問した。このとき，法や制度，予算や税の仕組み，社会状況などについては，最近の日本を例とすることにした。生徒Cの質問と生徒Bの答弁との組合せのうち，質問もしくは答弁のいずれか，または両方が，誤った理解に基づいてなされているものはどれか。後の①～④のうちから一つ選べ。(22公共　試)

（単位：億円）

| | 歳　入 | | | 歳　出 | |
|---|---|---|---|---|---|
| 租税・印紙収入 | 所得税 | 195,290 | 19.0% | 皇室費 | 116 |
| | 法人税 | 120,650 | 11.8% | 国会 | 1,285 |
| | 相続税 | 23,410 | 2.3% | 裁判所 | 3,266 |
| | 消費税 | 217,190 | 21.2% | 会計検査院 | 171 |
| | 関税 | 9,460 | 0.9% | 内閣および内閣府 | 42,369 |
| | その他の税 | 58,700 | 5.7% | 総務省 | 167,692 |
| | 印紙収入 | 10,430 | 1.0% | 法務省 | 8,206 |
| その他の諸収入 | | 60,613 | 5.9% | 外務省 | 7,120 |
| 公債 | 公債金 | 71,100 | 6.9% | 財務省 | 251,579 |
| | 特例公債金 | 254,462 | 24.8% | 文部科学省 | 54,152 |
| 前年度剰余金 | | 5,274 | 0.5% | 厚生労働省 | 330,366 |
| 歳入合計 | | 1,026,580 | 100.0% | 農林水産省 | 22,170 |
| 今年度末の公債残高（見込み）：約1,038兆円 | | | | 経済産業省 | 12,435 |
| | | | | 国土交通省 | 68,983 |
| ※四捨五入により，合計は全項目の総計と一致しない。 | | | | 環境省 | 3,537 |
| | | | | 防衛省 | 53,133 |
| | | | | 歳出合計 | 1,026,580 |

（出所）　財務省Webページ掲載の令和2年度当初予算を参考に作成。

①質問　歳入に占める公債の割合が3割を超えている。この金額は決して小さくはない。この公債の償還（返済）や利子の支払いは，将来の世代に負担を求めることになるという意見があるが，そうした将来の負担について，政府はどのようにみているのか。

答弁　確かにそういう意見はありますが，現在の歳出が公債の償還や利払いについての将来の負担を軽減する可能性もあるという見解もありますので，現時点ではそうした負担の増減について断定することはできません。政府としては，次年度に必要と判断される歳出のために，公債を利用する歳入案を作成しました。

②質問　歳入に占める関税の割合が極めて小さい。しかし，多くの輸入品が国民生活のあらゆるところで使われていることを踏まえると，関税の割合はもっと大きくなるとみることができるのではないか。

答弁　現在，農産物など一部の品目を除き，多くの輸入品に関税は課されていません。これは，自由貿易を推進するという国際的な合意を我が国も受け入れているからです。したがって，関税を新たに課したり関税率を引き上げたりして，歳入に占める関税の割合を増やすのは難しいと判断されます。

③質問　歳出のうち，厚生労働省の予算配分額が歳出全体の3割超になっているが，その主な要因は何か。

答弁　厚生労働省は年金や医療を所管していますが，高齢化が進んでいることや医療の高度化などによって，政府が負担しなければならない年金給付や医療費が増えています。また，関連する社会保障支出も多額に上っているために，このような予算額となりました。

④質問　内閣が作成し国会に提出したこの予算案には，裁判所の予算が組み込まれている。ということは，予算を通じて行政が司法をコントロールしていることになる。「三権分立」に基づき，裁判所の予算については，裁判所自身が作成して国会に提出するべきではないか。

答弁　日本国憲法には予算の作成について定めはありませんが，内閣が作成したものだとしても，裁判所の予算の執行については「三権分立」が前提となります。裁判所自身が予算を作成し国会に提出するとなると，迅速な裁判が妨げられて国民生活にさまざまな影響がもたらされるとの懸念から，裁判所の予算も内閣が作成し国会に提出することになっています。

⟨チャレンジ⟩　「大学入学共通テスト」に挑戦してみよう。

1　生徒X，生徒Y，生徒Zは，模擬授業後の休憩時間に議論している。次の会話文中の空欄　ア　～　ウ　に当てはまる語句の組合せとして最も適当なものを，後の①～⑧のうちから一つ選べ。（23政経　本）

X：模擬授業でも説明があった両議院の違いを比較すると，　ア　の方が議員の任期が短く解散もあり，直近の民意を反映しやすい議院だということができそうだね。

Y：そうした性格の違いが，両議院の権限の違いに影響しているともいえそうだね。両議院の議決が異なった場合に一定の条件を満たせば，　イ　を国会の議決とすることが憲法上認められているよ。

Z：でも，憲法はなんでもかんでも　イ　を優先させているというわけではないよ。たとえば，　ウ　については両議院の権限は対等だよね。

X：法律案の議決についても，　イ　を国会の議決とするには，他の場合に比べ厳しい条件が設けられているね。法律案の議決に関する限り，もう一方の議院は，　ア　の決定に対して，慎重な審議を求めるにとどまらず，抑制を加える議院として機能しうるといえそうだね。

① ア　衆議院　　イ　衆議院の議決　　ウ　条約締結の承認
② ア　衆議院　　イ　衆議院の議決　　ウ　憲法改正の提案
③ ア　衆議院　　イ　参議院の議決　　ウ　条約締結の承認
④ ア　衆議院　　イ　参議院の議決　　ウ　憲法改正の提案
⑤ ア　参議院　　イ　衆議院の議決　　ウ　条約締結の承認
⑥ ア　参議院　　イ　衆議院の議決　　ウ　憲法改正の提案
⑦ ア　参議院　　イ　参議院の議決　　ウ　条約締結の承認
⑧ ア　参議院　　イ　参議院の議決　　ウ　憲法改正の提案

**まとめと発展**

(1) なぜ国会は「国権の最高機関」であり，「国の唯一の立法機関」なのか。

〔　　　　　　　　　　　　　　　〕

(2) 国会が担う役割には，憲法上どのようなものがあるか。

〔　　　　　　　　　　　　　　　〕

(3) 国会で行われる会議の種類には，どのようなものがあるか。

〔　　　　　　　　　　　　　　　〕

(4) 国会の課題を一つ挙げてみよう。

〔　　　　　　　　　　　　　　　〕

関門 内閣と行政機関

B-14

# 内閣にはどんな役割があるのだろうか

目標 内閣が国会に対して連帯して責任を負っている意味や，今日の行政の特徴などについて学んでいこう。

**チャート**

行政権／内閣／文民／国会に対する連帯責任／閣議／内閣不信任決議／総辞職／衆議院解散／国事行為に対する助言と承認／最高裁判所長官の指名／その他の裁判官の任命／省令／行政委員会／行政国家／官僚／委任立法／国家公務員倫理法／天下り　行政改革／行政手続法／情報公開法／郵政民営化／オンブズマン制度／パブリックコメント制度

キーワードの意味を確認し，その内容や関連事項，役割の変化をまとめておこう。

**&**

**コンパス**

議院内閣制における内閣と国会の関係や今日の内閣の役割について理解することが重要である。

当面の課題として，

①行政の役割が拡大することにともなって，無駄な業務や財政支出の増加，許認可権の拡大や腐敗などの発生

②行政改革では，財政支出削減と行政の民主化を両輪として行っていく

ことが挙げられる。

**トレーニング** 選択肢に示されている用語や事柄を通してチャートの内容を確認しよう。

[1] 日本国憲法の定める内閣や内閣総理大臣の権限についての記述として最も適当なものを，次の①～④のうちから一つ選べ。（18政経　追）

① 内閣は，両議院が可決した法案について国会に再議を求める権限をもつ。

② 内閣総理大臣は，最高裁判所の長官を任命する権限をもつ。

③ 内閣は，憲法改正が承認されたとき，これを公布する権限をもつ。

④ 内閣総理大臣は，内閣を代表して，行政各部を指揮監督する権限をもつ。

[2] 日本における現在の行政機構についての記述として正しいものを，次の①～④のうちから一つ選べ。（20政経　追）

① 原子力利用における安全の確保に関する事務を遂行する原子力規制委員会は，経済産業省に置かれている。

② 東日本大震災からの復興に関する行政事務の円滑かつ迅速な遂行を図る復興庁は，内閣に置かれている。

③ 法制度に関する調査や内閣提出法案の審査を行う内閣法制局は，内閣府に置かれている。

④ 内閣の重要事項に関して内閣総理大臣を補佐する内閣総理大臣補佐官は，総務省に置かれている。

[3] 内閣総理大臣の権限に関する次の記述A～Cのうち，1990年代後半以降の改革に当てはまる記述をすべて選び，その組合せとして最も適当なものを，下の①～⑦のうちから一つ選べ。（19政経　追）

A 内閣総理大臣が閣議を主宰するようになった。

B 内閣総理大臣が他の国務大臣を任意に罷免できるようになった。

C 内閣総理大臣の閣議における発議権が明文化された。

① A ② B ③ C ④ AとB ⑤ AとC ⑥ BとC ⑦ AとBとC

**トレーニング** 「コンパス」の視点や課題意識の「活用」に重きを置いた過去問に挑戦してみよう。

[4] 日本における現在の国家公務員に関する記述として正しいものを，次の①～④のうちから一つ選べ。（20政経　追）

① 人事院が廃止され，国家公務員の人事を一元的に管理する内閣人事局が設置されている。

② 各省庁の国家公務員が，国会審議において大臣に代わって答弁できる，政府委員制度が導入されている。

③ 各省庁は，国家公務員に対して，利害関係のある営利企業に退職後の再就職を斡旋することができる。

④ 公務に対する国民の信頼を確保することを目的に，公務員の職務倫理の保持を図る国家公務員倫理法が制定されている。

[5] 日本の行政にかかわる法律に関連する記述として最も適当なものを，次の①～④のうちから一つ選べ。（18現社　試）

① 情報公開法の施行以降，中央省庁にオンブズマン制度が設けられている。

② 国会審議活性化法の施行以降，中央省庁に副大臣の役職が設けられている。

③ 国家公務員倫理法の導入が議論されているものの，当該法律はまだ制定されていない。

④ 国家公務員制度改革基本法の導入が議論されているものの,当該法律はまだ制定されていない。

[6] 国家公務員に関連して,生徒Yは,日本の公務員数の推移を調べた。次の図は国家公務員等予算定員の5年ごとの推移を示したものである。図に関する記述として**誤っているもの**を,後の①～④のうちから一つ選べ。(23政経 本)

① 図中の期間を通してみると,第一次石油危機より前に,人口千人当たり国家公務員等予算定員が減少に転じていることがわかる。

② 図中の期間を通してみると,日本の国家公務員等予算定員の減少分の内訳としては,一般会計上の予算定員の減少が最大の要素であることがわかる。

③ 図中のAが示す期間に電電公社,専売公社,国鉄の民営化が行われた。

④ 図中のBが示す期間に郵政民営化が行われた。

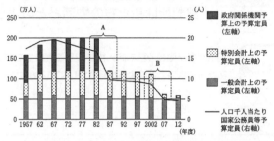

凡例:
政府関係機関予算上の予算定員(左軸)
特別会計上の予算定員(左軸)
一般会計上の予算定員(左軸)
人口千人当たり国家公務員等予算定員(右軸)

(注) 国家公務員等については,各年度の予算において人件費の基礎となる人数が示され,これを予算定員と呼ぶ。一般会計予算および特別会計予算で各国家機関の予算定員が示される。これらの予算とあわせて国会に提出される,政府関係機関予算において,政府関係機関の職員の予算定員が示される。それらをまとめてここでは国家公務員等予算定員と呼ぶ。なお,図中の国家公務員等予算定員の数値は年度末のものである。
(出所) 総務省統計局『日本統計年鑑』および総務省統計局『日本の統計』により作成。

---

**チャレンジ** 「大学入学共通テスト」に挑戦してみよう。

1 生徒Zは,日本の内閣の運営のあり方に興味をもち,その特徴を文章にまとめてみた。次の文章中の空欄 ア ～ ウ に当てはまる語句の組合せとして最も適当なものを,下の①～⑧のうちから一つ選べ。(21政経 本)

内閣の運営に関する特徴の一つは合議制の原則である。これは,内閣の意思決定は,内閣総理大臣(首相)と国務大臣の合議,すなわち閣議によらなければならないとするものである。閣議における決定は, ア によることが慣行となっている。

また,首相指導の原則がある。これは,国務大臣の任免権をもつ首相が, イ として政治的リーダーシップを発揮するというものである。

このほか,分担管理の原則がある。これは,各省の所掌事務はその主任の国務大臣が分担して管理するというものである。なお,日本国憲法の規定によると,法律と政令には,すべて主任の国務大臣が署名し, ウ が連署することになっている。

① ア 多数決 イ 同輩中の首席 ウ 内閣総理大臣
② ア 多数決 イ 同輩中の首席 ウ 内閣官房長官
③ ア 多数決 イ 内閣の首長 ウ 内閣総理大臣
④ ア 多数決 イ 内閣の首長 ウ 内閣官房長官
⑤ ア 全会一致 イ 同輩中の首席 ウ 内閣総理大臣
⑥ ア 全会一致 イ 同輩中の首席 ウ 内閣官房長官
⑦ ア 全会一致 イ 内閣の首長 ウ 内閣総理大臣
⑧ ア 全会一致 イ 内閣の首長 ウ 内閣官房長官

2 公正取引委員会に関心をもった生徒Xと生徒Yは,私的独占の禁止及び公正取引の確保に関する法律(独占禁止法)の次の**条文**について話し合っている。後の**会話文**中の空欄 ア には後の語句aかb,空欄 イ には後の記述cかdのいずれかが当てはまる。空欄 ア ・ イ に当てはまるものの組合せとして最も適当なものを,後の①～④のうちから一つ選べ。(23政経 本)

第27条第2項 公正取引委員会は,内閣総理大臣の所轄に属する。
第28条 公正取引委員会の委員長及び委員は,独立してその職権を行う。
第29条第2項 委員長及び委員は,年齢が35年以上で,法律又は経済に関する学識経験のある者のうちから,内閣総理大臣が,両議院の同意を得て,これを任命する。

Y:日本国憲法第65条に「行政権は,内閣に属する」とあるけど, ア である公正取引委員会は,内閣から独立した機関といわれるね。行政活動を行う公正取引委員会が内閣から独立しているのは憲法上問題がないのかな。

X:独占禁止法の条文をみると,「独立してその職権を行う」とされているけど,委員長及び委員の任命については, イ 。公正取引委員会は,内閣から完全に独立しているわけではないよ。公正取引委員会の合憲性を考えるときには,独立性が必要な理由や民主的コントロールの必要性も踏まえて,どの程度の独立性を認めることが適切かを考える必要がありそうだね。

ア に当てはまる語句
a 独立行政法人 b 行政委員会

イ に当てはまる記述
c 両議院による同意を要件としつつも内閣総理大臣に任命権があるね

d 内閣総理大臣が単独で任意に行うことができるね

① ア―a イ―c ② ア―a イ―d
③ ア―b イ―c ④ ア―b イ―d

---

**まとめと発展**

(1) 内閣はどのような人たちで構成されるか。
[                    ]

(2) 「内閣は連帯して責任を負っている」とはどのような意味を持つのか考えよう。
[                    ]

(3) 内閣の職務について,憲法ではどのように規定をしているのだろうか。
[                    ]

(4) 今日の内閣(行政)にはどのような課題があるか,一つ挙げてみよう。
[                    ]

関門 裁判所の役割と司法参加の意義

B-15 **裁判所は私たちの生活とどのように関わっているのだろうか**

**目標** 司法制度が国民の基本的人権を守ることにつながっていることを理解し，どんなことが課題として挙げられるか，私たちの生活とどのように結びついているかについて，学んでいこう。

法の支配／裁判を受ける権利／司法権の独立／裁判官の独立／最高裁判所／高等裁判所／地方裁判所／簡易裁判所／家庭裁判所／刑事訴訟／民事訴訟／行政訴訟／特別裁判所の設置の禁止／規則制定権／弾劾裁判／最高裁判所裁判官の国民審査／三審制／冤罪／違憲立法審査権／憲法の番人／統治行為論／私人間関係／原告／被告／弁護人／被疑者／無罪推定の原則／裁判公開の原則／司法制度改革／裁判員制度／法科大学院

キーワードの意味を確認し，その内容や関連事項，役割の変化をまとめておこう。

&

司法権は「法の支配」を守り，裁判を受ける権利を具体的に保障することを通じ，個人の基本的人権を守っていることを理解することが重要である。

当面の課題として，

①より公正で慎重な裁判を行う重要性から，市民がどのように裁判に参加していくのか

②犯罪被害者の人権について，被害者本人のみならず，その家族も含めて平穏な市民生活を送れる社会づくり

などが挙げられる。

**トレーニング** 選択肢に示されている用語や事柄を通してチャートの内容を確認しよう。

[1] 日本の司法制度に関する記述のうち，司法権の独立を保障する制度に当てはまる記述として最も適当なものを，次の①〜④のうちから一つ選べ。(16政経　追)
① 有罪判決の確定後に裁判における事実認定に重大な誤りが判明した場合，裁判をやり直すための再審制度が設けられている。
② 行政機関による裁判官の懲戒は禁止されている。
③ 裁判は原則として公開の法廷で行われる。
④ 実行の時に適法であった行為について，事後に制定された法により刑事上の責任を問うことは禁止されている。

[2] 日本の刑事裁判に関連する記述として正しいものを，次の①〜④のうちから一つ選べ。(19政経　追)
① 警察にある留置場を拘置所に代用する代用刑事施設（代用監獄制度）は，廃止されている。
② 重大な刑事事件の第一審および控訴審においては，裁判員制度が導入されている。
③ 刑罰の適用年齢は14歳に引き下げられているが，14歳未満の少年の少年院送致は認められていない。
④ 抑留または拘禁を受けた後に無罪判決が確定した者には，国に補償を求める刑事補償請求権が認められている。

[3] 日本において，裁判や刑事手続にかかわる権力を監視，統制する仕組みについての記述として**誤っているもの**を，次の①〜④のうちから一つ選べ。(20政経　本)
① 検察官が不起訴の決定をした事件について，検察審査会が起訴相当の議決を二度行った場合は強制的に起訴される仕組みが導入された。
② 国民審査により最高裁判所の裁判官が罷免された例は，これまでにない。
③ 取調べの録音や録画を義務づける仕組みが，裁判員裁判対象事件などに導入された。
④ 死刑判決を受けた人が再審により無罪とされた例は，これまでにない。

**トレーニング** 「コンパス」の視点や課題意識の「活用」に重きを置いた過去問に挑戦してみよう。

[4] 日本の裁判所による違憲審査に関する記述として正しいものを，次の①〜④のうちから一つ選べ。(17政経　本)
① 最高裁判所は，長沼ナイキ基地訴訟において，自衛隊の存在

を違憲と判断した。
② 最高裁判所は，全逓名古屋中央郵便局事件において，国家公務員の争議行為の一律禁止を違憲と判断した。

③ 内閣や国会が行う高度に政治性のある行為については裁判所の審査権が及ばず違憲審査の対象外であるとする考え方のことを，統治行為論という。

④ 裁判所が具体的事件とは無関係に法令の合憲性を審査する制度のことを，付随的違憲審査制という。

[5] 日本国憲法は，司法機関たる裁判所に，立法機関や行政機関に対するチェック機能として違憲審査権を与えている。この権限について，裁判所はこれを積極的に行使し，違憲判断をためらうべきではないとする見解と，その行使には慎重さが求められ，やむをえない場合のほかは違憲判断を避けるべきであるとする見解とが存在する。前者の見解の根拠となる考え方として最も適当なものを，次の①〜④のうちから一つ選べ。(20政経　本)

① 法律制定の背景となる社会や経済の問題は複雑であるから，国政調査権をもち，多くの情報を得ることができる機関の判断を尊重するべきである。

② 選挙によって構成員が選出される機関では，国民の多数派の考えが通りやすいので，多数派の考えに反してでも少数者の権利を確保するべきである。

③ 外交など高度な政治的判断が必要とされる事項や，国政の重要事項についての決定は，国民に対して政治的な責任を負う機関が行うべきである。

④ 日本国憲法は民主主義を原則としているので，国民の代表者によって構成される機関の判断を，できる限り尊重するべきである。

### チャレンジ 「大学入学共通テスト」に挑戦してみよう。

[1] 裁判に関心をもつ生徒Xは，元裁判官の教授による「市民と裁判」という講義にも参加した。講義後，Xは，図書館で関連する書籍などを参照して，日本の裁判員制度とその課題についてまとめた。次の文章中の空欄 ア 〜 ウ に当てはまる語句の組合せとして最も適当なものを，下の①〜⑧のうちから一つ選べ。(21政経　本)

裁判員制度は，一般市民が ア の第一審に参加する制度である。制度の趣旨として，裁判に国民の声を反映させることや，裁判に対する国民の理解と信頼を深めることなどがあげられる。裁判員は，有権者の中から イ に選任され，裁判官とともに評議し，量刑も含めた判断を行う。

裁判員制度が始まって10年以上経過した現在，裁判への参加をよい経験だったとする裁判員経験者の声や，市民の感覚が司法に反映されたとの意見など，肯定的な評価がある。だが，裁判員に ウ 課せられる守秘義務や辞退率の高さなど，いくつかの課題も指摘されている。

① ア 重大な刑事事件　　イ 事件ごと
　ウ 任務中のみ
② ア 重大な刑事事件　　イ 事件ごと
　ウ 任務終了後も
③ ア 重大な刑事事件　　イ 年度ごと
　ウ 任務中のみ
④ ア 重大な刑事事件　　イ 年度ごと
　ウ 任務終了後も
⑤ ア 刑事事件および民事事件　イ 事件ごと
　ウ 任務中のみ
⑥ ア 刑事事件および民事事件　イ 事件ごと
　ウ 任務終了後も
⑦ ア 刑事事件および民事事件　イ 年度ごと
　ウ 任務中のみ
⑧ ア 刑事事件および民事事件　イ 年度ごと
　ウ 任務終了後も

[2] 模擬授業では，選挙権年齢や民法の成年年齢の引下げをうけ，2021年には少年法も改正されたという説明がされた。この少年法改正に関心をもった生徒Xは，法務省のWebページで改正の内容について調べ，次のメモを作成した。メモ中の空欄 ア 〜 ウ に当てはまる語句の組合せとして最も適当なものを，後の①〜⑧のうちから一つ選べ。(23政経　本)

1．2021年改正前の少年法の概要
・少年（20歳未満の者）の事件は，全件が ア に送られ， ア が処分を決定する。
・16歳以上の少年のときに犯した故意の犯罪行為により被害者を死亡させた罪の事件については，原則として イ への逆送決定がされる。逆送決定がされた事件は， イ によって起訴される。
・少年のときに犯した罪については，犯人が誰であるかがわかるような記事・写真等の報道（推知報道）が禁止される。
2．2021年少年法改正のポイント
・ ウ 以上の少年を「特定少年」とし，引き続き少年法を適用する。
・原則として逆送しなければならない事件に，特定少年のときに犯した死刑，無期または短期1年以上の懲役・禁錮に当たる罪の事件を追加する。
・特定少年のときに犯した事件について起訴された場合には，推知報道の禁止が解除される。

① ア 地方裁判所　イ 検察官　ウ 14歳
② ア 地方裁判所　イ 検察官　ウ 18歳
③ ア 地方裁判所　イ 弁護士　ウ 14歳
④ ア 地方裁判所　イ 弁護士　ウ 18歳
⑤ ア 家庭裁判所　イ 検察官　ウ 14歳
⑥ ア 家庭裁判所　イ 検察官　ウ 18歳
⑦ ア 家庭裁判所　イ 弁護士　ウ 14歳
⑧ ア 家庭裁判所　イ 弁護士　ウ 18歳

### まとめと発展

(1) 司法権はなぜ独立していなければならないのだろうか。

[　　　　　　　　　　　　　　　　]

(2) 日本国憲法第76条第1項に書かれている「下級裁判所」にはどんな裁判所が含まれるか。

[　　　　　　　　　　　　　　　　]

(3) 裁判所（司法）が権限として持つ，「違憲立法審査権」とは何か書こう。

[　　　　　　　　　　　　　　　　]

(4) 一般市民が裁判に参加することの意義を書いてみよう。

[　　　　　　　　　　　　　　　　]

地方自治と民主主義

## 国と地方自治の関係において，どのような課題があるのだろうか

**目標** 地方自治と民主主義について，最近の動きに関わるニュースにも注目しながら，「権限」と「財源」という視点から，住民の生活にかかわる課題解決に向けた，制度改革，法整備，具体的な施策について学んでいこう。

 チャート

地方自治／「民主主義の学校」／地方分権／首長／

二元代表制／直接民主制／

条例の制定・改廃の請求（イニシアティブ）／

解職請求（リコール）／住民投票（レファレンダム）／

地方自治特別法／シビル－ミニマム／

地方交付税と国庫支出金／三位一体の改革／

地方分権一括法／（機関委任事務を廃止→自治事務と法定受託事務）／オンブズマン制度／説明責任（アカウンタビリティ）／ふるさと納税

キーワードの意味を確認し，その内容や関連事項，役割の変化をまとめておこう。

**&**

コンパス

まず「権限」と「財源」の視点が重要。制度や法律，様々な施策について，どのように整えられているのかに注目。課題解決に向けて，具体的に何をどのように改革しようとしているのかを考える。

当面の課題としては，

① 少子高齢化，地域間格差の拡大のなか，教育，医療，住宅，公共財，交通機関，産業基盤など課題が増加。

② 国も地方も財政赤字。この財政赤字を解決する地方財政の改革は急務。その実態を把握し解決策と関連付ける。

③ 地方自治への住民参加について，身近な事例や具体的な取り組み，最近のニュースなどに注目する。

---

**トレーニング** 選択肢に示されている用語や事柄を通してチャートやコンパスの内容を確認しよう。

[1] 「地方自治は民主主義の学校」は，ブライスが述べた言葉として知られている。その意味を説明した記述として最も適当なものを，次の①〜④のうちから一つ選べ。（09政経 本）

① 地方自治は，中央政府をモデルとして，立法・行政の手法を学ぶことが重要である。

② 住民自身が，地域の政治に参加することによって，民主政治の担い手として必要な能力を形成できる。

③ 地方自治体は，合併による規模の拡大によって，事務処理の能力を高めることができる。

④ 住民自身が，地域の政治に参加することによって，学校教育の課題を解決する。

[2] 地方自治体の組織と運営に関する記述として最も適当なものを，次の①〜④のうちから一つ選べ。（22現社 本）

① 地方自治体の首長と議会の議員がそれぞれ別の選挙で直接選ばれる仕組みは，二元代表制と呼ばれる。

② 地方自治体の議会の議員の被選挙権は，満18歳以上である。

③ 副知事・副市町村長の解職の直接請求は，イニシアティブと呼ばれる。

④ 副知事・副市町村長の解職を直接請求する場合，その請求先は選挙管理委員会である。

[3] 日本の財政と税の状況に関する記述として最も適当なものを，次の①〜④のうちから一つ選べ。（10現社 本）

① 地方自治体は，法律の範囲内で，条例によって課税することができる。

② 国債残高は，1990年代半ばから現在に至るまで，減少傾向にある。

③ 現在，地方交付税が交付されている地方自治体の割合は，全国の地方自治体の3割程度である。

④ 国家予算の成立には国会の議決を必要とし，予算案の審議については参議院が先議権を有する。

[4] 1999年の地方分権一括法によって，国と都道府県や市町村との関係が抜本的に見直された。このことについて，日本の地方自治に関する記述として最も適当なものを，次の①〜④のうちから一つ選べ。（16政経 本）

① 地方分権一括法によって，地方自治体の事務が，自治事務と機関委任事務とに再編された。

② 特定の地方自治体にのみ適用される法律を制定するには，その住民の投票で過半数の同意を得ることが必要とされている。

③ 地方自治体には，議事機関としての議会と執行機関としての首長のほかに，司法機関として地方裁判所が設置されている。

④ 地方自治体の議会は，住民投票条例に基づいて行われた住民投票の結果に法的に拘束される。

**1** 生徒Xと生徒Yは戦後日本の地方自治制度と地域社会について調べた。次のA～Dは，第二次世界大戦後の日本の地方自治をめぐって起きた出来事に関する記述である。これらの出来事を古い順に並べたとき，3番目にくるものとして正しいものを，後の①～④のうちから一つ選べ。(22政経　本)

A 地方分権改革が進む中で行財政の効率化などを図るために市町村合併が推進され，市町村の数が減少し，初めて1,700台になった。

B 公害が深刻化し住民運動が活発になったことなどを背景として，東京都をはじめとして都市部を中心に日本社会党や日本共産党などの支援を受けた候補者が首長に当選し，革新自治体が誕生した。

C 地方自治の本旨に基づき地方自治体の組織や運営に関する事項を定めるために地方自治法が制定され，住民が知事を選挙で直接選出できることが定められた。

D 大都市地域特別区設置法に基づいて，政令指定都市である大阪市を廃止して新たに特別区を設置することの賛否を問う住民投票が複数回実施された。

① A　　② B　　③ C　　④ D

**2** 日本の地方自治体について，【資料1】中の X ・ Y と【資料2】中のA・Bとにはそれぞれ都道府県か市町村のいずれかが，【資料3】中のア・イには道府県か市町村のいずれかが当てはまる。都道府県と市町村の役割をふまえたうえで，都道府県または道府県が当てはまるものの組合せとして正しいものを，後の①～⑧のうちから一つ選べ。(18政経　試)

【資料1】地方自治法（抜粋）

第2条　地方公共団体は，法人とする。

2 普通地方公共団体は，地域における事務及びその他の事務で法律又はこれに基づく政令により処理することとされるものを処理する。

3 X は，基礎的な地方公共団体として，第5項において Y が処理するものとされているものを除き，一般的に，前項の事務を処理するものとする。

4 X は，前項の規定にかかわらず，次項に規定する事務のうち，その規模又は性質において一般の X が処理することが適当でないと認められるものについては，当該 X の規模及び能力に応じて，これを処理することができる。

5 Y は，X を包括する広域の地方公共団体として，第2項の事務で，広域にわたるもの，X に関する連絡調整に関するもの及びその規模又は性質において一般の X が処理することが適当でないと認められるものを処理するものとする。

【資料2】都道府県・市町村の部門別の職員数（2017年4月1日現在）（単位：人）

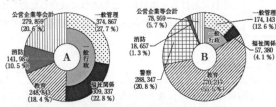

注：一般管理は総務，企画，税務，労働，農林水産，商工，土木などである。公営企業等会計は，病院，上下水道，交通，国保事業，収益事業，介護保険事業などである。市町村の職員には，一部事務組合等の職員が含まれる。

【資料3】道府県税・市町村税の収入額の状況（2016年度決算）（単位：億円）

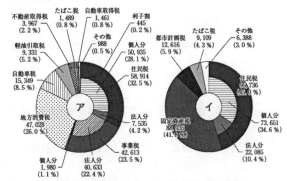

注：都道府県税ではなく道府県税と称するのは，都道府県の地方税の決算額から東京都が徴収した市町村税相当額を除いた額を表しているためである。合計は，四捨五入の関係で一致しない場合がある。

出典：【資料2】・【資料3】とも総務省Webページにより作成。

① X―A―ア　　② X―A―イ
③ X―B―ア　　④ X―B―イ
⑤ Y―A―ア　　⑥ Y―A―イ
⑦ Y―B―ア　　⑧ Y―B―イ

---

**まとめと発展**

(1) 地域の実情や課題は，どのような事柄によって異なるか。

[　　　　　　　　　　　　　　　　]

(2) 都道府県の歳入の中で最も割合の高い一般財源は何か。またそれを増やすためには，どのような取り組みが必要か。

[　　　　　　　　　　　　　　　　]

(3) 「シビル―ミニマム」とは何か。

[　　　　　　　　　　　　　　　　]

(4) 「オンブズマン制度」を設けるのは何のためか。

[　　　　　　　　　　　　　　　　]

(5) 「三位一体の改革」の目的と内容をまとめてみよう。

[　　　　　　　　　　　　　　　　]

(6) 地方自治への住民参加について，身近な事例や具体的な取り組み，最近のニュースなどをまとめてみよう。

[　　　　　　　　　　　　　　　　]

関門　主権国家と国際社会

## 主権国家や国際社会の原則やあり方はどのように変化してきたのだろうか

**目標**　近代における主権国家はどのように成立したのだろうか。「主権国家の原則」や「国際法の役割」という視点から，主権国家間の問題を解決する方法や課題について考えよう。

**チャート**

主権国家の成立／ウェストファリア条約

国家の主権／ボーダン『国家論』／国家の三要素（国民・領域・主権）

国際法／グロティウス『戦争と平和の法』／慣習国際法と条約／海洋法条約と領域

国際社会の拡大／ナショナリズム／国際司法裁判所と国際刑事裁判所

キーワードの意味を確認し，その内容や関連事項，役割の変化をまとめておこう。

**＆**

**コンパス**

　主権国家の成立という歴史的な視点から，ナショナリズムの広がりを「民族自決」「異民族の排斥」と多面的にとらえることが重要である。平和的な国際社会のあり方と国際法の果たす役割を考察しよう。

①国家の三要素の一つである「主権」とは何か。

②主権国家の概念はヨーロッパでどのように広がったのか。

③ナショナリズムの意味を多様に捉える。

④国際法はどのようなもので，国内法とどのように違うのか。

**トレーニング**　選択肢に示されている用語や事柄を通してチャートの内容を確認しよう。

[1] 主権国家体制に関連する記述として**誤っているもの**を，次の①〜④のうちから一つ選べ。（12政経　本）

①　ウェストファリア条約は，ヨーロッパにおいて，主権国家を構成単位とする国際社会の成立を促した。

②　主権国家の領空には，排他的経済水域の上空が含まれる。

③　国際組織を創設することによる集団安全保障体制は，国際連盟と国際連合で採用された。

④　国際法には，条約などの成文国際法と，慣習国際法（国際慣習法）とがある。

[2] 国際慣習法（慣習国際法）についての記述として**適当でないもの**を，次の①〜④のうちから一つ選べ。（15政経　本）

①　国際慣習法とは，諸国の慣行の積み重ねにより形成された法である。

②　国際慣習法において，輸入品に関税を課すことが禁じられている。

③　国際慣習法は，条約の形に成文化されることがある。

④　国際慣習法により，公海自由の原則が認められている。

[3] 国際社会はこれまで，国家による交渉に加え国際機関の設立や司法制度の整備などを通して，安定した関係を維持する努力を重ねてきた。その一例である国際司法裁判所の説明として最も適当なものを，次の①〜④のうちから一つ選べ（19政経　追）

①　国際司法裁判所は，国連安全保障理事会の下に設置され，国連の主要機関を構成している。

②　国際司法裁判所の裁判官は，国連総会と安全保障理事会それぞれによる選挙を通して選ばれる。

③　国際司法裁判所は，常設仲裁裁判所を直接の前身とする。

④　国際司法裁判所の管轄権は，強制的である。

**トレーニング**　「コンパス」の視点や課題意識の「活用」に重きを置いた過去問に挑戦してみよう。

[4] 国際裁判の進展に関連して，生徒Wは，発表会で「国際社会における国際裁判の意義」について発表することとし，その準備のため，生徒Xと次の会話をしている。後のA〜Dのうち，会話文中の空欄　ア　に当てはまる記述として正しいものが二つある。その二つの記述の組合せとして最も適当なものを，後の①〜⑥のうちから一つ選べ。（22政経　追）

W：最近では，国家間の紛争を国際裁判所で解決する可能性が注目されてるけど，裁判による紛争の解決って，国際社会で本当に意味があるのかな。主権国家からなる国際社会では，国

際裁判の意義はあまりない気がするけど。国際社会で最も権威ある裁判所である国際司法裁判所であっても，判決内容を強制する仕組みを欠いているので，結局は実力行使が紛争解決の決め手になることが多いよね。

X：国際裁判の意義って，判決内容が強制的に実現されるか否かだけで考えていいのかな。強制する措置をとれないとしても，判決を下された国はそれに従わなければならないわけだよね？

W：国際司法裁判所の判決でも，国家がそれに従うのは，その方

が国益にかなうと判断したからではないのかな。判決に従わない方が国益にかなうと判断すれば，判決を無視してしまうと思うよ。

X：それもまた，国際裁判の意義を判決内容が強制的に実現されるかどうかで測る見方だよね？　たとえ判決が強制されえないとしても，国際裁判所が判決を下すこと自体に大きな意味があるんじゃないかな。たとえば，国際司法裁判所が判決を下せば， ア 。

W：なるほど。判決に従わない国に対して判決内容を強制的に実現させることができるかどうかで国際裁判の意義を測るのは，狭い見方なのかな。法の違反に権力的に対処する中央政府が存在しない国際社会において，国際裁判の意義がどこにあるのか，発表に向けて考えてみることにするよ。

A　判決に従わない国に対して紛争当事国は，判決を自らの主張の正当性の拠り所として外交交渉等の場で紛争の解決を求めていくことができるよ

B　集団殺害や戦争犯罪について個人の刑事責任も判断されることになり，法の支配の拡充に貢献することにつながるよ

C　裁判所による解釈の蓄積によって国際法のルールの内容が明確にされ，法の支配を強めることにつながるよ

D　判決に従わない国に対しては，国連安全保障理事会が判決の内容を強制的に実現させることができるよ

① AとB　　② AとC　　③ AとD
④ BとC　　⑤ BとD　　⑥ CとD

## チャレンジ 「大学入学共通テスト」に挑戦してみよう。

1 下記資料の下線部に関する記述として**適当でないもの**を，次の①〜④のうちから一つ選べ。(22現社　追)

大学で学んでいることについて，次第に，国と国との間の争い事がどのように解決されているか，国際法が力の行使をいかに規制しているかに興味をもつようになりました。というのも，高校生にもなれば，自転車置場の取り合いが殴り合いのケンカになることはありませんが，国は時に，他国との争いを力ずくで解決しようとしてきたからです。しかし同時に，そうした力による解決を回避する努力も積み重ねられてきました。

そして今日，国際連合の加盟国は，他国との紛争を平和的手段によって解決する義務を負っています。国際連合憲章は，平和的手段の例をいくつか挙げていますが，そのリストの最初に書かれているのが「交渉」です。身近な生活のなかで生じる争い事もそうですが，話合い，つまり外交交渉を通じて国家間の利害を調整できるなら，それが一番です。

① 著書『戦争と平和の法』のなかで，戦争行為を，国家間に適用される法によって，緩和することを説いたのは，グロティウスである。

② 国際法は，条約のほか，成文法でない慣習国際法（国際慣習法）という形式をとることもある。

③ 個別的自衛権と集団的自衛権という2種類の自衛権のうち，国際連合憲章が明示的に規定しているのは，個別的自衛権のみである。

④ 日本が掲げる「外交三原則」には，「アジアの一員としての立場の堅持」が含まれる。

2 サエキさんは「武力紛争などで行われた残虐な行為の責任は追及されるのだろうか」と考えた。1週間後に現代社会の授業で研究発表をする課題があったので，そのテーマで調べ，次の発表プリントにまとめた。発表プリント中の ア には後の語句A〜Cのいずれかが， イ には後の記述P〜Rのいずれかが入る。その組合せとして最も適当なものを，後の①〜⑨のうちから一つ選べ。(23現社　追)

発表プリント
集団殺害犯罪，人道に対する犯罪，戦争犯罪（以下，これらを併せて対象犯罪という）等を行った個人を，国際法に基づいて訴追・処罰するために，2002年に発効した「ローマ規程」に基づいて，オランダのハーグに ア が設置された。

この裁判所が事件を審理する権限（管轄権）を有するためには，原則として関係国の同意が必要となる。国家は「ローマ規程」の締約国になることで裁判所の管轄権に同意を与えたとみなされ，対象犯罪が締約国の領域内で行われた場合や，対象犯罪が締約国の国籍を有する者によって行われた場合には，裁判所は管轄権を有する。

しかし，このような関係国の同意規則に基づくと， イ 場合にも，自国民が裁かれる可能性があることを理由に，非締約国の一部は強く反発している。そのような課題を抱えながらも，「不処罰を許さない」という努力が国際社会で積み重ねられている。

ア に入る語句
A　国際司法裁判所
B　常設国際司法裁判所
C　国際刑事裁判所

イ に入る記述
P　非締約国の国籍を有する者が，締約国（裁判所の管轄権に同意を与えている国）の領域内で対象犯罪を行った

Q　締約国の国籍を有する者が，締約国（裁判所の管轄権に同意を与えている国）の領域内で対象犯罪を行った

R　非締約国の国籍を有する者が，非締約国（裁判所の管轄権に同意を与えていない国）の領域内で対象犯罪を行った

① ア―A　　イ―P　　② ア―A　　イ―Q
③ ア―A　　イ―R　　④ ア―B　　イ―P
⑤ ア―B　　イ―Q　　⑥ ア―B　　イ―R
⑦ ア―C　　イ―P　　⑧ ア―C　　イ―Q
⑨ ア―C　　イ―R

## まとめと発展

(1) 主権国家の「主権」は，どのような意味を持つのか。
〔　　　　　　　　　　　　　　　　　　　　〕

(2) 国際法は国内法とどのように違うのか。
〔　　　　　　　　　　　　　　　　　　　　〕

(3) 北方領土問題について，日本が領有権を主張している根拠をまとめよう。
〔　　　　　　　　　　　　　　　　　　　　〕

## 世界の平和と秩序のために国際連合はどのような役割をはたしてきたのだろうか。またどのような課題を抱えているのだろうか

**目標** 国際社会の課題解決のために国際連合が果たしている役割とは何だろうか。「集団安全保障」「人間の安全保障」という視点から，国連の主要機関や専門機関の現状や課題について考えよう。

**チャート**

国際連合の成立／勢力均衡／集団安全保障／国際連盟／国際連合憲章

国際連合のしくみ／総会／安全保障理事会／経済社会理事会／専門機関／信託統治理事会／国際司法裁判所／事務局

国際連合の平和活動／平和のための結集決議／安保理の機能不全／拒否権／国連平和維持活動（PKO）

国際連合の課題／国連分担金／NGOとの連携

キーワードの意味を確認し，その内容や関連事項，役割の変化をまとめておこう。

**&**

**コンパス**

国際連合は集団安全保障体制を基に平和の構築のためにどのようなことができるのか。安全保障理事会や総会における決定のしくみを理解して，どのような限界や課題を抱えているのか捉え，平和的な国際社会のあり方と国際機関の果たす役割を考察しよう。

①国際連盟と国際連合の比較

②安全保障理事会は「集団安全保障」のためにどのようなことができるのか。

③安全保障理事会の拒否権による国連の機能不全について

④今後の国連の改革はどのように行われるべきなのか。

**トレーニング** 選択肢に示されている用語や事柄を通してチャートの内容を確認しよう。

[1] 国連憲章についての記述として最も適当なものを，次の①〜④のうちから一つ選べ。（12政経　本改）

① 植民地主義を非難して，すべての植民地を直ちに独立させるよう求めた。

② 国際司法裁判所を設置して，国際紛争の裁判による解決を義務づけた。

③ 安全保障理事会が軍事的強制措置を含む決議を行うことを認めていない。

④ 総会において単独の加盟国が拒否権を行使することを認めていない。

[2] 次の図は，安全保障をめぐる国際関係を示したものである。A〜F国はすべて国際連合加盟国である。また，A国はB国と，C国はD国と，それぞれ同盟関係にある一方，E国とF国はどの国とも同盟を結んでいない。ここでA国がC国に対して武力攻撃を行い，国連で侵略と認定された場合，国連憲章に違反する対応に当たるものを，下の①〜④のうちから一つ選べ。（19政経　追）

① C国は，安全保障理事会が必要な措置をとるまでの間，A国に対して武力を行使した。

② D国は，安全保障理事会が必要な措置をとるまでの間，B国に対して武力を行使した。

③ E国は，安全保障理事会決議に基づく非軍事的措置として，A国との外交関係を断絶した。

④ F国は，安全保障理事会決議に基づく軍事的措置として，多国籍軍を編成してA国を攻撃した。

[3] 国際社会の平和に重要な役割を担っている国際連合についての記述として正しいものを，次の①〜④のうちから一つ選べ。

（18政経　追）

① 国連安全保障理事会の常任理事国は，9か国で構成されている。

② 国連安全保障理事会の非常任理事国は，2年任期で選出される。

③ 国連憲章では，集団的自衛権の行使は認められていない。

④ 国連の平和維持活動は，国連憲章に基づく国連軍により遂行されている。

[4] 国連安全保障理事会における表決についての次の事例A〜Cのうち，決議が成立するものとして正しいものはどれか。当てはまる事例をすべて選び，その組合せとして最も適当なものを，下の①〜⑦のうちから一つ選べ。(19政経 本)

A 実質事項である国連平和維持活動の実施についての決議案に，イギリスが反対し，ほかのすべての理事会構成国が賛成した。

B 手続事項である安全保障理事会の会合の議題についての決議案に，フランスを含む5か国が反対し，ほかのすべての理事会構成国が賛成した。

C 実質事項である国際紛争の平和的解決についての決議案に，すべての常任理事国を含む9か国が賛成した。

① A ② B ③ C
④ AとB ⑤ AとC ⑥ BとC
⑦ AとBとC

[5] 次の生徒Xと生徒Yの会話文中の空欄 ア ・ イ に当てはまる語句の組合せとして最も適当なものを，後の①〜④のうちから一つ選べ。(23政経 本)

X：国際連盟は紛争の平和的解決と ア の一環としての制裁とを通じて国際社会の平和と安全を保障しようとしたよね。国際連盟規約において戦争に課された制約は限定的で，戦争の違法化を進める動きが生じたんだ。

Y：それを進めた国際規範に， イ があるよね。これは，国際関係において国家の政策の手段としての戦争を放棄することを目的としたものだよ。しかし，第二次世界大戦の勃発を抑止できなかったよね。

X：その後，国際連合憲章では，国際関係において武力による威嚇または武力の行使を禁止しているんだよ。これによって， イ に比べて制度上禁止される国家の行為は拡大したんだ。21世紀になっても武力紛争はなくなっていないので，武力による威嚇や武力の行使の違法化をもっと実効性のあるものにすべきではないのかな。

① ア 勢力均衡 イ 不戦条約
② ア 勢力均衡 イ 国際人道法
③ ア 集団安全保障 イ 不戦条約
④ ア 集団安全保障 イ 国際人道法

[1] 生徒Zの活動に関し，司会者Jが，平和をめざした思想について，Zに話を聞いている。次の会話文中の空欄 ア には後の人名aかb，空欄 イ には後の語句cかd，空欄 ウ には後の記述eかfのいずれかが当てはまる。空欄 ア 〜 ウ に当てはまるものの組合せとして最も適当なものを，後の①〜⑧のうちから一つ選べ。(23政経 追)

J：平和をめざした思想には，どのようなものがあるのですか。

Z：たとえば,18世紀に ア が著した『永久平和のために（永遠平和のために）』があります。その本では，平和のために諸国家による連合を設立する必要があると説かれていて，興味深かったです。

J：連合といえば，今は国連がありますよね。もちろん，当時と今とでは国際社会の状況が変わっているので，言葉の意味も異なるのでしょうね。

Z：そうですね。また，今日国連があるからといって，平和の実現に向けた課題が解決したわけではありません。

J：国連加盟国に対する武力攻撃が発生しても，安保理（安全保障理事会）が常任理事国間の利害対立によって機能不全に陥り，十分な役割を果たすことができないということが，先日ニュースでも取り上げられていましたよね。

Z：はい。安保理は イ については九つの理事国の賛成で決定できますが，それ以外の決定にはすべての常任理事国を含む九つの理事国の賛成が必要です。このため，安保理は機能不全に陥ることがあります。そのような場合には，たとえば， ウ 。

ア に当てはまる人名
a グロティウス（グロチウス） b カント
イ に当てはまる語句
c 手続事項 d 実質事項

ウ に当てはまる記述
e 朝鮮戦争をきっかけとして採択された「平和のための結集」決議によれば，緊急特別総会での3分の2以上の加盟国の賛成によって，総会は平和維持のために必要な措置をとるよう勧告することができます

f 国際連合憲章によれば，加盟国は自国への武力攻撃がなくとも個別的自衛権の行使によって，他の加盟国に対する武力攻撃を実力で阻止することができます

① ア—a イ—c ウ—e
② ア—a イ—c ウ—f
③ ア—a イ—d ウ—e
④ ア—a イ—d ウ—f
⑤ ア—b イ—c ウ—e
⑥ ア—b イ—c ウ—f
⑦ ア—b イ—d ウ—e
⑧ ア—b イ—d ウ—f

---

**まとめと発展**

(1) 国際社会における勢力均衡と集団安全保障の相違点をまとめてみよう。

(2) 国際連合の課題について，「国連分担金」（財政面）と「機構改革」や「国連職員」（組織面）に着目してまとめてみよう。

**B - 19**

## 冷戦はどのように始まり，どのように終わったのか。第二次世界大戦後から現在までの世界の大きな流れをつかもう

**目標** 第二次世界大戦後の国際社会に起きた冷戦体制はどのように形成されたのだろうか。「米ソの対立の背景」「冷戦が世界にどのような影響を及ぼしたのか」「なぜ冷戦は終結したのか」という視点から，戦後の国際政治の大きな流れを把握しよう。

冷戦の開始／チャーチル 鉄のカーテン演説 トルーマン・ドクトリン マーシャル・プラン 北大西洋条約機構（NATO） ワルシャワ条約機構（WTO）

冷戦の影響／朝鮮戦争 ドイツの分断 ベトナム戦争

冷戦の変容／キューバ危機 緊張緩和（デタント） 第三世界の台頭 中ソ対立 多極化

冷戦の終結／新冷戦 ペレストロイカ グラスノスチ 新思考外交 東欧革命 マルタ会談

キーワードの意味を確認し，その内容や関連事項，役割の変化をまとめておこう。

**&**

アメリカとソ連の対立が，ヨーロッパの戦後復興，中華人民共和国の成立，冷戦期の米ソの代理戦争（朝鮮戦争 ベトナム戦争）に与えた影響を考察しよう。緊張緩和や世界の多極化，新冷戦を経て，冷戦が終焉に向かった要因を，米ソの政治・経済情勢の変化を踏まえて考察しよう。

①冷戦期の東西の対立構図を「政治」「経済」「軍事」に分けて整理する。

②冷戦の影響を考察する。

③冷戦の終結へ向かった要因を考察する。

---

**トレーニング** 選択肢に示されている用語や事柄を通してチャートの内容を確認しよう。

**[1]** 第二次世界大戦の後の国際政治に関連した記述として**誤っているもの**を，次の①〜④のうちから一つ選べ。（10政経 本）

① アメリカはトルーマン・ドクトリンなど，東側陣営を封じ込めるための政策を実施し，共産主義勢力の拡大を阻止することに努めた。

② 日本は戦争の放棄を国家理念として掲げたが，国際政治の変化の中で日米安全保障条約により警察予備隊を創設した。

③ アメリカとの緊張関係にある中で，ソ連のフルシチョフが平和共存路線を掲げた。

④ 相次いで独立を果たした旧植民地諸国はバンドン会議で「平和10原則」を発表し，内政不干渉，国際紛争の平和的解決などを主張した。

**[2]** 第二次世界大戦以後の米ソ関係についての記述として**正しいもの**を，次の①〜④のうちから一つ選べ。（03政経 追）

① 1945年のポツダム会談以後，アメリカのニクソン大統領がソ連を訪問するまで，東西間で首脳会談は開かれなかった。

② 1960年代に，ベルリンの壁が構築されたことを発端として，東西ベルリンにおいて米ソ両軍による直接的な軍事衝突が発生した。

③ 1970年代初頭にソ連の支援を受けて南北ベトナムが統一されると，ソ連と対立するアメリカはベトナムでの軍事行動を本格化させていった。

④ アメリカは，ソ連の核戦力に対抗して，1980年代前半に，レーガン大統領の下でSDI（戦略防衛構想）を打ち出した。

**[3]** 冷戦終結に関連する出来事についての記述として**誤っているもの**を，次の①〜④のうちから一つ選べ。（19政経 本）

① ベルリンの壁が崩壊し，東西ドイツの統一が実現した。

② マルタで米ソ首脳会談が行われ，冷戦の終結が謳われた。

③ ハンガリー動乱が起こり，それから半年の間に東欧諸国の社会主義体制が相次いで崩壊した。

④ ソビエト連邦を構成していた大部分の共和国が独立国家共同体（CIS）を結成した。

---

**トレーニング** 「コンパス」の視点や課題意識の「活用」に重きを置いた過去問に挑戦してみよう。

**[4]** 次の A 〜 D には(ア)〜(エ)にある国際経済の出来事を年代順に並べたものが， i 〜 iii には(カ)〜(ケ)のうちから三つの国際政治の出来事を年代順に並べたものが入る。 C と ii に入る出来事の組合せとして最も適当なものを，後の①〜⑧のうちから一つ選べ。（18現社 試）

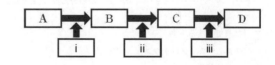

| A | ～ | D | に入る出来事

(ア) 世界貿易機関が発足した。

(イ) アジア通貨危機が生じた。

(ウ) プラザ合意が成立した。

(エ) キングストン合意が成立した。

| i | ～ | iii | に入る出来事

(カ) 国際連合の総会で包括的核実験禁止条約が採択された。

(キ) マルタ会談が開催された。

(ク) ソビエト連邦のアフガニスタンへの軍事介入が起こった。

(ケ) アメリカ合衆国とキューバの国交が回復した。

| | C | ii | | | C | ii | | | C | ii |
|---|---|---|---|---|---|---|---|---|---|---|
| ① | (ア) | (カ) | | ② | (ア) | (キ) | | ③ | (イ) | (ク) |
| ④ | (イ) | (ケ) | | ⑤ | (ウ) | (カ) | | ⑥ | (ウ) | (キ) |
| ⑦ | (エ) | (ク) | | ⑧ | (エ) | (ケ) | | | | |

## チャレンジ 「大学入学共通テスト」に挑戦してみよう。

1. 生徒Yは，東西冷戦の対立構図の下，国際連合（国連）の安全保障理事会が，常任理事国の拒否権の頻繁な発動により十分な役割を果たせなかったことに関心をもった。そこでYは，常任理事国が拒否権を行使した回数を調べて次の表3を作成し，その背景にあるできごとについて推察した。表3から推察できる内容の記述として最も適当なものを，後の①～④のうちから一つ選べ。(22公共・政経 試)

表3

| 期 間 | アメリカ | イギリス | ソ 連 (ロシア) | 中 国 | フランス |
|---|---|---|---|---|---|
| 1946～1960年 | 0 | 2 | 96 | 1 | 4 |
| 1961～1975年 | 12 | 11 | 18 | 2 | 2 |
| 1976～1990年 | 57 | 19 | 6 | 0 | 12 |
| 1991～2005年 | 12 | 0 | 3 | 2 | 0 |
| 2006～2020年 | 6 | 0 | 24 | 13 | 0 |

(注) 1946年から1971年まで中国の代表権は中華民国(台湾)がもっていた。また，1991年のソ連の解体後，ソ連の地位はロシアが継承した。

(出所) United Nations Webページにより作成。

① 1946～1960年の期間では，常任理事国のうちソ連が最も多く拒否権を行使しているが，その中には朝鮮戦争に関連する決議が含まれる。

② 1961～1975年の期間では，常任理事国のうちイギリスが最も多く拒否権を行使しているが，その中にはベトナム戦争に関連する決議が含まれる。

③ 1976～1990年の期間では，常任理事国のうちアメリカが最も多く拒否権を行使しているが，その中にはキューバ危機に関連する決議が含まれる。

④ 2006～2020年の期間では，常任理事国のうちロシアが最も多く拒否権を行使しているが，その中には湾岸戦争に関連する決議が含まれる。

2. a国の紛争は深刻化し，国際連合で安全保障理事会（安保理）会合が開催された。だが決議案はまだ採択されていない。ニュースを聴いた生徒Xと生徒Yは，当初の決議案とそれに対する安保理理事国の反応や意見を調べ，資料1，2のようにまとめた。数日後，資料3のような修正決議案が安保理で出された。そこで，XとYは資料1，2に3を加え，修正決議案に対し各理事国はどう反応し，修正決議案は採択されうるかどうか，考えた。ただし，各理事国は独立して判断するものとする。このとき，三つの資料を踏まえたXとYの分析として最も適当なものを，後の①～④のうちから一つ選べ。(22政経 追)

① 修正決議案によってEが賛成に回っても，A，Bは反対する。修正決議案に対する他の理事国の反応も考えると，修正決議案は採択されないのではないか。

② 修正決議案によってEやK，L，Mが賛成に回っても，N，

Oは反対のままである。修正決議案に対する他の理事国の反応も考えると，修正決議案は採択されないのではないか。

③ 修正決議案によって賛成すると思われたK，L，Mが仮に保留の立場を維持しても，全常任理事国は賛成する。よって，修正決議案に対する他の理事国の反応も考えると，修正決議案は採択されるのではないか。

④ 修正決議案によってEやK，L，Mが賛成に回っても，G，Hは反対する。だが，修正決議案に対する他の理事国の反応も考えると，修正決議案は採択されるのではないか。

資料1 当初の決議案と各理事国の反応

(1) 紛争当事者に即時停戦と人権侵害の停止を要求する。
(2) 要求に従わない場合には軍事的措置を実施する。

(注) 白のマルで描かれた国は常任理事国，グレーのマルで描かれた国は非常任理事国を表す。

資料2 各理事国の意見

| 常任理事国A，B | 常任理事国C，D | 常任理事国E |
|---|---|---|
| 「軍事的措置の実施が望ましいが，いまは決議の採択することが最重要だ。」 | 「制裁はすべきだが，軍事的措置は逆効果だ。経済的にダメージを与える策で進めるべきだ。」 | 「軍事的措置は紛争当事者を打倒するもので容認できない。武力に頼らないなら賛成に回る。」 |

| 非常任理事国G，H | 非常任理事国F，I，J，K，L，M | 非常任理事国N，O |
|---|---|---|
| 「軍事的措置なしの決議は紛争地の人々を見殺しにするようなものだ。経済制裁にとどめるくらいなら反対に回る。」 | 「掛け声だけに終わる決議に意味はない。少なくとも，経済制裁を含め，実効力のある決議を，早急に採択しなければならない。」 | 「制裁措置には反対だ。内容に関わらず，制裁を加えたからといって本件の紛争地の状況が改善すると思えない。」 |

資料3 修正決議案

(1) 紛争当事者に即時停戦と人権侵害の停止を要求する。
(2) 要求に従わない場合には実効力のある経済制裁を実施する。

### まとめと発展

(1) 冷戦下で，ヨーロッパおよび日本で結成された軍事同盟をまとめてみよう。

[                                    ]

(2) 冷戦の終結までの流れについて，経済・軍事・政治に着目して，まとめてみよう。

[                                    ]

79

# 冷戦を背景として，核兵器をはじめとしたさまざまな脅威が高まったことに対して，人びとはどのように対応したのだろうか

 「第二次世界大戦後の冷戦体制のもとで，核兵器の脅威がどのように高まったのか」，「核兵器の廃絶に向けた人類の取り組みがどのように行われてきたのか」，という視点で国際政治の大きな流れを把握しよう。

**チャート**

核の脅威と「恐怖の均衡」／冷戦による核軍拡競争　核保有国（安保理五大国　インド　パキスタン　北朝鮮　イスラエル）　核抑止力と恐怖の均衡

**核兵器のない世界へ**／軍縮大憲章　第五福竜丸事件　原水爆禁止運動　パグウォッシュ会議　キューバ危機　PTBT（部分的核実験禁止条約）　NPT（核兵器不拡散条約）　SALT（戦略兵器削減交渉）　INF（中距離核戦力）全廃条約　CTBT（包括的核実験禁止条約）　新START（新戦略兵器削減条約）　非核化地帯　核兵器禁止条約

**大量破壊兵器の廃絶へ**／大量破壊兵器　生物兵器禁止条約　化学兵器禁止条約　対人地雷全面禁止条約　クラスター爆弾禁止条約

キーワードの意味を確認し，その内容や関連事項，役割の変化をまとめておこう。

**&**

　冷戦下に米ソが核抑止力を高め「恐怖の均衡」の状態がつくられた状況，キューバ危機をきっかけに核戦争を回避するための動きが大きくなったこと，冷戦が終結に向かう場面や冷戦後の世界で核軍縮が進んだ状況を捉えることが重要である。

①冷戦期の東西対立を背景に核開発競争が行われた状況を「第五福竜丸事件」と関連させて理解しよう。

②核軍縮の機運が高まった状況を考察する。ビキニ環礁における水爆実験等の動きを受け，原水爆禁止運動などの国際世論の高まり，キューバ危機後の国際社会の動きを，具体的な各条約の禁止内容を確認しながら整理しよう。

③冷戦終結後の大量破壊兵器の拡散への対応，地域紛争による新たな戦争や核戦争の脅威への対応について，核兵器禁止条約やその他の条約の内容を具体的に確認しよう。

**トレーニング**　選択肢に示されている用語や事柄を通してチャートの内容を確認しよう。

[1] 核兵器の実験や保持などを制限または禁止する条約についての記述として**誤っているもの**を，次の①〜④のうちから一つ選べ。(11政経　本)
　① 中距離核戦力（INF）全廃条約は，アメリカとソ連の間で核兵器の削減が合意された初めての条約である。
　② 包括的核実験禁止条約（CTBT）は，あらゆる場所での核爆発を伴う核実験の禁止をめざして採択された。
　③ 非核地帯を設定する条約は，ラテンアメリカ，南太平洋，東南アジアなどの各地域で採択された。
　④ 核拡散防止条約（NPT）は，アメリカ，中国，ロシアの3か国以外の核保有を禁止する条約である。

[2] 第二次世界大戦後の軍縮や軍備管理のための条約について，採択あるいは調印された年が最も新しい条約として正しいものを，次の①〜④のうちから一つ選べ。(15政経　追)
　① クラスター爆弾禁止条約
　② 対人地雷全面禁止条約
　③ 化学兵器禁止条約
　④ NPT（核兵器の不拡散に関する条約）

**トレーニング**　「コンパス」の視点や課題意識の「活用」に重きを置いた過去問に挑戦してみよう。

[3] 核兵器による世界的危機に関連して，生徒Xと生徒Yは，模擬授業で核兵器に関するさまざまな条約について学習した。核兵器に関する条約についての記述として**誤っているもの**を，次の①〜④のうちから一つ選べ。(23政経　本)
　① 部分的核実験禁止条約では，大気圏内核実験や地下核実験が禁止された。

　② 包括的核実験禁止条約は，核保有国を含む一部の国が批准せず未発効である。
　③ 核拡散防止条約によれば，核保有が認められる国は5か国に限定されることとなる。
　④ 第一次戦略兵器削減条約では，戦略核弾頭の削減が定められた。

1 サエキさんが「武力紛争の理由は様々だけど，なぜ国家はたくさん兵器をもつのかな」と言うと，シミズさんは次の図を描いてその理由を説明してくれた。図から読み取れる内容として正しいものを後のア～ウからすべて選んだとき，その組合せとして最も適当なものを，後の①～⑧のうちから一つ選べ。(23現社　追)

図

```
・X国とY国の二国のみを想定する。
・X国とY国は互いに意思疎通ができない状況で，「軍縮」か「軍拡」のいずれかを1回のみ同時に選択する。
・「軍縮」，「軍拡」の選択の結果として，それぞれの国は表中の該当する点数を得ることができる。
・点数は，国が得られる利益の大きさを示している。
```

表

| | | Y 国 | |
|---|---|---|---|
| | | 軍 縮 | 軍 拡 |
| X 国 | 軍 縮 | X国に10点<br>Y国に10点 | X国に0点<br>Y国に11点 |
| | 軍 拡 | X国に11点<br>Y国に0点 | X国に5点<br>Y国に5点 |

ア　X国にとって，最も大きな利益を得ることができるのは「軍拡」であるが，それにはY国が「軍拡」を選択しないという条件が必要である。

イ　X国とY国のいずれも，両国がともに「軍拡」を選択する場合の方が，両国がともに「軍縮」を選択する場合よりも大きな利益を得ることができる。

ウ　X国，Y国ともに，相手国の選択にかかわらず，「軍縮」よりも「軍拡」を選ぶ方がより大きな利益を得ることができる。

① アとイとウ　　② アとイ　　　　③ アとウ
④ イとウ　　　　⑤ ア　　　　　　⑥ イ
⑦ ウ　　　　　　⑧ 正しいものはない

2 軍縮の難しさを理解したサエキさんに，シミズさんは，先ほど図示した例はあくまで「X国とY国は互いに意思疎通ができない状況で，1回のみ同時に選択する」ことが前提になっているのだと強調した。現実の国際社会では，国家は相互にコミュニケーションを取ることを通して軍縮，とりわけ，核兵器の規制に向けた努力を行ってきたという。核兵器使用の禁止・制限の取組みに関する記述として最も適当なものを，次の①～④のうちから一つ選べ。(23現社　追)

① 核兵器の保有や使用などを全面的に禁止するために採択されたのは，「核兵器禁止条約」である。

② 特定の地域における核兵器の製造や配備を禁止する条約により，日本を含む東アジア地域全体が非核地帯となっている。

③ 「中距離核戦力（INF）全廃条約」は，アメリカと中国の間で核兵器の廃棄が合意された条約である。

④ 核物質が平和利用から軍事利用に転換されることを防止するために査察を行うのは国連軍縮特別総会である。

3 出張講義では，グローバル化する世界でNGO（非政府組織）が活動している事例が最後に紹介された。これに関連して，次の条約ア～ウのうち，NGOが主導的な役割を果たして採択された多国間条約として正しいものはどれか。当てはまるものをすべて選び，その組合せとして最も適当なものを，後の①～⑦のうちから一つ選べ。(22政経　追)

ア　新戦略兵器削減条約
　　（新START条約）

ICBM（大陸間弾道弾）

イ　クラスター爆弾禁止条約
　　（オスロ条約）

クラスター爆弾

ウ　対人地雷全面禁止条約
　　（オタワ条約）

対人地雷

① ア　　　　② イ　　　　③ ウ
④ アとイ　　⑤ アとウ　　⑥ イとウ
⑦ アとイとウ

```
まとめと発展

(1) PTBT（部分的核実験禁止条約）とCTBT（包括的核実験
　　禁止条約）の相違点に注意しながら，それぞれの禁止内容を
　　まとめてみよう。




(2) 核兵器禁止条約をめぐる国際社会の対応や日本の立場や対
　　応について，まとめてみよう。


```

関門　国際政治の現状と課題③　リージョナリズム

## 地球規模のつながりが深まるなか，複数の国家が地域ごとに密接な関係を形成するのはなぜだろうか

**目標**　資本，情報，文化，人が地球規模で，国境をこえて行き交うグローバル化が進展する現代にあって，複数の国家が地域ごとに，密接な協力関係を形成しようとする地域主義（リージョナリズム）が台頭しているのはなぜか。その背景や目的，動機を明らかにし，その問題点と今後の動きについて考えてみよう。

**チャート**

ヨーロッパ統合の歴史
　地域主義（リージョナリズム）／欧州共同体（EC）／マーストリヒト条約／欧州連合（EU）／共通通貨ユーロ／リスボン条約／EU大統領／
揺らぐヨーロッパ統合
　イギリスのEU離脱（Brexit）／民主主義の赤字／
他地域のリージョナリズム
　OAS／NAFTA／MERCOSUR／USMCA／ASEAN／SCO／OAU／AU

キーワードの意味を確認し，その内容や関連事項，役割の変化をまとめておこう。

**＆**

ヨーロッパにおける地域統合の動きは，冷戦時代となり米ソの対立が国際政治・経済を動かすなか，ヨーロッパ没落への危機感，外交・安全保障を含む各国の密接な協力関係形成の必要性の高まりによるものであった。一方，他の地域のリージョナリズムについては，外交・安全保障とともに経済協力の必要性や反植民地主義と地域の統一など，それぞれに異なる背景や目的，動機がある。地域ごとに，その形成の過程と現状の課題についてまとめておこう。

**トレーニング**　選択肢に示されている用語や事柄を通してチャートの内容を確認しよう。

[1] 欧州連合（EU）に関する記述として**適当でないもの**を，次の①～④のうちから一つ選べ。（15現社　本）
　① マーストリヒト条約によって，欧州共同体（EC）が設立された。
　② 欧州共同体設立のもととなった機関に，欧州経済共同体（EEC）が含まれる。
　③ 欧州連合（EU）のさらなる統合促進や機構改革などを目的とするリスボン条約が，発効した。
　④ 欧州連合の現在の加盟国には，東欧の旧社会主義諸国の一部が含まれている。

[2] 地域的経済統合に関する記述として**適当でないもの**を，次の①～④のうちから一つ選べ。（14現社　追）
　① 欧州共同体（EC）は，域内関税の撤廃などを目的として，欧州石炭鉄鋼共同体（ECSC）・欧州経済共同体（EEC）・欧州自由貿易連合（EFTA）の統合により結成された。
　② 北米自由貿易協定（NAFTA）は，アメリカ・カナダ・メキシコの間で，域内の貿易や投資を促進することを目的として結成された。
　③ 南米南部共同市場（MERCOSUR）は，アルゼンチンなど南米地域の国々によって，域内関税の撤廃などを目的として結成された。
　④ アジア太平洋経済協力会議（APEC）は，日本やアメリカ，カナダ，オーストラリアなどが参加して，アジア太平洋地域における経済協力の強化などを目的として結成された。

**トレーニング**　「コンパス」の視点や課題意識の「活用」に重きを置いた過去問に挑戦してみよう。

[3] 次のA～Dは，ヨーロッパにおける地域統合と共通通貨の導入とをめぐる出来事についての記述である。これらの出来事を古い順に並べたとき，3番目にくるものとして正しいものを，下の①～④のうちから一つ選べ。（17政経　本）
　A 欧州経済共同体（EEC）が発足した。
　B 欧州中央銀行（ECB）が設立された。
　C ユーロの紙幣及び硬貨の流通が始まった。
　D 欧州連合（EU）が発足した。
　① A　② B　③ C　④ D

[4] 次の図は，経済連携強化を図っている四つの地域について，その域内貿易依存度（域内輸出比率と域内輸入比率）を，1980年と2006年とで比較し，その間の変化を矢印で示したものである。また，以下の四つの記述は，図についての説明

である。これらを参考にして，図の中の矢印A〜Dと地域ア〜エの組合せとして最も適当なものを，下の①〜⑧のうちから一つ選べ。なお，域内輸出比率とは，各地域の総輸出額に占める域内輸出額の割合，域内輸入比率とは，各地域の総輸入額に占める域内輸入額の割合である。（10現社　本）

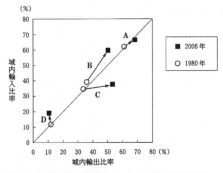

図　各地域の域内貿易依存度の変化

(注1)　1980年のデータは，EUについては2005年時点でのEU加盟国25か国について合算したものであり，ASEAN＋3，NAFTA，MERCOSURについては2006年時点でのそれぞれの加盟国について合算したもの。なお，ASEAN＋3には，台湾と香港の実績も含む。
(注2)　日本貿易振興機構「世界貿易マトリクス」により作成。

・　MERCOSUR（南米南部共同市場）は，1980年と2006年で域内貿易依存度の変化が少ない。
・　EU（欧州連合）はもともと域内貿易依存度が高く，輸出，輸入とも同水準の高さである。
・　ASEAN＋3とNAFTA（北米自由貿易協定）は1980年よりも2006年で域内貿易依存度が大きく高まっているが，輸出と輸入のどちらでより高まっているかという点で異なる。
・　ASEAN＋3の域内貿易依存度が輸入の方で高まっているのは，域内で部品を調達し完成品を域外に輸出する貿易形態がより進んだからだと推測される。

ア　ASEAN＋3　　イ　NAFTA　　ウ　EU
エ　MERCOSUR

① A—ウ　　B—エ　　C—イ　　D—ア
② A—ア　　B—ウ　　C—エ　　D—イ
③ A—イ　　B—ア　　C—ウ　　D—エ
④ A—エ　　B—ウ　　C—ア　　D—イ
⑤ A—ウ　　B—ア　　C—イ　　D—エ
⑥ A—イ　　B—エ　　C—ア　　D—ウ
⑦ A—ウ　　B—イ　　C—ア　　D—エ
⑧ A—エ　　B—ウ　　C—イ　　D—ア

⬡ チャレンジ　「大学入学共通テスト」に挑戦してみよう。

1　秋秀さんは，新聞記事の検索サービスで，EU（欧州連合）に関わる出来事を調べてみた。次のア〜エのカードは，秋秀さんが新聞記事を参考にメモしたものである。ア〜エのカードに記載されている出来事を古いものから順に並べたとき，正しいものを，下の①〜⑧のうちから一つ選べ。（18政経　試）

ア

イギリスは，国民投票によって，EUからの離脱を決めた。

イ

ギリシャは，巨額の財政赤字を隠していたことが発覚したために国債発行が困難となり，経済危機に陥った。

ウ

単一通貨ユーロの紙幣・硬貨の使用が開始された。

エ

ユーロ圏の金融政策を担う中央銀行として，欧州中央銀行（ECB）が設立された。

① ア→イ→ウ→エ　　② ア→エ→イ→ウ
③ イ→ア→エ→ウ　　④ イ→ウ→ア→エ
⑤ ウ→イ→エ→ア　　⑥ ウ→エ→ア→イ
⑦ エ→ア→イ→ウ　　⑧ エ→ウ→イ→ア

2　生徒Xと生徒Yが，授業後に経済連携について議論した。次の会話文中の空欄　ア　・　イ　に当てはまる語句の組合せとして最も適当なものを，後の①〜④のうちから一つ選べ。（22政経　本）

X：最近は，世界のいろんな地域での経済連携についての話題が，ニュースで取り上げられることが多いね。
Y：そうだね。経済分野では最近，FTA（自由貿易協定）やEPA（経済連携協定）のような条約を結ぶ動きがみられるね。日本も2018年には，EU（欧州連合）との間にEPAを締結したし，　ア　に参加したね。　ア　は，アメリカが離脱した後に成立したものだよ。

X：でも，このような動きは，WTO（世界貿易機関）を中心とする世界の多角的貿易体制をかえって損ねたりはしないかな。GATT（関税及び貿易に関する一般協定）は，ある締約国に貿易上有利な条件を与えた場合に他の締約国にもそれを適用する　イ　を定めているよ。このような仕組みを活用して，円滑な貿易を推進した方がいいような気がするなあ。
Y：本当にそうかな。FTAやEPAといったそれぞれの国や地域の実情に応じたきめの細かい仕組みを整えていくことは，結果として世界の自由貿易の促進につながると思うよ。これらは，WTOを中心とする世界の多角的貿易体制を補完するものと考えていいんじゃないかな。

① ア　TPP11（環太平洋パートナーシップに関する包括的及び先進的な協定）
　イ　最恵国待遇原則
② ア　TPP11（環太平洋パートナーシップに関する包括的及び先進的な協定）
　イ　内国民待遇原則
③ ア　APEC（アジア太平洋経済協力会議）
　イ　最恵国待遇原則
④ ア　APEC（アジア太平洋経済協力会議）
　イ　内国民待遇原則

まとめと発展
(1)　「民主主義の赤字」とはどういうことを指しているのか。

〔　　　　　　　　　　　　　　　　　〕

(2)　イギリスは国民投票でEU離脱を決定したが，その際にイギリス国内で争点となった事柄は何か。また，離脱後のイギリスとEUの関係について調べてみよう。

〔　　　　　　　　　　　　　　　　　〕

**関　門**
B-22

## 国の枠組みをこえるグローバル化が進展する時代に，国家の形はどのように変わりつつあるのだろうか

**目　標**　国の枠組みをこえて，人，経済，情報，思想，文化などが地球を一つの単位として展開するグローバル化が進展している。地球規模の社会がつくられるとともに，地球的規模での解決が必要な多様な問題も噴出している。それらの問題解決に向けた取り組みについて，課題を明らかにしながら考えてみよう。

**チャート**

グローバル化と主権国家

　国の枠組みをこえて，人，経済，情報，思想，文化などが展開／地球を一つの単位としてボーダレスに人々が交流／世界市場の統合を促進／グローバルな市場の力が主権国家を翻弄

グローバル化のかかえる問題

　アジア通貨（金融）危機／リーマンショック／国内の経済格差か広がり，社会的排除が深刻化／グローバル・ガバナンスの形成に向けて協力

キーワードの意味を確認し，その内容や関連事項，役割の変化をまとめておこう。

**&**

**コンパス**

　グローバル化の進展によって，国家の形や，主権国家からなる国際社会のあり方が，どのように変わりつつあるのかを，主にグローバル化の経済への影響を取り上げながら考えてみよう。

　グローバル・ガバナンスの形成という視点から，主権国家はじめ，国連や世界銀行などの国際機関，地域機構，地方政府，企業，NGOやNPO，研究機関などの組織や集団が，どのようにグローバルな問題に対応し，変化していくのか考えてみよう。

**トレーニング**　選択肢に示されている用語や事柄を通してチャートの内容を確認しよう。

[1] 主権国家体制についての記述として最も適当なものを，次の①～④のうちから一つ選べ。(13政経　追)

　① 第一次世界大戦の後に開催されたパリ講和会議で，初めて各国の主権と平等とが確認された。

　② 主権国家は，共通通貨の発行という形で，主権の一部を国家の連合体に委ねることもある。

　③ 主権国家は，自国の利害に反することについては，国連加盟国であっても国連安全保障理事会の決定に従う義務はない。

　④ 主権国家間の戦争を違法とする国際法の拘束力が強まった結果，国家による武力行使は不可能になった。

[2] アジア通貨危機発生前後の状況を説明した記述として**適当でないもの**を，次の①～④のうちから一つ選べ。(10現社　本)

　① 危機当時，為替相場の変動を利用して，巨額の利益を上げたヘッジファンドがあった。

　② 危機前には，大量に流入した資金が，株式市場や債券市場の過熱化を引き起こしていた。

　③ 危機後，自国通貨の下落により，原料や部品調達を輸入に頼っている企業はコストを抑えることができ，経営の立ち直りは早かった。

　④ 危機後，ASEAN＋3（日本・中国・韓国）では，同様の危機が起きた場合に備え，金融面で協力し合う体制が整えられた。

[3] 近年の経済危機に関連して，1990年代以降に発生した経済危機に関する記述として**誤っているもの**を，次の①～④のうちから一つ選べ。(12政経　追)

　① アメリカではリーマン・ショックをうけて，銀行の高リスク投資などを制限する法律が成立した。

　② アジア通貨危機が契機となって，国際連合はUNDP（国連開発計画）を設立した。

　③ 日本ではバブル経済の崩壊が契機となって，金融機関の監督・検査を行う金融監督庁（後に金融庁に改組）が発足した。

　④ 国際金融市場で行われる短期的な利益を追求する投資活動が，経済危機を引き起こす一因となった。

**トレーニング**　「コンパス」の視点や課題意識の「活用」に重きを置いた過去問に挑戦してみよう。

[4] 他国のヒト・モノ・カネ・サービスに関する記述として最も適当なものを，次の①～④のうちから一つ選べ。(16現社　本)

　① 日本が締結した経済連携協定（EPA）のなかには，看護や

介護の分野における外国人労働者の受入れに関するルールを定めるものがある。

　② 日本は，関税をめぐる問題などを扱う環太平洋経済連携協定

（TPP）の交渉が開始された当初から，交渉に参加してきた国の一つである。

③ 国際通貨基金（IMF）が，国際収支上の問題を抱えた加盟国に対して融資する制度は，現在では廃止されている。

④ 関税と貿易に関する一般協定（GATT）における協議で，サービス貿易に関するルールがまとまったのは，東京ラウンドにおいてである。

[5] グローバル化に伴う様々な問題の例が次のa～dに示されており，ア～エにはそれらを引き起こす要因が示されている。問題と要因の組合せとして最も適当なものを，後の①～⑥のうちから一つ選べ。（01現社 追）

a 産業の空洞化
b 外国人労働者問題
c 知的所有権の侵害
d 為替相場の乱高下

ア インターネットの普及　　イ 直接投資の増大
ウ 短期資本移動　　　　　　エ 所得格差と労働移動の自由化

① a ア b ウ c エ d イ
② a ア b ウ c イ d エ
③ a イ b エ c ウ d ア
④ a イ b エ c ア d ウ
⑤ a ウ b イ c エ d ア
⑥ a ウ b イ c ア d エ

[6] 企業活動のグローバル化についての記述として**適当でないもの**を，次の①～④のうちから一つ選べ。（15政経 本）

① 企業が海外展開を進めることにより，その企業の本国では産業の空洞化が生じる場合がある。

② 企業の海外進出によって技術が伝わり，進出先の国で生産力や所得が増大する場合がある。

③ 多国籍企業の中には，その売上高が日本のGNPを上回る企業がみられるようになった。

④ 多国籍企業による発展途上国の資源に対する支配は，資源ナショナリズムが高まるきっかけの一つとなった。

<hr>

**チャレンジ** 「大学入学共通テスト」に挑戦してみよう。

① 春也さん，夏希さん，秋秀さん，冬美さんは，ある大学のオープンキャンパスに参加した。次の資料はその際に行われた模擬授業の配付資料の一部である。これに関して，問いに答えよ。（18政経 試）

---
グローバル化と国際資本移動
○グローバル化の進展とともに，たびたび生じている国際経済の混乱
　対応策の例：自己資本比率に関する規制（BIS規制）による安定化
　　　　　　　（ X ）
　　　　　　：国際通貨基金（IMF）による安定化（ Y ）
○ⓐ国際資本移動の自由化と各国への影響（別添資料を参照）
　グローバル化が進むと各国の政策に制約が加わる場合がある。国内の政治を優先した政策が採用された結果，国外に資本が流出すると，ⓑ当該国の通貨建ての資産価値が目減りすることもある。
---

**問1** 配付資料の中の X ・ Y には，対応策の例についての説明がそれぞれ書かれていた。 X ・ Y に当てはまる記述の組合せとして最も適当なものを，下の①～④のうちから一つ選べ。

X に当てはまるもの
ア 金融機関の財務的安定性が向上して投機的資金の影響を受けにくくなる。
イ 預金の一部を保証することにより預金者の不安を抑えられる。

Y に当てはまるもの
ウ SDR（特別引出権）制度を通じて外貨準備の補完をする。
エ 特定品目の輸入の急増に対するセーフガードを発動する。

| X | Y | | X | Y |
|---|---|---|---|---|
| ① ア | ウ | | ② ア | エ |
| ③ イ | ウ | | ④ イ | エ |

**問2** 下線部ⓐについて模擬授業で配付された次の別添資料を読み， X ・ Y に当てはまる語句の組合せとして最も適当なものを，下の①～④のうちから一つ選べ。

---
別添資料
　実際の国際資本移動はさまざまな要因の影響を受ける。
　仮に国際資本移動が各国の金利の高さにのみ影響を受ける場合，各国が金融政策によって金利を変化させることで資本の流出入量が変動する。その際，たとえば，国家間の資本取引規制が撤廃されたり，各国の金融政策が X に行われたりすると，国際資本移動は生じやすくなる。その結果，資本が流出する国の通貨の為替市場は下落し，流入する国の通貨の為替市場は上昇する。したがって，国際間の自由な資本移動を実現し，各国が独立した金融政策を行うような場合は， Y の採用は困難である。
---

| | X | Y | | X | Y |
|---|---|---|---|---|---|
| ① | 協調的 | 固定相場制 | ② | 協調的 | 変動相場制 |
| ③ | 自立的 | 固定相場制 | ④ | 自立的 | 変動相場制 |

**問3** 下線部ⓑに関連して，貨幣にはさまざまな機能がある。そのうち貨幣の価値貯蔵機能の例として最も適当なものを，次の①～④のうちから一つ選べ。

① 税金を納めるために貨幣を使用する。
② 購買力を保つために貨幣を用いる。
③ 商品の取引を仲立ちするために貨幣を使用する。
④ 商品の価値を測るために貨幣を用いる。

---
**まとめと発展**

　これまで存在した国の枠組みをこえるグローバル化によって，主権国家や国際社会のあり方がどのように変わりつつあるかを考え，その変化によってもたらされる問題を，政治や経済，人々の暮らしなどの面から具体的にあげてみよう。

〔　　　　　　　　　　　　　　　　　　　　　　〕
---

## 現代の紛争にはどのような特色があるのだろうか

**目標**　現代の世界では，さまざまな国や地域で紛争が起き，テロリズムによる暴力行為や破壊行為が大きな問題となっている。人権擁護のために国際社会が介入する手立てとして，武力介入の是非も問われている。紛争を解決し人命を守るための手立てや主権に配慮した国際社会の支援の在り方について，考えてみよう。

**チャート**

現代の世界では，テロが多発

テロリズム（テロ）／アメリカ同時多発テロ事件／「テロとの戦い」／弾圧／紛争／人権擁護／人道的介入／「保護する責任論」／武力介入／

イスラエル・パレスチナ問題

「二枚舌外交」／フセイン・マクマホン協定／バルフォア宣言／国連パレスチナ分割決議／イスラエル建国／中東戦争／パレスチナ解放機構（PLO）／オスロ合意／パレスチナ暫定自治政府／中東和平の「ロードマップ」／分離壁／ハマス

キーワードの意味を確認し，その内容や関連事項，役割の変化をまとめておこう。

**&**

**コンパス**

現代の世界では，暴力によって恐怖をいだかせ政治的目的を達成しようとする行為が多発している。また「テロとの戦い」を名目に，政府に批判的な人々への弾圧も行われている。武力介入が政治的・道徳的に正当化される傾向もある。紛争の根本的な原因を明らかにし，国際社会がどのように関わっていくべきなのか，議論を重ねる必要がある。

事例としてのパレスチナ問題は，古代以来の宗教・民族対立ではなく，現代史のなかで生じた問題であり，パレスチナ人の生活，尊厳と生命をどのように保障すべきか，が最大の問題である。

**トレーニング**　選択肢に示されている用語や事柄を通してチャートの内容を確認しよう。

[1] 地域紛争に関する記述として**適当でないもの**を，次の①〜④のうちから一つ選べ。（12現社　追）

① 同時多発テロの後，アメリカなどの国は，武力攻撃によりイラクのタリバン政権を崩壊させたが，その後もタリバン勢力との紛争は継続している。

② ルワンダでは，部族間の対立により内戦が生じ，治安回復のために国連の平和維持部隊が同国内に展開された。

③ 旧ユーゴスラビアの一共和国であったボスニア・ヘルツェゴビナは独立を目指して戦ったが，その過程で大量虐殺などの人道問題が発生した。

④ 不安定な情勢が続いているソマリアでは，近年，その周辺海域において海賊行為が多発しており，国際海運の障害になっている。

[2] 民族紛争に伴って発生する事態や，それに対処するための国際的な枠組みについての記述として最も適当なものを，次の①〜④のうちから一つ選べ。（12政経　追）

① 冷戦終結後の時期において，国の一部の地域が民族的な抑圧を理由として分離独立を宣言するに至ったことはない。

② 民族紛争における負傷者の救護は国家間の枠組みを通じて行われるため，NGO（非政府組織）が関与することはない。

③ 民族紛争の過程で発生した重大な人道上の犯罪について，それに関与した個人を裁くための国際的な仕組みは存在しない。

④ 紛争地域で行われる国連のPKO（平和維持活動）に要員を提供することは，国連加盟国の義務ではない。

**トレーニング**　「コンパス」の視点や課題意識の「活用」に重きを置いた過去問に挑戦してみよう。

[3] 武力の行使と国連憲章との関係に関する記述として最も適当なものを，次の①〜④のうちから一つ選べ。（06現社　本）

① 一般的に武力の行使は禁止されているが，戦争に至らない小規模かつ短期間の武力行使は例外として認められている。

② 不当な武力攻撃に対する自衛のための武力行使は認められているが，その際に他国が軍事的に協力する集団的自衛権は禁止されている。

③ 国連の安全保障理事会が停戦を決定した場合は，自衛のためであっても，決定に従って武力行使を停止しなければならない。

④ 国際的な対立を解決するために武力を行使することは禁止されているが，武力により威嚇することは，明文では禁止されていない。

【4】　A～E国のすべてが加盟する国連の集団安全保障体制の下において，ある軍事同盟（A，Bが加入）と別の軍事同盟（C，Dが加入）とが併存し，さらにいずれの軍事同盟にも加入していないE国も存在している状況があるとする。ある時，A国とC国との対立が激化し，国連安全保障理事会はA国がC国を軍事的に侵略したと決議した。このとき，国連憲章下の集団安全保障体制の枠組みの中で，それぞれの国連加盟国がとる行動として適当でないものを，次の①～④のうちから一つ選べ。（15政経　追）

① 国連安全保障理事会が必要な措置をとるまでの間，C国がA国の武力行使から自国を防衛する。

② 国連安全保障理事会が必要な措置をとるまでの間，D国がC国との同盟に基づいて，C国と共同でA国の武力行使からC国を防衛する。

③ B国がA国との同盟に基づいて，A国の武力行使に参加する。

④ E国がA国への国連による軍事的な強制措置に協力する。

⬡ チャレンジ　「大学入学共通テスト」に挑戦してみよう。

① 世界人権宣言が採択された後，人権を国際的に保障するためにさまざまな条約が採択されてきた。そうした条約の名称A～Cとその条約の条文ア～ウとの組合せとして正しいものを，下の①～⑥のうちから一つ選べ。（18政経　試）

条約の名称
A　経済的,社会的及び文化的権利に関する国際規約（A規約）
B　市民的及び政治的権利に関する国際規約（B規約）
C　市民的及び政治的権利に関する国際規約（B規約）の第一選択議定書

条約の条文
ア　規約に掲げるいずれかの権利が侵害されたと主張する個人であって，利用可能なすべての国内的な救済措置を尽くしたものは，検討のため，書面による通報を委員会に提出することができる。
イ　すべての者は，干渉されることなく意見を持つ権利を有する。
ウ　この規約の締約国は，教育についてのすべての者の権利を認める。

① A―ア　　B―イ　　C―ウ
② A―ア　　B―ウ　　C―イ
③ A―イ　　B―ア　　C―ウ
④ A―イ　　B―ウ　　C―ア
⑤ A―ウ　　B―ア　　C―イ
⑥ A―ウ　　B―イ　　C―ア

② ベルリンの壁崩壊に関連して，**冷戦締結後の出来事ではないもの**を，次の①～④のうちから一つ選べ。（18政経　試）
① イラクによる大量破壊兵器の保有を理由に，アメリカとイギリスが軍事介入を行った。
② ソマリアでは，部族間の争いから内戦が続き，多国籍軍が軍事介入を行った。
③ キューバにおけるミサイル基地の建設を理由に，アメリカが海上封鎖を行った。
④ ユーゴスラビアでは，連邦維持派と分離派との間で紛争が激化し，北大西洋条約機構（NATO）が空爆を行った。

③ 生徒Xと生徒Yは，模擬授業で取り上げられた今日でも継続する紛争に関心をもち，中東での紛争と対立について話し合っている。次の**会話文**中の空欄　ア　～　ウ　に当てはまる語句の組合せとして最も適当なものを，後の①～⑧のうちから一つ選べ。（23政経　本）

X：パレスチナ地方では，ユダヤ人が中心となってイスラエルを建国したのちに第一次中東戦争が始まったよ。その結果として，多くの人々が難民となったんだ。その後も対立が続き，紛争が生じているね。

Y：けれど，和平の動きがみられないわけではないんだ。第四次中東戦争ののち，イスラエルとエジプトとの間で和平条約が締結されているよ。さらに，イスラエルとパレスチナ解放機構との間で　ア　が成立し，パレスチナ人による暫定統治がガザ地区と　イ　において開始されたんだ。

X：でも，　ウ　が　イ　で分離壁の建設を進めるなど，イスラエルとパレスチナの対立は終結していないよね。

① ア　オスロ合意　　　　イ　ゴラン高原
　 ウ　パレスチナ自治政府
② ア　オスロ合意　　　　イ　ゴラン高原
　 ウ　イスラエル政府
③ ア　オスロ合意　　　　イ　ヨルダン川西岸
　 ウ　パレスチナ自治政府
④ ア　オスロ合意　　　　イ　ヨルダン川西岸
　 ウ　イスラエル政府
⑤ ア　プラザ合意　　　　イ　ゴラン高原
　 ウ　パレスチナ自治政府
⑥ ア　プラザ合意　　　　イ　ゴラン高原
　 ウ　イスラエル政府
⑦ ア　プラザ合意　　　　イ　ヨルダン川西岸
　 ウ　パレスチナ自治政府
⑧ ア　プラザ合意　　　　イ　ヨルダン川西岸
　 ウ　イスラエル政府

**まとめと発展**

(1) 人権擁護を名目にして，他の国や国際機構が紛争に介入すること（人道的介入）があるが，武力によって紛争を解決しようとして失敗した例をまとめてみよう。

[　　　　　　　　　　　　　　　　　　　　]

(2) 他国内の紛争について，どのような条件のもと，どのような形の関与であれば許されるのか，考えてみよう。

[　　　　　　　　　　　　　　　　　　　　]

## 異なる人種・民族・宗教が共存する社会を目指すうえでどのような考え方が大切だろうか。また現在の世界においてどのような課題があるだろうか

**目　標**　グローバル化する社会の変化に応じて「多文化主義」「難民や移民への対応」という視点から，今後の社会のあり方や，文化・政治・経済の変化について考察しよう。

**チャート**

差別とのたたかい／多民族国家　公民権運動　人種差別撤廃条約　アパルトヘイト（人種隔離）政策
民族主義の拡大／ナショナリズム　歴史修正主義　反知性主義
多文化主義の課題／多文化主義　ヘイトスピーチ
移民と難民／難民条約　ノン・ルフールマンの原則　国連難民高等弁務官事務所（UNHCR）　国内避難民　高度技能移民　外国人労働者

キーワードの意味を確認し，その内容や関連事項，役割の変化をまとめておこう。

**＆**

**コンパス**

　国際的な人権意識の高まりを背景に人種差別撤廃条約やアパルトヘイト撤廃の流れをつかみ，増え続ける難民に対する国連や国際社会の対応，日本の難民や移民への対応の実態や今後の課題について考察しよう。
①多民族国家に求められる「多文化主義」という考え方
②地域紛争や内戦，戦争によって増え続ける難民
③日本の対応とその課題
　日本の難民受け入れの姿勢の変化や課題，人口減少に伴う外国人労働者の受け入れについて，情勢変化と政治や経済の課題を考察しよう。

**トレーニング**　選択肢に示されている用語や事柄を通してチャートの内容を確認しよう。

[1]　民族，国家，ナショナリズムについての記述として最も適当なものを，次の①〜④のうちから一つ選べ。(04政経　追)
　①　最近の民族紛争の中には，国家よりも小さな集団に分かれて抗争し他民族の住民を強制的に排除するなど，排他主義を主張する集団がみられる。
　②　今日の主要な国民国家は，国民が単一の民族によって構成されており，内部に少数民族を含まない。
　③　ナショナリズムはその復古的主張のゆえに，近代化の進んだ19世紀以降は衰退したが，最近になって復活する傾向がみられる。
　④　アメリカのような多民族国家では，国民全体に共有される文化的特徴が乏しいため，ナショナリズムは成立しない。

[2]　民族紛争の例である次のA〜Cと，それらの説明である下のア〜ウとの組合せとして正しいものを，下の①〜⑥のうちから一つ選べ。(16政経　本)
　A　コソボ紛争　　B　パレスチナ問題　　C　チェチェン紛争
　ア　多民族が暮らす連邦の解体過程で建国された共和国の自治州で，内戦が発生し，アルバニア系住民に対する迫害が行われた。
　イ　ロシア南部のカフカス地方で，独立を宣言した少数民族に対し，ロシアが独立を認めず軍事侵攻した。
　ウ　国家建設をめぐる民族間の紛争が発端となり，数次にわたる戦争や，インティファーダという抵抗運動が起こるなど，争いが続いてきた。
　①　A―ア　　　B―イ　　　C―ウ　　　②　A―ア　　　B―ウ　　　C―イ　　　③　A―イ　　　B―ア　　　C―ウ
　④　A―イ　　　B―ウ　　　C―ア　　　⑤　A―ウ　　　B―ア　　　C―イ　　　⑥　A―ウ　　　B―イ　　　C―ア

**トレーニング**　「コンパス」の視点や課題意識の「活用」に重きを置いた過去問に挑戦してみよう。

[3]　イノウエさんは，今後，新たな共同性を構築する際に，文化の異なる人々との対話や共生のあり方が重要になるのだと考えた。この点に関する記述として最も適当なものを，次の①〜④のうちから一つ選べ。(22現社　本)
　①　キング牧師は，アメリカ合衆国において，人種差別撤廃のための公民権運動を指導し，平等な社会を希求した。
　②　マララ・ユスフザイは，南アフリカ共和国で行われてきたア

パルトヘイトの撤廃運動を指導し，和解や協調を進めた。
　③　フーコーは，いわゆる未開社会の「野生の思考」が，西洋的思考と比べて劣ったものでないことを，思考の背後にある無意識的な構造から説明した。
　④　リースマンは，「対話的理性」に基づいて自由な討議やコミュニケーション的行為を行うことで，合意の形成ができることを追究した。

1 ヨーロッパの難民問題を調べていた生徒Yは，シリア難民が，ギリシャ，オーストリア，ドイツをめざしたという先生Tの説明を思い出した。そこで，シリアを離れこれら3か国に到着し保護を求めた「庇護申請者」の合計の推移を調べ，次の資料5を作成した。後のア〜ウの記述のうち，資料5から推察できる内容として適当なものはどれか。当てはまるものをすべて選び，その組合せとして最も適当なものを，後の①〜⑦のうちから一つ選べ。(22公共・政経　試)

資料5　シリアを離れギリシャ，オーストリア，ドイツに庇護申請をした人数の推移

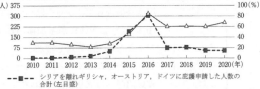

――■―― シリアを離れギリシャ，オーストリア，ドイツに庇護申請した人数の合計（左目盛）

――△―― シリアを離れギリシャ，オーストリア，ドイツに庇護申請した人数の合計の全庇護申請者数にみる割合（右目盛）

(出所)　UNHCR Web ページにより作成。

ア　2011年から2013年にかけて庇護申請者数はわずかに増加した一方，ギリシャ，オーストリア，ドイツ3か国の割合は減少している。これは，「アラブの春」により，シリアで政権交代が実現したことが背景にあると推察できる。

イ　2015年，2016年ともギリシャ，オーストリア，ドイツ3か国への庇護申請者数が前年に比べ急増している。これは，内戦の激化によって国内を脱出した人々が，自国より政治的に安定した国をめざしたからであると推察できる。

ウ　2017年にギリシャ，オーストリア，ドイツへの庇護申請者数は前年に比べ減少している。これは，パグウォッシュ会議でシリア難民対応への国際的合意がなされたことが一因であると推察できる。

① ア　　② イ　　③ ウ
④ アとイ　⑤ アとウ　⑥ イとウ
⑦ アとイとウ

2 生徒Xと生徒Yは，主な先進国の難民認定率と難民認定者数を示す次の資料をみつけ，その内容について話し合っている。後の会話文中の空欄 ア には後の国名aかb，空欄 イ には後の語句cかd，空欄 ウ には後の記述eかfのいずれかが当てはまる。当てはまるものの組合せとして最も適当なものを，後の①〜⑧のうちから一つ選べ。(22公共・政経　試)

資料6　主な先進国の難民認定率(%)と難民認定者数(万人)(2020年)

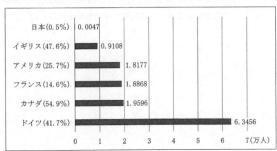

(出所)　UNHCR Refugee Data Finder により作成。

X：難民の認定者数はドイツが一番多いけど，認定率は ア が一番高いね。

Y： ア は イ の政策をとっていたね。それが関係しているのかもしれないね。

X：日本は難民の認定者数が少なく，認定率も0.5％とかなり低いね。

Y：そういえば，難民条約では，ノン・ルフールマンの原則により，難民認定の申請を受けた国は ウ と定められている，と授業で学習したよね。

X：その原則の申請者への適用の仕方は各国の事情によるんだろうね。この後，日本の難民受入れ政策や申請者への処遇などを調べてみようか。

ア に当てはまる国名
a　アメリカ
b　カナダ

イ に当てはまる語句
c　ユニラテラリズム
d　マルチカルチュラリズム

ウ に当てはまる記述
e　出身国での困窮を理由に入国した申請者を自国から送還してはならない
f　帰国後に迫害される恐れのある申請者を自国から送還してはならない

① ア—a　イ—c　ウ—e　　② ア—b　イ—c　ウ—e
③ ア—a　イ—d　ウ—e　　④ ア—b　イ—d　ウ—e
⑤ ア—a　イ—c　ウ—f　　⑥ ア—b　イ—c　ウ—f
⑦ ア—a　イ—d　ウ—f　　⑧ ア—b　イ—d　ウ—f

**まとめと発展**

(1) 移民と難民の違いについて，難民条約（難民の地位に関する条約）での難民の定義に触れてまとめてみよう。

(2) 超高齢社会である日本が外国人介護士を受け入れることは，介護士の送出国と日本のそれぞれに，どのようなメリットとデメリットがあるか考えてみよう。

## 増え続ける難民について，私たちはどのように関われるのだろうか

**目標**　人類の歴史では，国境を越えて他国に移り住む「人の移動」としての「移民」もあるが，21世紀の現在，紛争や迫害により故郷を追われ，生存という根本的な権利を脅かされて発生する「難民」が増加している。増加する難民の受け入れ，その原因となる紛争などの問題解決について，事例を通して考えてみよう。

**チャート**

難民の保護と救済
　難民条約（「難民の地位に関する条約」）　難民議定書　ノン・ルフールマンの原則　国連難民高等弁務官事務所（UNHCR）
　緒方貞子
日本と難民問題
　難民の認定と受入　入国管理局　「人の移動」　移民　（外国人の）出稼ぎ労働者　外国人技能実習制度

キーワードの意味を確認し，その内容や関連事項，役割の変化をまとめておこう。

**＆**

**コンパス**

　二度の世界大戦や東西冷戦によって，大量の難民が発生し，冷戦終結後も東欧から西欧への移民やグローバル化にともなう移民が増加傾向にある。さらに，紛争などによる難民も増加し，その保護と救済が国際問題となっている。事例を取り上げ，日本の難民問題への取り組みについて，道義的な解決方法と政治・経済的な視点からの解決方法について，自分の事として関心を持ち，考えをまとめていこう。

**トレーニング**　選択肢に示されている用語や事柄を通してチャートの内容を確認しよう。

[1] 難民に関連する記述として正しいものを，次の①～④のうちから一つ選べ。（18政経　追）
① 難民条約上の難民には，貧困から逃れるために国境を越えてきた人々も含まれる。
② 日本は，難民条約に加入していない。
③ 難民と並んで国内避難民も，国連難民高等弁務官事務所は支援の対象としている。
④ 難民条約は，第一次世界大戦と第二次世界大戦の間の時期に採択された。

[2] 近年，難民条約上の難民には含まれないが，貧困を理由として自国を離れざるを得ない人々が増えている。それらにかかわる記述として最も適当なものを，次の①～④のうちから一つ選べ。（05現社　本）
① 自国が著しく貧困なので，政治資金を集めるために豊かな国外に亡命を求める者を，いわゆる政治難民という。
② 干ばつ時の貧困対策として灌漑施設を建設するために，立ち退きを強制された人々を，いわゆる環境難民という。
③ 居住地の貧困化や犯罪の頻発によって安心して暮らせなくなり，他の地域に移動する人々を，いわゆる紛争難民という。
④ 自国の著しい貧困のために就業の場が無く，人間らしい生活ができないため，豊かな他国へ逃れようとする人々を，いわゆる経済難民という。

**トレーニング**　「コンパス」の視点や課題意識の「活用」に重きを置いた過去問に挑戦してみよう。

[3] 大量虐殺や難民問題が発生した国名A～Cと，それぞれの国で発生した戦争ないし紛争についての記述ア～ウの組合せとして正しいものを，下の①～⑥のうちから一つ選べ。（05政経　追）

A　アフガニスタン　　B　東ティモール　　C　ルワンダ

ア　1976年に隣国に軍事併合され，抵抗活動への弾圧が長年続き，多くの犠牲者を出してきたが，住民投票の結果，2002年に独立を達成した。

イ　1979年の大国による侵攻から内戦に発展し，難民が流出したが，2001年の国際的介入によって，人権を抑圧してきた政権が崩壊した。

ウ　1990年に多数派と少数派との対立が内戦に発展し，1994年に大量虐殺が起こり，その混乱の中で難民が流出した。

① A　ア　　B　イ　　C　ウ
② A　ア　　B　ウ　　C　イ
③ A　イ　　B　ア　　C　ウ
④ A　イ　　B　ウ　　C　ア
⑤ A　ウ　　B　ア　　C　イ
⑥ A　ウ　　B　イ　　C　ア

[4] 開発途上国と貧困に関する記述として**適当でないもの**を，次の①〜④のうちから一つ選べ。(17現社 本)

① 1970年代には，開発途上国の経済的利益の尊重を求める新国際経済秩序(NIEO)樹立宣言が採択された。

② 1990年代には，国の開発の度合いを測る指標の一つとして，平均余命，教育，所得の三側面から算出される，人間開発指数(HDI)が用いられるようになった。

③ 開発途上国のなかでも，一人あたりの所得が特に低く，最低限必要な栄養など基本的な生活水準が満たされていない国を，後発開発途上国(LDC)という。

④ 貧困と飢餓の撲滅や教育の普及，女性の地位向上など，2015年の達成を目指して国連で取り組まれていた目標を，国民総幸福(GNH)という。

---

チャレンジ 「大学入学共通テスト」に挑戦してみよう。

１ 開発協力をめぐる世界の動きに関連して，生徒Yのグループでは，貧困のない世界をめざした多様な活動の例として，まずマイクロファイナンス(マイクロクレジット)について発表することにした。次の資料はその発表用のスライドの一部である。資料中の空欄 ア ・ イ に当てはまる語句の組合せとして最も適当なものを，下の①〜④のうちから一つ選べ。(21政経 本)

資料

### 貧困のない世界をめざした多様な活動①
#### 〜マイクロファイナンスの紹介〜

◇マイクロファイナンス(マイクロクレジット)とは？
→ 貧困層や低所得者向けの少額融資などの金融サービス。
融資は ア で行われるとされる。

◇この活動の具体例
→ イ

バングラデシュで設立。高い返済率を記録。2006年にノーベル平和賞を受賞。

① ア 担保付き　イ グラミン銀行
② ア 担保付き　イ アジアインフラ投資銀行
③ ア 無担保　イ グラミン銀行
④ ア 無担保　イ アジアインフラ投資銀行

２ 次の表は，内閣府が開発協力に対する日本国民の意識に関連して2018年に実施した「外交に関する世論調査」における，「開発協力による開発途上国への支援について，どのような観点から実施すべきだと思うか」という質問に対する回答結果をまとめたものである。

生徒Xらはこの表をどのように説明することができるのか，考え始めた。表を解釈して読みとったものとして最も適当なものを，後の①〜④のうちから一つ選べ。(21政経 本)

〔回答項目〕
ア＝エネルギー資源などの安定供給の確保に資するから
イ＝国際社会での日本への信頼を高める必要があるから
ウ＝開発協力は日本の戦略的な外交政策を進める上での重要な手段だから
エ＝中小企業を含む日本企業や地方自治体の海外展開など，日本の経済に役立つから
オ＝先進国として開発途上国を助けるのは人道上の義務又は国際的責任だから

〔回答結果〕

| 年齢階級 | 該当者数(人) | 回答項目(複数回答可)(%) | | | | |
|---|---|---|---|---|---|---|
| | | ア | イ | ウ | エ | オ |
| 18〜29歳 | 162 | 44.4 | 58.6 | 34.0 | 43.2 | 23.5 |
| 30〜39歳 | 194 | 50.0 | 39.7 | 43.8 | 43.8 | 32.0 |
| 40〜49歳 | 277 | 52.7 | 49.5 | 38.3 | 43.3 | 39.7 |
| 50〜59歳 | 269 | 53.9 | 51.3 | 44.2 | 43.9 | 39.0 |
| 60〜69歳 | 284 | 56.3 | 50.4 | 47.9 | 38.0 | 46.5 |
| 70歳以上 | 356 | 43.8 | 36.5 | 37.6 | 30.9 | 36.2 |

(注) 集計対象は「今後の開発協力のあり方」に関する調査に対して回答した1,663人のうち，「積極的に進めるべきだ」(32.0%)，「現在程度でよい」(48.2%)，「なるべく少なくすべきだ」(12.5%)と回答した者。なお，回答結果は多肢選択・複数回答可である。また，回答項目の一部を省略している。
(出所) 内閣府Webページにより作成。

① 18〜29歳の年齢階級では，国際社会での日本への信頼を高めるために開発協力を行うべきであるとの観点を支持する回答の比率が最も高いのに対し，先進国として開発協力を行うことは人道上の義務であり国際的責任であるとの観点を支持する回答の比率は最も低い。

② 18〜29歳の年齢階級を除くすべての年齢階級において，日本企業などが海外展開しやすくするなど，日本経済の発展に貢献することを目的として開発協力を行うべきであるとの観点を支持する回答の比率が最も高い。

③ 30〜39歳の年齢階級と40〜49歳の年齢階級との回答の比率を比べると，資源を確保するために開発協力を利用するべきであるとの観点を支持する回答項目において，両年齢階級の差が最も小さい。

④ 50〜59歳の年齢階級と60〜69歳の年齢階級との回答の比率を比べると，戦略的な外交政策を推進するために開発協力を利用するべきであるとの観点を支持する回答項目において，両年齢階級の差が最も大きい。

### まとめと発展

(1) 紛争への対応として，国連をはじめとする国際社会の政治的対応と，市民社会による人道的対応とがある。日本をはじめとする国際社会が行ってきた政治的対応について，まとめてみよう。

[ ]

(2) 紛争によって生み出される難民問題に対処することも必要であるが，紛争の原因を取り除き，国際平和を構築すること，また紛争を予防する取り組みも必要である。市民社会の組織や個人の行動の観点から，紛争の原因を取り除く取り組みとしてどのようなものがあるか，考えてみよう。

[ ]

B－26

# 国際社会には，どのような貢献の仕方があるのだろうか，考えてみよう

**目標** 第二次世界大戦で敗戦国となった日本は，平和主義を外交の原則とし，国際平和の理念を積極的に推進してきた。現在，世界では，地域紛争や民族対立など深刻な問題が顕在化してきている。世界が直面している問題の解決に日本はどのような貢献ができるのか，具体的な課題を取り上げながら考えてみよう。

**チャート**

敗戦国から国際社会への復帰
　サンフランシスコ講和条約　日米安全保障条約　外交三原則
　（国連中心主義，自由主義諸国と協調，アジアの一員）　日ソ共
　同宣言　日韓基本条約　日中共同声明　日中平和友好条約　沖
　縄返還
平和主義を外交の原則とする
　被爆国　非核三原則　武器輸出三原則　防衛装備移転三原則
地球規模の課題に対する日本の国際貢献
　日本の戦後補償　政府開発援助（ODA）　「人間の安全保障」
　「持続可能な開発目標（SDGs）」

キーワードの意味を確認し，その内容や関連事項，役割の変化をまとめておこう。

**&**

　第二次世界大戦で敗戦国となった日本の戦後外交については，日本を取り巻く国際情勢について，時期ごとに背景となる出来事などを整理していく必要がある。東西冷戦期には，西側諸国の一員として日米安全保障条約をむすび，アメリカと協調し，その外交・軍事政策を支援してきた。冷戦終結後も，地域紛争や民族対立が深刻化する中，アメリカ軍の基地は国内に残り，今日に至っている。さらに現在，地球規模のさまざまな課題が顕在化し，日本には，政府・自治体・NPO/NGO・教育研究機関が一体となった国際貢献の取り組みが求められている。

**トレーニング** 選択肢に示されている用語や事柄を通してチャートの内容を確認しよう。

[1] 日本は1957年に外交の三原則を掲げた。これについての記述として適当でないものを，次の①〜④のうちから一つ選べ。（18政経　本）

　① アジアの一員として，アジアの地位向上に努める。

　② 唯一の被爆国として，核抑止体制を主導する。

　③ 国際連合を平和維持の中心とし，その使命達成のために努力する。

　④ 自由主義諸国と協調し，共産主義諸国に対する団結の一翼を担う。

[2] 安全保障についての日本の取組みに関する次の記述A〜Cを古いものから年代順に並べたとき，その順序として最も適当なものを，下の①〜⑥のうちから一つ選べ。（17現社　追）

　A PKO（国連平和維持活動）協力法に基づく自衛隊の海外派遣が，カンボジアに対して行われた。

　B 日本周辺における有事発生の際に自衛隊が米軍の後方支援を行うことを定めた周辺事態法が制定された。

　C 武器輸出三原則が，平和貢献や国際協力の推進と日本の安全保障に資する場合には武器の輸出を認めるとする防衛装備移転三原則へと改定された。

　① A→B→C　② A→C→B　③ B→A→C　④ B→C→A　⑤ C→A→B　⑥ C→B→A

[3] 政府開発援助に関連して，生徒Yのグループは日本のODA（政府開発援助）の実施状況について調べた。日本のODAについての記述として正しいものを，次の①〜④のうちから一つ選べ。（21政経　本）

　① 日本は，国際機関を通じた多国間援助は実施していないが，発展途上国を対象とした二国間援助を実施している。

　② 日本は，返済義務のない無償の援助のみを実施している。

　③ 日本のODA支出額は，2001年以降，先進国の目標とされる対GNI比0.7パーセント以上を維持してきた。

　④ 日本のODA支出額は，1990年代の複数年で世界第一位を記録した。

[4] 人間の安全保障の実践例として適当でないものを，次の①〜④のうちから一つ選べ。（14政経　本）

　① 人々を感染症から守るため，ある政府が他国の公衆衛生分野に援助を行う。

　② 他国による侵略を防ぐため，複数の国の軍隊が共同で訓練する。

　③ 森林の環境を守るため，NGO（非政府組織）が植林活動や環境教育を行う。

　④ 民族紛争における人権侵害を防ぐため，国連が紛争当事者の行為を監視する。

[5] 開発のための国際協力に関する記述として最も適当なものを、次の①～④のうちから一つ選べ。（16現社　追）

① 天然資源に対する恒久主権などを盛り込んだ新国際経済秩序（NIEO）樹立宣言は、国連経済社会理事会において採択された。

② 遺伝資源の利用から生じる利益について、その公正な配分を目的とする名古屋議定書が採択された。

③ 政府開発援助（ODA）の1年当たりの援助額において、日本は、21世紀に入ってから世界第1位であり続けている。

④ 従来の日本のODA大綱に代わり、災害救助等の非軍事目的であれば他国軍支援の可能性を認める「開発協力大綱」の閣議決定は見送られてきている。

[6] 日本の国際協力についての説明として最も適当なものを、次の①～④のうちから一つ選べ。（08政経　本）

① アジア太平洋地域の経済交流を促進するため、APEC（アジア太平洋経済協力会議）に参加している。

② アフリカ地域の最貧国の発展支援のため、内閣府にDAC（開発援助委員会）を設置している。

③ 発展途上国に技術協力などの支援を行うため、自衛隊の組織として青年海外協力隊が設けられている。

④ 国際社会の平和と安定に貢献するため、国連憲章の規定するUNF（国連軍）に自衛隊が参加している。

[1] 生徒Xのグループは、『開発協力大綱』にあたる次の資料を読み、日本の開発協力政策では、ある考え方が推進されていることを学んだ。次の資料中の空欄 ア に当てはまる考え方として最も適当なものを、下の①～④のうちから一つ選べ。（21政経　本）

> **資料**
>
> 個人の保護と能力強化により、恐怖と欠乏からの自由、そして、一人ひとりが幸福と尊厳を持って生存する権利を追求する ア の考え方は、我が国の開発協力の根本にある指導理念である。この観点から、我が国の開発協力においては、人間一人ひとり、特に脆弱な立場に置かれやすい子ども、女性、障害者、高齢者、難民・国内避難民、少数民族・先住民族等に焦点を当て、その保護と能力強化を通じて、ア の実現に向けた協力を行うとともに、相手国においてもこうした我が国の理念が理解され、浸透するように努め、国際社会における主流化を一層促進する。
> （出所）外務省Webページ

① ユニバーサルデザイン

② シビリアン・コントロール

③ 人間の安全保障

④ 平和五原則

[2] 統計資料に関連して、生徒Yのグループでは、日本の累積援助額（1960年～2017年）の上位国のうち、インド、インドネシア、タイ、バングラデシュ、フィリピンの名目GNI（米ドル）、電力発電量、平均寿命、栄養不良の人口割合のデータを調べ、この5か国の平均値を2002年と2015年とで比較することにした。次の図中のア～ウはそれぞれ、電力発電量、平均寿命、栄養不良の人口割合のいずれかについて、2002年の5か国の平均値を100とする指数で表したものである。図中のア～ウに当てはまる項目の組合せとして正しいものを、次の①～⑥のうちから一つ選べ。（21政経　本）

① ア　電力発電量　　　　イ　平均寿命
　　ウ　栄養不良の人口割合

② ア　電力発電量　　　　イ　栄養不良の人口割合
　　ウ　平均寿命

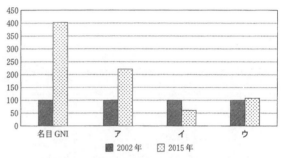

（注）2002年の栄養不良の人口割合の数値は2000年～2002年の平均値を使用。
（出所）総務省統計局『世界の統計』（2006, 2018, 2019年版）により作成。

③ ア　平均寿命　　　　　イ　電力発電量
　　ウ　栄養不良の人口割合

④ ア　平均寿命　　　　　イ　栄養不良の人口割合
　　ウ　電力発電量

⑤ ア　栄養不良の人口割合　イ　電力発電量
　　ウ　平均寿命

⑥ ア　栄養不良の人口割合　イ　平均寿命
　　ウ　電力発電量

> **まとめと発展**
>
> 日本が今後果たすべき役割として、国際社会に向けた貢献や、地球的規模の課題解決に尽力することをあげる声も大きい。具体的に、どのような課題に取り組んでいくことが求められているとあなたは考えるか。日本が今後、優先的に取り組むべきだと考える課題を三つあげてみよう。

# 第4編

# 現代の経済社会と国民生活

## （大項目Bに対応）

# 「賢い消費者」になるには，何が求められるのだろうか

 目標　消費者は経済社会の主体であるが，権利だけでなく果たすべき責務もある。当事者意識をもって，「自立した消費者」になっていくのに必要な内容を学んでいこう。

チャート

消費者の権利／消費者問題／消費者運動／
契約／私的自治／契約の自由／契約自由の原則／
消費者保護基本法／消費者基本法／消費者契約法／
消費者団体訴訟制度／消費者庁／国民生活センター／クーリング・オフ

キーワードの意味を確認し，その内容や関連事項，役割の変化をまとめておこう。

 コンパス

&

　成年（18歳）になると，保護者の同意を得なくても，自分の意思で契約ができるようになる。契約は責任をともなう行為であることと，不当な契約を結んでしまった場合にどうすればいいかを，根拠となる法律を軸に押さえよう。

トレーニング　選択肢に示されている用語や事柄を通してチャートの内容を確認しよう。

[1] 欠陥商品の被害者救済は，消費者保護政策の一環であり，この政策展開の出発点となったのは，アメリカのケネディ大統領が提唱した「消費者の四つの権利」である。この権利のうち一つは「知らされる権利」であり，次のA〜Cは，その他の三つの権利の内容を説明したものである。下のア〜ウは，これら三つの権利を保護，または侵害する例である。A〜Cとア〜ウとの組合せとして最も適当なものを，下の①〜⑥のうちから一つ選べ。（13現社　本）
A　生命や健康にとって危険な製品の販売から保護される，という「安全を求める権利」
B　政府の政策立案において，消費者の利益が十分に考慮され，行政手続においては，公正で迅速な行政上の対応が保障される，という「意見を聞いてもらう権利」
C　できる限り多様な製品やサービスを，競争価格で入手できるよう保障される，という「選択できる権利」
ア　欠陥車に関する自動車のリコール制度
イ　食品健康影響評価に関するパブリック・コメント
ウ　同一産業内の企業によるカルテル
①　A—ア　　B—イ　　C—ウ　　②　A—ア　　B—ウ　　C—イ　　③　A—イ　　B—ア　　C—ウ
④　A—イ　　B—ウ　　C—ア　　⑤　A—ウ　　B—ア　　C—イ　　⑥　A—ウ　　B—イ　　C—ア

[2] 現在の日本における消費者保護に関する次の法律ア〜ウとそれぞれの内容に関する後の記述A〜Cとの組合せとして正しいものを，後の①〜⑥のうちから一つ選べ。（22政経　追）
ア　製造物責任法　　　イ　消費者基本法　　　ウ　消費者契約法
A　消費者の利益のために，適格消費者団体が事業者に対して不当な行為を差し止めるための訴訟を起こすことができる制度を定めている。
B　消費者の権利の尊重や消費者の自立支援を目的として，国，地方公共団体および事業者の責務などについて規定している。
C　欠陥商品により消費者が被った被害を救済するため，過失の有無にかかわらず企業に賠償を義務づける制度を定めている。
①　ア—A　　イ—B　　ウ—C　　②　ア—A　　イ—C　　ウ—B
③　ア—B　　イ—A　　ウ—C　　④　ア—B　　イ—C　　ウ—A
⑤　ア—C　　イ—A　　ウ—B　　⑥　ア—C　　イ—B　　ウ—A

[3] 生徒Yは，消費者問題と政府の役割について，次の通りまとめてみた。次の文章中の空欄　ア　にはaかb，空欄　イ　にはcかdが当てはまる。空欄　ア ・ イ　に当てはまる正しい記述を選び，その組合せとして最も適当なものを，下の①〜④のうちから一つ選べ。（21政経　追）
　市場経済では，経済主体の意思が尊重され，それぞれの主体の意思に基づいて自由に取引が行われると想定されている。しかし，　ア　などもあり，消費者主権が常にたしかなものであるとは限らない。

こうした事態に対応するため，政府は法律を整備し，情報提供を行ったり，企業活動に介入したりすることもある。たとえば日本では，　イ　。

a　消費者の消費への欲望が，生産者側の広告や宣伝に依存してかきたてられるという依存効果
b　消費者の四つの権利が，消費者団体の活動によって保障されていること
c　多くの地方公共団体が，苦情処理などを行うために消費生活センター（消費者センター）を設置している
d　消費者基本法が，消費者の権利尊重と自立支援を目的とした消費者保護基本法へと改正された
①　アーa　イーc　　②　アーa　イーd　　③　アーb　イーc　　④　アーb　イーd

## トレーニング　「コンパス」の視点や課題意識の「活用」に重きを置いた過去問に挑戦してみよう。

[4]　日本の民法に関する記述として最も適当なものを，次の①〜④のうちから一つ選べ。（20現社　本）
①　契約を有効に成立させるためには，原則として，契約書を作成する必要がある。
②　民法は，だまされて契約を締結した場合であっても，当事者間に合意がある以上，その契約は取り消すことができないとしている。
③　民法の改正により，親権者などの同意なく単独で契約の締結ができる成年の年齢が，18歳へと引き下げられることとなった。
④　不法行為による損害賠償責任が問われる場合には，無過失責任の原則が採用されている。
[5]　生徒Xと生徒Yは日本における民法の変遷について調べてまとめた。このうち，現行の民法の内容に関する記述として正しいものを次のア〜ウからすべて選んだとき，その組合せとして最も適当なものを，後の①〜⑧のうちから一つ選べ。（22公共　試）

ア　現行の民法では，成年年齢に達するということには，親権に服さなくなるという意味がある。
イ　現行の民法では，当事者の一方が未成年である場合に，未成年が単独で相手方とした契約は，原則として後になって取り消すことができることが定められている。
ウ　現行の民法では，当事者の一方が公序良俗に反する内容の契約を申し出た場合に，相手方がそれに合意する限りにおいて，その契約は有効となり，後になって取り消すことができないことが定められている。
①　アとイとウ　　②　アとイ　　③　アとウ　　④　イとウ
⑤　ア　　⑥　イ　　⑦　ウ　　⑧　正しいものはない

## チャレンジ　「大学入学共通テスト」に挑戦してみよう。

[1]　生徒Aは，インターネットで「フードドライブ」以外に消費者ができることの事例を調べたところ，「エシカル消費」に関する記事を見つけた。そこで，消費者基本法に基づき策定された「第4期消費者基本計画」（2020年3月閣議決定）に関する資料を参考にして，次のメモを作成した。メモの内容を踏まえた場合，「エシカル消費」の観点に向けた取組みとして適当でないものを，後の①〜④のうちから一つ選べ。（22公共　試）

メモ
「エシカル消費」とは何か？
地域の活性化や雇用等を含む，人や社会・環境に配慮して消費者が自ら考える賢い消費行動のこと。倫理的消費ともいう。消費者としての自らの選択が，現在と将来の世代にわたって影響を及ぼし得るものであることを自覚して，公正かつ持続可能な社会の形成に参加していくための方法の一つとされる。

①　生産および流通の過程において生じる，環境への負荷が少ない油脂を使用した洗剤を購入する。
②　輸送エネルギーを削減し，地産地消を推進する観点から，地元で生産された農産物を購入する。
③　立場の弱い発展途上国の生産者や労働者の生活改善につなげるために，発展途上国の原料や製品を適正な価格で継続的に購入する。
④　品質を重視した栽培や出荷につなげるために，形のゆがみや傷のない野菜や果物を購入する。

### まとめと発展

(1)　18歳で成年に達すると何が変わるか，まとめてみよう。

(2)　アメリカのケネディ大統領が提唱した「消費者の四つの権利」について調べ，それが消費者問題や消費者運動とどう関係しているか，まとめてみよう。

(3)　悪質商法の具体例について調べてみよう。

(4)　エシカル消費に関係する認証マークについて調べてみよう。

関門

 B - 28

国民経済とGDP

## 私たちの生活と国全体の経済活動とはどのようにかかわっているのだろうか

**目 標** 国の「豊かさ」は，どのようにして表せるのだろうか。GDPをはじめとするさまざまな指標から，景気の変動や経済全体の動きを読み取ってみよう。

**チャート**

マクロ経済とミクロ経済／フローとストック／国民経済計算／国内総生産（GDP）／付加価値／

三面等価の原則／一人当たりGDP／国富／経済成長／経済成長率／

好況・不況／景気循環（キチンの波，ジュグラーの波，クズネッツの波，コンドラチェフの波）

キーワードの意味を確認し，その内容や関連事項，役割の変化をまとめておこう。

**&**

 コンパス

　一国の経済の大きさや状況をはかる諸指標の定義と求め方を十分に理解しよう。特に，

①GDP（国内総生産）はニュースでもよく見る指標なので十分に理解したい。「名目」と「実質」のちがいなど，ていねいに概念を押さえよう。

②GDPだけでは捉えきれない「豊かさ」の指標についても押さえよう。

**トレーニング** 選択肢に示されている用語や事柄を通してチャートの内容を確認しよう。

[1] 日本が経済大国として認められる要因の一つとして国富の大きさがあげられる。国民経済計算において国富を構成するものとして**誤っているもの**を，次の①～④のうちから一つ選べ。ただし，対外的な経済関係は考えないものとする。（20政経　追）

① 世帯が保有する住宅　　② 世帯が保有する株式

③ 企業が保有する商標権　　④ 政府が保有する道路

[2] 日本のGDPに含まれるものを次のA～Cからすべて選んだとき，その組合せとして最も適当なものを，下の①～⑧のうちから一つ選べ。（21現社　本）

A　日本のプロ野球でプレーするアメリカ人選手に球団が支払った年俸

B　日本人アーティストがイギリスで行ったコンサートの興業収入

C　日本の温泉地を訪れた中国からの観光客が旅館に支払った宿泊料

① AとBとC　　② AとB　　③ AとC　　④ BとC　　⑤ A　　⑥ B　　⑦ C

⑧ 日本のGDPに含まれるものはない

[3] 景気に関連して，さまざまな景気循環の類型についての説が存在する。次の類型A～Cと，それぞれの循環を引き起こす原因についての記述ア～ウとの組合せとして正しいものを，下の①～⑥のうちから一つ選べ。（09政経　本）

A　短期波動（キチンの波）　　B　中期波動（ジュグラーの波）　　C　長期波動（コンドラチェフの波）

ア　技術革新や大規模な資源開発　　イ　設備投資の変動　　ウ　在庫投資の変動

① A―ア　B―イ　C―ウ　　② A―ア　B―ウ　C―イ　　③ A―イ　B―ア　C―ウ

④ A―イ　B―ウ　C―ア　　⑤ A―ウ　B―ア　C―イ　　⑥ A―ウ　B―イ　C―ア

**トレーニング** 「コンパス」の視点や課題意識の「活用」に重きを置いた過去問に挑戦してみよう。

[4] 「統計的な把握」に関する記述として最も適当なものを，次の①～④のうちから一つ選べ。（20現社　本）

① 一国における，ある時点の実物資産と対外純資産の合計は，フローとストックのうち，ストックと呼ばれる。

② 国内総生産（GDP）から固定資本減耗を除いたものは，国民所得（NI）と呼ばれる。

③ 環境破壊の影響だけでなく，家事労働や余暇の時間などを考慮して算出される指標は，グリーンGDPと呼ばれる。

④ 物価変動の影響を除いた国内総生産の変化率は，名目経済成長率と呼ばれる。

[5] 生徒XはAパート（経済成長の側面）を担当することとなり、ある国の経済状況を調べた。次の表は，ある国の経済状況（名目GDP，人口，GDPデフレーター，実質GDP，名目GDP成長率，実質GDP成長率）を示しており，通貨の単位にはドルを用いているものとする。なお，この国では，2015年と2016年の一人当たりの名目GDPが同じである。表中のa～cに当てはまる数字の組合せとして正しいものを，下の①～⑧のうちから一つ選べ。（21政経　本）

|  | 名目GDP<br>（億ドル） | 人口<br>（百万人） | GDP<br>デフレーター | 実質GDP<br>（億ドル） | 名目GDP<br>成長率<br>（％） | 実質GDP<br>成長率<br>（％） |
|---|---|---|---|---|---|---|
| 2015年 | 500 | b | 100 | 500 | ＼ | ＼ |
| 2016年 | a | 47 | 94 | 500 | 6 | 0 |
| 2017年 | 494 | 45 | 95 | 520 | 5 | c |

（注）2015年が基準年で，2015年のGDPデフレーターを100とする。数値は小数点以下を四捨五入している。2015年の「＼」は値が明示されていないことを意味する。

| | | a | | b | | c | |
|---|---|---|---|---|---|---|---|
| ① | a | 450 | b | 49 | c | 1 |
| ② | a | 450 | b | 49 | c | 4 |
| ③ | a | 450 | b | 50 | c | 1 |
| ④ | a | 450 | b | 50 | c | 4 |
| ⑤ | a | 470 | b | 49 | c | 1 |
| ⑥ | a | 470 | b | 49 | c | 4 |
| ⑦ | a | 470 | b | 50 | c | 1 |
| ⑧ | a | 470 | b | 50 | c | 4 |

◆ チャレンジ 「大学入学共通テスト」に挑戦してみよう。

1 生徒Yは，国内総生産とその構成について学んだ。そこでYは，日本における2014年度から2015年度にかけての民間最終消費支出と民間企業設備投資の増加について調べ，次のメモを作成した。メモに関する記述として最も適当なものを，後の①～④のうちから一つ選べ。（23政経　本）

○国内総生産は生産面，分配面，支出面の三つの側面からみることができる。
○国内総生産は民間最終消費支出，政府最終消費支出，総固定資本形成，純輸出からなる。
○総固定資本形成は，民間企業設備投資や民間住宅投資などを含む。
○民間最終消費支出は2兆3,211億円増加した。
○民間企業設備投資は3兆1,698億円増加した。

① 国内総生産に占める支出割合は，民間最終消費支出より民間企業設備投資の方が小さいため，2015年度のこれら二つの支出項目の対前年度増加率を比較すると，民間企業設備投資の方が高い。
② 国内総生産に占める支出割合は，民間最終消費支出より民間企業設備投資の方が大きいため，2015年度のこれら二つの支出項目の対前年度増加率を比較すると，民間企業設備投資の方が高い。
③ 国内総生産に占める支出割合は，民間最終消費支出より民間企業設備投資の方が小さいため，2015年度のこれら二つの支出項目の対前年度増加率を比較すると，民間最終消費支出の方が高い。
④ 国内総生産に占める支出割合は，民間最終消費支出より民間企業設備投資の方が大きいため，2015年度のこれら二つの支出項目の対前年度増加率を比較すると，民間最終消費支出の方が高い。

2 実際の経済活動では，家計や企業などの各経済主体や多数の市場が相互に依存している。自分だけ，あるいは，一企業にとって合理的で正しいと思う行為が，全体としてみた場合には正しいとは限らないことがある。経済学では，その現象を合成の誤謬として説明する。合成の誤謬に当てはまる事例を次のア～ウからすべて選んだとき，その組合せとして最も適当なものを，後の①～⑧のうちから一つ選べ。（22公共　試）

ア ある国では，各企業が，景気の先行きが不透明であると考え，人件費を削減するために無期雇用を有期雇用へと積極的に置き換えたところ，将来に対する不確実性が高まり，需要が大規模に縮小したため，国民総所得が一層低下した。
イ ある国では，各家庭が，福祉重視の政策を期待できないと考え，子どもの将来や老後の生活に備えるために積極的に貯蓄したところ，消費が縮小して多くの商品の市場価格が低下し，人々の給与水準も低下したため，国民総所得が低下した。
ウ ある国では，各金融機関が，今後も不況が続くだろうと考え，経営基盤の強化を図るために企業への貸出を制限したところ，設備投資の拡大を諦めて，リストラを図る企業が増えたため，国民総所得がさらに低下した。

① アとイとウ　　② アとイ　　③ アとウ
④ イとウ　　　　⑤ ア　　　　⑥ イ　　　　⑦ ウ
⑧ 当てはまる事例はない

---

**まとめと発展**

(1) 無償で行われる家庭内の家事労働やボランティアはGDPに含まれないが，公害を引き起こした企業が行う公害処理のための費用はGDPに含まれる。このような矛盾を解消するために，GDP以外に国民の豊かさを測る基準にはどのようなものがあるか，調べてみよう。

[　　　　　　　　　　　　　　　　　　　　]

(2) 景気循環の四つの局面では経済活動はどのようになっているか，まとめてみよう。

[　　　　　　　　　　　　　　　　　　　　]

## さまざまな取り引きが行われる経済活動の場である「市場」とは何なのだろうか

**目標** 市場経済において，価格が果たしている役割はどのようなものか。また，市場経済はどのような点で優れているのだろうか。これらの問いに，しっかり答えられるようになろう。

**チャート**

市場／需要と供給／価格／価格の自動調節機能（価格メカニズム・価格機構）／資源の最適配分／需要曲線と供給曲線／

アダム・スミス／マルクス／ケインズ／産業革命／

資本主義経済／計画経済／社会主義／

世界恐慌／有効需要／新自由主義

キーワードの意味を確認し，その内容や関連事項，役割の変化をまとめておこう。

**コンパス**

①現実の事象と需要曲線・供給曲線のグラフを結び付けて考えられるようになろう。

&

②経済学史は，それぞれの人物が何を問題とし，それをどのようにしたら解決できると考えたかを押さえ，実際の社会に与えた影響も理解しよう。

**トレーニング** 選択肢に示されている用語や事柄を通してチャートの内容を確認しよう。

**[1]** 次の図はある製品の需要曲線と供給曲線を実線で描いたものであり，当初の市場均衡点はEである。まず，その製品を生産するために使用する原材料の価格が下落し，市場均衡点が変化した。その後，その製品に対する人気が落ちたことにより，再び市場均衡点が変化した。これ以外の条件が変化しないと仮定し，均衡点が図中のA〜Iしか存在しない場合，このときの市場均衡点の変化の順番として正しいものを，下の①〜⑧のうちから一つ選べ。(20政経　追)

① E→B→A　　② E→B→C　　③ E→D→A　　④ E→D→G
⑤ E→F→C　　⑥ E→F→I　　⑦ E→H→G　　⑧ E→H→I

**[2]** 次の文章中の空欄 ［ ア ］・［ イ ］ に当てはまる語句と数値の組合せとして最も適当なものを，下の①〜⑥のうちから一つ選べ。(21政経　追)

生徒Yは，生徒Xが気になっているスニーカーの人気が高まっていることについて，高校の「政治・経済」の教科書にある市場メカニズムの説明に基づいて考えてみた。そして，次の図を自ら作成した。この図において，スニーカーの供給曲線はS，需要曲線はDで表される。スニーカーの人気が高まった場合，需要曲線はDから ［ ア ］ へとシフトし，均衡点が移動することが，教科書からわかった。

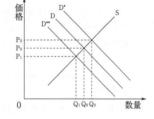

次に，供給曲線はシフトしないという条件の下で，より具体的な数字を当てはめて需要曲線のDから ［ ア ］ へのシフトを考えてみることにした。当初の均衡価格（$P_0$）が一足当たり1万円，均衡での数量（$Q_0$）が8,000足の状態から，価格が30パーセント，数量は20パーセント変化した場合，売上総額の変化量は ［ イ ］ であることがわかった。

① ア D*　　イ 4,480万円　　② ア D*　　イ 3,620万円
③ ア D*　　イ 2,840万円　　④ ア D**　　イ 4,480万円
⑤ ア D**　　イ 3,620万円　　⑥ ア D**　　イ 2,840万円

**[3]** 資本主義経済に関して，経済学者の考え方として最も適当なものを，次の①〜④のうちから一つ選べ。(20現社　本)

① リストは，開発途上国が自国産業を育成するためには，自由貿易を追求すべきであると主張した。

② マルクスは，物質的な生産のあり方が土台となって，それが法律や政治などを規定し，歴史を動かすという唯物史観を示した。

③ ケインズは，経済が完全雇用に至らず失業が生じるのは，規制緩和が不十分であるためだと主張した。

④ フリードマンは，私的企業の活動と競争的市場の調整機能とを重視しつつ，財政支出の拡大を唱えた。

**トレーニング**　「コンパス」の視点や課題意識の「活用」に重きを置いた過去問に挑戦してみよう。

[4]　労働市場において労働者はある一定水準の賃金率（単位時間
当たり賃金）までは，賃金率の上昇とともに労働時間を増や
したいと思うが，それ以上に賃金率が上昇すると労働時間を
減らして余暇を増やしたいと思う傾向があると仮定する。い
ま，縦軸を賃金率，横軸を労働時間とするとき，賃金率と労
働者が提供したいと考える労働時間との関係を表す図として
最も適当なものを，次の①〜④のうちから一つ選べ。（07政
経　追）

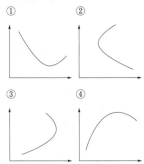

[5]　資本主義経済の成立に関連して，生徒Xは，資本主義経済の
成立と発展の概要について考察するためにキーワードを整理
し，次のノートにまとめた。ノート中の下線部⑦〜㋑のうち
誤っているものを，後の①〜④のうちから一つ選べ。（23政
経　本）

○産業革命
　18世紀後半にイギリスで産業革命が起こり，その後，他のヨーロ
ッパ諸国やアメリカ，そして日本でも産業革命が起こった。産業革
命によって，工場制手工業から工場制機械工業へと発展し，生産力
が飛躍的に高まった。
○私有制
　⑦生産手段を私有できることで，資本蓄積への意欲が高められる。
○市場経済
　㋑市場での自由な取引を通じて企業は利潤を追求し，その利潤がさ
　らなる設備投資の資金となって経済が成長する。
○階級分化
　資本主義経済下では，生産手段を所有する者と所有しない者，つま
り資本家と労働者への階級分化が生じる。これが資本主義経済にお
いて経済格差が発生する要因の一つとなる。㋒マルクスは資本主義
経済を分析し，資本家と労働者との間の利害の対立構造を明らかに
した。
○景気循環（景気変動）
　資本主義経済の発展によって，生活が豊かになる一方で，景気循環
による不況や恐慌の発生という問題が起こる。㋑ケインズは資本主
義経済下での不況の原因は供給能力の不足にあるとの理論を示し
た。

①　下線部⑦　　②　下線部㋑
③　下線部㋒　　④　下線部㋑

**チャレンジ**　「大学入学共通テスト」に挑戦してみよう。

①　生徒Xは，労働の対価である賃金を変化させる要因に関心をも
ち，まずは授業で学習した供給曲線と需要曲線で考えてみるこ
とにして，次の資料を作成した。この資料をもとに考察した記
述として最も適当なものを，後の①〜④のうちから一つ選べ。
（22政経　追）

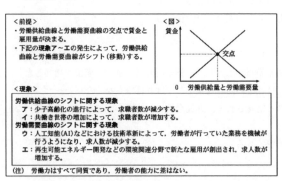

①　現象アと現象ウのみが発生した場合，これらの現象が発生す
る前に比べて賃金は必ず低下する。
②　現象アと現象エのみが発生した場合，これらの現象が発生す
る前に比べて賃金は必ず上昇する。
③　現象イと現象ウのみが発生した場合，これらの現象が発生す
る前に比べて賃金は必ず上昇する。
④　現象イと現象エのみが発生した場合，これらの現象が発生す
る前に比べて賃金は必ず低下する。

**まとめと発展**

(1)　どのような場合に需要曲線・供給曲線がシフトするのか，
まとめてみよう。

(2)　アダム・スミスは，価格の自動調節機能（価格メカニズム・
価格機構）を何と表現したか。

(3)　ケインズは，不況の原因を何だと主張したか，まとめてみ
よう。

(4)　社会主義経済の特徴と，その多くが失敗した理由をまとめ
てみよう。

関門　市場の限界と政府の役割

B-30

# 市場の機能にはどのような限界があるのだろうか。市場がうまく機能しないときの政府の役割はどのようなものだろうか

目標

市場の機能の限界について具体的な事例をあげて理解し，市場が機能しないことに政府がどのように対応して，自由で公正な経済社会をつくるべきか考察しよう。

**チャート**

市場の失敗／市場の限界／市場の失敗／外部経済／外部不（負）経済／独占／寡占／情報の非対称性／公共財

政府の役割／財政／再分配機能／景気安定化機能（ビルト・イン・スタビライザー）／独占禁止法／公正取引委員会／政府の失敗

キーワードの意味を確認し，その内容や関連事項，役割の変化をまとめておこう。

&

**コンパス**

市場がうまく機能できない状況を具体的にあげながら，市場の特徴と限界を把握する。市場が機能しない場面を政府がどのように補うべきかを考え，その具体例を理解しよう。

① 「市場の失敗」という表現から，「失敗」のイメージが強いが，「市場が機能しない」「市場の機能を通じて資源配分が適切に行われないケース」という視点で整理してみよう。

② 外部経済と外部不（負）経済の違いを考察しよう。市場を通さずに経済的な影響を受けるケースのうち，プラスの影響を受ける例とマイナスの影響を受ける例をあげてみよう。

③ 「市場の失敗」を補う政府の経済的な役割を考察し，財政の果たしている役割を具体的に整理してみよう。合わせて，政府の対応が市場の機能を阻害する事例も考えよう。

**トレーニング**　選択肢に示されている用語や事柄を通してチャートの内容を確認しよう。

[1] 寡占市場がもつ特徴についての記述として適当でないものを，次の①～④のうちから一つ選べ。(15政経　本)

① 管理価格とは，市場メカニズムによらずに，価格支配力をもつプライス・リーダーが人為的に決定する価格のことである。

② 価格の下方硬直性とは，生産技術の向上などで生産コストが低下しても，価格が下方に変化しにくくなることである。

③ 非価格競争とは，デザイン，広告・宣伝といった手段を用いて，価格以外の競争が行われることである。

④ カルテルとは，資本の集中・集積が進み，同一産業内での企業合併が起こることである。

[2] 外部不経済の例として最も適当なものを，次の①～④のうちから一つ選べ。(19政経　本)

① 猛暑が続き，飲料メーカーの売上げが上昇した。

② ある企業の財務情報の不正が発覚し，その企業の株価が下落した。

③ 新しい駅の建設によって駅周辺の環境整備が進み，不動産価格が上昇し，不動産所有者の資産の価値が増加した。

④ 大規模娯楽施設の建設によって交通量が増え，近隣住民は住宅の防音対策をしなければならなくなった。

[3] 公共財は，非競合性と非排除性とを有している財・サービスと定義される。非競合性についての記述として最も適当なものを，次の①～④のうちから一つ選べ。(16政経　本)

① 他の人々の消費を減らすことなく複数の人々が同時に消費できる。

② 需要が減少しても価格が下がらない。

③ 対価を支払わない人によっても消費される。

④ 生産を拡大すればするほど単位当たりの生産費用が低下する。

**トレーニング**　「コンパス」の視点や課題意識の「活用」に重きを置いた過去問に挑戦してみよう。

[4] 市場メカニズムが適切に働かないと考えられる場合の例A～Cと，それらに対応するための政府の施策の例ア～ウとの組合せとして最も適当なものを，下の①～⑥のうちから一つ選べ。(09政経　本)

A　市場が寡占状態にある場合
B　財の生産に外部不経済が伴う場合
C　財が公共財の性質をもつ場合

ア　生産の制限

イ　政府による供給
ウ　新規参入の促進
① Ａ―ア　Ｂ―イ　Ｃ―ウ
② Ａ―ア　Ｂ―ウ　Ｃ―イ

③ Ａ―イ　Ｂ―ア　Ｃ―ウ
④ Ａ―イ　Ｂ―ウ　Ｃ―ア
⑤ Ａ―ウ　Ｂ―ア　Ｃ―イ
⑥ Ａ―ウ　Ｂ―イ　Ｃ―ア

**チャレンジ**　「大学入学共通テスト」に挑戦してみよう。

**1** ある経済活動が市場を介さずに他の主体へ利益や不利益を与える場合，その利益を外部経済，不利益を外部不経済という。一般的に，税や補助金を利用して外部経済の拡大や外部不経済の縮小を図る。次のＡ～Ｃから「外部経済を拡大させる施策」をすべて選んだとき，その組合せとして最も適当なものを，後の①～⑧のうちから一つ選べ。ただし，Ａ～Ｃについては，書かれている事柄に関連する事象以外については変化がないものとする。（23現社　追）

Ａ　漁をする際に漁師が使用する設備のメンテナンスを行う業者に対して補助金を交付する。
Ｂ　排水によって水質汚濁をもたらし，漁獲量の減少をもたらす旧型の設備を使用している企業に課税する。
Ｃ　漁村の景観を良くして観光業の売上げ増加にも寄与する景観ガイドラインに沿った対応をする企業等に補助金を交付する。

① ＡとＢとＣ
② ＡとＢ　　　③ ＡとＣ
④ ＢとＣ
⑤ Ａ　　　　　⑥ Ｂ　　　　⑦ Ｃ
⑧ 「外部経済を拡大させる施策」はない

**2** 携帯電話市場では，消費者が通信会社と端末を自由に選べるよう，規制緩和が進んだ。一方，端末のゼロ円販売規制のような，特定の利用者だけが得をする販売行動が禁止された。日本政府が企業や市場に働きかける政策や仕組みに関する記述として最も適当なものを，次の①～④のうちから一つ選べ。（23現社　本）
① 企業が製品の販売価格を小売店に強制することの禁止などを定めた法律は，独占禁止法である。
② 公共財の供給を政府が担う必要があるのは，市場メカニズムに任せると過剰供給されるためである。
③ 法が定める労働条件の最低基準を企業が守っているかを監視する機関として，労働委員会がある。
④ 食の安全のために，消費者が生産・流通の情報を得られる仕組みとして，食糧管理制度がある。

**3** 市場の失敗について，生徒Ｘのグループは，国内経済の課題に関して検討した際に「外部経済」「外部不経済」「情報の非対称性」「独占・寡占」に起因する市場の失敗に関心をもった。Ｘのグループは，発表時の資料とするため市場の失敗の事例と思われるものとして，次のア～エのカードを作成した。「情報の非対称性」と関連するカードとして最も適当なものを，後の①～④のうちから一つ選べ。（22政経　追）

ア　携帯電話の発売開始当初は，事業者が一社だった。その後も数社に限定されていた。乗用車の生産も数社でほとんどを占めている。事業者が少数の時は，市場メカニズムが働きにくい。

イ　中古車の売買では，買い手が売り手に聞かない限りわからない修復歴やエンジンの不具合などがありうるので，買い手が見た目だけでは中古車の良し悪しを判断できない場合も多い。

ウ　最近，近くに工場ができて，大型トラックの通行量が増えた。この工場に出入りするトラックの通行によって交通渋滞が頻繁に発生し，交通事故の件数も工場ができる前に比べて増加した。

エ　各家庭が夜間に街路に面した外灯を点灯することにより，この地域の夜間における犯罪の発生件数が減少した。地域住民らは，以前よりも安心して生活できるようになった。

① ア
② イ
③ ウ
④ エ

**まとめと発展**

(1) 「市場は万能ではない」と言われる理由について，具体的な事例をあげて説明しよう。

[　　　　　　　　　　　　　　　]

(2) 公共財の性質について「非排除性」「非競合性」の具体例を説明しよう。

[　　　　　　　　　　　　　　　]

(3) 「情報の非対称性」について，具体的な事例をあげて説明しよう。

[　　　　　　　　　　　　　　　]

金融とそのはたらき

B-31

# 金融はなぜ必要なのか。金融機関や政府はどのような役割をはたしているのだろうか

**目標** 貨幣の機能や社会の資金の流れを理解し，金融機関の役割や日本銀行の行う金融政策について理解しよう。

## チャート

金融と金融機関／直接金融　間接金融　信用創造

貨幣と経済取引／貨幣（通貨）の機能　現金通貨　キャッシュレス決済

中央銀行と金融政策／物価　インフレーション　通貨量の調整　マネーストック　公開市場操作　金融政策決定会合

キーワードの意味を確認し，その内容や関連事項，役割の変化をまとめておこう。

&

## コンパス

　資金の流れとして金融のはたらきを捉えたうえで，主な金融機関である銀行の信用創造機能のしくみを理解しよう。中央銀行である日銀の金融政策の役割やはたらきについて，具体的な政策の影響を考察しながら学習を進めよう。

① 「金融資産と負債」の関係から，資金の流れや「利子」の意味を理解して，資金の融通としての「金融」のはたらきを考察しよう。

② 「間接金融」から「直接金融」への流れをふまえ，外部経済と外部不（負）経済の違いを考察しよう。市場を通さずに経済的な影響を受けるケースのうち，プラスの影響を受ける例とマイナスの影響を受ける例をあげてみよう。

③ 日銀の「公開市場操作による効果や影響について，インフレ時とデフレ時に分けてシミュレーションして考察し，具体的な政策の内容やはたらき，今日の金融施策をめぐる課題についても考えてみよう。

**トレーニング** 選択肢に示されている用語や事柄を通してチャートの内容を確認しよう。

**[1]** 金融についての記述として正しいものを，次の①〜④のうちから一つ選べ。(17政経　本)

① 日本では，家計の金融資産のうち現金・預金の占める割合が最も大きい。

② 日本では，グローバル化をうけて直接金融から間接金融への移行が進んでいる。

③ ノンバンクとは，預金業務と貸出業務を行う金融機関である。

④ 信用創造とは，企業が金融機関に債務を滞りなく返済することで追加的な資金調達が可能になることをいう。

**[2]** 次の表のように，銀行Aが2,000万円の預金（本源的預金）を受け入れ，支払準備率を20パーセントとして企業に貸し出すとする。この貸出金は，企業の取引の支払いに充てられ，支払いを受け取った別の企業によって銀行Bに全額，預金されるとする。銀行Bはこの預金をもとに企業への貸出しを行い，同様の過程を経て，銀行Cに預金がなされる。銀行の支払準備率をすべて20パーセントで一定とすると，この過程が次々と繰り返された場合，信用創造で作り出された銀行全体の預金の増加額として正しいものを，下の①〜④のうちから一つ選べ。(19政経　本)

| 銀行 | 預金 | 支払準備金 | 貸出金 |
|---|---|---|---|
| A | 2,000万円 | 400万円 | 1,600万円 |
| B | 1,600万円 | 320万円 | 1,280万円 |
| C | 1,280万円 | 256万円 | 1,024万円 |
| ⋮ | ⋮ | ⋮ | ⋮ |

① 4,000万円

② 4,880万円

③ 8,000万円

④ 9,600万円

**[3]** 貨幣に関連する記述として正しいものを，次の①〜④のうちから一つ選べ。(17政経　本)

① 貨幣には，取引の仲立ちを行う価値貯蔵手段としての機能がある。

② マネーストックとは，中央政府が保有する貨幣残高のことである。

③ 管理通貨制度の下では，通貨発行量は中央銀行の保有する金の量によって制限されない。

④ 預金通貨は，財・サービスの対価の支払手段として用いられることはない。

**[4]** 中央銀行が実施する政策や業務についての記述として正しいものを，次の①〜④のうちから一つ選べ。(16政経　本)

① デフレーション対策として，国債の売りオペレーションを行う。

② 自国通貨の為替レートを切り下げるために，外国為替市場で自国通貨の売り介入を行う。

③ 金融緩和政策として，政策金利を高めに誘導する。

④ 金融機関による企業への貸出しを増やすために，預金準備率を引き上げる。

**トレーニング** 「コンパス」の視点や課題意識の「活用」に重きを置いた過去問に挑戦してみよう。

**[5]** ホシノさんは，講義中で取り上げられていた信用創造について，どのような過程で起こるのか確認するために，教科書に倣い図と説明文を作ってみた。ホシノさんが作成した次の図や説明文にある ア 〜 ウ に入る数字の組合せとして最も適当なものを，後の①〜⑧のうちから一つ選べ。(22現社　本)

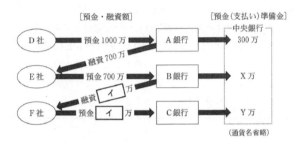

説明文

　これは預金（支払い）準備率が ア ％で，各銀行が預金（支払い）準備率を満たす必要最低限度の準備金を中央銀行に預け，残りの預金はすべて融資に回すものとした場合の例である。この場合，A銀行は過不足なく準備金を中央銀行に預け，預金増加額のうち残りの700万すべてを資金運用の

ためE社に融資する。また，E社から預金を受け入れたB銀行はA銀行と同様の行動を取り，F社へは イ 万貸し出す。このときF社がC銀行に イ 万すべてを預けた段階で，これら三つの銀行が受け入れた預金の増加額は，D社が最初に預け入れた1000万の倍以上に増えており，社会全体の通貨供給量が増えていることが分かる。

　なお，預金（支払い）準備率が40％の場合には，図中のA銀行からE社への融資及びE社からB銀行への預金は600万となり，B銀行からF社への融資及びF社からC銀行への預金の数字も変わる。したがって預金準備率が40％の場合に三つの銀行が受け入れた預金の増加額は ウ 万となり，準備率が低いほど信用創造の効果は大きくなることが分かる。

① ア 30　イ 490　ウ 1960
② ア 70　イ 490　ウ 2190
③ ア 30　イ 420　ウ 2120
④ ア 70　イ 490　ウ 1960
⑤ ア 30　イ 490　ウ 2190
⑥ ア 70　イ 420　ウ 1960
⑦ ア 30　イ 420　ウ 1960
⑧ ア 70　イ 420　ウ 2120

**チャレンジ** 「大学入学共通テスト」に挑戦してみよう。

**1** 国債保有高に関連して，生徒Xは，日本国債の保有者の構成比について関心をもった。そこでXは，2011年3月と2021年3月における日本国債の保有者構成比および保有高を調べ，次の図を作成した。図に示された構成比の変化に関する記述として最も適当なものを，後の①〜④のうちから一つ選べ。(23政経　本)

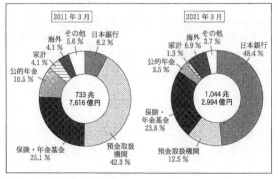

（出所）　日本銀行 Web ページにより作成。

① 日本銀行の金融引締め政策を反映しており，日本銀行が日本政府の発行した国債を直接引き受けた結果である。

② 日本銀行の金融緩和政策を反映しており，日本銀行が民間金融機関から国債を購入した結果である。

③ 日本銀行の金融引締め政策を反映しており，日本銀行が民間金融機関に国債を売却した結果である。

④ 日本銀行の金融緩和政策を反映しており，日本銀行が日本政府の発行した国債を直接引き受けた結果である。

**まとめと発展**

(1) インフレーションが起きる要因を，複数の視点から説明してみよう。

[ ]

(2) 通貨量の適切な調整や金融システムの安定のために日本銀行が取り組んでいる金融政策について，「オペレーション」「金融政策決定会合」の語句を使用してまとめよう。

[ ]

財政及び租税の役割

## 財政はなぜ必要なのか。財政はどのようにその役割をはたしているのだろうか

 **目 標** 財政の機能や租税の意義を把握し，経済活動において政府が果たしている役割と抱えている課題を具体的に考察しよう。

**チャート**

財政とは／財政の機能／資源配分／所得の再分配
／景気調整／社会資本

財政と予算／一般会計／歳入／歳出／特別会計／
財政投融資

政府の役割と租税／租税／国税と地方税／直接税
と間接税／累進課税／所得再分配機能／景気安
定化機能／建設国債／赤字国債／特例国債／プ
ライマリーバランス／公債発行額の推移／公債
発行残高の推移

キーワードの意味を確認し，その内容や関連事項，役
割の変化をまとめておこう。

 **コンパス**

市場の失敗に対応する政府の役割から，財政の三つの機能の
具体的な内容を整理しよう。財政の課題については，歳入や歳
出の変化から問題点を考察しよう。

①市場の限界をカバーする機能との関連から，財政の三つの機
能を整理してみよう。

②税の公平性に関して，「垂直的な公平」「水平的な公平」とい
う視点で直間比率や累進課税制度について考察してみよう。

③一般会計の歳入や歳出の変化について資料をもとに課題を
読み取り，プライマリーバランスの黒字化や今後の政府の経
済的な役割について，「大きな政府」や「小さな政府」とい
う視点で考察してみよう。

**&**

**トレーニング** 選択肢に示されている用語や事柄を通してチャートの内容を確認しよう。

[1] 政府の介入に関連して，財政の役割A～Cとその内容の説明文ア～ウとの組合せとして最も適当なものを，下の①～⑥の
うちから一つ選べ。(21政経 追)

A 所得の再分配　　　　B 資源配分の調整　　　　C 景気の安定化

ア 公共投資の規模を調整し，経済の大幅な変動を抑える。

イ 司法や防衛，上下水道など，市場では最適な供給が難しい財・サービスを提供する。

ウ 生活保護や福祉サービスの給付を行い，一定の生活水準を保障する。

① A－ア　　B－イ　　C－ウ　　　② A－ア　　B－ウ　　C－イ

③ A－イ　　B－ア　　C－ウ　　　④ A－イ　　B－ウ　　C－ア

⑤ A－ウ　　B－ア　　C－イ　　　⑥ A－ウ　　B－イ　　C－ア

[2] 次の文章は日本の消費税についての説明である。文章中の空欄 ア ～ エ に当てはまる語句の組合せとして最も適
当なものを，下の①～⑧のうちから一つ選べ。(19政経 追)

基本的に，税は納税者と税負担者が同一の ア と，両者が異なる イ とに分類されるが，消費税は ウ に区
分される。少子高齢化を背景として，福祉財源の確保が求められていることに加えて，税収が伸び悩む中，消費税は財源
調達手段として重要性を高めてきた。こうした流れの中で，日本の税収全体に占める ア と イ の比率の見直し
が図られてきた。ただし，消費税は，所得が エ なるほど所得に占める税負担の割合が高くなるという傾向にある。
税率や租税構成を変更する際には，それに伴う社会への影響についても考慮する必要があるだろう。

① ア 直接税　　イ 間接税　　ウ 前者　　エ 高く

② ア 直接税　　イ 間接税　　ウ 前者　　エ 低く

③ ア 直接税　　イ 間接税　　ウ 後者　　エ 高く

④ ア 直接税　　イ 間接税　　ウ 後者　　エ 低く

⑤ ア 間接税　　イ 直接税　　ウ 前者　　エ 高く

⑥ ア 間接税　　イ 直接税　　ウ 前者　　エ 低く

⑦ ア 間接税　　イ 直接税　　ウ 後者　　エ 高く

⑧ ア 間接税　　イ 直接税　　ウ 後者　　エ 低く

[3] 日本では基礎的財政収支（プライマリーバランス）が赤字であることが問題となっている。次のA，Bは歳入に関する政策の例であり，ア，イは歳出に関する政策の例である。他の歳入額と歳出額については変化がないとき，A，Bとア，イとの組合せのうち，基礎的財政収支の赤字を歳入と歳出の両面から縮小させるものとして最も適当なものを，下の①～④のうちから一つ選べ。（16政経　本）

A　国債発行額を増やして国債収入を増やす。

B　消費税を増税して租税収入を増やす。

ア　国債の利払い費を抑制して国債費の金額を減らす。

イ　公共事業を縮小して，国債費を除く支出の金額を減らす。

① A―ア　　② A―イ
③ B―ア　　④ B―イ

[1] 公債金に関連して，生徒Yは，授業で紹介された次の資料をもとに社会保障の費用とその財源について学んだ。また，授業では，政府が基礎的財政収支（プライマリーバランス）の黒字化を目標にしていることも言及された。国の一般会計予算における社会保障の費用の増加額について資料から読みとれる内容として正しいものを後の記述アかイ，基礎的財政収支の黒字の状態を示した図として正しいものを後の図aか図bから選び，その組合せとして最も適当なものを，後の①～④のうちから一つ選べ。（23政経　追）

資料　国の一般会計予算の比較（単位：兆円）

| 歳入 | 租税及び印紙収入 | | 公債金 | その他 |
|---|---|---|---|---|
| | 消費税 | 所得税等 | | |
| 平成2（1990）年度 | 5.3 | 51.1 | 5.6 | 4.3 |
| 令和2（2020）年度 | 21.7 | 41.8 | 32.6 | 6.6 |

| 歳出 | 国債費 | 地方交付税交付金等 | 社会保障 | 公共事業，教育，防衛など |
|---|---|---|---|---|
| 平成2（1990）年度 | 14.3 | 15.3 | 11.6 | 25.1 |
| 令和2（2020）年度 | 23.4 | 15.8 | 35.9 | 27.6 |

（出所）財務省Webページにより作成。

ア　社会保障の費用の増加額は，消費税の増加額よりも大きい。

イ　社会保障の費用の増加額は，消費税の増加額よりも小さい。

（注）　図a，図bともに，政策的経費とは，社会保障や公共事業をはじめさまざまな行政サービスを提供するための経費などである。

① アと図a　　② アと図b
③ イと図a　　④ イと図b

[2] 税制改革に関連して，日本では，2019年に消費税率が10パーセントに引き上げられ，それと同時に，食料品（飲料などを含む）への8パーセントの軽減税率が導入された。そこで，生徒Xは，その際に話題となった消費税の逆進性について考えるために，次の表を作成して整理してみることにした。具体的には，可処分所得が300万円の個人A，500万円の個人B，800万円の個人Cの三つのタイプを考えて表を作成した。この表から読みとれる消費税の逆進性に関する記述として最も適当なものを，後の①～④のうちから一つ選べ。（22政経　本）

| | 項目 | 計算方法 | 個人A | 個人B | 個人C |
|---|---|---|---|---|---|
| ア | 可処分所得（万円/年） | | 300 | 500 | 800 |
| イ | 税抜き消費支出（万円/年） | ウ＋エ | 270 | 350 | 520 |
| ウ | うち食料品支出（万円/年） | | 100 | 120 | 150 |
| エ | うち食料品以外の消費支出（万円/年） | | 170 | 230 | 370 |
| オ | 消費支出割合（％） | イ÷ア×100 | 90 | 70 | 65 |
| カ | 全ての消費支出に10％税率適用時の消費税負担額（万円/年） | イ×10％ | 27 | 35 | 52 |
| キ | 食料品支出に8％税率，食料品以外の消費支出に10％税率適用時の消費税負担額（万円/年） | ウ×8％＋エ×10％ | 25.0 | 32.6 | 49.0 |

① 可処分所得アが高い個人ほど，表中カの額が多く，消費税の逆進性の一例となっている。

② 可処分所得アが高い個人ほど，可処分所得に占める表中カの割合が低く，消費税の逆進性の一例となっている。

③ 可処分所得アが高い個人ほど，表中オの値が高く，消費税の逆進性の一例となっている。

④ 可処分所得アが高い個人ほど，可処分所得に占める表中キの割合が高く，消費税の逆進性の一例となっている。

---

**まとめと発展**

(1) 政府が経済活動に介入する場合（大きな政府）と，あまり関与しない場合（小さな政府）について，そのメリット・デメリットをまとめてみよう。

〔　　　　　　　　　　　　　　　　　　　　　〕

(2) 日本の一般会計における歳入の「公債金収入」と歳出の「国債費」の変化を読み取り，その変化の理由について考え，日本の財政の課題として指摘できる点について述べよう。

〔　　　　　　　　　　　　　　　　　　　　　〕

# 現在の私たちを取り巻く経済の基礎は，どのようなあゆみを経て形成されたのだろうか

目標　第二次世界大戦後の改革から現在に至るまでの日本経済のあゆみを概観し，現在の私たちを取り巻く日本経済の基礎が，どのように形成されてきたのかを理解しよう。さらに，こんにち日本経済がかかえる諸課題を，今後どのように乗り越え，解決していくのかについて，自分たちの問題として考えていこう。

### チャート

日本経済のあゆみ
①戦後改革と朝鮮戦争特需
　　傾斜生産方式　農地改革　財閥解体　労働組合の育成　インフレ　ドッジ・ライン　朝鮮戦争特需
②高度経済成長から安定成長へ
　　高度経済成長　産業構造の高度化　経済のサービス化　2度の石油危機　安定成長
③プラザ合意とバブル経済
　　アメリカの双子の赤字　貿易摩擦　プラザ合意　外国為替市場への協調介入　株価・地価の高騰　投機的売買　バブル経済
④バブル崩壊と長期不況
　　バブル崩壊　不良債権　リストラ　アジア通貨危機　デフレ　量的金融緩和政策　構造改革
⑤世界的経済危機と収支構造の変化
　　経済のグローバル化　リーマン・ショック　震災
⑥日本経済の現状
　　デフレ脱却　インフレターゲット　アベノミクス　グローバル化　新型コロナウィルス問題　少子高齢化

キーワードの意味を確認し，その内容や関連事項，役割の変化をまとめておこう。

&

### コンパス

　日本経済のあゆみについて，時期を区切りながらその特徴を明らかにし，こんにちの日本経済の基礎がどのように形成されてきたのかを理解する。
①戦後改革と朝鮮戦争特需→戦争により大きく低下した状態から徐々に復興。特需によって回復。
②高度経済成長から安定成長へ→高い経済成長率を達成し，経済力を強め，産業構造も高度化。2度の石油危機を乗り越え，安定成長期を迎える。
③プラザ合意とバブル経済→プラザ合意による円高不況。日銀の低金利政策によって豊富な資金が市場に流れ好景気（バブル経済）を迎える。
④バブル崩壊と長期不況→投機的な売買で高騰した地価や株価が暴落し，バブル崩壊。金融機関も多額の不良債権を抱え経営悪化。長期不況に入る。
⑤世界的経済危機と収支構造の変化→景気回復のための政策，構造改革に取り組むが，リーマン・ショックの影響を受ける。長年日本は国際収支で多額の貿易黒字であったが，輸出が減り黒字額も減少。
⑥日本経済の現状→デフレ脱却が課題。

---

### トレーニング　「コンパス」の視点や課題意識の「活用」に重きを置いた過去問に挑戦してみよう。

[1]　高度経済成長期以降の産業構造の変化に関連する記述として最も適当なものを，次の①～④のうちから一つ選べ。（09 政経 本）
①　高度経済成長期における活発な設備投資を背景に，国内製造業の中心は，重化学工業から軽工業へと変化した。
②　二度の石油危機をきっかけに，エレクトロニクス技術を利用した省資源・省エネルギー型の加工組立産業が発展した。
③　プラザ合意後の円高不況と貿易摩擦の中で，国内製造業においては，労働力をより多く用いる労働集約的な生産方法への転換が進んだ。
④　バブル経済期の低金利と株価上昇を受けて，第二次産業就業者数が第三次産業就業者数を上回った。

[2]　バブル崩壊後の日本経済に関する記述として最も適当なものを，次の①～④のうちから一つ選べ。（06 現社 本）
①　経常収支が赤字になるのを防ぐために，日本銀行が通貨供給量（マネーサプライ）を収縮させたので，日本経済はデフレスパイラルに陥った。
②　卸売物価はかなり安定していたが，総需要が拡大して消費者物価が上昇し，日本経済はインフレーションが進行した。
③　不況にもかかわらず物価が上昇したので，日本経済はスタグフレーションと呼ばれる状態になった。
④　消費の低迷に加え，銀行による貸出し抑制などがあって，日本経済は次第にデフレーションの色彩を強めた。

1 生徒Xは，経済成長の側面に関連して，ある国の経済状況を調べた後，経済成長と物価の間に何かしらの関係が存在すると考えた。そこで，IMF（国際通貨基金）のWebページから，日本，アメリカ，中国，南アフリカの2000年から2016年までの消費者物価指数の変化率のデータを取得し，次の図を作成した。各国の経済状況と，この図から読みとれる内容を説明したものとして最も適当なものを，下の①〜④のうちから一つ選べ。(21政経 本)

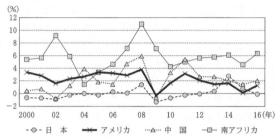

(出所) IMF Webページにより作成。

① 景気回復を図るために2001年に量的緩和政策を採用したこの国では，2001年に消費者物価指数が上昇した。

② 急速な経済発展を遂げ2010年に世界第二の経済大国となったこの国では，2010年以降，消費者物価指数の変化率が毎年0％以上になっていた。

③ サブプライムローン問題を契機にリーマン・ショックの震源地となったこの国では，2009年に消費者物価指数が上昇した。

④ アパルトヘイト撤廃後に経済自由化が行われたこの国では，2000年以降，消費者物価指数の変化率が毎年4％以上になっていた。

2 賃金に関連して，生徒Xと生徒Yは，労働者の生活の基盤として賃金と労働時間の果たす役割が重要だと考えた。そこで，日本，アメリカ，ドイツの名目賃金，実質賃金，年間総実労働時間について調べ，次の図1〜3を作成した。なお，名目賃金とは各国通貨単位の賃金総額を被雇用者数で割って算出された値であり，実質賃金とは名目賃金を消費者物価指数で割って算出された値である。図1〜3から読みとれる内容をまとめた後のメモ中の空欄 ア 〜 ウ に当てはまる語句の組合せとして最も適当なものを，後の①〜⑧のうちから一つ選べ。(23政経 追)

図1　名目賃金指数の国際比較

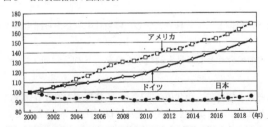

(注) 名目賃金指数は，2000年の名目賃金を100とする指数で表したものである。

図2　実質賃金指数の国際比較

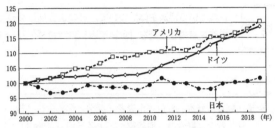

(注) 実質賃金指数は，2000年の実質賃金を100とする指数で表したものである。

図3　労働者一人当たり年間総実労働時間の国際比較

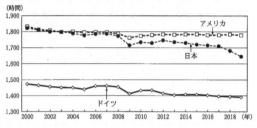

出所　図1〜3はいずれもOECD Webページにより作成。

メモ

図1をみると，名目賃金指数は，日本が総じて横ばいであるのに対して，アメリカとドイツは上昇傾向になっていることがわかる。次に図3をみると，年間総実労働時間はいずれの国も ア 傾向になっていることから，単位時間あたりの名目賃金は，すべての国で イ したことがわかる。また，図1と図2から，名目賃金指数と実質賃金指数の動きを比較してみると，日本では実質賃金指数も総じて横ばいであることから，物価が大きく変動していないことがわかる。一方で，アメリカとドイツの両指数をみると，物価は ウ していたことがわかる。

| | | | |
|---|---|---|---|
| ① | ア 増加 | イ 上昇 | ウ 上昇 |
| ② | ア 増加 | イ 上昇 | ウ 低下 |
| ③ | ア 増加 | イ 低下 | ウ 上昇 |
| ④ | ア 増加 | イ 低下 | ウ 低下 |
| ⑤ | ア 減少 | イ 上昇 | ウ 上昇 |
| ⑥ | ア 減少 | イ 上昇 | ウ 低下 |
| ⑦ | ア 減少 | イ 低下 | ウ 上昇 |
| ⑧ | ア 減少 | イ 低下 | ウ 低下 |

**まとめと発展**

(1) 日本経済を取り巻く国内外の環境は，20世紀とこんにちでは，どのような点が大きく異なっているだろうか。グローバル化をキーワードとして考えてみよう。

[                                          ]

(2) 現在の日本経済の状況を言葉で表すとしたら，あなたはどのような言葉を選ぶか。選んだ理由も添えて，日本経済の状況を表す言葉をあげてみよう。

[                                          ]

# 企業とは何をしている経済主体なのだろうか。その存在意義は何なのだろうか

目 標 企業という経済主体について，どのようなしくみを持っていて，それはなぜ必要なのか，を考えるとともに，企業の存在意義と役割を「企業統治」「社会的責任」という観点から学んでいこう。

**チャート**

企業／利益／資本／費用／出資者／経営／株式会社／株主／株主総会／経営者（取締役）／企業統治（コーポレート・ガバナンス）／ステークホルダー／ディスクロージャー／合併・買収（M＆A）／多国籍企業／企業の社会的責任／法令遵守（コンプライアンス）／説明責任（アカウンタビリティ）／内部統制／中小企業／ベンチャー・ビジネス／起業／社会的企業（ソーシャル・ビジネス）

キーワードの意味を確認し，その内容や関連事項，役割の変化をまとめておこう。

&

**コンパス**

① 「企業は何をしているのか」という問いに対して，「費用」「資本」といった用語を使って説明できるようになろう。また，企業の典型として株式会社の経営の仕組みについて，適切な機関名や役職名をあげながら説明できるようになろう。

② 「企業は誰のために経営を行っているのか」という問いに対して，ステークホルダー（利害関係者）を複数あげながら説明できるようになろう。また，そこから，企業活動の意義・社会的な役割について考察してみよう。

**トレーニング** 選択肢に示されている用語や事柄を通して「チャート」の基本的事項を確認しよう。

[1] 企業によるコンプライアンス（法令遵守）の例として最も適当なものを，次の①～④のうちから一つ選べ。(14 政経 追)
　① 食品の産地について実際とは異なる表示を行った。
　② 消費者からのクーリングオフの求めに応じた。
　③ 残業代を支払わないで従業員に時間外労働をさせた。
　④ 赤字を実際よりも過小に表示するような決算を行った。

[2] 中小企業に関する記述として最も適当なものを，次の①～④のうちから一つ選べ。(15 政経 改)
　① 中小企業基本法の理念は，中小企業の多様で活力ある成長発展から大企業と中小企業との格差是正へと転換された。
　② 中小企業は，全雇用者の9割近い従業員数を雇用しており，日本のものづくりを支えている。
　③ 国内需要の減少や大企業の生産拠点の海外移転によって，下請けの中小企業が受注する仕事が減少している。
　④ 現代の日本には，ニッチ産業を切り開くベンチャー・ビジネスを手がける中小企業が数多くある。

[3] 現代の日本の株式会社制度に関する記述として最も適当なものを，次の①～④のうちから一つ選べ。(03 現社 本)
　① 株主は，株式会社の所有者であり，所有株式数に応じて会社の所有権が与えられているが，経営に参加する権利はない。
　② 株式会社の最高意思決定機関は取締役会であり，株主総会を開催するかどうかは，取締役会にゆだねられている。
　③ 株主の責任は無限責任であるので，株主は，株式会社が倒産した時，その債務について，出資額を超えて責任を負うことになる。
　④ 株式会社は，株式の発行によって資本を調達することができ，原則として，株主に対しては会社の利益から配当が支払われることになっている。

[4] 企業の役割に関連して，次の文章の　A　～　C　に入る語句の組合せとして最も適当なものを，下の①～⑧のうちから一つ選べ。(11 現社 本)
　　民間企業が利潤を追求するのは当然のことである。しかしそれと同時に，現代の企業には，人権擁護や消費者保護に配慮するなどの企業の　A　と呼ばれる様々な役割が期待されている。実際，現代の企業には，社会の一員として企業倫理を確立し，その一環として　B　の実現のために努力することや，リサイクル運動等の環境保全活動に努めることなどが求められている。また地域社会におけるボランティア活動に対する援助や，芸術・文化への支援活動すなわち　C　なども，そのような役割の一つであろう。

| ① | A | 社会的責任 | B | アウトソーシング | C | ロビー活動 |
|---|---|---|---|---|---|---|
| ② | A | 社会的責任 | B | アウトソーシング | C | メセナ |
| ③ | A | 社会的責任 | B | コンプライアンス | C | ロビー活動 |
| ④ | A | 社会的責任 | B | コンプライアンス | C | メセナ |
| ⑤ | A | 信用創造 | B | アウトソーシング | C | ロビー活動 |
| ⑥ | A | 信用創造 | B | アウトソーシング | C | メセナ |
| ⑦ | A | 信用創造 | B | コンプライアンス | C | ロビー活動 |
| ⑧ | A | 信用創造 | B | コンプライアンス | C | メセナ |

⬡ **チャレンジ**　「大学入学共通テスト」に挑戦してみよう。

**1**　企業に関する記述として最も適当なものを，次の①〜④のうちから一つ選べ。(22 現社 本)

① 企業が行う，新たな生産技術や製品に関する研究・開発のことを，M&Aという。

② 寡占の一形態である，同業者の複数企業が合併した企業合同のことを，カルテルという。

③ 中小企業は，日本では中小企業基本法において，自己資本比率に基づいて定義されている。

④ 地元にある中小企業によって支えられ，その地域に定着している産業は，日本では地場産業と呼ばれる。

**2**　日本における企業に関する記述として最も適当なものを，次の①〜④のうちから一つ選べ。(22 政経 本)

① 自社の株価の低下を招くような社内の行為をその会社の株主が監視することを，リストラクチャリングという。

② ある企業の1年間の利潤のうち，株主への分配率が上昇すると内部留保への配分率も上昇し，企業は設備投資を増やすようになる。

③ 世界的に拡大した感染症による経済的影響として，いわゆる巣ごもり需要の増加に対応することで2020年に売上を伸ばした企業があった。

④ 1990年代のバブル経済崩壊後，会社法が制定され，株式会社設立のための最低資本金額が引き上げられた。

**3**　次の表は日本とアメリカにおいて，企業がどのようにして資金調達を行ったのかを示したものである。この表から読みとれる内容として最も適当なものを，下の①〜④のうちから一つ選べ。
(20 政経 本)

(単位：%)

| | | 銀行等借入 | 債券 | 株式・出資金 |
|---|---|---|---|---|
| 日 本 | 1999年12月末 | 38.8 | 9.3 | 33.8 |
| | 2017年3月末 | 24.2 | 4.1 | 49.9 |
| アメリカ | 1999年12月末 | 12.1 | 8.2 | 66.6 |
| | 2017年3月末 | 6.2 | 13.7 | 56.5 |

(注) ここでの企業とは民間非金融法人企業のことである。なお，「その他」の数値を省略していることから，どの年も合計が100パーセントにならない。

(資料) 日本銀行調査統計局「欧米主要国の資金循環統計」および同「資金循環の日米欧比較」(両資料とも日本銀行Webページ) より作成。

① 日本の企業における資金調達のあり方を1999年12月末時点と2017年3月末時点とで比較した場合，2017年の方が他人資本の割合が高い。

② アメリカの企業における資金調達のあり方を1999年12月末時点と2017年3月末時点とで比較した場合，2017年の方が間接金融の割合が低い。

③ 2017年3月末時点の資金調達において，日本の企業はアメリカの企業よりも直接金融の割合が高い。

④ 1999年12月末時点の資金調達において，アメリカの企業は日本の企業よりも自己資本の割合が低い。

---

**まとめと発展**

(1) いわゆる「大企業」といわれる企業が創業した年代を調べ，どのようにして事業を拡大していったかまとめてみよう。

(2) 「利益を上げること」以外に現代の企業に求められていることは何か，まとめてみよう。

(3) 活力ある中小企業の事例や，ソーシャルビジネスとして取り組まれている社会問題の事例について調べてみよう。

関門 B-35　雇用と労働問題

## こんにちの日本にはどのような労働問題が存在しているのだろうか

**目標**　現在の労働問題を捉えるために，まずは日本における労働者の権利について理解しよう。また，問題の背景に存在する日本的雇用慣行も押さえておこう。いずれは働く立場になるということを念頭に学習することも大切だ。

労働市場／勤労の権利／労働三権／団結権／団体交渉権／団体行動権（争議権）／労働基準法／労働基準監督署／最低賃金／働き方改革／労働組合法／不当労働行為／ワークライフ・バランス／国際労働機関（ILO）／ディーセントワーク／育児・介護休業法／日本的雇用慣行／終身雇用／年功序列型賃金／ジョブ型雇用／メンバーシップ型雇用／OJT／非正規雇用／派遣労働者／契約社員／同一労働同一賃金／ワーキング・プア／男女雇用機会均等法／障害者雇用促進法／高年齢者雇用安定法／外国人労働者

キーワードの意味を確認し，その内容や関連事項，役割の変化をまとめておこう。

&

　労働者の権利は用語だけにとどまらず，内容も理解しよう。また，日本的雇用や労働問題は，国際的な比較も大切である。
①日本的雇用のメリットとデメリットをまとめた上で，成果主義について考えを述べよう。
②非正規雇用について，企業の立場と労働者の立場，それぞれのメリットを考えよう。
③今後，外国人労働者がさらに増加した際におきると考えられる問題は何か考えてみよう。
④あなたが譲れない労働条件は何か。

**トレーニング**　選択肢に示されている用語や事柄を通してチャートの内容を確認しよう。

[1] 現在の日本における労働者の就労にかかわる法律の内容についての記述として**誤っているもの**を，次の①〜④のうちから一つ選べ。（10政経　本）
　① 労働者は，失業した場合，一定の要件の下で保険給付として金銭を受け取ることができる。
　② 労働者は，選挙権などの公民権を行使する場合，それに必要な時間を使用者に申し出て仕事から離れることができる。
　③ 労働者の1日の労働時間の上限を8時間と定める規定が存在する。
　④ 労働者の1週間当たりの最低の休日数を2日と定める規定が存在する。

[2] 職場における男性・女性の取扱いに関する法制度についての記述として**誤っているもの**を，次の①〜④のうちから一つ選べ。（14政経　本）
　① 男女雇用機会均等法は，事業主に対して，労働者にその性別にかかわらず募集及び採用について均等な機会を与えなければならないとしている。
　② 男女雇用機会均等法は，事業主に対して，労働者の性別を理由として，教育訓練について差別的取り扱いをすることを禁止している。
　③ 労働基準法は，使用者に対して，労働者が女性であることを理由として，賃金について差別的取扱いをすることを禁止している。
　④ 労働基準法は，使用者に対して，女性に深夜労働を命じてはならないとしている。

[3] 雇用形態の多様化に関連して，日本における賃金・就業形態やそのあり方についての記述として最も適当なものを，次の①〜④のうちから一つ選べ。（09政経　本）
　① 労働者派遣とは，公共職業安定所（ハローワーク）が労働者を派遣することである。
　② 年俸制とは，労働者の勤続年数の長さに応じて賃金が決定される制度である。
　③ ワークシェアリングとは，雇用の維持・創出を図るために労働者一人当たりの労働時間を短縮することである。
　④ 年功序列型賃金制とは，労働者の仕事の内容に応じた額の賃金が支払われることを重視する賃金制度である。

[4] 2000年以降の日本の労働をめぐる記述として最も適当なものを，次の①〜④のうちから一つ選べ。（14政経　本）
　① 派遣労働者数は，1990年代から引き続き減少している。
　② 年功序列型賃金を採用する企業の割合は，増加している。
　③ 労働組合の組織率は，1990年代に比べて高い。
　④ 年間総実労働時間は，ドイツやフランスに比べて長い。

[5] 派遣労働者を企業が活用する理由と考えられる記述として**適当でないもの**を，次の①〜④のうちから一つ選べ。（09政経追）

① 正規雇用の労働者を長期にわたって雇用する場合に比べて，人件費を安く抑えることが可能になる。

② 正規雇用の労働者を新たに採用する場合に比べて，労働者を選定するためにかける時間や手間を減らすことが可能になる。

③ 正規雇用の労働者を活用する場合に比べて，専門能力をもつ労働者を必要とする期間に限って活用することが容易になる。

④ 正規雇用の労働者を活用する場合に比べて，自企業の都合に合わせて技能や能力を労働者に身につけさせることが容易になる。

[6] 実質的な男女平等を雇用において達成するための措置として，日本の法制度の下では，形式的には性差別に当たる措置であっても許容されるものがある。そのような措置の例の記述として最も適当なものを，次の①〜④のうちから一つ選べ。（18政経　本）

① 労働者の募集にあたり，応募条件から性別の条件を外す。

② 女性労働者の定年年齢を，男性労働者と同じ年齢に設定する。

③ 女性労働者の割合が低い職種について，採用の基準を満たす者の中から女性を優先して採用する。

④ 同じ内容の労働に従事する男性労働者と女性労働者の賃金を，同じ額とする。

[1] 生徒たちは労働問題について学ぶため，事前学習として，次の図のような求人情報の例を作成し，問題点がないか話し合った。図中の下線部⑦〜⑦について，企業がこの求人情報のとおりに労働者と労働契約を結んだ場合，雇用に関係する日本の法律に抵触するものはどれか。当てはまるものをすべて選び，その組合せとして最も適当なものを，後の①〜⑦のうちから一つ選べ。（22政経　本）

```
求人情報  #〇〇△△××

〇〇〇〇株式会社【販売スタッフ】
●パート・アルバイト
 ⑦労働時間：1日当たり6時間，週6日
 ⑦雇用契約期間：3年
   時給：1,200円　交通費：自己負担
 ⑦有給休暇：付与なし
```

① ⑦
② ⑦
③ ⑦
④ ⑦と⑦
⑤ ⑦と⑦
⑥ ⑦と⑦
⑦ ⑦と⑦と⑦

[2] 高校生のホシノさんは，大学が高校生にも講義の受講を認めるプログラムに参加し，講義が終わってから疑問や興味をもった点について自分で調べ，講義内容と併せて分かりやすくまとめるよう指導を受けた。講義中の疑問点を解消したホシノさんは，バブル期直前の出来事として講義中に言及されていた男女雇用機会均等法について関心があったので調べてみた。現行の男女雇用機会均等法の内容に関する記述として正しいものを次のア〜ウからすべて選んだとき，その組合せとして最も適当な

ものを，後の①〜⑧のうちから一つ選べ。（22現社　本）

ア　男女雇用機会均等法は，セクシュアル・ハラスメントにより就業環境が害されることがないように必要な措置を講ずることを事業主に義務づけている。

イ　男女雇用機会均等法に違反し勧告に従わなかった事業主に対しては，企業名の公表などの制裁措置が規定されている。

ウ　男女雇用機会均等法は事業主に対して，その事業主が雇用する女性の妊娠や出産を理由とした不利益取扱いを禁止している。

① アとイとウ　　② アとイ　　③ アとウ
④ イとウ　　　 ⑤ ア　　　　⑥ イ
⑦ ウ　　　　　 ⑧ 正しいものはない

---

**まとめと発展**

(1) 労働基準法で規定される最低条件をいくつか挙げてみよう。

(2) 非正規雇用が広がった際の問題を，企業，労働者それぞれの立場から説明してみよう。

(3) 「ワークライフ・バランス」とは何か説明しよう。また，このことを促進するための政策にはどのようなものがあるか，挙げてみよう。

(4) あなたにとって一番解決すべきと考える労働問題は何か。また，30年後その問題はどのような状況になっているだろうか。

## 社会保障とはどのようなもので，どのような機能を持つのだろうか

**目標** 現在の社会保障制度がかかえる課題について，その背景なども確認しながら考えを深めていこう。

**チャート**

社会保障のあゆみ／エリザベス救貧法／アメとムチの政策／
ニューディール政策／ベバリッジ報告／フィラデルフィア宣言／
北欧型／大陸型／生存権／日本の社会保障／
社会保険（医療保険・雇用保険・労災保険・年金保険・介護保険）／
公的扶助／社会福祉／公衆衛生／
後期高齢者医療制度／賦課方式／積立方式／自助／共助／公助

キーワードの意味を確認し，その内容や関連事項，役割の変化をまとめておこう。

**&**

 **コンパス**

日本の社会保障制度の課題
　国民皆年金・国民皆保険を実現するものの，不況と急速な少子高齢化による福祉政策の転換，年金保険制度における保険料納付率の低迷や支給開始年齢の引き上げと給付水準抑制の可能性，年金記録問題など，多くの課題がある。

**トレーニング** 選択肢に示されている用語や事柄を通してチャートの内容を確認しよう。

[1] 社会保障制度の本格的な整備・拡充に関しての記述として**間違っているもの**を，次のa～dの中から一つ選べ。(11法政大　改)

　a　わが国では，生存権を保障した日本国憲法のもとで，社会保障制度の充実が図られた。

　b　現在のわが国の社会保障制度は，社会保険，公的扶助，社会福祉，公衆衛生・医療の４つの分野から成り立っている。

　c　日本の社会保険には，医療保険，年金保険，雇用保険，労災保険，介護保険の５部門がある。

　d　1959年の国民年金法の制定により，20歳以上の国民全員が国民年金に加入することとなり，基礎年金制度が確立した。

[2] わが国の年金保険について，**適切でないもの**を以下の選択肢の中から一つ選べ。(18青山学院大)

　①　国民年金は，満20歳の誕生日から加入義務が生じる。

　②　現在，国民年金は積立方式で運用されており，多額の年金積立金が社会問題となっている。

　③　現在，老齢年金を受け取るためには，保険料納付済期間と国民年金の保険料免除期間などを合算した資格期間が10年以上必要である。

　④　共済年金は2015年に厚生年金に一本化された。

**トレーニング** 「コンパス」の視点や課題意識の「活用」に重きを置いた過去問に挑戦してみよう。

[3] 世界各国の社会保障制度の歴史についての記述として正しいものを，次の①～④のうちから一つ選べ。(09政経　本)

　①　イギリスでは，世界で初めて社会保険制度が設けられた。

　②　ドイツでは，「ゆりかごから墓場まで」をスローガンに社会保障制度が整備された。

　③　アメリカでは，ニューディール政策の一環として社会保障法が制定された。

　④　日本では，国民年金法によって社会保険制度が初めて設けられた。

[4] 社会保障制度について，日本の現在の制度に関する記述として最も適当なものを，次の①～④のうちから一つ選べ。(12

政経　本改)

　①　年金保険では国民皆年金が実現しているが，国民年金には自営業者のみが加入する。

　②　加齢により介護を要する状態となった者に必要なサービスを保障する介護保険では，利用者はサービスにかかった費用の1割～3割を自己負担する。

　③　医療保険では国民皆保険が実現しており，20歳以上のすべての者が共通の国民健康保険に加入する。

　④　業務上負傷または病気にかかった労働者に対して補償を行う労災保険（労働者災害補償保険）では，事業主と国が保険料を負担する。

① 生徒Ｘと生徒Ｙは,「住民生活の向上を目的とする国や地方自治体の政策に, 住民はどのようにかかわることができるのか」という課題を設定して調査を行い, Ｌ市主催の報告会で発表することにした。次の図は, そのための調査発表計画を示したものである。(22政経　本)

```
Ⅰ　課題の設定
事前学習：戦後日本の地方自治制度と地域社会
○住民生活の向上に関する国や地方自治体の政策と住民の意見反映
　　——地方分権を踏まえて, 地方自治体の役割に焦点を当てる

※何を, どのような観点から取り上げるかを特定し, 設定した課題に関連する資料を収集する。

Ⅱ　情報の収集と読みとり
○地方分権一括法(1999年成立)に関する資料
○地方議会の選挙や首長選挙に関する資料
○直接請求や住民投票, その他の住民参加に関する資料
○国の歳入歳出などの財政関係の資料
○将来の推計人口と社会保障に関連する資料

※考察を進めるために, さらに必要な資料を調べる。

※資料に基づき, 分析や検討を行う。

Ⅲ　課題の探究
○人口減少社会における地方議会のあり方
○社会福祉など住民生活の向上を担う地方自治体の財政状況
　　——自主財源と依存財源の構成比率などのあり方

※図表なども用いて考察・構想したことをわかりやすくまとめて発表する。

Ⅳ　まとめと発表
○地方議会の内外において政策に関して熟議を促す仕組みをつくる
○住民生活の向上につなげるために地方自治体の財源を確保する
○探究でわかった課題：雇用問題での地方自治体や民間企業の取組み
```

**問**　下線部について, 生徒Ｘと生徒Ｙは報告会前にＬ市役所を訪問し, 職員に質問することにした。次の会話文は生徒たちが訪問前に相談している場面である。会話文中の下線部⑦〜㋑の四つの発言のうち, 三つの発言は, 後の資料の数値のみからは読みとることのできない内容である。会話文中の下線部⑦〜㋑のうち資料の数値のみから読みとることのできる内容について発言しているものはどれか。最も適当なものを, 後の①〜④のうちから一つ選べ。

Ｘ：高齢者向けの社会保障と同時に子育ての支援も重要だと思うよ。

Ｙ：子育てにはお金がかかるから児童手当のような現金給付が必要じゃないかな。㋐資料1を使って児童手当支給額の経年での変化をみると, 支給額は増えていないことが示されているよ。もっと給付できないのかな。

Ｘ：でも, それよりも保育サービスの拡充の方が求められているんじゃないかな？㋑資料2には, 保育所等を利用する児童数の増加傾向が示されているよ。

Ｙ：現金給付と保育サービスの拡充のどちらも必要なのかもしれないよね。この前読んだ本には子育て支援の給付などを表す指標として家族関係社会支出があると書いてあったんだけど, ㋒資料3では, 世界の国の中には, 対ＧＤＰ比でみた家族関係社会

支出の規模が日本の2倍以上の国があることが示されているしね。

Ｘ：でも㋓資料4には, 社会保障の財源には借金が含まれていて, プライマリーバランスが悪化している主な要因であることが示されているよ。持続可能な仕組みなのかな。

Ｙ：日本全体の話だと実感がわかないから, 身の回りの問題から考えてみようよ。市役所の訪問時にはＬ市の子育て支援について質問してみない？

**資料1　児童手当支給の対象と額**

| 支給対象児童 | 0歳〜3歳未満 | 3歳〜小学校修了前 | | 中学生 |
|---|---|---|---|---|
| | | | 第3子以降 | |
| 1人あたり月額 | 15,000円 | 10,000円 | 15,000円 | 10,000円 |

(注) 児童手当の支給には所得制限がある。また, 第3子以降とは高校卒業までの養育している児童のうち, 3番目以降のことをいう。
(出所) 内閣府Webページにより作成。

**資料2　保育所等の待機児童数の推移**

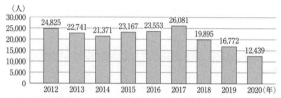

(出所) 厚生労働省Webページにより作成。

**資料3　各国の家族関係社会支出の対ＧＤＰ比の比較 (2017年)**

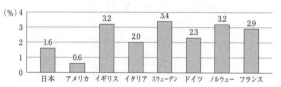

(出所) OECD Webページにより作成。

**資料4　日本の社会保障の給付と負担の現状** (2020年度予算ベース)

(注)「公費」は国の社会保障関係費等および地方自治体の一般財源を,「その他」は積立金の運用収入等を意味する。
(出所) 厚生労働省Webページにより作成。

① 下線部㋐　　② 下線部㋑

③ 下線部㋒　　④ 下線部㋓

---

**まとめと発展**

　社会保障制度によって, 私たちの生活がどのように改善されるのか簡潔にまとめてみよう。

[　　　　　　　　　　　　　　　　　　　　　]

# 少子高齢化がなぜ財政の問題と関連するのだろうか

**目標** 現代の日本で，少子高齢化のもたらす問題にどのように対処されているか考えてみよう。

## チャート

高齢化社会／高齢社会／超高齢社会／
積立方式／賦課方式／公費／財源の確保／
年金支給開始年齢／医療費／高齢者／現役世代／
増税／消費税／逆進性／
女性／子ども手当／育児休業制度／
働き方改革／少子化

キーワードの意味を確認し，その内容や関連事項，役割の変化をまとめておこう。

**&**

## コンパス

年金は支給開始年齢が60歳から65歳へと段階的に引き上げられている。医療費の自己負担も1984年に1割負担となったが，その後の2割負担（1997年），3割負担（2003年）と負担率が引き上げられている。

また，日本の福祉は，女性の「アンペイドワーク」（無償労働）とよばれる家族福祉によって支えられてきた。社会全体で支える社会福祉の充実が必要とされる。

## トレーニング 選択肢に示されている用語や事柄を通してチャートの内容を確認しよう。

[1] 日本の公的介護保険制度やそれに基づく介護サービスについての説明として最も適当なものを，次の①～④のうちから一つ選べ。（08政経　本）

① 都道府県はその運営主体である。

② 20歳以上の国民に加入が義務付けられている。

③ 介護サービスの利用は，要介護認定を前提とする仕組みになっている。

④ 介護サービスの利用に際して，費用の3割を負担することになっている。

[2] 高齢化に関連して，高齢者の福祉の増進にかかわる戦後日本の法制度についての記述として**誤っているもの**を，次の①～④のうちから一つ選べ。（07政経　本）

① 高齢者が生涯にわたってその心身の健康を保持し，生活の安定を図ることができるように，老人福祉法が制定された。

② 高齢者が老齢年金受給後の生活費を確保し，生活の安定を図ることができるように，高齢者雇用安定法が制定された。

③ 介護を必要とする人の増加に伴う社会的問題を解決するために，介護保険制度が整備された。

④ 精神上の障害などにより法的保護を必要とする人のために，成年後見制度が整備された。

[3] 右の図は2005年における日本，アメリカ，イギリス，スウェーデン，ドイツの高齢化率と社会保障給付費の対国内総生産比を示したものである。図中のA～Cに当てはまる国名の組合せとして正しいものを，下の①～⑥のうちから一つ選べ。（12政経　本）

① A 日　本　　B イギリス　　C ドイツ
② A 日　本　　B ドイツ　　　C イギリス
③ A イギリス　B 日　本　　　C ドイツ
④ A イギリス　B ドイツ　　　C 日　本
⑤ A ドイツ　　B 日　本　　　C イギリス
⑥ A ドイツ　　B イギリス　　C 日　本

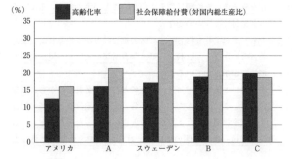

（注）高齢化率とは，国の総人口に占める65歳以上の人口の割合を指す。また，ここでいう社会保障給付費にはOECDが定める公的総社会支出を用いている。

（資料）United Nations, *World Population Prospects*（国連Webページ）および OECD, *Social Expenditure Database*（OECD Webページ）より作成。

【4】 2000年以降の日本の少子高齢化の動向や国の対応策についての記述として最も適当なものを，次の①〜④のうちから一つ選べ。(18政経 追)

① 待機児童の問題を解決するため，認可保育所の定員拡大を図った。

② 高齢社会から高齢化社会へ移行した。

③ 合計特殊出生率は，低下し続けている。

④ 現役世代の保険料負担が過重にならないように，公的年金の保険料を段階的に引き下げる仕組みが導入された。

【5】 右の図は，北欧型の社会保障制度に分類されるスウェーデン，大陸型の社会保障制度に分類されるドイツとフランス，そのほかに日本とアメリカという，5か国の租税負担率と社会保障負担率を比較したものである。図中のA〜Cに当てはまる国名の組合せとして正しいものを，下の①〜⑥のうちから一つ選べ。(20政経 本)

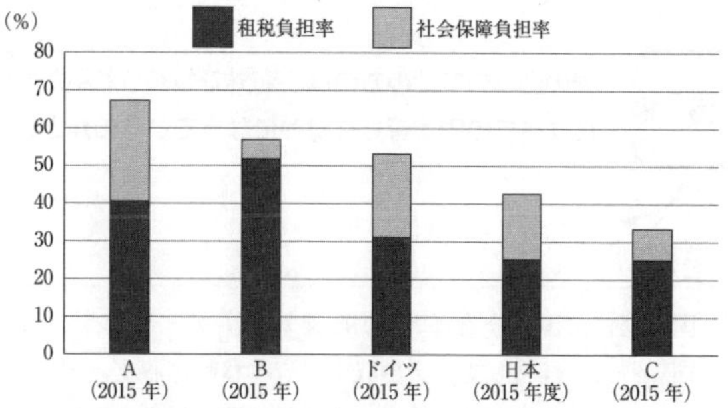

(注) 租税負担率とは，租税負担額の対国民所得比であり，社会保障負担率とは，社会保障負担額の対国民所得比である。

(資料) 財務省「国民負担率の国際比較 (OECD加盟35カ国)」(財務省Webページ) より作成。

① A アメリカ　　B スウェーデン　　C フランス

② A アメリカ　　B フランス　　C スウェーデン

③ A スウェーデン　　B アメリカ　　C フランス

④ A スウェーデン　　B フランス　　C アメリカ

⑤ A フランス　　B アメリカ　　C スウェーデン

⑥ A フランス　　B スウェーデン　　C アメリカ

---

チャレンジ 「大学入学共通テスト」に挑戦してみよう。

1 生徒Yは，格差や分配について調べる中で，どのような形でもって国民の間で社会保障の財源を負担するのか，まとめることにした。次の文章中の空欄 ア 〜 エ に当てはまる語句の組合せとして正しいものを，下の①〜⑧のうちから一つ選べ。(21政経 本)

　社会保障の財源について， ア を中心とする北欧型と， イ を中心とする大陸型があり，日本は，北欧型と大陸型の中間に位置しているといわれる。

　日本では，高齢化が進み社会保障関係費が増大している。その増加する社会保障関係費を賄うため，政府は，全世代が負担し負担の世代間格差の縮小に有用であるといわれている ウ をその財源として組入れを予定し，増税を進めた。また，2000年代に入って40歳以上の人々を加入者とする エ 制度が実施され，その後，後期高齢者医療制度も導入された。

① ア 社会保険料　イ 租　税　　ウ 消費税　エ 年金保険
② ア 社会保険料　イ 租　税　　ウ 消費税　エ 介護保険
③ ア 社会保険料　イ 租　税　　ウ 所得税　エ 年金保険
④ ア 社会保険料　イ 租　税　　ウ 所得税　エ 介護保険
⑤ ア 租　税　　イ 社会保険料　ウ 消費税　エ 年金保険
⑥ ア 租　税　　イ 社会保険料　ウ 消費税　エ 介護保険
⑦ ア 租　税　　イ 社会保険料　ウ 所得税　エ 年金保険
⑧ ア 租　税　　イ 社会保険料　ウ 所得税　エ 介護保険

2 イトウさんは，公的年金の**財源に関する方式**として，積立方式が優れているのではないかと考えた。しかし，いくつかの方式を比較するうちに，各方式にはそれぞれメリットとデメリットがあることが分かった。次のア〜ウは公的年金の**財源に関する方式**の記述であり，X〜Zは各方式の**特徴**の記述である。その

うち積立方式にあたる**財源に関する方式**とその特徴の組合せとして最も適当なものを，後の①〜⑨のうちから一つ選べ。(22現社 追)

財源に関する方式

ア 保険料ではなく，税金を財源にして給付を行う。

イ 一定期間に支給する年金を，その期間の現役労働者の保険料で賄う。

ウ 現役時代に納めた自身の保険料で，将来の年金給付を賄う。

特徴

X インフレや給与水準の変化に対応しやすいが，現役世代に対する年金受給世代の比率が高まると，保険料負担の増大や年金受給額の削減が必要となることがある。

Y 人口構成の変動の影響は受けにくいが，急激なインフレによって将来受け取る予定の年金の価値が目減りすると，高齢者の生活を支えるという公的年金の役割を果たせなくなることがある。

Z 保険料の未納の問題は生じないが，負担した額に関わりなく年金を受け取ることができるため，負担と給付の関係が曖昧になりやすい。

① ア—X　　② ア—Y　　③ ア—Z
④ イ—X　　⑤ イ—Y　　⑥ イ—Z
⑦ ウ—X　　⑧ ウ—Y　　⑨ ウ—Z

**まとめと発展**

　社会保険を維持するために，なぜ消費税が引き上げられているのか簡潔にまとめてみよう。

〔　　　　　　　　　　　　　　　　　　　　　　　　〕

## 国際的な取り引きにはどのようなメリットとデメリットがあるのだろうか

**目標**　身の回りの多くのものは，海外でつくられ私たちの手元へ渡っている。国際的な取り引きの利点はもちろん，本当にすべての国が等しく豊かになっているのかという視点から考察を深めよう。

**チャート**

国際経済／国際分業／比較生産費説（リカード）／国際収支／経常収支／金融収支／資本移転等収支／誤差脱漏／自由貿易／保護貿易／関税／非関税障壁／ブロック経済

キーワードの意味を確認し，その内容や関連事項，役割の変化をまとめておこう。

**＆**

**コンパス**

①なぜ「自由貿易が望ましい」とされるのか，その根拠となる理論である比較生産費説について十分に理解しよう。

②国際収支は，具体的に国際的なお金の動き（取引）のイメージを持てるようになろう。

---

**トレーニング**　選択肢に示されている用語や事柄を通してチャートの内容を確認しよう。

[1] 次の表は，リカードの比較生産費説に基づいて，国際分業の利益を説明する例を示している。A国では305人の労働者が存在し，B国では230人の労働者が存在している。国際分業が行われていないとき，毎年，食糧10単位と機械製品11単位を生産している。ただし，両国ともに，労働力のみを用いて食糧と機械製品を生産しており，労働者は全員雇用されているものとする。表から読み取れるものとして最も適当なものを，下の①〜④のうちから一つ選べ。(20現社　本)

| | 食糧10単位の生産に必要な労働者数 | 機械製品11単位の生産に必要な労働者数 |
|---|---|---|
| A国 | 140人 | 165人 |
| B国 | 120人 | 110人 |

① 機械製品1単位の生産を取りやめたとき，その代わりに増産できる食糧の生産量は，A国がB国よりも大きい。

② 食糧1単位の生産を取りやめたとき，その代わりに増産できる機械製品の生産量は，B国がA国よりも小さい。

③ A国が機械製品の生産に特化し，B国が食糧の生産に特化すると，両国全体で，食糧の生産量と機械製品の生産量は，ともに増加する。

④ A国が食糧の生産に特化し，B国が機械製品の生産に特化すると，両国全体で，機械製品の生産量は増加するが，食糧の生産量は減少する。

[2] 次の図は，A国とB国との間で一年間に行われた経済取引をドル換算で表したものである。A国がB国以外の国との取引を行わなかったとすると，A国の貿易・サービス収支，第一次所得収支，第二次所得収支の金額の組合せとして正しいものを，下の①〜⑧のうちから一つ選べ。(21政経　本)

（単位：億ドル）

| | 貿易・サービス収支 | 第一次所得収支 | 第二次所得収支 |
|---|---|---|---|
| ① | −10 | −40 | −15 |
| ② | −10 | −40 | 20 |
| ③ | −10 | 50 | −15 |
| ④ | −10 | 50 | 20 |
| ⑤ | 25 | −40 | −15 |
| ⑥ | 25 | −40 | 20 |
| ⑦ | 25 | 50 | −15 |
| ⑧ | 25 | 50 | 20 |

(注) 外国人労働者はA国の居住者とする。

---

**トレーニング**　「コンパス」の視点や課題意識の「活用」に重きを置いた過去問に挑戦してみよう。

[3] 次の図は，日本の経常収支とその項目別の推移を示したものである。図中のA〜Cに当てはまる項目の組合せとして正しいものを，下の①〜⑥のうちから一つ選べ。(20政経　追)

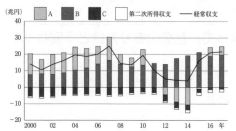

(資料) 財務省「国際収支状況」(財務省Webページ) により作成。

| | | |
|---|---|---|
| ① A 貿易収支 | B サービス収支 | C 第一次所得収支 |
| ② A 貿易収支 | B 第一次所得収支 | C サービス収支 |
| ③ A サービス収支 | B 貿易収支 | C 第一次所得収支 |
| ④ A サービス収支 | B 第一次所得収支 | C 貿易収支 |
| ⑤ A 第一次所得収支 | B 貿易収支 | C サービス収支 |
| ⑥ A 第一次所得収支 | B サービス収支 | C 貿易収支 |

[4] 先生の話を受けてモリタさんが「貿易摩擦が色々な時期に, 様々な国の間で起きてますよね。でも, 貿易は当事国どうしにメリットがあるから行われているのですよね」と言ったところ, 先生は「理論的には貿易は各国にとって良いと言われているけど, それには前提条件があって, その条件を踏まえることが必要だよ」と, 貿易のモデルとその条件について教えてくれた。

以下は国の産業が半導体産業と繊維産業であるというモデルを設け, 貿易が行われるとそれぞれの国の産業がどうなるのかということを考察したものである。次の表は各製品1単位の生産に必要な人員数である。またその後の条件は, 貿易をする際のその他の諸条件を示している。この表の説明と貿易が起こることの説明として最も適当なものを, 後の①～④のうちから一つ選べ。(22現社　追)

表　生産に必要な労働投入量 (人)

| | 半導体1万個 | 繊維製品1トン |
|---|---|---|
| A国 | 80 | 120 |
| B国 | 250 | 200 |

条件

・生産に必要な要素は労働力のみとし, 同一国内では産業間の労働移動が可能なため賃金水準は同一となり, それぞれの製品の生産に投入された労働量の比率がそのまま価格比となる。

・国内での産業間の労働移動はできるが国境を越えた労働移動はできず, 二国間における同一製品の価格比は必ずしも労働投入量の比率にはならない。

・両製品に対する需要の上限は考慮する必要のない状況で, 産業間の適切な労働移動があれば失業は発生しない。

① A国内では半導体1万個と繊維製品1.5トンとの価格が等しくなる。

② B国内では繊維製品1トンと半導体1.25万個との価格が等しくなる。

③ A国が繊維製品1トンをB国に輸出し, その対価として半導体を8,000個よりも多く輸入した場合, A国は貿易による利益を常に得られる。

④ B国が繊維製品1トンをA国に輸出し, その対価として半導体を8,000個よりも多く輸入した場合, B国は貿易による利益を常に得られる。

チャレンジ　「大学入学共通テスト」に挑戦してみよう。

1 生徒たちは, 資本取引について調べたところ, 経済のグローバル化と関連があることがわかってきた。そこで, 1980年代から顕著となり現在まで続く経済のグローバル化の中で, 発展途上国・新興国への日本企業の進出がどのような要因によって進み, その結果, 日本や発展途上国・新興国にそれぞれどのような影響をもたらすことが考えられるかについて簡略化して次の図にまとめてみた。

図中の空欄　ア　にはaかb, 空欄　イ　にはcかdのいずれかの記述が入る。その組合せとして最も適当なものを, 次の①～④のうちから一つ選べ。(21政経　本)

a　外資導入による輸出指向 (志向) 型での工業化の進展

b　自国資本による輸入代替工業化の進展

c　日本と発展途上国・新興国間の工業製品の貿易における日本の最終製品輸出比率の上昇と中間財輸入比率の上昇

d　日本と発展途上国・新興国間の工業製品の貿易における日本の最終製品輸入比率の上昇と中間財輸出比率の上昇

| | |
|---|---|
| ① アーa　イーc | ② アーa　イーd |
| ③ アーb　イーc | ④ アーb　イーd |

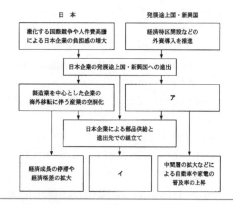

まとめと発展

(1) リカードの比較優位の原理 (比較生産費説) とはどのような考え方なのか, まとめてみよう。

[　　　　　　　　　　　　　　　　　　　　]

(2) 近年の保護主義的政策にはどのようなものがあるか, まとめてみよう。

[　　　　　　　　　　　　　　　　　　　　]

(3) 戦後日本の国際収支構造の変化について, まとめてみよう。

[　　　　　　　　　　　　　　　　　　　　]

## 経済のグローバル化や自由貿易の進展によって，社会のあり方はどう変わっていくのだろうか

**目標** 経済のグローバル化や自由貿易の進展によって，国際的なヒト・モノ・カネの移動がますます増加している。これによって私たちの身の回りにはどのような変化がみられるのだろうか。

チャート

ブレトン・ウッズ協定／国際通貨基金（IMF）／国際復興開発銀行（IBRD，世界銀行）／
関税と貿易に関する一般協定（GATT）／世界貿易機関（WTO）／多国間協議（多角的貿易交渉，ラウンド）／ウルグアイ・ラウンド／
固定為替相場制／変動為替相場制／
ニクソン・ショック／スミソニアン協定／協調介入／円高・円安

キーワードの意味を確認し，その内容や関連事項，役割の変化をまとめておこう。

&

コンパス

①経済のグローバル化や自由貿易の進展の歴史的な流れ（例：ブロック経済，為替切り下げ競争による貿易額減少が第二次世界大戦のきっかけ→自由貿易体制を確立するブレトン・ウッズ体制→固定相場制の崩壊→変動相場制へ）を押さえよう。
②円高・円安の概念を苦手とする人は多い。計算の方法や，何が起こるかなどをしっかり理解しよう。

**トレーニング** 選択肢に示されている用語や事柄を通してチャートの内容を確認しよう。

[1] マツキさんは，買物中，現地通貨で表示されていた商品価格が円換算でいくらになるかを考えた。外国為替市場の仕組みに関する記述として最も適当なものを，次の①〜④のうちから一つ選べ。(23現社　本)
① 1ドル＝120円と1ドル＝130円とでは，1ドル＝130円の方が円高・ドル安の状態にある。
② 外国為替市場における需要と供給によって為替レートが決まる制度のことを，金・ドル本位制という。
③ 為替レートの急激な円高に対応するために，日本政府が「ドル売り・円買い介入」の判断を下す場合がある。
④ 外国為替は，貿易や資本取引などによって生じる国際間の支払と受取を，金融機関等を仲立とした為替手形等による決済で行う方法である。

[2] WTO（世界貿易機関）についての記述として正しいものを，次の①〜④のうちから一つ選べ。(20政経　本)
① GATT（関税及び貿易に関する一般協定）の基本原則の中には，最恵国待遇原則があったが，この原則はWTOには引き継がれていない。
② GATTのウルグアイ・ラウンドでは，知的財産権の国際的保護に関するルールについて交渉されたが，このルールはWTOで採用されていない。
③ WTOの紛争処理手続においては，加盟国が一国でも反対すれば，協定違反の有無に関する裁定は採択されない。
④ WTOのドーハ・ラウンドは，農産物の輸出国と輸入国との間の利害対立もあり，交渉全体の妥結には至っていない。

**トレーニング** 「コンパス」の視点や課題意識の「活用」に重きを置いた過去問に挑戦してみよう。

[3] 生徒たちは，国際経済について調べていくと，通貨問題にも興味がわいてきたので，1930年代以降の国際通貨制度の変遷について調べてみた。これに関連する記述として**誤っているもの**を，次の①〜④のうちから一つ選べ。(21政経　本)
① 1930年代には，世界的な不況の中で金本位制が崩壊すると，各国は輸出の増大によって不況を克服しようとして為替の切下げ競争に走った。
② IMF協定（1944年）では，為替相場の安定による自由貿易の拡大を促すために，すべての加盟国に自国通貨と金との交換を義務づけた。
③ 1960年代には，アメリカの貿易収支の悪化やベトナム戦争による対外軍事支出の増大などによりドルが世界に流出する中，ドルの信認が低下することによってドル危機が発生した。
④ 変動相場制への移行開始（1973年）の後，主要国は首脳会議や財務相・中央銀行総裁会議において通貨・経済問題を協議することで，為替相場の安定を図ろうとしている。

[4] 為替レートの変化が企業の売上げに与える影響について考える。1ドル＝105円であるとき，日本の工場で自動車を生産する企業が自社の自動車をアメリカに輸出して販売した結果，4億ドルの売上げがあった。その後，為替レートが1ドル＝115円になったとき，同じく4億ドルの売上げがあった。この場合，円に換算した売上げはどのくらい増加または減少するか。正しいものを，次の①〜④のうちから一つ選べ。(20政経　追)

① 20億円増加する。　　② 40億円増加する。

③ 20億円減少する。　　④ 40億円減少する。

◇チャレンジ　「大学入学共通テスト」に挑戦してみよう。

1 マツキさんは（海外）研修先の町で日本の回転寿司チェーンの支店を見かけ，サービスが国境を越えて展開される際のルールに関心をもち，調べた。ある条約は，サービス貿易を次のI〜IVの四つの形態に分類し，締約国はそれに従い自由化の約束を行っている。後の研修先でのマツキさんの行動のなかの ア 〜 ウ にはI〜IVのいずれかが入る。 ア 〜 ウ に入るものの組合せとして最も適当なものを，後の①〜⑧のうちから一つ選べ。(23現社　本)

---

I　越境取引
サービス提供者が自国にとどまり，通信手段を用いて，他国にいる消費者にサービスを提供する。

---

II　国外消費
サービス提供者が自国にとどまり，他国から自国に来た消費者にサービスを提供する。

---

III　商業拠点設置
サービス提供者が他国に商業拠点を設置し，その拠点を通じてサービスを提供する。

---

IV　人の移動
サービス提供者である人間が他国に移動し，その国でサービスを提供する。

---

研修先でのマツキさんの行動

| 日程 | 行動内容 | 形態 |
|---|---|---|
| 1日目 | 研修先の町の歴史について知ろうと，現地旅行会社が主催する観光バスツアーに参加した。 | ア |
| 2日目 | 研修先の町の伝統工芸品を，日本の運輸会社の現地支店を利用して日本の自宅に送った。 | イ |
| 3日目 | 憧れの日本人ピアノ奏者が，日本から研修先の町を訪れて開催した単独コンサートを聴きに行った。 | ウ |

① アーI　　イーII　　ウーIII
② アーI　　イーIII　　ウーIV
③ アーII　　イーIII　　ウーIV
④ アーII　　イーIV　　ウーI
⑤ アーIII　　イーII　　ウーIV
⑥ アーIII　　イーIV　　ウーII
⑦ アーIV　　イーI　　ウーII
⑧ アーIV　　イーI　　ウーIII

2 物価に関連して，生徒たちは，次の図と図に関する説明を用いて，各国の物価水準の比率から外国為替レートを理論的に求める購買力平価説を学んだ。この説に基づいて算出される外国為替レート（1ドル＝$a$円）を基準として考えるとき，20××年○月△日における実際の外国為替レートの状態を表す記述として正しいものを，後の①〜④のうちから一つ選べ。(22政経　本)

図

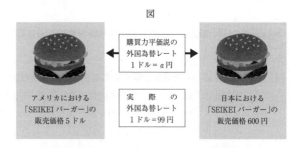

アメリカにおける「SEIKEIバーガー」の販売価格5ドル

購買力平価説の外国為替レート 1ドル＝$a$円

実　際　の外国為替レート 1ドル＝99円

日本における「SEIKEIバーガー」の販売価格600円

---

【図に関する説明】
・両国で販売されている「SEIKEIバーガー」はまったく同じ商品であり，それぞれの販売価格は，同一年月日（20××年○月△日）のもので時差は考えない。
・両国の物価水準は「SEIKEIバーガー」の販売価格でそれぞれ代表される。

---

① 実際の外国為替レートは，1ドル当たり120円の円安ドル高である。

② 実際の外国為替レートは，1ドル当たり120円の円高ドル安である。

③ 実際の外国為替レートは，1ドル当たり21円の円安ドル高である。

④ 実際の外国為替レートは，1ドル当たり21円の円高ドル安である。

---

まとめと発展

(1) 国際通貨基金（IMF）や世界銀行，世界貿易機関（WTO）が設立された目的とおもな活動を調べてみよう。

〔　　　　　　　　　　　　　　　　　　　　　　　〕

(2) 為替レートの変化にはどのような影響があるか，まとめてみよう。

〔　　　　　　　　　　　　　　　　　　　　　　　〕

(3) 為替レートが変動する要因について調べてみよう。

〔　　　　　　　　　　　　　　　　　　　　　　　〕

グローバル化と地域主義

# 世界の国々はどのように結び合おうとしているのだろうか

 目標　世界経済の統合が進み，市場は急速にグローバル化している。このようなグローバル化はどのように進展してきたのだろうか。そして，今後はどのような方向に進んでいくのだろうか。

チャート

自由貿易協定（FTA）／経済連携協定（EPA）／
地域的経済統合／欧州連合（EU）／単一通貨／ユーロ
／ ASEAN ／ USMCA ／ MERCOSUR ／環太平洋パー
トナーシップ協定（TPP）

キーワードの意味を確認し，その内容や関連事項，役割の変
化をまとめておこう。

 コンパス

&

①地域的経済統合の代表事例であるEUについては，設
立の歴史的背景，現在の問題をしっかり押さえる。ま
た，FTAやEPAについての日本の現状を，日々のニ
ュース等でも押さえておこう。
②そもそもFTAやEPAを結ぶメリットは何か，事象だ
けではなく原因も押さえよう。

トレーニング　選択肢に示されている用語や事柄を通してチャートの内容を確認しよう。

[1] 欧州統合をめぐる出来事に関する記述として最も適当なものを，次の①～④のうちから一つ選べ。（21現社　追）
　① 欧州連合（EU）では，常任の欧州理事会議長（EU大統領）の職がマーストリヒト条約によって創設された。
　② イギリスでは，EUからの離脱を問う国民投票によって，残留派が勝利を収めた。
　③ 共通通貨ユーロの導入国における金融システムの安定化などを目的とした活動を行っていた機関の一つに，欧州経済
　　共同体（EEC）があった。
　④ 第二次世界大戦後に制度化されていった欧州統合は，欧州石炭鉄鋼共同体（ECSC）の設立から始まった。

[2] 地域統合に関する記述として最も適当なものを，次の①～④のうちから一つ選べ。（20現社　追）
　① 欧州連合（EU）の北欧における加盟国の一つに，ノルウェーがある。
　② 北米自由貿易協定（NAFTA）の加盟国の一つに，キューバがあった。
　③ 中南米の国であるペルーは，アジア太平洋経済協力会議（APEC）の非加盟国である。
　④ 東南アジア諸国連合（ASEAN）と日本・中国・韓国とを合わせて，ASEAN＋3と呼ぶ。

[3] 次の図中の　ア　～　エ　にはASEAN, EU, MERCOSUR, NAFTAのいずれかが入り，それぞれにおける輸出額とその
内訳，加盟国数が示されている。そのうち，　ア　～　ウ　に当てはまるものの組合せとして最も適当なものを，下の①～
⑨のうちから一つ選べ。（21現社　追）

| | | ア | | イ | | ウ | |
|---|---|---|---|---|---|---|---|
| ① | ア | ASEAN | イ | MERCOSUR | ウ | EU | |
| ② | ア | EU | イ | MERCOSUR | ウ | ASEAN | |
| ③ | ア | MERCOSUR | イ | EU | ウ | ASEAN | |
| ④ | ア | ASEAN | イ | NAFTA | ウ | EU | |
| ⑤ | ア | EU | イ | NAFTA | ウ | ASEAN | |
| ⑥ | ア | MERCOSUR | イ | ASEAN | ウ | EU | |
| ⑦ | ア | ASEAN | イ | MERCOSUR | ウ | NAFTA | |
| ⑧ | ア | EU | イ | ASEAN | ウ | NAFTA | |
| ⑨ | ア | MERCOSUR | イ | ASEAN | ウ | NAFTA | |

図　輸出額とその内訳，加盟国数

| | ア | イ | ウ | エ |
|---|---|---|---|---|
| 輸出額 | 0.4兆米ドル | 1.4兆米ドル | 6.5兆米ドル | 2.6兆米ドル |
| 加盟国数 | 6か国 | 10か国 | 28か国 | 3か国 |

（注1）「製品」は鉄鋼，化学製品，その他の半製品，機械類及び輸送用機器，繊維，衣料，そ
　の他の製品の合計。「原燃料」は鉱石及びその他の鉱物，燃料，非鉄金属の合計。「農産
　物」は食料品，原材料の合計である。
（注2）輸出額とその内訳は2018年。加盟国数は2018年末時点。
（注3）MERCOSURの輸出額とその内訳にはベネズエラを含めていない。
（注4）NAFTAについては2018年末時点。その後2020年に新しい協定に移行している。
World Trade Organization (WTO), *International Trade Statistics* (WTO Webページ) により
作成。

[4] ヒト・モノ・カネ・サービスの越境移動に関する記述として最も適当なものを，次の①～④のうちから一つ選べ。(16現社 本改)

① 日本が締結した経済連携協定（EPA）のなかには，看護や介護の分野における外国人労働者の受入れに関するルールを定めるものがある。

② 日本は，関税をめぐる問題などを扱う環太平洋経済連携協定（TPP）の交渉が開始された当初から，交渉に参加してきた国の一つである。

③ FTA（自由貿易協定）は，二国間や地域で自由貿易をめざすもので，投資や知的財産権に関する協定を含む経済統合の最高度のものである。

④ マーストリヒト条約で計画された経済通貨同盟は，加盟国の経済政策を調整し，固定相場を維持することを目的とするものである。

[5] マツキさんは授業で，「地域経済統合の影響」をテーマに発表することになった。A国，B国，C国の三国だけで貿易を行っている場合を仮定し，A国が他国と自由貿易協定（FTA）を結んだ際に得られる利益と損失について考え，次の表と後

表 A国が他国から製品Xを輸入するときのA国での1単位の販売価格

|  | 輸入関税がゼロのとき | 輸入関税が40％かかるとき |
|---|---|---|
| B国からの輸入 | 500円 | 700円 |
| C国からの輸入 | 600円 | 840円 |

(注1) 販売価格とは，財が市場で取引される価格である。
(注2) 輸入国の市場での販売価格には，関税以外の間接税は含まれないと仮定する。
(注3) ここで扱う関税は，輸入国の市場での販売価格に対して課税され，その販売価格には，国内の関係業者の手数料や利益，その他の費用は含まれないと仮定する。また販売価格は，課税後に需給によって変動しないと仮定する。
(注4) 輸送費用はかからないものとする。
(注5) A国の製品Xの生産費は1単位700円より大きいものとする。

チャレンジ 「大学入学共通テスト」に挑戦してみよう。

① 生徒Xは，調べ学習を進める中で，イギリスではポーランドなど東ヨーロッパ諸国から移民労働者を多く受け入れていたことを知った。他方で，生徒Xは，先生Tが以前の授業で，EU離脱の是非を問うたイギリスの2016年の国民投票で移民問題が関わっていたと，関連する世論調査データも使いつつ話していたことを思い出した。次の資料は，その授業での配付資料である。資料中の空欄 ア ・ イ に当てはまる記述として正しいものを，後の①～④のうちから，それぞれ一つ選べ。(22公共・政経 試)

資料
イギリスのEU離脱の是非を問う国民投票の結果と世論調査にみる支持理由
投票率72％，残留に票が投じられた割合48％，離脱に票が投じられた割合52％
残留支持理由1位：経済や雇用の面で離脱リスクが大きすぎる
　　　　　2位： ア
　　　　　3位：離脱すると孤立感が深まる
離脱支持理由1位： イ
　　　　　2位：移民や国境の管理を自国に取り戻せる

のメモをまとめた。メモ中の ア ～ ウ に入る数字の組合せとして最も適当なものを，後の①～⑥のうちから一つ選べ。(23現社 本)

メモ
　A国，B国，C国が同一のFTAを結べば，三国ともに自由貿易の利益を相互に享受する。しかしA国，B国，C国のFTAの結び方によっては，A国が利益を必ずしも享受できるわけではない。
　A国が，B国，C国とFTAを結んでおらず，両国から同一製品Xの輸入に対して1単位当たり40％の輸入関税をかけることを想定する。このときA国はB国のみから製品Xを輸入し，1単位 ア 円分の関税収入を得る。
　A国とC国がFTAを結べば，C国から製品Xを輸入しても関税がかからないため，製品Xの販売価格がB国より安くなるC国に輸入先を変更する。このときA国での製品Xの販売価格は イ 円分下がり，両国の貿易は活発となり，消費者は価格低下の恩恵を受ける。
　しかしC国とFTAを結んだA国は，それ以前にB国から製品Xを輸入することで得ていた1単位 ア 円分の関税収入を失う。政府が失った関税収入 ア 円と，製品Xの販売価格低下による消費者の恩恵としての イ 円分の差額 ウ 円は，A国の損失額となる。

| ① | ア | 100 | イ | 140 | ウ | 40 |
|---|---|---|---|---|---|---|
| ② | ア | 100 | イ | 200 | ウ | 100 |
| ③ | ア | 100 | イ | 240 | ウ | 140 |
| ④ | ア | 200 | イ | 100 | ウ | 100 |
| ⑤ | ア | 200 | イ | 140 | ウ | 60 |
| ⑥ | ア | 200 | イ | 240 | ウ | 40 |

3位：EUが決めた加盟国の拡大などに抗えない

(出所) イギリス選挙委員会，アシュクロフト世論調査の各Webページにより作成。

① EU市場へのアクセスは現状維持が最善である

② イギリスのことはイギリスが決めるのが当然である

③ 欧州自由貿易連合（EFTA）に留まる必要がある

④ ユーロから離脱し通貨主権を取り戻せる

まとめと発展

(1) EU（欧州連合）の統一通貨は成功したのか，考えてみよう。
〔　　　　　　　　　　　　　　　　　　　　〕

(2) 世界中で貿易や投資の自由化が進んでいる中で，各国が保護しなければならない産業にはどのようなものがあるか，考えてみよう。
〔　　　　　　　　　　　　　　　　　　　　〕

(3) TPP推進派と反対派の意見について，政治・経済・国民の暮らしへの影響という点から整理してみよう。
〔　　　　　　　　　　　　　　　　　　　　〕

貧困と格差

## グローバル化が進んだ国際社会において浮き彫りとなっている問題は何だろうか

 目標

ヒト・モノ・サービスが自由に行き来する国際経済では，全体として生活水準は改善しているという事実は理解しよう。それでもなお，貧困と格差の問題が重要な課題として存在している背景を学んでいこう。

**チャート**

貧困と格差／絶対的貧困／相対的貧困／ジニ係数／南北問題／南南問題／累積債務問題／プレビッシュ報告／国連貿易開発会議（UNCTAD）／モノカルチャー経済／新国際経済秩序（NIEO）／新興工業経済地域（NIEs）／後発発展途上国／スラム／社会的企業（ソーシャルビジネス）／フェアトレード／マイクロファイナンス／政府開発援助（ODA）／ミレニアム開発目標（MDGs）

キーワードの意味を確認し，その内容や関連事項，役割の変化をまとめておこう。

&

 **コンパス**

貧困の要因を分析し，解決策の構想をすることが目標である。以下の質問をもとに貧困の要因を整理して，それぞれに対応する解決策は「誰が」「どのように」すべきか考えよう。

①先進国と発展途上国における格差の要因は何か。
②発展途上国間における格差の要因は何か。
③先進国内の格差の要因は何か。
④発展途上国内の格差の要因は何か。

**トレーニング** 選択肢に示されている用語や事柄を通してチャートの内容を確認しよう。

[1] 貧困と飢餓に関する記述として**適当でないもの**を，次の①〜④のうちから一つ選べ。（11現社　本）
　　① 1日の収入が1ドル（米ドル）未満という極度の貧困に苦しんでいる人々の半数以上は，南アジア地域やアフリカ地域に住んでいる。
　　② 飢餓の原因となる食料不足問題の背景として，異常気象の農業への影響や，人口の増加，経済格差などが指摘されている。
　　③ 国連世界食糧計画（WFP）のハンガーマップ（飢餓マップ）は，アフリカの国々の間では栄養不足人口の割合に大きな差がないことを示している。
　　④ 国際社会における不安定要因の一つであるテロを根絶するためには，貧困問題を解決するための国際協力を強化することも必要である。

[2] 貧しさや豊かさをめぐる課題に関する記述として最も適当なものを，次の①〜④のうちから一つ選べ。（12現社　本）
　　① 植民地時代に宗主国によって，少数の工業製品の生産に依存するモノカルチャー経済が形成されたことが，開発途上国における経済発展の妨げとなることがある。
　　② 人間開発指数（HDI）は，国ごとに人間開発の程度を表す指標であり，平均寿命，教育水準，失業率の三つの指標をもとに算出されている。
　　③ 国際連合（国連）は，1日の収入が1ドル（米ドル）未満という極度の貧困に苦しむ人々の人口比率を半減させる，などの目標を掲げたミレニアム開発目標（MDGs）を策定していた。
　　④ 開発途上国のなかには，国外から借り入れた資金を返済できず，対外債務が積み上がっていくというデフレーションの問題を抱える国がある。

[3] 開発途上国をめぐる状況や取組みに関する記述として**適当でないもの**を，次の①〜④のうちから一つ選べ。（14現社　追）
　　① 先進7か国財務相・中央銀行総裁会議（G7）において，開発途上国の貧困撲滅などを目指して採択された目標は，ミレニアム開発目標と呼ばれる。
　　② 農産物や鉱産物など，単一，または限られた種類の品目の輸出に頼る経済は，モノカルチャー経済と呼ばれる。
　　③ 天然資源を有する開発途上国などが，自国の天然資源を自国で管理しようとする考えや行動は，資源ナショナリズムと呼ばれる。
　　④ 開発途上国と先進国との経済格差とそれに伴う諸問題は南北問題と呼ばれ，開発途上国間の経済格差とそれに伴う諸問題は，南南問題と呼ばれる。

[4] 国家間格差に関する記述として最も適当なものを，次の①〜④のうちから一つ選べ。（18政経　本）
　　① 国連総会において，先進国の資源ナショナリズムの主張を盛り込んだ新国際経済秩序樹立宣言が採択された。

② 国連貿易開発会議は，南南問題の解決を主目的として設立された。

③ 日本の政府開発援助は，必ず返済しなければならない。

④ 現地生産者や労働者の生活改善や自立を目的に，発展途上国の原料や製品を適切な価格で購入するフェアトレードが提唱されている。

**トレーニング** 「コンパス」の視点や課題意識の「活用」に重きを置いた過去問に挑戦してみよう。

[5] 所得格差の実態は所得シェアの比較によっても分析できる。次の図は，日本，アメリカ，チリ，ノルウェーについて，全世帯を所得の低い方から高い方に並べた上で，世帯数を5等分し，低い方から順に第Ⅰ，第Ⅱ，第Ⅲ，第Ⅳ，第Ⅴ階級とし，全世帯の総所得に占める各階級ごとの所得シェアを示したものである。この図から読みとれる内容として正しいものを，下の①〜④のうちから一つ選べ。(14政経 本)

① 日本では，第Ⅰ階級所得シェアに対する第Ⅴ階級所得シェアの比率が，図中の国の中で最も小さい。

② アメリカでは，第Ⅰ階級所得シェアに対する第Ⅴ階級所得シェアの比率が，図中の国の中で最も大きい。

③ チリでは，所得上位2階級の所得シェアの合計が，総所得の80パーセント以上を占めている。

④ ノルウェーでは，所得下位3階級の所得シェアの合計が，総所得の60パーセント以上を占めている。

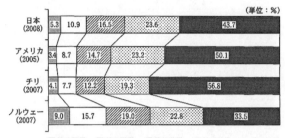

(注) 国名の下の（ ）内の数字は，統計データの年を示す。
(資料) 厚生労働省『平成20年 所得再分配調査報告書』および Ortiz and Cummins, *Global Inequality*, 2011（ユニセフ Web ページ）により作成。

**チャレンジ** 「大学入学共通テスト」に挑戦してみよう。

1 南北問題や，ODAをはじめとする開発協力に関する記述として最も適当なものを，次の①〜④のうちから一つ選べ。(22現社 本)

① 1974年に新国際経済秩序樹立宣言（NIEO）が採択されたのは，国連環境開発会議（地球サミット）の場である。

② 1970年代以降に重視され始めたのは，人間が生きていく上で最低限必要な人間の基本的ニーズ（BHN）の充足である。

③ 各国のODA供与額が全世界で何位かを順位づけし，毎年の順位を見たとき，1990年代の日本のODA供与額の最高順位は2位であった。

④ 先進国は，国際通貨基金（IMF）の下部機関として開発援助委員会（DAC）を設置し，DACを中心に開発途上国への協力を行ってきた。

2 次の図は，日本における世帯主の年齢階級別にみた当初所得と再分配所得のジニ係数を示したものである。これらの所得のジニ係数の差は，格差の変化の大きさを表している。この図から読みとれる内容として最も適当なものを，下の①〜④のうちから一つ選べ。(21政経 本)

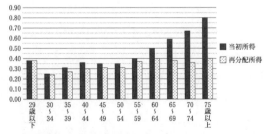

(注) 当初所得とは，雇用者所得や事業所得，生命保険金などの合計額である。また，再分配所得とは，当初所得から税金や社会保険料を控除し，社会保障給付を加えた所得再分配後の所得である。
(出所) 厚生労働省 Web ページにより作成。

① 当初所得でみた場合，30〜34歳の年齢階級と40〜44歳の年齢階級を比較すると，30〜34歳の年齢階級の方が格差は大きい。

② 30〜34歳の年齢階級と60〜64歳の年齢階級を比較すると，再分配の格差是正効果は30〜34歳の年齢階級の方が大きい。

③ 再分配所得でみた場合，35〜39歳の年齢階級と55〜59歳の年齢階級を比較すると，35〜39歳の年齢階級の方が格差は大きい。

④ 60歳以上の年齢階級をみると，年齢階級が高いほど再分配の格差是正効果は大きい。

**まとめと発展**

(1) 南南問題について説明したうえで，発展途上国間の格差の要因を説明しよう。

[ ]

(2) 貧困と格差の問題は，それ自身にとどまらず，様々な問題と密接に関わっている。貧困と格差と密接に関わる問題を一つ挙げて，そのプロセスを説明しよう。

[ ]

(3) 世界の貧困と格差の問題を減らしていく際，私たちはどのように関わることができるだろうか。

[ ]

(4) 国際的にみて，日本国内の格差問題はどのような特徴があるだろうか。「相対的貧困」の観点から説明しよう。

[ ]

第 5 編

# 持続可能な 社会をつくる

（大項目Ｃに対応）

## 地球環境を守るために，私たちには何ができるのか。また，何をしなければならないのか

**目標**　気候変動＝地球温暖化によって何が起こっているのかを調べ，その原因と対策について考えてみよう。どうすれば地球温暖化を防止できるのか，地球規模の環境問題に対して，世界全体が協力して取り組むためにはどのような工夫が必要か，考えてみよう。

**チャレンジ**　「大学入学共通テスト」に挑戦して，課題探究に向けた思考力・判断力などを身につけよう。

[1] 地球環境問題の解決などの諸課題に対処するためには，国際社会全体の協調が不可欠であり，これまで様々な国際条約が結ばれてきた。次の表は，地球環境問題と，それに対処するための枠組条約（国が従うべき原則や一般的義務を定めたもの）および議定書等（枠組条約の内容を具体化・補完するもの）をまとめたものである。 ア ～ ウ に入る語句の組合せとして最も適当なものを，後の①～④のうちから一つ選べ。（22現社　追）

表　地球環境問題とそれに対処するための国際的取組み

| | オゾン層破壊 | ア |
|---|---|---|
| 枠組条約 | ウィーン条約（1985年） | 気候変動枠組条約（1992年） |
| 議定書等 | イ （1987年） | 京都議定書（1997年）<br> ウ （2015年） |

① ア 地球温暖化
　イ パリ協定
　ウ モントリオール議定書
② ア 地球温暖化
　イ モントリオール議定書
　ウ パリ協定
③ ア 酸性雨
　イ パリ協定
　ウ モントリオール議定書
④ ア 酸性雨
　イ モントリオール議定書
　ウ パリ協定

[2] 生徒Xは，気候変動問題を学習し，その成果を次の資料にまとめた。資料中の空欄 ア ・ ウ ・ カ に当てはまる語句の組合せとして正しいものを，下の①～⑧のうちから一つ選べ。（21政経　追）

① ア 気候変動枠組条約　ウ 中国　カ EU
② ア 気候変動枠組条約　ウ 中国　カ 日本
③ ア 気候変動枠組条約　ウ アメリカ　カ EU
④ ア 気候変動枠組条約　ウ アメリカ　カ 日本
⑤ ア 京都議定書　ウ 中国　カ EU
⑥ ア 京都議定書　ウ 中国　カ 日本
⑦ ア 京都議定書　ウ アメリカ　カ EU
⑧ ア 京都議定書　ウ アメリカ　カ 日本

Ⅰ．気候変動対策の国際枠組みの歴史
・1992年に ア 採択（1994年発効）
・1997年に イ 採択（2005年発効）
・2015年にパリ協定採択（2016年発効）

Ⅱ．世界の国・地域の二酸化炭素排出量（エネルギー起源）の変化

（単位：二酸化炭素換算・億トン）

| 国・地域名 | 1990年 | 2016年 |
|---|---|---|
| ウ | 21.1 | 91.0 |
| エ | 48.0 | 48.3 |
| オ | 40.3 | 31.9 |
| インド | 5.3 | 20.8 |
| ロシア | 21.6 | 14.4 |
| カ | 10.4 | 11.5 |
| 世界の総計 | 205.2 | 323.1 |

（注）「国・地域」の1990年の排出量とは，2016年時点の当該「国・地域」を構成している1990年の「国・地域」の排出量の合計である。
（出所）International Energy Agency（IEA）　Webページにより作成。

[3] 環境分野に関連して，生徒Xと生徒Yは，地球環境問題の取組みに関する歴史的展開を踏まえて，京都議定書（1997年採択），パリ協定（2015年採択）の位置づけや内容について調べてみた。この二つの条約に関する記述として最も適当なものを，次の①～④のうちから一つ選べ。（23政経　本）

① 京都議定書では，「共通だが差異ある責任」という理念に基づいて，環境を犠牲にして経済発展を成した先進国のみに地球環境保護の責任があるとされた。他方，パリ協定では，すべての国に地球環境保護の責任があることが合意され，すべての締約国に温室効果ガスを削減する義務が課された。

② 京都議定書，パリ協定ともに，地球環境保護が将来世代の発展にとって不可欠であり，現在の成長よりも地球環境保護を優先すべきとする「持続可能な開発」という理念に基づいている。また，いずれの条約でも，先進国，発展途上国を問わず，すべての締約国に同様に温室効果ガス削減義務が課されている。

③ 京都議定書では，現在の成長よりも将来世代の発展を優先すべきとする「持続可能な開発」という理念に基づいて，全人類の問題として一律の温室効果ガス削減目標が課されている。他方，パリ協定では，将来世代の発展は各締約国が決定する問題であるとして，削減目標は各国が自主的に決定することとした。

④ 京都議定書と異なり，パリ協定では，すべての締約国が温室効果ガス削減に取り組むことを義務づける仕組みが採用されている。ただし，パリ協定でも，先進国に発展途上国向けの

資金支援を義務づけるなど,「共通だが差異ある責任」という理念に適合するルールが用意されている。

[4] ウエハラさんは資料の一文「自国の繁栄と生活水準の向上は,国民全体の幸福のために追求されねばならないけれども,其れが他国民の犠牲に於て達成されるのであつてはならない」を読んで,ここに示された幸福についての考え方は,時を超えて現代社会の諸課題にも適用可能であることに気づいた。そこで「自国の工業化を急速に進めたところ,自国の経済は発展したものの,その工業化のせいで近隣諸国に酸性雨被害を与える懸念が生じてきた」という課題について考えてみた。次に示す,この課題例への姿勢A・Bのうち,上記下線部に示された考え方とより整合的なものと,下の課題例に関する記述ア〜エのうち正しいものとを選び,その組合せとして最も適当なものを下の①〜⑧のうちから一つ選べ。(21現社 追)

課題例への姿勢
A　近隣諸国に被害を与える形での経済発展を避けるべきだという考えのもと,二酸化硫黄などの排出を抑制しつつ工業化を図ることにした。
B　近隣諸国と相互に影響を及ぼし合うことはやむを得ないという考えのもと,他国の状況に左右されずに自国の経済発展を図ることにした。

課題例に関する記述
ア　酸性雨被害の防止を主な目的としてバーゼル条約が締結され,日本もこの条約に加盟している。
イ　酸性雨被害の防止を主な目的としてバーゼル条約が締結されたが,日本はこの条約に加盟していない。
ウ　酸性雨被害への国際的な取組みの一つとして,東アジア諸国を中心に締結された長距離越境大気汚染条約がある。
エ　酸性雨被害への国際的な取組みの一つとして,欧米諸国を中心に締結された長距離越境大気汚染条約がある。

① A—ア　　② A—イ　　③ A—ウ　　④ A—エ
⑤ B—ア　　⑥ B—イ　　⑦ B—ウ　　⑧ B—エ

[5] 自然豊かな山村に関連して,自然環境に関わる問題や取組みについての説明として最も適当なものを,次の①〜④のうちから一つ選べ。(23倫理 追)
① 環境や人々に大きな害を及ぼし得る行為は,因果関係がまだ科学的に証明されていなくても規制するべきだという原則を,他者危害原則と呼ぶ。
② 生態系を保護する目的で,自然界を生きる動物などを原告として,人間がそれらの代理人となって提起する裁判のことを,自然の権利訴訟と呼ぶ。
③ 自然環境を維持するため,自国の国民から集めた募金を元手に景勝地を買い取って保護する活動のことを,グリーン・コンシューマー運動と呼ぶ。
④ 他の生物に対する優越的地位を人類が共有するという発想に基づいて,人々が動物を食糧や実験台として搾取することを,共有地の悲劇と呼ぶ。

[6] Aさんは自転車を貸してもらってCさんと一緒にサイクリングに出かけた。農村の奥へ進んでいくと,大規模な工事現場が見えてきた。CさんはAさんに「ここに産業廃棄物の最終処分場が建設されるんだ。計画が出てきた当初は反対運動もあったけど,産廃事業者と住民が町の仲介で何度も話し合い,事業者が,建設時や廃棄物搬入・処分時の環境影響を極力抑えたり,地元協力金を支払ったり,処分後に敷地内に桜の木を植えて眺めを良くしたりすることが決まったんだよ」と教えてくれた。

Cさんによると,反対運動が起きた当時,一部のマスコミで,様々な立場からの報道や論評がなされたそうだ。Cさんは,「最終処分場は,その周辺住民の生活環境に影響を生じさせるものなのだから,その人達が設置させないようにするというのは,制度として認められるべきだ」という内容の意見をAさんに話した。

それに対して,Aさんは,「最終処分場は社会的に必要不可欠な施設であり,それが遠くに設置される分には何も言わないのに,自分の家の近くに計画されたときにだけ設置させないようにするというのは,制度として認められるべきではない」(主張I)という内容の意見をCさんに伝えて二人は議論した。

次の見解ア〜ウのうち,主張Iを有するAさんが賛同するものをすべて選んだとき,その組合せとして最も適当なものを,下の①〜⑧のうちから一つ選べ。(21現社 追)

ア　最終処分場の設置を許可するための法的な条件として,周辺住民の同意を得るということを付け加えるべきである。
イ　最終処分場は,周辺の環境に影響を与え得る施設なのだから,そのようなものはどこにも設置すべきではない。
ウ　最終処分場を設置しないわけにはいかないのだから,特定の地域の住民が最終処分場設置を阻めるような仕組みを用意すべきではない。

① アとイとウ　　② アとイ　　③ アとウ
④ イとウ　　⑤ ア　　⑥ イ　　⑦ ウ
⑧ Aさんが賛同するものはない

---

**まとめと発展**

(1) 経済・社会と自然環境のつながりを視野に入れながら,何のために環境を守るのか考えてみよう。

[ ]

(2) 「「政策」が変わらなければ,気候変動は止まらない」といわれるが,どのような「政策」の変更が求められているのか考えてみよう。

[ ]

## 「人口爆発」は，資源・エネルギー問題，そして食料問題にどのような影響を与えるのだろうか

**目標**　地球上の資源は有限である。環境への負荷を減らし，持続可能な社会をつくるためには，どのように資源・エネルギーを消費すればよいのだろうか。人口の増加に対して，「食料は足りている」とも言われるが，なぜ世界の飢餓が起こるのだろうか。現状を理解し，課題を取り上げてその解決策を考えてみよう。

**チャレンジ**　「大学入学共通テスト」に挑戦して，課題探究に向けた思考力・判断力などを身につけよう。

[1] ゴミの問題の3Rに関連して，次のa～dから，日本の循環型社会形成推進基本法における基本原則に基づく優先順位の第1位と第2位に該当する事例を選んだとき，その組合せとして最も適当なものを，後の①～⑨のうちから一つ選べ。(23現社　追)

a　牛乳の容器としてガラス瓶を用い，使用後は洗って消毒し，何度も繰り返し使用する。
b　使用済みのジュースの紙パックを回収し，紙パルプに加工してトイレットペーパー等の原料として利用する。
c　アルミ缶の飲料容器を，従来よりも薄くして軽量化し，廃棄後のごみの量を減らす。
d　使用済みのプラスチックトレーを回収して焼却し，温水をつくる燃料として利用する。

①　第1位　a　　第2位　b
②　第1位　a　　第2位　c
③　第1位　a　　第2位　d
④　第1位　b　　第2位　a
⑤　第1位　b　　第2位　c
⑥　第1位　b　　第2位　d
⑦　第1位　c　　第2位　a
⑧　第1位　c　　第2位　b
⑨　第1位　c　　第2位　d

[2] 地球温暖化対策に関連して，生徒Xは，日本の地球温暖化対策に関心をもち，次の資料を作成した。資料中の空欄 ア には後の記述aかb，空欄 イ には後の記述cかd，空欄 ウ には資料中の図eか図fのいずれかが当てはまる。空欄 ア ～ ウ に当てはまるものの組合せとして正しいものを，後の①～⑧のうちから一つ選べ。(23政経　本)

政府は，2020年10月，2050年までに二酸化炭素などの温室効果ガスの排出を日本全体として実質ゼロにすると宣言した。この宣言の意味は，化石燃料に替わる新たなエネルギーや新技術の開発などを進めることにより ア ということであった。

日本のこれまでの温室効果ガス排出削減対策をみると，2012年に固定価格買取制度が導入された。この制度は， イ を対象としている。その影響を調べるために，2012年以降の発電電力量のデータをもとに次の図eと図fを作成した。図eと図fはそれぞれ，2012年と2019年のいずれかのものである。

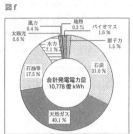

(出所)　経済産業省 Web ページにより作成。

これらの図から，化石燃料による発電電力量の比率が合計発電電力量の75％以上も占めていることがわかる。さらに，電力以外のエネルギー利用からの温室効果ガス排出も含めて考えると，政府目標を達成する道のりはけわしいといえる。ただし，固定価格買取制度の影響は，電源別発電電力量の比率から読みとることができる。2019年の図は ウ となる。

ア に当てはまる記述
a　温室効果ガスを排出するエネルギーの使用をゼロにする
b　温室効果ガスの排出量と植物などによる吸収量との間の均衡を達成する
イ に当てはまる記述
c　再生可能エネルギーによる発電
d　原子力エネルギーによる発電

①　アーa　　イーc　　ウー図e
②　アーa　　イーc　　ウー図f
③　アーa　　イーd　　ウー図e
④　アーa　　イーd　　ウー図f
⑤　アーb　　イーc　　ウー図e
⑥　アーb　　イーc　　ウー図f
⑦　アーb　　イーd　　ウー図e
⑧　アーb　　イーd　　ウー図f

[3] 今日の世界的な課題に関して，次の文章中の カ ～ ケ には，SDGs（持続可能な開発目標）のうち特に関連する5つの目標のいずれかが入り，下の図はそれらをロゴによって示している。 カ および ケ に入るSDGsのロゴの番号の組合せとして最も適当なものを，下の①～⑧のうちから一つ選べ。(21現社　追)

WFPは，学校給食の提供を行ってきた。子どもが給食以外に十分な食事をとれないこともしばしばあり， カ を目指すプログラムだが，無償の食事は，両親が子どもを通学させる動機になることから， キ にもつながっていく。

特に女子教育には，様々な効果があるとされる。まず，女子が早くに結婚させられてしまうことが減って，幅広い進路選択が可能になり， ク に資する。さらに，一定の教育を受けた女性が養育する子どもは栄養状態が良く，乳幼児期の死亡率が低くなるとされ， ケ にも影響を与えている。男女とも，修学すると高収入の職に就く可能性が高まることから，貧困解消にも寄与する。

UNICEFは，地域の女性たちによる共同菜園を奨励するプログラムを実施してきた。これは，干ばつに苦しむ地域での食料確保という意味で カ に関わる。また，摂取カロリーの不足分を賄うだけでなく，多品種の野菜や果物によって栄養バランスを整え， ケ にもつながる。収穫物を販売すれば，貧困の解消にも寄与する。菜園の運営をきっかけに，女性が地域社会においてさらに積極的な役割を果たす仕組みが定着すれば， ク にも資するだろう。

図　SDGsのロゴ（一部抜粋）

| ① | カ―2 | ケ―3 | ② | カ―2 | ケ―15 |
| ③ | カ―3 | ケ―2 | ④ | カ―3 | ケ―4 |
| ⑤ | カ―4 | ケ―5 | ⑥ | カ―5 | ケ―2 |
| ⑦ | カ―15 | ケ―3 | ⑧ | カ―15 | ケ―4 |

[4]　持続可能性に関連して，次の表は，2017年ごろの日本，アメリカ，ドイツの食料自給率（カロリーベース），国民負担率（対国民所得比），二酸化炭素排出量（エネルギー起源）の割合（対世界排出量合計比），公債依存度を示したものである。表中のア～ウには日本，アメリカ，ドイツのいずれかが当てはまり，A～Dには食料自給率，国民負担率，二酸化炭素排出量の割合，公債依存度のいずれかが当てはまる。表中のAとDに当てはまる項目として正しいものを，後の①～④のうちからそれぞれ一つ選べ。(22政経　追)

（単位：%）

| | A | B | C | D |
|---|---|---|---|---|
| ア | 34.5 | 131 | 16.7 | 14.5 |
| イ | 54.1 | 95 | ― 1.6 | 2.2 |
| ウ | 43.3 | 38 | 33.9 | 3.4 |

（注）　食料自給率と国民負担率の数値は，日本が2017年度，アメリカとドイツは2017年。二酸化炭素排出量の割合の数値は，各国ともに2017年。公債依存度の数値は，日本が2017年度，アメリカは2016年10月から2017年9月，ドイツは2017年。

（出所）　財務省，農林水産省，環境省の各Webページにより作成。

① 食料自給率
② 国民負担率
③ 二酸化炭素排出量の割合
④ 公債依存度

[5]　日本の各産業の輸出状況に関連して，生徒Xは，どのような財をどの程度輸出しているかを調べることによって，その国の経済構造の特徴を知ることができると考えた。そこで，2018年のデータとそれまでの各国の経済の動きをもとに，日本，中国，ナイジェリア，ロシアの貿易輸出品の主要3品目（主要品目の輸出額の輸出総額に占める割合）を示す次の表ア～エと，これらの国の経済的特徴をまとめた後の資料を作成した。資料を踏まえて表アに該当する国として正しいものを，後の①～④のうちから一つ選べ。(23政経　本)

表ア　　　　　　　　　（2018年）

| 原　油 | 石油製品 | 鉄　鋼 |
|---|---|---|
| 28.6% | 17.3% | 5.4% |

表イ　　　　　　　　　（2018年）

| 機械類 | 自動車 | 精密機械 |
|---|---|---|
| 35.4% | 20.6% | 5.8% |

表ウ　　　　　　　　　（2018年）

| 原　油 | 液化天然ガス | 船　舶 |
|---|---|---|
| 82.3% | 9.9% | 2.4% |

表エ　　　　　　　　　（2018年）

| 機械類 | 衣　類 | 繊維と織物 |
|---|---|---|
| 43.8% | 6.3% | 4.8% |

（注）　商品分類は，標準国際貿易商品分類（SITC）の商品コードによる。機械類は，一般機械と電気機械である。

（出所）　United Nations Webページにより作成。

資料

　日本は，高度成長期以来，加工貿易型で経済発展してきた。中国は，経済特区を設けるなどして工業化を進め「世界の工場」といわれるほど発展し，アメリカに次ぐ経済規模の国になった。ロシアは，天然資源が多く，エネルギー価格の高騰を戦略的に活用し，2000年代に入ると鉱工業生産を伸ばした。ナイジェリアは，アフリカの中では経済規模が大きく人口も多いが，ODA（政府開発援助）を受け入れている発展途上国であり，モノカルチャー経済の特徴を示している。

① 日本
② 中国
③ ナイジェリア
④ ロシア

### まとめと発展

(1)　環境への負荷を減らし，持続可能な社会をつくるためには，どのようなエネルギーを，どのように消費すればよいのか考えてみよう。

(2)　世界には，十分な食料（栄養）が行き渡らず，安全な水も手に入らない地域がある。このような「世界の飢餓」はなぜ起こるのか。その原因を考え，飢餓をなくすためにはどのような取組みが必要なのか，地域や取組みについて具体的な事例を挙げながら考えてみよう。

日本経済再生の方策と現状

# 現在の日本経済の課題は何だろうか

**目標** バブル経済崩壊後，日本経済は，現在までどのように変化してきたのだろうか。経済格差，財政赤字など，現在の日本経済の課題として指摘されている点について，その原因を確認し，再生のための方策を考えてみよう。

**チャレンジ** 「大学入試共通テスト」に挑戦して，課題探究に向けた思考力・判断力などを身につけよう。

[1] 雇用の状況はその時々の社会や経済の状況によって変化することに関して，次のグラフは1963年以降の日本の有効求人倍率の推移を表したものである。後のA〜Dはグラフのア〜エのいずれかの時期を説明したものである。グラフのア〜エの時期に関する説明A〜Dの組合せとして最も適当なものを，後の①〜⑧のうちから一つ選べ。（23現社　本）

**グラフ　有効求人倍率の推移（年平均値）**

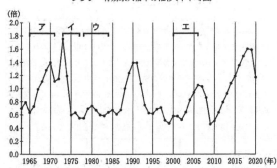

(注)　有効求人倍率とは，公共職業安定所（ハローワーク）における求職者一人当たりの求人数のことを指す。
厚生労働省「職業安定業務統計」（厚生労働省 Web ページ）により作成。

A 原油価格の高騰により急激なインフレーションと不況が同時に生じ，マイナス成長となった。
B 構造改革特区の設置による規制緩和や金融の自由化をさらに進めていくことで，企業活動の活性化が図られた。
C 企業の積極的な設備投資や消費革命による国内消費市場の拡大などによって，高い経済成長が達成された。
D 原油価格の高騰を機に，製造業を中心として重厚長大型産業から軽薄短小型産業への移行が加速した。

① ア—A　イ—B　ウ—C　エ—D
② ア—A　イ—C　ウ—B　エ—D
③ ア—B　イ—A　ウ—D　エ—C
④ ア—B　イ—D　ウ—C　エ—A
⑤ ア—C　イ—A　ウ—D　エ—B
⑥ ア—C　イ—D　ウ—A　エ—B
⑦ ア—D　イ—A　ウ—C　エ—B
⑧ ア—D　イ—B　ウ—A　エ—C

[2] 経済政策に関連して，次に示したのは，いわゆる「アベノミクス」の目標や手法について，2014年に公表された資料に基づき整理したスライドの一部である。スライド中の空欄 ア にはAかB， イ にはCかD， ウ にはEかF

のいずれかの記述が当てはまる。空欄 ア 〜 ウ に当てはまる記述の組合せとして最も適当なものを，後の①〜⑧のうちから一つ選べ。（22政経　追）

| 第4回 経済政策論 | 金融政策〜第1の矢 |
|---|---|
| **アベノミクス**　−3本の矢で長期停滞の克服−　※3本の矢は，アベノミクスの3つの主要な政策である。 | ●物価を引き上げるために ア 。⇒経済の好循環を実現し，長期不況から脱却する。 |
| **財政政策〜第2の矢** | **成長戦略〜第3の矢** |
| ●新たな需要を創出するために イ 。⇒公共事業が拡大し雇用が増え，地域が活性化する。 | ●新産業を育成するために ウ 。⇒国家戦略特区で遠隔医療などの新サービスが始まる。 |

A 金融緩和政策を進める
B 金融引締政策を進める
C 原則的に財政支出を抑制し財政均衡をめざす
D 機動的に財政支出を拡大し景気浮揚をめざす
E 規制緩和によって新分野への外資導入や民間企業の投資を促進する
F 規制強化によって新分野への外資導入や民間企業の投資を促進する

① ア—A　イ—C　ウ—E
② ア—A　イ—C　ウ—F
③ ア—A　イ—D　ウ—E
④ ア—A　イ—D　ウ—F
⑤ ア—B　イ—C　ウ—E
⑥ ア—B　イ—C　ウ—F
⑦ ア—B　イ—D　ウ—E
⑧ ア—B　イ—D　ウ—F

[3] 経済格差に関連して，生徒Yは，日本における個人の経済格差について学習を進めた。経済格差に関する次の記述ア〜ウのうち，正しいものはどれか。当てはまるものをすべて選び，その組合せとして最も適当なものを，後の①〜⑦のうちから一つ選べ。（23政経　追）

ア ジニ係数が上昇した場合，所得格差が拡大したといえる。
イ 相続税の累進性を強化することにより，資産を多く相続する者の税負担が軽減される。
ウ 公的扶助には，所得再分配機能がある。

① ア　　② イ　　③ ウ　　④ アとイ
⑤ アとウ　⑥ イとウ　⑦ アとイとウ

[4] ハヤシさんは，新聞記事の内容について理解を深めようと思い，子どもを支援している団体の代表，市役所の福祉課の職員，大学の社会福祉学部の先生を訪ね，聞き取り調査を行った。そして，聞き取った内容を次の図にまとめた。

図中の a には【問題1】に対応した取組みが，b には【問題2】に対応した取組みが入る。b に当てはまる取組みを，後のア～エからすべて選んだとき，その組合せとして最も適当なものを，後の①～⑨のうちから一つ選べ。（23現社　本）

図　聞き取り調査のまとめ

【相対的貧困の背景】

2000年代以降，所得格差が広がり相対的貧困が深刻化している。

【相対的貧困の深刻化により子どもに生じている問題】

【問題1】教育の機会不平等
低所得世帯の子どもは，就学の継続や進学が難しく，十分な教育を受けられない傾向がある。

【問題2】社会的な孤立
低所得世帯の子どもは，生活上の経験が不足したり，人とのつながりが希薄になったりする傾向がある。

【子どもに生じている問題に対する官民の取組み】

a

b

【官民の取組みを推進するための法律】

子どもの貧困対策法（2013年に制定）
子どもの将来が，生まれ育った環境によって左右されないよう，教育の支援，生活の支援，就労の支援，経済的支援等の施策の推進を目的としている。

ア　低所得世帯のなかには，家事や家族の世話，介護に追われ，友達や周囲の人との関係が疎遠になり，誰にも頼ることができない子どもがいる。この問題に対処するため，日常的に家事や家族の世話，介護を行う子ども（ヤングケアラー）を支援する活動として，訪問相談を行う自治体がある。

イ　部活動の練習が忙しいため，放課後に勉強の時間を思うように確保することができず，志望する学校への進学が見込めない子どもがいる。この問題に対処するため，希望する子どもを対象に，休日に有料の補習を行い，学力の向上を支援する学校がある。

ウ　多くの子どもは，生活のなかで旅行や遊園地に行ったことがある。しかし費用を捻出できず，学校行事以外で旅行や遊園地に行ったことがない子どもがいる。この問題に対処するため，NPOが自治体の助成金を活用しキャンプを開催したり，企業が社会貢献として遊園地へ招待したりしている。

エ　十分な学力があるにもかかわらず，経済的理由により自分が住んでいる都道府県外の大学への進学を諦める子どもがいる。この問題に対処するため，ある県では，低所得世帯の子どもを対象に，県外の大学に進学した場合の給付型奨学金制度を設けている。

① アとイとウ　　② アとイとエ　　③ アとウ
④ イとエ　　　　⑤ ウとエ　　　　⑥ ア
⑦ イ　　　　　　⑧ ウ　　　　　　⑨ エ

[5] 消費に関連して，生徒Yは，所得と消費の関係に注目し，この関係について整理するために，家計に関する政府統計のデータを調べた。その際に，可処分所得の増加に伴って平均消費性向が低下する傾向にあることを知った。Yは，この傾向と所得格差が消費にどのような影響を与えるかについて考察するために，次の表のようなモデルケースを考え，後のメモを作成した。メモ中の空欄 ア には後の記述aかb，空欄 イ には後の記述c～eのいずれかが当てはまる。空欄 ア ・ イ に当てはまるものの組合せとして正しいものを，後の①～⑥のうちから一つ選べ。（23政経　追）

表

| | | 個人1 | 個人2 | 個人3 | 個人4 | 個人5 | 合計 |
|---|---|---|---|---|---|---|---|
| ケースA | 可処分所得（万円／月） | 50 | 50 | 50 | 50 | 50 | 250 |
| | 平均消費性向 | 0.7 | 0.7 | 0.7 | 0.7 | 0.7 | |
| ケースB | 可処分所得（万円／月） | 20 | 40 | 50 | 60 | 80 | 250 |
| | 平均消費性向 | 0.9 | 0.8 | 0.7 | 0.6 | 0.5 | |

メモ

○消費支出は，可処分所得から行われる。各個人の直接税や社会保険料といった支出は消費支出に ア 。

○可処分所得に占める消費支出の割合を平均消費性向という。5人の可処分所得がすべて等しい場合（ケースA）と，異なる場合（ケースB）とを比較する。それぞれのケースの消費支出は，表の可処分所得と平均消費性向から算出され，その合計額は イ 。

ア に当てはまる記述
a　含まれる
b　含まれない

イ に当てはまる記述
c　ケースAの方がケースBよりも大きい
d　ケースAの方がケースBよりも小さい
e　ケースAとケースBで等しい

① アーa　イーc　　② アーa　イーd
③ アーa　イーe　　④ アーb　イーc
⑤ アーb　イーd　　⑥ アーb　イーe

まとめと発展

(1) バブル経済崩壊後の日本経済の変化について，様々な資料からその変化を確認してみよう。

(2) 財政赤字が増え続ける日本の財政を立て直すためには，どのような政策を進めたらよいだろうか。

(3) 日本経済再生のための方策について，起業，雇用，地域振興の3点について考えてみよう。

# この「場面」や「社会的な事象」は，いったい何をあらわしているのだろうか

**目標**　生活の中の身近な「場面」や「社会的な事象」を取り上げて，社会的なものの見方・考え方を働かせ，これまでに身につけた知識や技能を活用し，現代の諸課題について思考したり判断したりすることが求められている。よりよい社会づくりに向けて，まずは「身近な事象」を読み取ってみよう。

**チャレンジ**　「大学入学共通テスト」に挑戦して，課題探究に向けた思考力・判断力などを身につけよう。

[1] 法の役割に関連して，生徒X，生徒Y，生徒Zは，発表の準備として，日本の社会において，さまざまな規範が働いている事例をもち寄って，法の役割を考えることにした。次の①～④の事例における人物J，人物K，人物L，人物Mが行った行為とその結果に注目したとき，「社会秩序を維持するために国家が設定した社会規範」としての法を，国家が直接に強制しているといえる事例はどれか。最も適当なものを，①～④のうちから一つ選べ。(23政経　追)

① ある法律の規定によれば，消費者は，事業者から提供された情報を活用して，事業者と結ぶ契約の内容を理解するよう努める義務がある。ある会社と契約を結んだJは，契約締結時に契約の条件を十分に確認しなかった。Jは，家族からこのことを注意された。

② ある法律の規定によれば，他人の財産を盗んだ者に対しては，懲役や罰金の刑罰が科される。傘を持たずに外出したKは，にわか雨が降ってきたため，たまたま通りかかった店舗の商品である傘を持ち去った。Kは，後に，傘を盗んだとして起訴され罰金刑を科された。

③ あるSNS（ソーシャル・ネットワーキング・サービス）を運営する事業者の会員規約によれば，他人の名誉を傷つけ，差別発言をした会員のアカウントは，削除される。このSNSの会員のLは，友人を誹謗中傷する書込みを行った。Lは，後に，会員規約に従って事業者にアカウントを削除された。

④ ある学校の部活動の決まりによれば，部員は指定された集合時刻の10分前には集合場所に集まらなければならない。この部活動の部員のMは，指定された集合時刻の5分前に集合場所に到着した。Mは，ほかの部員からこのことを注意された。

[2] モリさんは，他の購買行動についても考えてみた。次の事例ア～ウと，防衛機制や葛藤を説明する後の用語A～Dの組合せとして最も適当なものを，後の①～⑨のうちから一つ選べ。(23現社　追)

ア 10巻完結の漫画を全巻もっていたが，そのなかの1冊を紛失してしまい，それだけを購入したい。しかし，欲しい1冊は10巻セットでしか販売されておらず，1冊のために10巻セットを買うという出費はしたくない。

イ 近所にできた洋菓子店のケーキはすぐに売り切れてしまい，いまだに食べることができていないが，食べてみたい。しかし，今日も店の前を通ると売り切れの張り紙があり，思わず

「きっと私の口には合わないだろうな」とつぶやいている。

ウ 遠方で行われる大好きなアーティストのライブのチケット抽選に初めて当選したので，購入して参加したい。しかし，ライブと同じ時間に開催される地元の花火大会に，数年ぶりに会う友人と一緒に行きたい気持ちもあり迷っている。

A 「接近―接近」　　　　B 「接近―回避」
C 投射　　　　　　　　D 合理化

① ア―A　　イ―B　　ウ―C
② ア―A　　イ―C　　ウ―D
③ ア―B　　イ―C　　ウ―A
④ ア―B　　イ―D　　ウ―A
⑤ ア―B　　イ―D　　ウ―C
⑥ ア―C　　イ―D　　ウ―A
⑦ ア―D　　イ―A　　ウ―B
⑧ ア―D　　イ―B　　ウ―A
⑨ ア―D　　イ―B　　ウ―C

[3] モリさんは図書館で姉を待ちながら経済学の本を手にした。そこには，意思決定について「人々があるものを選択したら他のものを選択できないので，どのような行動の費用も失われた機会を踏まえて測られる」と書かれていた。例えば，遊園地で7時間遊んで入園料2,000円を支出した場合も，7時間いつものアルバイトをして日当8,000円を稼ぐことができるのであれば，遊園地で遊んでかかった費用は10,000円となる。

　こうした費用の考え方に関する記述として正しいものを次のア～ウからすべて選んだとき，その組合せとして最も適当なものを，後の①～⑧のうちから一つ選べ。(23現社　追)

ア ある人の4年間の大学生活でかかる費用は，学費，教科書代などの合計金額と，高校卒業後に就職したときに得られたはずの4年間分の所得を合計したものである。

イ ある工場の経営主が新しい機械を購入するのにかかった費用は，購入代金200万円と，古い機械を廃棄するためかかった費用50万円を合計したものである。

ウ いつものパートタイムの仕事を入れずに，5時間並んでようやく購入した人気のスイーツにかかった費用は，代金の3,000円に，時給1,100円で5時間働けば得られたはずのパートタイムの報酬5,500円を合計したものである。

① アとイとウ　　② アとイ　　③ アとウ
④ イとウ　　　　⑤ ア　　　　⑥ イ
⑦ ウ　　　　　　⑧ 正しいものはない

[4] 政府の政策的な支援に関連して，生徒Yは，日本の農業の動向が気になり，日本の農業について学習を進めた。日本の農業の現状あるいは農業政策の現状に関する次の記述a～cのうち，正しいものはどれか。当てはまるものをすべて選び，その組合せとして最も適当なものを，後の①～⑦のうちから一つ選べ。(23政経　追)

a 農地が荒廃し，耕作放棄地が増加している。この対策の一つとして，農作物の生産拡大を図るため，2000年以降，食糧管理制度の導入により米以外の作物の生産が奨励され，農業所得の拡大が図られている。

b 農業就業者の後継者不足と高齢化の深刻さが増している。この対策の一つとして，若い後継者を確保するためにも，農作物のブランド化や生産・加工・販売までの一体化による高付加価値化が進められている。

c 食料自給率の低迷や食品の偽装表示などにより，食料の確保と安全が脅かされている。この対策の一つとして，食料安全保障の観点から，農産物の関税撤廃により海外農産物の輸入制限の強化が図られている。

① a 　　② b 　　③ c
④ aとb 　⑤ aとc 　⑥ bとc
⑦ aとbとc

[5] 公共サービスに関連して，生徒Xと生徒Yは，多様化する行政へのニーズに対応するため，企業と同様に行政もリストラクチャリング（事業の再構築）が必要と考え，地方自治体のアウトソーシング（業務の外部委託）の例を示そうとした。地方自治体が新たにアウトソーシングをしたと考えられる例として最も適当なものを，次の①～④のうちから一つ選べ。(23政経　追)

① 地域経済の活性化のため，地方自治体が企業に雇用拡大の要請を行っていた。それに関連して，地方自治体が採用意欲のある企業の人事担当者に出席を求めて求職者相談会を催した。

② 自然環境整備のため，地方自治体が地元企業と協力して植林事業を行っていた。それに関連して，間伐材を活用した地場産業の新商品の開発を行う部署を地方自治体内に新設した。

③ 住環境整備のため，地方自治体が特定地域にマンションを建設する事業者に助成金を出していた。それに関連して，他の地域のマンションの建設にも助成金を出すことになった。

④ 国際化の推進のため，地方自治体が国際交流センターを建設し自治体の職員が管理していた。それに関連して，公共施設運営の効率化に向けて同センターの管理を民間企業が請け負うことになった。

[6] 「先進国と開発途上国の医療資源の格差問題」についてクラス全体でディスカッションが行われ，様々な意見が発表された。次のマツキさんの意見と同級生のスミスさんの意見を読み，ア・イに入る政策を後のX～Zから選んだときその組合せとして最も適当なものを，後の①～⑥のうちから一つ選べ。(23現社　本)

マツキさんの意見

> 先進国ではある難病の治療薬が開発され，死亡者数が著しく減ったのに対し，開発途上国は高価な治療薬を購入できず，また，特許料も高額であるため，それを支払って自国で製造することもできない。病気で苦しむ開発途上国の人々が治療薬を使えるようにすることが最も重要だと思うので，特許権者の利益を害することにはなるが，アという政策が適切である。

スミスさんの意見

> 特許権保護は，治療薬の開発者が新薬開発に投資した莫大な資金を回収し，新しい研究開発を行う上で重要である。また，開発途上国のなかには製薬設備技術をもたない国もあるため，アという政策だけでは問題は解決しないこともある。特許権者の利益を害することなく開発途上国の人々が治療薬を今すぐ使えるようにするためにはイという政策が適切である。

X 新しい条約を締結し，現在の条約が定めている特許の保護期間よりも長い保護の期間を設ける

Y 世界保健機関などの国際機関が，先進国や慈善活動団体などから拠出された資金を用いて治療薬を購入し，開発途上国に供給する

Z その国の状況を勘案して緊急に対応する必要性が認められる場合には，一定の医療品・技術については，一時的に特許権の保護の対象外とする

① ア—X　イ—Y 　　② ア—X　イ—Z
③ ア—Y　イ—X 　　④ ア—Y　イ—Z
⑤ ア—Z　イ—X 　　⑥ ア—Z　イ—Y

---

**まとめと発展**

　現代の諸課題について調べたり考えたりする際に，まず具体的な「身近な事象」と関連づけて考え，理解を広げていくことが大切である。例えば，次の事柄について，あなたが考える「身近な事象」を具体的にあげてみよう。

① 人工知能（AI）　　② 契約
③ マスメディア 　　④ 労働
⑤ 安全保障 　　　　⑥ 貧困

**編集**

　北海道公民教育学会（会長　　堂徳　将人）

　清水書院編集部


**監修者**

　川瀬　雅之

**執筆者**（50音順）

　伊藤　　航

　加藤　伸城

　杉山　拓哉

　鈴木　広基

　藤倉　水緑

　吉川　敦巳

---

チャート＆コンパスから単元の目標を考える
# 公共トレーニング

---

2023年 3 月31日　　初版第 1 刷発行

　　編　者　北海道公民教育学会　清水書院編集部
　　発行者　野村　久一郎
　　発行所　株式会社　清水書院
　　　　　　〒102-0072
　　　　　　東京都千代田区飯田橋 3 -11- 6
　　　　　　電話　03（5213）7151［代表］
　　　　　　振替　0013-3-5283
　　　　　　URL　https://www.shimizushoin.co.jp
　　印刷所　法規書籍印刷株式会社　　　　　　　　　定価はカバーに表示

---

ISBN 978-4-389-21901-7　　　　　　　　　　　　　　　　　　　　Printed in Japan

# チャート＆コンパスから
# 単元の目標を考える
# 公共
## トレーニング

# 解答・解説

# 第1編 「公共の扉」をひらく

## 関門 A-1 青年期の心理と課題
「子ども」が「大人」になるのはいつか

### トレーニング問題の解答と解説

**[1] 正解 ④**

ア 正しい。マズローは欲求階層説を唱え，下位の欲求が満たされたことで，さらに上位の欲求へ向かうという。高位への欲求が自己実現の欲求である。

イ 誤り。「力への意志」とあるので，フィヒテではなく，ニーチェである。ドイツ観念論の哲学は，カント→フィヒテ→シェリング→ヘーゲルへと受け継がれていく。

ウ 正しい。マーガレット・ミードは，『サモアの思春期』で，未開社会では現代特有の青年期の特徴が見られないことを発見した。

エ 誤り。「後天的に身についた」ものを集合的無意識としている点で誤っている。集合的無意識とは，人類共通の心の深層のことである。

**[2] 正解 ①**

マズローの欲求階層説は5段階にわかれており，下から生理的欲求→安全の欲求→愛情と所属の欲求→承認（自尊）の欲求→自己実現の欲求となり，低次から高次へと欲求が生じることを説いた。したがって，ア・イともに正しい。

**[3] 正解 ⑤**

ア 「自分の価値が分からなくなり，社会から孤立しているように感じてしまう」とあるので，アイデンティティの挫折の内容であり，エリクソンが述べた自我同一性の拡散にあたる（C）。

イ 就業体験（インターンシップ）をし，「打ち込める仕事をじっくり探すことが大切だと」気づいたとあるので，現実的な認識と解決のための技能である。オルポートがあげた，成熟した人格の特徴にあたる（A）。

ウ 「自分の働きぶりを上司や同僚から認めてもらいたいと思うようになった」とあるのは，尊敬（尊重）の欲求であるので，マズローの理論における欲求の階層構造である（B）。

### チャレンジ問題の解答と解説

**① 正解 ②**

マズローは欲求を5段階の階層で説明している。ただし，より高いレベルの欲求が出現するのは，必ずしも，それより下位の欲求が十分に満たされたからであるとは限らない。

① 誤り。愛情と所属の欲求から自尊の欲求へと，階層順に低次の欲求から高次の欲求となっているので誤り。

③ 誤り。どちらも自己実現の欲求であり，並列の欲求なので誤り。

④ 誤り。自尊の欲求から自己実現の欲求へと，階層順に低次の欲求から高次の欲求となっているので誤り。

**② 正解 ③**

コールバーグは，道徳性は幼児期から思春期，青年期を通じて3水準6段階を経て発達すると考えた。10〜16歳の「慣習的水準」の第3段階は，他者の期待を裏切るのは悪いことで，期待に応えるのは良いことだと考える段階である。

① 適当。7〜10歳の「前慣習的水準」の第1段階は，罰を受けないようにする段階である。

② 適当。7〜10歳の「前慣習的水準」の第2段階は，それが自分のメリットになるという理由で道徳にしたがう段階である。

④ 適当。10〜16歳の「慣習的水準」の第4段階は，法や秩序を守ることを重視する段階である。

### まとめと発展の解答と解説

サブ・カルチャーとは，社会において主流あるいは正統的な芸術・文化に対して，音楽・ファッション・アニメ・ゲームなどといった，より副次的・商業的な芸術や文化のことを指す。若者にはもちろんのこと，社会全体に大きな影響力を及ぼしている。

## 関門 A-2 平等と公正
人間としての平等と公正は，どのように考えられているのだろうか

### トレーニング問題の解答と解説

**[1] 正解 ③**

① 正文。ブライスはイギリスの政治家・政治学者である。「地方自治は民主政治の最良の学校，その成功の最高の保証人なりという格言の正しいことを示すものである」と，地方自治が民主政治の基礎をなすことを主張した。

② 正文。J.S.ミルはイギリスの哲学者であり，政治学者である。ベンサムの考え方に影響を受け，快楽や幸福を善とすることを受け継ぎ，また，どんなに愚かな行為と思われても，他者に危害を与えない限り，個人の利益（自由）は尊重されるべきであるとする「他者危害の原理」を説いた。

③ 誤文。リースマンはアメリカの政治学者であるが，人間の性格を「伝統指向型」「内部指向型」「外部指向型（他人指向型）」に分けた。現代の人々の生き方は，「伝統指向型」や「内部指向型」から，さらに，大衆社会の発展によって「他人指向型」へ変化したと述べた。

④ 正文。ロールズはアメリカの政治哲学者である。主著『正義論』で「公正としての正義」を論じた。この著書の中で個人の自由の実現という伝統的視点を基礎としつつ，現代社会における格差や不平等の是正を説いた。

## ［2］正解　①

① 正文。アメリカの政治哲学者であるロールズは「公正としての正義」のあり方を論じた。
② 誤文。「社会参加（アンガジュマン）」を考えたのは，フランスの哲学者サルトルである。
③ 誤文。「最大多数の最大幸福」はイギリスの思想家であるベンサムによる功利主義のスローガン（標語）である。
④ 誤文。潜在能力（ケイパビリティ）は人が望む善い人生を構成する状態や活動を実現する機能の全体のことで，アジア初のノーベル経済学賞を受賞したインド生まれの経済学者センの考えである。

## ［3］問1　正解　④

考え方Aの資料を見ると，『「快」と「苦」は量として測定でき，幸福の量を計算することが可能であれば，「快」の総量から「苦」の総量を差し引いたものを，幸福量とみなすことができる。』との記述がある。ここから言えることは，個々人の幸福は積み重ねることができるということである。

## 問2　正解　④

考え方Bの資料を見ていくと，「自分がどのような境遇になるか分からず」「境遇を決めることができない」「自由が奪われた境遇」「恵まれない境遇」という記述がある。それらに共通して言えることは，私たち人間はどのような境遇に生まれるかを選ぶことはできないということである。

## 問3　正解　考え方A→①　B→②

考え方A・Bどちらもそれぞれの資料の最後の記述に注目する。

考え方Aは「社会全体の幸福量を最大にする」という記述がある。そこから考えられる政策は，「多数者の意思」を尊重する政策である。そのような政策は①が適当である。

考え方Bには「実際に恵まれない境遇にある人に対して，生活を改善していくような社会が望ましい」との記述がある。そこから考えられる政策は，恵まれない境遇にある人を支える政策であるから，②が適当である。

## チャレンジ問題の解答と解説

### ①　正解　②

① 正文。この取り組みは，男女共同参画社会の実現のための，ポジティブアクションの具体例である。
② 誤文。幅広く企業の株式の購入を促したとしても，不平等を感じていた人々の人権を尊重することにはつながらず，設問の趣旨に適した取組みではない。
③ 正文。障害者も含めて，すべての人々がともに参加して楽しむスポーツ大会（インクルーシブな大会）は，まさに不平等を感じていた人々の人権を尊重することにつながる。
④ 正文。同性カップルに配慮した同性パートナーシップ制度と公営住宅への入居を可能にする政策は，それぞれの個性や能力の承認につながる。

## まとめと発展の解答と解説

(1) （例）国家は唯一の善を構想・実現するのではなく，多様な善を公平に認める正しさを実現しなければならない，という考え方。
(2) ロールズの考える正義の二つの原理とは，
　① 各人が，他人の権利の侵害に当たるもの以外は，基本的自由への権利を平等に有するべきという「平等な自由の原理」。
　② 職務と地位における機会均等を保証する「公正な機会均等の原理」と，それらの競争によって生じる，不遇な人々の利益を最大化する「格差原理」。
(3) （例）「平等」とは特定のものに偏ったりせず，個々の状況の差などを考えないのに対し，「公正」は全員が同じような結果を得られるよう，場合によっては個々の状況の差も考えるようにすることを指す。
(4) （例）企業が沿線住民の健康被害に気付き対策をしてもらうのが一番であるが，対策がなされなかった場合は，沿線の住民が防音防振の対策を求めて集団で訴訟を起こし，解決を目指す。

## 関門 A-3 「より良く生きる」こと
古来より存在する，人類共通の謎とは何だろうか

## トレーニング問題の解答と解説

### ［1］正解　②

「〜とは何か」という問いに対して，これまでの神話的なアプローチではなく，合理的なアプローチを試みたのが自然哲学者である。彼らは特に，万物の根源（アルケー）について思考を巡らせた。

① 誤文。「万物は流転する」と述べた，ヘラクレイトスの内容である。
② 正文。自然哲学の祖とも言われるタレスは，万物の根源を水とした。
③ 誤文。「数的秩序の調和」は，ピュタゴラスの内容である。
④ 誤文。「土・水・火・空気」の元素が結合と離散を繰り返すと主張したのはエンペドクレスの内容である。不平等の是正を説いた。

### ［2］正解　④

ソクラテスは，「無知の知」を自覚し，対話によって魂をより善くし，「より善く生きること」の大切さをアテネの人々に勧めたが，有力者の反感を買って，死刑判決を受け，刑死した。

① 誤文。「誇りとし」が誤り。彼は神託の言葉の意味を探究し，「自分はただ知らない（無知の知）」ことを自覚した。
② 誤文。「アテネを追放された」のではなく，死刑判決を受けて，毒杯を仰いだ。

④ 誤文。「アカデミアという学校を創設」したのは，プラトンである。

④ 正文。彼は対話によって，「徳とは何か」についての探究を行うことを勧めた。

**[3] 正解 ②**

② 正文。プラトンの言うイデアは，知性（理性）によってのみ捉えられる，永遠かつ普遍的な存在である。

①③④ 誤文。「個物に内在する真の本質」に着目したのは，弟子のアリストテレスである。彼は事物の本質は事物の中に形相（エイドス）として存在すると考えた。また，「感覚は知性の指導のもとにそれを捉えることができる」というのも誤りであり，プラトンは感覚的世界を超えたイデア界に注目した。

**[4] 正解 ②**

アリストテレスは事物の本質が各個体（質料）の中に形相として存在していて，さまざまな事物を質料の中にひそむ可能性が実現していく運動として捉えた。

① 誤文。「美そのもの」という捉え方はプラトンのイデア論である。

② 正文。アリストテレスは，さまざまな事物を内在する形相が発現していく運動と考えた。

③ 誤文。「原子の形態と配列と位置」に着目したのはデモクリトスである。

④ 誤文。火を根源として考えたのは，ヘラクレイトスである。「相互に対立する力」による動的調和を，彼は「万物は流転する」と表現した。

**[5] 正解 ④**

アリストテレスは幸福を人間にとっての最高善と捉えており，実践の反復の中で習性的徳が知性的徳に導かれて獲得されることで実現されると考えた。

① 誤文。「隠れて生きる」と述べたのはエピクロスである。

② 誤文。幸福を「魂に調和と秩序をもたらす音楽や数学」に求めたのはピュタゴラスである。

③ 誤文。「自らの運命を心静かに受け入れること」というのはストア派が主張したアパテイアの境地のことである。

④ 正文。アリストテレスは幸福を「行為のうちに実現しうる最高の善」と考えている。「よき習慣づけ」とは習性的徳を指す。

この問題に限らず，哲学者の考え方を自分なりに理解するために，その哲学者が捉える「よい（幸福）」とは何かを考えてみるのも自学自習を進めていく上での手がかりとなる。

## チャレンジ問題の解答と解説

**1 正解 ②**

今回の問題では，「真理」がテーマになっているが，「幸福」や「善」といった，古来より様々な哲学者，思想家が解釈を試みた「概念」に関する問題は，幅広い範囲から選択肢が作成される。思考実験やジレンマについて考える際に，「この哲学者なら…」，「この思想家なら…」と整理してみよう。

① 誤文。「対話相手に教え込む」という姿勢はソクラテス

の無知の知と矛盾する。

② 正文。イスラーム教の開祖であるムハンマドは「最後にして最大の預言者」とされる。彼の言行や慣行はスンナと呼ばれ，『コーラン』と並んで重要なものとなっている。

③ 誤文。「神学は哲学に仕えるべきもの」とあるが，スコラ哲学においては神学の方に優位性があり，表現として逆である。

④ 誤文。仏教の開祖であるブッダは「身分ごとに異なる義務」のような身分制を否定している。

**2 正解 ①**

① 正文。思慮（フロネーシス）は知性的徳の中でも特に重要な実践知である。「過剰や不足のある状態を避ける」ことで得られる中庸は習性的徳の規準となる考え方。

② 誤文。キリスト教の三元徳は「信仰・希望・愛」の三つである。

③ 誤文。功利主義道徳における黄金律は，「自分自身を愛するように隣人を愛せ」というイエスの隣人愛の教え。

④ 誤文。「慈悲の実践を控える」が誤りである。

**3 正解 ①**

□a□ はBの姿勢が資料のどの箇所と合致しているかを判断する問題である。資料では，「私の理解と行いが正しくないと批判」する姿勢を肯定的に捉え，「無知にとどまる」ことを否定的に捉えている。Bは「議論を避けた」とあるため，資料で否定的に捉えられた「無知にとどまる」姿勢と合致している。

□b□ はAの発言にあるストア派の考え方と合致しているかを判断する問題である。ストア派は情念（パトス）に動かされないアパテイアの境地が必要としている。以上のことから，正解は①である。

資料の読解問題については，肯定的に捉えていることと否定的に捉えていることを整理すると判断しやすい。また，読解問題といえども，知識を必須とする選択肢が存在することについては留意すべきである。

## まとめと発展の解答と解説

(1) 万物の根源のこと。主要な例では，「水」，「火」，「数」，「原子」などが挙げられる。

(2) ソクラテスは「魂への配慮」を意識して，「善く生きる」ことを重要視した。死刑という判決に背き逃亡することは，このことと矛盾することになる。

(3) 哲人政治と呼ばれる形態を理想とした。権力だけではなく，哲学的精神を王に求めた。

(4) 地位や能力に応じて利益や名誉を配分するという考え方である。野球選手ように能力，業績に応じた報酬（年俸）を配分されることが挙げられる。

(5) 「政治システム」，「社会制度」，「権力のあり方」，「財の分配」など，あなたが思う「よい社会」を構成する要素において最も譲れない項目，キーワードは何かを考えてみよう。

## 関門 A-4　一神教の教え　人間と社会の多様性と共通性

世界に大きな影響を与える一神教の教えにはどのような共通点があるのだろうか

### トレーニング問題の解答と解説

**[1] 正解　③**

① 正文。イスラエル人は，神から授かった命に従えば祝福を与えられるという契約を結んだとされている。

② 正文。「唯一神への信仰」に代表される神との関わりに関する条文と，「殺してはならない」に代表される人間同士の関わりに関する条文に分かれている。

③ 誤文。モーセはエジプトにいるイスラエル人を率いてパレスチナに脱出する際（出エジプト）に律法を与えているため，「エジプトに移り住む」は誤りである。

④ 正文。ユダヤ教では，イスラエル人は神に選ばれた特別な民族としている。これを選民思想という。

**[2] 正解　①**

イエスは律法を単に形式的に遵守することを批判し，律法の精神を理解することを重視する，律法の内面化によって律法を完成させたと言われている。

① 正文。黄金律と呼ばれる，キリスト教道徳を代表する教えの内容である。

② 誤文。イエスは形式的な遵守を批判している。

③ 誤文。「敵を愛し，迫害する者のために祈りなさい」は旧約聖書ではなく，イエスの言葉である。このことから，キリスト教は愛の宗教と呼ばれている。

④ 誤文。「安息日は人のために定められた。人が安息日のためにあるのではない。」という教えにあるように，病人がいれば治療のために働くべきであるという考え。

**[3] 正解　②**

① 誤文。キリスト教においては『旧約聖書』も聖典と位置付けているため，「完全に否定されている」は誤り。

② 正文。イエスの十字架上の死は人類の罪を贖ったとされる贖罪論に関する記述である。

③ 誤文。神の国の到来が近づいていると告げたが，地上の国との戦いの終結は告げられていない。

④ 誤文。エロースはプラトンが主張した愛であり，誤り。イエスは神の無償の愛と隣人愛を説いた。

**[4] 正解　③**

① 正文。豚肉食の禁止に代表されるように『コーラン』では生活に関する規定が存在している。

② 正文。ムスリムの信仰の柱である，六信の天使を指す。

③ 誤文。イスラームは，ユダヤ教徒とキリスト教徒を同一の唯一神を持つ，「啓典の民」としている。そのため，『旧約聖書』と『新約聖書』は，不完全であるが同一の神からの啓示の書と捉えられている。

④ 正文。民族や人種は関係なく，平等にムスリムとなることができる。

**[5] 正解　④**

イスラームにおいて，ユダヤ教は同じ唯一神を持つとしているため，『コーラン』にも十戒同様，人間関係の決まりや生活の決まりを規定する内容が見られる。

① 誤文。十戒に「像を造って，ひれ伏してはならない。」と書かれている。

② 誤文。十の戒律には「神に並ぶものを配してはならない。」と書かれている。

③ 誤文。十の戒律には休息をとる日に関する記述はない。

④ 正文。親孝行については，十の戒律では「両親によくしなさい。」と書かれていて，十戒では「父母を敬え。」と書かれている。また，「殺してはならない。」や「理由なく命を奪ってはならない。」とあるように，社会的な振る舞いについても書かれている。

### チャレンジ問題の解答と解説

**1 正解　③**

様々な宗教における規定に関する問題である。各宗教において特徴的とされている規定については知識として持っておきたい。

① 誤文。ムハンマドが啓示を受ける以前のアラビア地方では，偶像崇拝の多神教が広まっており，貧富の差や部族間対立といった問題があった。このような状況で生まれ，布教活動を行ったのがムハンマドである。

② 誤文。ヒンドゥー教は，バラモン教の身分制度を引き継いだ。

③ 正文。出家した信者はより厳しい戒律を守りながら，修行に専念することが求められた。

④ 誤文。救世主（メシア）は『旧約聖書』において「油を注がれた者」を意味する救い主を指すが，十戒に書かれてはいない。

**2 正解　①**

① 正文。「どの民にも他の民を嘲笑させてはならない」とある。貧者を救済することについては，五行の「喜捨」が該当する。

② 誤文。1日5回の礼拝はエルサレムではなく，メッカに向かって行う。

③ 誤文。「憶測をできるだけ避けよ」とあるように，想像力を駆使して，人を評価すべきではないとされる。

④ 誤文。イスラームでは偶像崇拝を禁止しているため，「肖像画」が不適当である。

### まとめと発展の解答と解説

(1) イスラエル人は，神から授かった十戒を守ることで恩恵を与えられるとの契約を交わし，この契約を守るために様々な規定の総体である律法という規範を用いた。

(2) 律法が形式的な遵守に留まっている点を批判した。イエスは律法の精神を理解し，内面化させることで，律法を完成させたと言われている。

(3) 神の無償の愛であるアガペーと，隣人愛を特に重要視し

5

たからである。

(4) 同一の唯一神を持つ「啓典の民」と位置付けたからである。実際にユダヤ教徒やキリスト教徒は生命や財産の保護を受けることができた。

(5) 唯一神との契約や約束を守ることが背景にあり，宗教的な道徳規範だけではなく，社会的な規範，あるべき人間関係についてなど多岐にわたる決まりが聖典によって規定されている。

## 関門 A-5 東洋の宗教と思想

東洋の宗教や思想は，現代社会の文化や私たちの価値観に，どのような影響を与えているか考えてみよう

### トレーニング問題の解答と解説

**[1] 正解 ①**

「四法印」は，ブッダが悟り得た四つの真理であり，すべてのものは様々な因（直接の原因）と縁（間接の原因）によって生起するという「縁起の法」を基礎にすえた，仏教の基本的な教えを表すものである。具体的には「一切皆苦」「諸行無常」「諸法無我」「涅槃寂静」の教えを表す。「法」はブッダの教え，「印」はその標準のことである。

① 選択肢の通り，諸法無我は，すべての存在は互いに関わり合い永遠不変の実体はもっていないという意味。一切皆苦は，すべてのものは苦しみ，自分の思うようにならないことであるという意味。

② 「苦行にも意味はない」ということまではブッダは言っていない。また，悟りの境地としての涅槃は，真実のあり方に目覚めることで到達する心安らかで静けさの境地。

③ 心のなかの煩悩が苦しみの原因という教えは，集諦。一切皆苦は，すべては思い通りにいかず，生きることは苦であるという教え。

④ 「涅槃寂静」を，「聖典に定められた様々な祭祀の執行を通して解脱に至るべき」というのは誤り。

**[2] 正解 ①**

「祖先に対する祭祀儀礼を批判し」とあるが，孔子は，祖先への祭祀儀礼を大切にしている。儒教で重視されている実践的な徳目として「孝」と「悌」があるが，兄弟，親族の間に通う自然な親愛の情を基礎として，子が父母や祖先に仕える義務を重んじ，年少者が年長者に対して敬意をもって従順に従うことを示している。生存しているものばかりを最優先にするものではない。儒家の家族観に関する②③④の説明については，覚えておこう。

**[3] 正解 ①**

① 菩薩は，「悟りを求める人」の意味で，仏になろうと誓い，修行に励むものである。また大乗仏教においては，自分の悟り（自利）だけでなく，他者の救済（利他）も重視する。

② 「悟りを開いて真理に目覚めた者」は，ブッダのことを指しているが，後段は全くの誤り。

③ 悟りを開く前の修行時代のブッダのことも菩薩と呼ぶ。この問題は，「大乗仏教における菩薩」であり，当てはまらない。

④ 「自己の悟りを求めて厳しい修行を完成した聖者」は上座部仏教の阿羅漢を指している。菩薩は人間としてのありようを示すもので，「次に生まれ変わった時には仏に」というような条件はない。

**[4] 正解 ④**

老子の説く「道（タオ）」は，万物がそこから生まれ，そこに帰る根源のこと。④の「宇宙や人間など万物を貫く様々な動きの根本原理」「道徳規範としての「礼」を必然的に規定するもの」は，朱子の天地の間の万物に内在し，そのものをそのものとしてあらしめている理法・原理，さらに道徳法則としてあらわれる「理」に相当するもので誤り。

### チャレンジ問題の解答と解説

**① (1)正解 表を参照**

| | (1) | (2) | (3) | (4) |
|---|---|---|---|---|
| ①天国 | ① | ③ | ① |
| ②空 | ③ | ④ | ② |
| ③非攻 | ② | ① | ④ |
| ④梵我一如 | ④ | ② | ③ |

「あなたの発言」の中の空欄に当てはまるものを(1)で自由に選択し，以下の設問について，(1)で選択した語句に合わせて解答していく。各設問で求められる内容は，基礎的な知識問題ではあるが，関連事項の組合せや完全解答を要求する出題形式として，記憶にとどめておこう。(1)で語句を選択する前に(2)～(4)の選択肢を概観し，知識があり解きやすいものを選ぶことが正解への近道となる。

(2)

① 天国を選択した場合，関連する内容は①。「放蕩者は，業火の中」「審判の日」からイスラーム教の聖典クルアーン（コーラン）と結びつけたい。

② 空を選択した場合，関連する内容は③。「因や縁」「諸行」「無明」などから大乗仏教に結びつける。空が大乗仏教の竜樹の思想であることも確認する。

③ 非攻を選択した場合，関連する内容は②。「一人の人間を殺害すると…」というのは徹底した非戦論を説いた墨子の言葉。人間の殺害や他国への攻撃を不正義としていることから，「非攻」と結びつける。

④ 梵我一如を選択した場合，関連する内容は④。バラモン教のウパニシャッド哲学に関連するアートマン（我）やブラフマン（梵）から結びつける。

(3)

① 天国を選択した場合，関連する内容は③。イスラーム教に関連する内容として，「アラブ社会」「唯一神」「聖典に従う」などから結びつける。

② 空を選択した場合，関連する内容は④。大乗仏教に関連付ける内容として，「部派の在り方に対する批判」「利他行も重視」などから結びつける。

③ 非攻を選択した場合，関連する内容は①。「中国で説かれたもの」「故事成語」などから中国思想に結びつける。冒頭の内容は春秋戦国時代の説明。

④ 梵我一如を選択した場合，関連する内容は②。「多神教の宗教としてインドにおいて発展」などから古代インド思想と結びつける。

(4)

① 天国を選択した場合，関連する内容は①。「神の言葉のままに生きよう」とあることから，イスラーム教の流れに結びつく。

② 空を選択した場合，関連する内容は②。「空」は執着すべき不変の実体はないというもので，原始仏教の頃から縁起及び無我の思想として説かれてきた。「他から成り立たせられるものであるに過ぎない」などから大乗仏教の流れに結びつける。

③ 非攻を選択した場合，関連する内容は④。「戦争がなくなり平和な世界」と「無差別で平等な愛」などから墨子の「非攻」「兼愛」と結びつける。

④ 梵我一如を選択した場合，関連する内容は③。「宇宙の根源の原理と自己の永遠不滅の実体とが一体」などから，古代インドの思想に結びつく。

### まとめと発展の解答と解説

(1) 大乗仏教における菩薩と上座部仏教における阿羅漢の違いなども明確にしながら，まとめておこう。

(2) 有徳の君子による道徳的政治のありようを，孔子及び儒家では「徳治主義」とした。孟子がさらにこれを展開して説いた理想主義的な政治思想が「王道政治」である。その際に，孟子が現実の政治を「覇道政治」として批判した。徳治主義から引き継いでいる点と覇道政治として批判した点を明らかにする形でまとめてみよう。

## 日本の風土と神仏への信仰

関門 A-6

日本の豊かな自然と四季の細やかな変化は，日本人の思想とどのように関係しているのだろうか

### トレーニング問題の解答と解説

**[1] 正解 ③**

　仏教を受容する段階で，日本古来の神への信仰と外来の仏教との融合をはかるものが神仏習合思想である。神と仏の位置付けを示すもので，平安時代には，仏が真理の根源で，神の形で民衆の前に現れるという本地垂迹説として展開した。しかし時代により，例えば鎌倉時代には，元寇の影響もあり，神国思想から，神が本体で仏が仮の姿という反本地垂迹説も

起こった。

**[2] 正解 ③**

　曹洞宗の開祖の道元は，自力では悟れないとする末法思想を否定した。人はみな自力で悟りを得る力（仏性）をもっているとして坐禅による悟りを主張し，修（坐禅の修行）と証（悟り）を一体のものと見なす「修証一等」の思想を展開した。

① 浄土宗の開祖の法然ではなく，彼の弟子であった浄土真宗の開祖親鸞の生涯を示している。法然は，念仏停止の弾圧を受けて，土佐に流されている。

② 日蓮宗（法華宗）の開祖の日蓮は，「南無妙法蓮華経」と題目をとなえる「唱題」によって，現世における仏国土の建設を目指した。「念仏」を唱える浄土宗などは批判している。

④ 明恵は鎌倉時代の華厳宗の僧で，法然の専修念仏の主張を，菩提心を軽視する邪見だと厳しく批判する書『摧邪輪』を著した。

**[3] 正解 ②**

　最澄は，各人の能力や資質によって到達できる悟りに違いがあるとする奈良仏教の救済観を差別的であるとして批判し，「一切衆生悉有仏性」の言葉で「生あるものは等しく成仏し得る」と説いた。

① 最澄は，比叡山に延暦寺を建て，そこでの学問と修行を重んじたが，奈良仏教の特徴である鎮護国家の仏教という考え方は引き継いでいる。

③ 最澄は，鑑真が日本に伝えた上座部仏教の具足戒ではなく，比叡山に新たな戒壇（志願者に僧侶として守るべき規律である戒律を授け，僧侶の資格を与える場所）を設け，大乗菩薩戒を受けた者を官僧とする新しい授戒制度を主張した。

④ 最澄は，唐に渡り天台の奥義・密教・禅を学び，それらを総合した日本天台宗を開いた。『三教指帰』は，儒教・道教・仏教を比較して仏教が最も優れていることを説いた空海の著作。

**[4] 正解 ②**

　奈良時代から平安時代にかけて，神社にまつられた神は苦しみ，神の身を捨てて解脱したいと願っているという神身離脱思想が流行した。この思想のもとに，神に対して仏教の儀礼を行うため，神社に併設された寺が神宮寺である。

① 蕃神とは，外国からやってきた神のことで，つまり仏のことを指す。「仏教伝来当初は日本の神を指して」は誤り。

③ 権現とは，「仏が仮に神として現れる」ことであるが，反本地垂迹説ではなく，仏を本地（本体）とし，神を垂迹（仮の姿として形になって現れたもの）とする本地垂迹説の立場から唱えられたもの。

④ 神仏分離令とは明治政府が神道の国教化を目指し，在来の神仏習合の習慣を禁止するために出したもの。「仏教の優位」ではなく，神道の優位を明確にした。これをきっかけに各地で廃仏毀釈の運動が起こり，寺社や仏堂，仏像が破壊された。

7

## [5] 正解 ⑦

ア 大日如来の教えが密教で，釈迦の教えが顕教。顕教は言葉で明示され，一般の人々が理解できるわかりやすい内容であるのに対して，密教は宇宙の根本仏である大日如来の秘密の教え。空海は，身密・口密・意密の三密の行により，生きた身のまま大日如来と一体化する「即身成仏」を目指すことを説いた。

イ 『教行信証』を著したのは蓮如ではなく，親鸞。蓮如は，「御文」を書き，念仏の教えを門徒（浄土真宗の信者）たちにわかりやすく伝えた。

ウ 日蓮は，当時の疫病や飢饉の流行は『法華経』に従わないためにおこったものだとして，他宗を激しく非難した（四箇格言）。『法華経』に帰依すれば国家は安泰になると考え，『立正安国論』を著した。

### チャレンジ問題の解答と解説

① 各問を参照

**問1 正解 ①と④**

和歌山県にある熊野那智大社の別宮である飛瀧神社のご神体は，「那智の滝」自体である。このことを知らなくても，古代の日本人は動植物だけでなく自然界の様々なものに霊が宿っていると考えて信仰し，神として祀るようになったことから判断しよう。

② 「祀る神」「祀られる神」というのは，和辻哲郎が日本の神話に登場する多くの神々を分類したもの。那智の滝はその分類には当てはまらない。

③ 「被造物」は，ユダヤ教，キリスト教，イスラーム教で神によって創造されたものを意味する。日本人は自然を神の被造物とは捉えていない。

**問2 正解 ⑥**

会話文から，留学生は「いろいろな仏や菩薩」が信仰されていることに驚いていることがわかる。大乗仏教で菩薩を信仰することを知っていれば，留学生は大乗仏教ではなく，上座部仏教が広まっている国の出身者であることが判断できる。このことから，選択肢を④，⑤，⑥に絞り込む。次に，上座部仏教はスリランカを経て東南アジアに広まったことを理解していれば，⑥のタイが正しいと判断できる。仏教の伝播の経路についても確認しておこう。

**問3 正解 ②**

図2の曼荼羅は密教で重んじられ，大日如来を中心として宇宙観を示すものである。さまざまな如来，菩薩は大日如来の化身とされている。

① 「臨終来迎」とは，この世の命がつきる瞬間に阿弥陀仏が浄土に導いてくれるという浄土信仰に由来するもの。

③ 『山家学生式』は最澄の著作。天台宗の僧侶の教育方針や修行の規定などについて嵯峨天皇に上奏（提出）したもの。

④ 曼荼羅は末法思想の広がりとともに描かれるようになったものではない。空海が唐から日本にもたらした真言密教で重んじられたもの。末法思想は，平安末期から鎌倉

---

時代にかけて広まったもの。

### まとめと発展の解答と解説

阿弥陀仏の本意は，自力で善を行うことができず，他力にすがるほかない煩悩にまみれた人々を救うことにあるという「悪人正機」の思想にしたがって，「善人」と「悪人」がどのような意味で使われているのかを確認しよう。

**関門 A-7 江戸時代の学問と近代化への歩み**

江戸時代から近代の日本において，儒教（儒学）や西洋文明が，政治思想や国家形成にどのようにかかわっていたのか考えよう

### トレーニング問題の解答と解説

#### [1] 正解 ③

③ 山鹿素行は，江戸中期の儒学者で兵学者。古学の提唱者の一人で，儒教の概念を通じて，太平の世の統治者としての武士のありようを確立しようとする「士道」に重きを置いた。「古典の言葉を正確に理解する古学の方法によって，六経に記された先王の道を学ぶべきであることを主張した」のは荻生徂徠。

① 雨森芳洲は，江戸中期の朱子学者。木下順庵に朱子学を学び，その推挙で対馬藩に仕え，中国語・朝鮮語の両方に通じ，朝鮮との外交を担当した人物である。「誠心の交わり」を旨として善隣外交に尽力した。

② 新井白石は江戸中期の朱子学者，政治家である。鎖国下の日本で，白石は，江戸に赴いたオランダ人や密入国によって幕府に捕えられたイタリア人宣教師シドッチに対する尋問から，西洋に関するさまざまな知識を得た。シドッチを尋問して得た西洋諸国の風土や歴史，キリスト教の教義など，西洋の事情を『西洋紀聞』としてまとめた。

④ 伊藤仁斎は，江戸前期の儒者で，古義学派の創始者。『論語』『孟子』のもともとの意味（古義）を究明しようとする古義学を提唱した。朱子学が重視した「敬」や「理」よりも，「仁愛」こそが儒学の根本であると考えた彼は，これを実現するために，真実無偽な心である「誠」の重要性と自分を偽らず他人を欺かない「忠信」の実践を説いた。

#### [2] 正解 ④

④ 内村鑑三は，日清戦争の時代には，日本の正義を信じ，英文で「日清戦争の義」を発表して，戦争支持を日本国内外に発信していたが，終戦後，戦争のもたらした結果を見て非戦論に転向した。キリスト教の神が絶対的平和を命じているとして日露戦争に反対した。

① 『代表的日本人』は内村鑑三の著作。内村は，西郷隆盛，上杉鷹山，二宮尊徳，中江藤樹，日蓮の5人について英語で紹介している。新島襄は，明治期の教育者で，京都

に同志社英学校（後の同志社大学）を創立した。

② 新渡戸稲造は，内村鑑三らとともに札幌農学校に学び，キリスト教の洗礼を受けた。農政学を中心に幅広い教養を身につけた教育者で，第一高等学校校長として人格主義と理想主義をかかげ，多くの学生に多大な影響を与えた。選択肢の後段の「日本の西欧化に尽力するとともに，脱亜論を主張した」のは，新渡戸ではなく，福沢諭吉。

③ 『武士道』を英文で著し，選択肢の内容に該当するのは新渡戸稲造である。植村正久は，明治・大正期の日本プロテスタント協会の指導者で，牧師。維新後にキリスト教に入信し，日本へのプロテスタントの導入に主導的な役割を果たした。

[3] 正解 ②

② 本居宣長は，江戸中期の国学者で，『古事記伝』を完成させて国学を大成した。さらに『源氏物語』の研究を通して，文芸の本質は「もののあはれ」であるとした。また，後世の解釈によらずに何事も古書によって古代の本来の姿を明らかにすべきだと説き，その立場から「からごころ（漢意）」を排し，『古事記』にあらわされた世界をそのまま事実と信じ，受け入れるべきだとした。古代の研究を通じて発見した日本固有の道は，「惟神の道」とよばれるもので，彼はそれを生まれながらの「まごころ（真心）」にほかならないとし，そこに帰ることを主張した。

① 「儒教や仏教を批判的に受容」は誤り。宣長は，真心を取り戻すために，儒教や仏教などの「漢意」を排除することを主張している。また「からくにぶり」とは，儒教や仏教の思想の影響をうけた人間のあり方のこと。

③ 「人間の普遍的な生き方としての道」が誤り。「惟神の道」は，日本固有の理想の道であり，古道ともいわれる。「儒教や仏教と同じく」も誤り。

④ 「もはや実現不可能な，古代日本人に特有な理想的な生き方」が誤り。宣長は，「惟神の道」を「漢意」を排除したところに見出されるとし，「真心」にかなったものとして説いた。

[4] 正解 ⑤

ア 丸山真男は，論文「超国家主義の論理と心理」で「何となく何物かに押されつつ，ずるずると」開戦に至り，戦争をやめることができなかった戦前・戦中の日本社会に「無責任の体系」を見出し，批判的な検討を加えるとともに，近代的主体による民主的市民社会の形成を唱え，日本の戦後民主主義思想の展開に指導的役割を果たした。また『日本の思想』などの一連の著作で，共通の土台にかける様々な思想が，ただ「雑居」している日本の思想のあり方を批判し，異質な思想を内面的に交わらせることで，「雑種」という新たな個性に高める必要性を説いた。

イ 小林秀雄は，『様々なる意匠』（1929年）で明治以降の日本の思想や理論がその時々の意匠（趣向）として扱われていることを批判し，当時流行のプロレタリア文学運動（マルクス主義に立脚する文学）と芸術至上主義を鋭くつきながら，個々の作品と自意識の存在の対決を軸とする批評の方法を主張し，近代日本における文芸批評の領域を確立した。

ウ 吉本隆明は，日本の戦後思想に大きな影響を与えた思想家・評論家・詩人。文学や芸術だけでなく，政治，経済，国家，宗教，家族，大衆文化に至るまで論じ，「戦後思想界の巨人」と呼ばれた。1968年の『共同幻想論』などで，時代の思想状況に多大な影響を与え続け，1960年代の学生運動の理論的指導者の一人ともなった。吉本は，『遠野物語』や『古事記』を徹底的に分析することで，「共同幻想」としての国家成立の仕組みを解明し，一人ひとりが国家にきちんと対峙して，自立的に生きていく方法を模索した。

以上が，ア，イ，ウに関連する思想家についての説明である。正解は⑤となるが，それぞれの思想家に関連する「雑居」「意匠」「共同幻想論」といった基本的な用語は，思想家と結びつけて確認しておきたい。

## チャレンジ問題の解答と解説

① 正解 ②

a 選択肢から林羅山か荻生徂徠の二択となる。レポートに「徳川家康ら徳川家の将軍に仕えた」「持敬」とあるので，儒学者の中でも朱子学者の林羅山であると判断できる。一方の荻生徂徠は，儒学の一派である古学の中で古文辞学を唱えた人物で，五代将軍の徳川綱吉に仕えた。

b 「持敬」をどのように説いたかであるが，林羅山の思想である「上下定分の理」をあらわす選択肢②と④の文章が適当である。①と③のbは，荻生徂徠の古文辞学についての内容となっている。正解は②となるが，江戸時代の儒学について，思想家とその基本的事項については関連づけて確認しておきたい。

② 正解 ②

和辻哲郎の原典資料を手がかりに，和辻と同様の人間観に立つ西洋思想を比較させることで，多角的・多面的に思想を考察し判断させようとした問題である。

提示されている和辻の文章の中で，「この誤謬は近世の個人主義的人間観に基づいている」「個人主義は，人間存在の一つの契機に過ぎない個人を取って人間全体に代わらせようとした」と指摘されている。この考え方に基づいて，西洋思想を捉えたとき，社会や人間関係から切り離して人間の存在を捉えようとする西洋近代の個人主義的傾向の強い人間観を批判しているものと考えられる。和辻に関連する知識として「間柄的存在」を理解していれば，このような捉え方は容易に理解できると考えたい。

② マルクスの人間観で，「人が人になったときすでに社会的であるという見方」から一致する。マルクスは，人間は孤立した存在ではなく，労働を通じて社会的関係の中で他者と連帯して生きる存在であると主張した。

① アリストテレスの主張で，「個的な人間存在」という表

現から和辻の考え方と異なっている。人間の本質をロゴス（理性）に求め，個人のロゴス性の優れた発揮を卓越性，徳として説いている。

③ カントの主張で，「自己の意思の自律」を説いている。和辻が批判する個人主義の一端である。カントは，自らの実践理性（善意志・良心）が命じる道徳法則に義務として自らを従わせ行為するところに道徳性の根拠をおいている。

④ ホッブズの主張で，「人は自然状態においては互いに連絡を持たないアトムであって」という点が和辻の考え方と異なる。ホッブズは，自然状態は各自が自己保存のために「万人の万人に対する闘争」の状態にあると考えた。

### まとめと発展の解答と解説

「間柄的存在」は，和辻哲郎の倫理学の根本をなす思想で，人間存在の根本的なありようを表現したもの。人間は，いかなるときも単なる個人として存在するのではなく，人と人との間柄において，はじめて人間として存在するということ。こうした発想には，個としての内面よりも人と人とのつながりを重視する日本人の伝統的な道徳観念が影響している。身近な人間関係の中で，この考え方をさらに確認してみよう。

## 関門 A-8 義務論と功利主義
善悪を決めるのは，動機だろうか？結果だろうか？　考えて行為を選択すべきことを理解しよう

### トレーニング問題の解答と解説

**[1] 正解　道徳法則**

カントは，無条件に善いものを善意志とした。人間の心には人間が従うべき道徳性の法則があり，それはすべての人にあてはまる法則で，無条件に従うべきものとして，条件のない絶対的な命法（定言命法）によって示される。

**[2] 正解　動機主義（動機説）**

道徳の基準を，行為の結果ではなく，行為の端緒である動機に求める考え方。

**[3] 正解　自律**

他のものに支配されず，自発的に，自分の立てた法則に自分で従うこと。対義語は他律。カントは，真の自由とはただ単に何物にも縛られないことではなく，自分の意志で自分の在り方を決めて実現する，意志の自律のことであると説いた。

**[4] 正解　功利主義**

カントの考え方に対して，行為の結果を重視する考え方の一つが功利主義である。人間の行為が正しいかどうかの基準を，その行為がもたらす帰結（結果）に着目して，それが人間を幸福にするのに役立つかどうか（功利性）に求める考え方。

**[5] 正解　他者危害の原理**

個人の自由とその範囲についての原則。個人は，他者や社会の利益を害さない限り，自分のことを自分の責任で決めて行為してよいということ。他者危害の原理に基づく自由の考え方は，生命倫理や環境問題など，現代の諸課題について，自己決定権などを論ずるときにも重視される。

**[6] 正解　結果説**

帰結主義ともいうが，何らかの行為について良いとか悪いとか評価する際に，行為の結果を重視する考え方。

**[7] 正解　①**

Ｊ．Ｓ．ミルは，ベンサムとは異なって快楽には質的な差があると考え，ベンサムの量的功利主義を批判し，質的功利主義を主張した。彼によれば，人間の尊厳や品位にかなった精神的な快楽のほうが，感覚的で身体的な快楽よりも質が高いとされた。

②は，アダム＝スミスが『諸国民の富（国富論）』で述べた，自由放任のもとで，個々人の利己的利益追求が，神の「見えざる手」に導かれて社会全体の利益拡大と社会秩序の形成に貢献し，自然と最適な状態になるという主張。功利主義に関連して，アダム＝スミスの考え方や思想について触れられることが多いので注意する。

③は，苦痛と快楽を取り上げたベンサムの功利性の原理に関する主張。

④は，「善なる意志」という言葉からカントの思想。ノーベル経済学賞を受賞したインド生まれの経済学者であるセンの考えである。

**[8] 正解　①**

カントは，人間の理想的な在り方として，自分で定めた道徳的なルール（理性の命ずる道徳法則）に従う道徳的主体をあげている。しかし人間は理性的な存在であると同時に，自然の生き物として，自分の感情や欲求にとらわれて，道徳法則を守れないことがあるとも考えた。つまり，人間は理性によって，自ら法を立て，それに従うことのできる存在になることができると考えている。

② カントは，無条件に善いものについて，人間としての義務として，すべきことを行う善意志に従うときに，善い行いができると考えた。

③ 嘘をつくという行為の結果が，利益になるかならないかというのは，功利主義的な考え方。

④ カントは，定言命法のみが道徳的であるとして，道徳法則は「もし～ならば～せよ」という条件付きの仮言命法ではなく，「常に～せよ」という無条件の定言命法であるとした。

**[9] 正解　④**

カントは，道徳の基準を行為の端緒である動機に求め，人間がなすべきことを義務として行おうとする動機としての善意志による道徳的行為を重視した。

① 「自由という刑に処せられている」というのはサルトルの思想

② 「矛盾を克服しながら自己を外化していく」というのは，

正・反・合の三つの契機からなるヘーゲルの弁証法の考え方

③ 「共感に媒介され」利己的な人間同士の競争が社会全体の利益をもたらすというのは、『道徳感情論』のなかでアダム＝スミスが示した考え方

[10] 正解　④

ベンサムは、量的功利主義の立場に立ち、「最大多数の最大幸福」の実現を目指し、快楽を数量計算（快楽計算）した上で、個人の効用の合計を最大化することを重視した。

① カントの動機を重視する道徳論に近い。ベンサムは動機よりも行為のもたらす結果を重視している。

② ベンサムは自分の快楽（幸福）だけでなく、社会全体の幸福を最大化することを目指しているので、適当ではない。

③ この考え方は、社会契約説をもとに「公正としての正義」を説いたロールズの正義論に近い。現代思想として、ロールズも確認しておこう。

### チャレンジ問題の解答と解説

① 正解　④

Ⅹの「危害を及ぼすのであれば、自分自身の利益になることであってもすべきではない」という道徳原理に当てはまるものを選択する。

ア 生活者たちが化石燃料で動く交通手段など、自分たちの利益になることであっても、他の人に危害を及ぼすものの使用を控えることが述べているので、Ⅹの内容に当てはまる。

イ 牛や羊のゲップやおならで、温室効果のあるメタンが発生するため、これらの動物の売買や利用で利益を得ている消費者や企業が過剰な売買や利用をやめて、温室効果ガスの排出量を減少させるとあるので、Ⅹの内容に当てはまる。

ウ 企業や人々による防波堤の設置や移住の支援などは、危害への補償に当てはまり、Ⅹの内容ではなく、むしろⓎの内容である。

### まとめと発展の解答と解説

(1) 他人が定めたルールに従う他律は、道徳的ではない。自分で定めたルールに自ら従う自律こそ道徳的であり、この自律こそ、真の自由である。

(2) Ｊ．Ｓ．ミルは、イエスの言葉こそ功利主義道徳が理想的に完成したものであるとした。その理想に最も早く達する手段として、第一に法律と社会組織によって、個人の幸福・利益を出来る限り全体の利益と調和させること、第二に人間の性格に大きな影響を及ぼす教育と世論によって、個人の精神のうちに自身の幸福と全体の善とが不可分であることを自覚させること、と述べている。
先哲の思想を学ぶ意義は、その考え方を私たちの身近な生活や社会と結びつけ、考えることにある。

### トレーニング問題の解答と解説

[1] 正解　①

① 誤文。2010年施行の改正臓器移植法では「本人の臓器提供の意思が不明の場合であって、遺族がこれを書面により承諾するとき」でも臓器提供できるようになった。

② 正文。新しい人権とされる、いわゆる「自己決定権」を行使するためには、このような十分な説明が必要である。

③ 正文。ゲノムとは、DNAの遺伝情報すべてのことを指す。人のゲノム、つまり「ヒトゲノム」の解明が進むことにより、遺伝的にかかりやすい病気の早期発見などの効果が期待される。

④ 正文。技術の進歩に対し、診断を受ける側への十分な心のケアや法整備が追いついていないという課題もある。

[2] 正解　④

④ 誤文。これはES細胞の記述である。ES細胞は受精卵の中の胚から作るため、受精卵を壊すという倫理的な問題がある。

① 正文。妊娠中に遺伝子異常が明らかになったあとで人工中絶を行うケースも見られるため、一定の法整備を求める意見がある。

② 正文。2012年に「ヒトに関するクローン技術等の規制に関する法律」が制定され、クローン人間（全ての遺伝子情報が同じ）の作製が禁止された。

③ 正文。何らかの理由で出産できない女性が、第三者の女性に妊娠・出産をしてもらうとき、その相手を一般に代理母という。わが国では代理母について認める法律も禁止する法律も無いが、2003年には日本産科婦人科学会が代理母を認めないという見解を示している。また、最高裁では「分娩（出産）者＝法律上の母」という判決が出ている（1962年）ので、出産を依頼した女性と、代理となった女性との間でのトラブル等が懸念される。

[3] 正解　②

② 誤文。「リビング・ウィル」とは、死ぬ前に延命治療や臓器提供、葬儀方法などについて、本人が示す意志をいう。この文は「インフォームド・コンセント」の説明。

① 正文。ただ命を長らえるという観点だけでなく、「QOL（クオリティ・オブ・ライフ＝生活の質）」を求める観点からの治療を求める声もある。

③ 正文。トレーニング［1］①の解説を参照。

④ 正文。これを「ターミナル・ケア」という。

### チャレンジ問題の解答と解説

① 正解　③

ア 誤文。「人の受精卵や胚を破壊して作製」されるのはiPS細胞ではなくES細胞である。

イ 正文。2012年制定の「ヒトに関するクローン技術等の

規制に関する法律」により規制されている。

**2　正解　②**

　いずれについても，自己決定権に基づいて，近年重要視されている事柄である。関連して，「脳死の定義」，臓器移植法の内容，あるいは尊厳死と安楽死の違い等を確認しておきたい。日本尊厳死協会や日本救急医学会などのwebサイトが参考になる。

**3　正解　④**

　2009年の改正臓器移植法（翌年施行）のポイントは次の4点である。

　　1．脳死を法的に事実上の人の死と位置づける。
　　　（脳死状態で臓器移植が可能）
　　2．臓器提供者の年齢制限(それまでは15歳未満は禁止)を撤廃。
　　3．ドナー候補（本人）の臓器提供の意思が不明の場合でも遺族が書面により承諾するときは移植が可能になった。
　　4．親族への臓器の優先的提供。

このことから判断すると，表中のAとCが正しいことが分かる。

**4　正解　②**

ア　正文。SOLとはSanctity of Life（生命の尊厳）の略で，QOLとは対立概念になる考え方といえる。

イ　誤文。パターナリズム（paternalism）とは，あることについて，優越的地位の者（A）が劣等的地位の者（B）に対し，Bの意志を尊重せずともBの利益を保全できるのであれば，それを行うべきだという考え方である。医療の現場においては，医師がA，患者がBとなり，医師がよかれと思って患者の望まない治療を行うようなことがこれにあたり，この文章が述べるような自己決定権を尊重する立場とは対極的な考え方である。なお，この文章はインフォームド・コンセントの説明である。

ウ　正文。QOLとはQuality of life（生活の質）の略で，本人の自己決定権に基づく考え方である。

#### まとめと発展の解答と解説

(1)　まずは，医療を受ける患者の気持ちと，患者の家族の思いをくみ取るところから始まるだろう。

　　現代医療はその技術の発展がめざましい一方で，医者の専門性が分化され，患者の身体の悪い部分（病気そのもの）しか診ずに，体全体のことや本人の年齢，生活状況，趣味，家族構成，そして本人がどのような治療を望んでいるか，その理由は何かなどを考慮しないまま，治療方針が決定されることがあるのではないだろうか。例えば，胃ろうは「栄養補給」という面だけを考えると合理的な治療方法かもしれないが，「食べる楽しみ」を患者から奪ってしまうものであり，それが「生命の質（QOL）」を低下させ，ひいてはかえって生きる意欲や健康を損なうことにはならないだろうか。

　　手間のかかることではあるが，治療方針を決める際に

は病気そのものだけでなく，患者や家族とよく対話することが重要となるだろう。それが「患者をよく看て，生活の質を護る＝看護」といえるのではないだろうか。。

(2)　安楽死とは，肉体的・精神的苦痛から患者を救うため，薬物などを用いて意識的にその生命を終わらせる行為である（延命治療を終わらせる「尊厳死」とは区別される）。安楽死，尊厳死のいずれにしても，日本ではそれを認める法律はないが，2007年に日本緊急医学会は，患者本人の意志が確認できた場合，治療を中止する場合のガイドラインを発表している。

　　また，厚生労働省は「人生の最終段階における医療・ケアの決定プロセスに関するガイドライン」で，「人生の最終段階における医療・ケア行為の中止等は，医療・ケアチームによって…慎重に判断すべきである」との見解を出している（2018年）。

　　なお，海外では限定付きではあるが，安楽死や尊厳死を認めている国もある。前者の例としてはオランダ，ベルギー，カナダなどが，後者の例としては，フランスやイタリアがある。

　　耐えがたい苦痛から患者を救うために，一刻も早く法制化すべきとの声がある一方で，治療技術の進歩への期待や，そもそも本人や家族の意志も変化することもあること，さらには安楽死・尊厳死を決定しそれを行う者の精神的負担の重さなどの理由から，法制化には慎重な声が多いのも事実である。

## 関門 A-10　近代科学の成立と近代的人間像の誕生

**ヒューマニズムの精神は，市民社会の形成にどのような役割をはたしたのだろうか**

#### トレーニング問題の解答と解説

**[1]　正解　②**

①は正文。ルネサンスは，古代ギリシア・ローマの芸術を中心とした古典文化を再生し，人間中心の文化へ変革しようとした運動のことである。

②は誤文。ルネサンスは「古代ギリシア・ローマの古典文化の再生・復興」を意味し，「古代の異教的世界」や「神話的世界観」の復活を目指したものではない。

③は正文。遠近法は，解剖学や機械工学の知見を絵画に生かしたレオナルド・ダ・ヴィンチが確立した。また，ミケランジェロはサン・ピエトロ大聖堂やラウレンツィアーナ図書館を手掛けたことでも知られている。

④は正文。ルネサンス期に登場したピコ・デラ・ミランドラは人間の自由意志を強調し，神学的な世界観から離れた自由な精神を唱えた代表者の一人であると言える。

**[2]　正解　①**

①は正文。ルネサンス期は，古代ギリシア・ローマの芸術を

中心とした古典文化を再生しようとしたものであり，人間中心の文化，つまりは「人間性の回復」を目指したことから，ヒューマニズム（人文主義）と言われている。

②は誤文。ルターは人間の自由意志を真っ向から否定した人物である。

③は誤文。カルヴァンはプロテスタント教会の指導者として，予定説を提唱した人物である。

④は誤文。ピューリタニズムは，カルヴァン主義による徹底的な宗教改革を求め，聖書に基づく禁欲的生活と，信者の自由意志に基づく共同体の建設をめざした立場。

**[3] 正解 ④**

ア 市場のイドラについての説明である。言語の不適切な使用から生じる偏見のことであるが，飛び交う不確かな噂を事実であると信じ込むことが該当する。

イ 洞窟のイドラについての説明である。個人の境遇や性格，体験など，個人的立場にとらわれることから生じる偏見のことであり，問題文の通りである。

**[4] 正解 ④**

アは誤文。コペルニクスではなく，ベーコンについての説明である。

イは正文。ニュートンは万有引力の法則を発見し，機械論的自然観の考え方を確立させた。

ウは正文。レイチェル＝カーソンは，1962年に著書『沈黙の春』を出版し，有機塩酸系農薬と殺虫剤の大量使用が自然環境や生態系に影響し，それが動植物だけではなく，人間をも死滅させると警告した。

**[5] 正解 ③**

演繹法とは，普遍的な命題から理性的な推理によって特殊な真理を導く方法である。代表的なものに三段論法があり，例えば，「AがBとすれば（大前提），BがCのとき（小前提），AはCである（結論）」というような論法である。

③の文章にあてはめると，「A…今日　B…雨が降っている　C…自宅の中庭は（必ず）濡れる」となり，「今日雨が降っているとすれば，雨が降って自宅の中庭が濡れるとき，今日（は）自宅の中庭が濡れる。」との文章に言い換えることができる。

### チャレンジ問題の解答と解説

**① 正解 ①**

①は誤文。内容の説明の文を見ると，「政治的にも，経済的にも，また知的な意味でも，自ら現実に向き合おうと決意し，その決意に自分のアイデンティティを見いだそうとした人々にとって，新たなよりどころとなった。」とある。この説明から見ると，個々人の良心を政治や経済の諸問題から切り離しているという見方はできない。

②は正文。前述①での説明と同じ部分から，現実世界に対峙することで，自らのアイデンティティを確立しようとする努力と読める。

③は正文。内容の説明の文を見ると，「一部の人々のではなく，万人の尊厳と自由のための基盤となった」とある。

この説明から見ると，人間としての尊厳があらゆる人に備わっていると読める。

④は正文。内容の説明の文を見ると，「平等，民主主義，自己決定といった一連の概念へ通じる道を開く」とあるので，平等その他，その後の社会の在り方を支える諸概念の形成を促したと読める。

### まとめと発展の解答と解説

(1) （例）ヒューマニズムにより，宗教的世界観から解放された人間は，合理的・科学的な観点から世界を捉えていくことができるようになったから。

(2) （例）ルターは人間の救いは信仰のみにより，信仰の真理の基準は聖書のみにあると主張し，個の自覚が宗教的世界の中で促されたことを提唱した一方で，カルヴァンは救済はすべて神の意思によってあらかじめ決められている（＝予定説）とし，人間は社会の中で勤勉に働くことで自分の救いを確信することができると提唱した。

(3) （例）「地球が自転しながら，中心である太陽の周囲を他の惑星とともに公転するという宇宙観」のことであり，学術上の名称は「太陽中心説」である。

(4) （例）赤信号では，車も歩行者も止まらなければならない。今，車用も歩行者用も信号は赤である。よって，車も歩行者も止まらなければならない。

(5) （例）インターネット上のフェイクニュースを真実だと思い込んでしまうこと。

**関門 A-11 近代国家と社会契約説**

ホッブズ，ロック，ルソーの社会契約説を比較し，その考え方が，現在の政治制度にどのように反映されているか，調べてみよう

### トレーニング問題の解答と解説

**[1] 正解 ⑤**

Aの『社会契約論』はルソーの著書であり，その内容はウである。「人間は自由なものとして生まれたが，いたるところで鎖につながれている」が有名なフレーズ。

Bの『国富論』はA．スミスの著書であり，その内容はアである。「利己心」「見えざる手」という語句から容易に判断できる。

Cの『リヴァイアサン』はホッブズの著書であり，その内容はイである。「万人の万人に対する闘争」「絶対的支配権をもつ国家」などから判断する。

**[2] 正解 ④**

④ 正文。『統治論』の内容である。各人が有する自然権を闘争や犯罪などから守り確実なものにするため，国家の代表者としての政府に自然権を信託するとした。例えば，財産権の一部を「納税」という形で政府に信託し，それにより治安維持のための組織を運営してもらうとい

うことである。

① 誤文。「万人の万人に対する闘争」から，ホッブズの思想であることが分かる。ホッブズは自然状態について「人間にとって人間は狼」とも述べている。

② 誤文。「神の摂理にかなうように」「君主は…絶対的に支配する」から，絶対王政を支える理論である王権神授説についての記述であることが分かる。

③ 誤文。「人間はポリス的（政治的）動物である」と主張したアリストテレスの思想である。

## [3] 正解 ②

② 正文。ロックは「政府は，国民によって生命・財産を保全するよう信託（契約）されることで成立するものであって，その信託が果たされない場合は，国民は政府を変えることができる」と説いた。これが抵抗権（革命権）である。この思想は名誉革命を正当化し，アメリカ独立革命にも大きな影響を与えた。

① 誤文。この内容はロックの権力分立論である。ロックは執行権（行政・司法）および同盟権（外交権）は国王が担当し，国民の信託を得た議会が立法権を担当するとした（二権分立）。ただし，両者の関係性においては，後者が前者を抑制すべきと主張した。

③ 誤文。アメリカ独立革命を目撃し，フランス革命に影響を与えたのはルソーである。なお，モンテスキューは1755年に死没しており。1775年からのアメリカ独立革命は目撃できない。

④ 誤文。リンカンのこの言葉は国民主権の概念を端的に表明したものであり，間接民主制を否定するものではない。

## [4] 正解 ④

④ 正文。「人民の信託」，あるいは「抵抗する権利」から容易に判断できる。

① 誤文。社会契約説においては，政府と人民の関係に「愛情」はみられない。
また，政府と人民を「神と人間」の関係とするのは王権神授説の考え方である。「神は絶対」なので人民が作り直すことが出来ないとして，神の代理である君主による絶対的支配を正当化した（③の解説も参照）。

② 誤文。ホッブズは主権者（君主）に自然権を譲渡することで絶対的な支配権を与えることが可能になり，平和や秩序がもたらされると説いた。これが結果的に絶対王政を擁護したといわれる理由だが，国民が「自ら」自然権を譲渡して統治者と契約を結ぶという点で，絶対王政とは区別される。

③ 誤文。①に関連し，国家を「伝統を通じて形成される」と考えるのは王権神授説である（伝統には，広義では宗教的な考え方も含む）。社会契約説では「国家は人為的なもの」，つまり人間が作ったものなので，国家と人民とは対等な立場で契約することも可能であるし，不完全な人間が作ったので場合によっては「作り直し＝革命」も必要だと考えることが可能である。

## [5] 正解 ①

紹介されている資料はルソーの『社会契約論』である。彼のいう一般意志とは，共同体を形成する全人民の利益を求める常識ある同意のことで，それを「各人」が「自分」で表明・行使することが主権であり（つまり「譲渡」も「代理」も不可），それが具体化されたものが法であるとした。この論理に従えば，民主主義を実現するためにはaのように直接民主制を採用するほかなく，間接民主制や単なる多数決はルソーの思想とは相容れない。

代表間接民主制を主張するロックに対し，「イギリス人が自由なのは選挙するあいだだけ」と批判したことからもそれはうかがえる。

②③（b・c）については「国民が選んだ（国民の）代表者」とあるので誤りであり，④（d）については「全員の意見が一致することはありえない」としているので不適である。

### チャレンジ問題の解答と解説

## [1] 正解 ②

この資料はモンテスキューの『法の精神』（1748年）の一節である。内容を要約すると，次のようになる。

(1) 「権力を有する者は，必ずそれを濫用してしまう」（言い換えれば，権力は必ず腐敗する）

(2) 「権力の濫用を防ぐためには，他の権力による抑制が必要である」

(3) 「同一の者が立法権と執行権（行政権）を持つと，為政者，つまり君主などが自らに都合の良い法律を制定することができ，それは国民の自由を奪ってしまうことになる」

(4) 「裁判権力（司法権）が立法権や執行権を持てば，国民の生命と自由は彼の恣意的なものになる」
よって選択肢②に述べられているように，権力の「分立」こそが「公民の自由が保護」されることになる，という内容が正解。

(3)については，1933年にドイツで制定された全権委任法（授権法）が好例である。この法律は，政府（執行権力者）に立法権を持たせることを可能にした法律で，これによりヒトラーは事実上の独裁権を手に入れ，ユダヤ人を始め多くの人民の自由を奪った。ワイマール憲法で謳われていた基本的人権は有名無実化したのである。

また，『法の精神』が刊行された時代がブルボン王朝の絶対主義全盛期であったこと（ルイ15世の治世下）を踏まえると，関連づけた理解となろう。

他の選択肢については，以下のとおりである。

①に述べられている「革命権」はこの資料からは読み取ることができない。確かに，権力を恣意的に行使するような統治者に対して国民が抵抗し，（革命もしくは選挙による）政体の変革を起こす権利は，民主主義の実現のためには極めて重要だが，これはロックの思想である。

③「権力をもつ者」が「公民の自由を保護する傾向にある」という内容は，この資料では述べられていない。逆に，どちらかといえば，権力をもつ者が（その権力が腐敗することに

よって）「公民の自由」を制限する傾向にある前提で述べられている。

④「権力をもつ者」が「自然権を譲渡された」とは，この資料では述べられてない。自然権の一部を放棄し権力者（執行権者）に譲渡することにより，権力者を「絶対的な存在」にし，混乱の自然状態（万人の万人に対する闘争）から抜け出すべきであると述べたのはホッブズである。

近年，重要著作や人権宣言などの原典文章が，そのまま資料として出題される傾向が強まっており，今後もそれは続くと思われる。「文章をしっかり読み解く力」が，今の時代で強く要求されているからである。

普段から，箇条書きなどの要点をまとめた分かりやすい記述だけでなく，資料集などに載っている原典の文章を読み解く習慣をつけておくことが重要である。

## まとめと発展の解答と解説

(1) 選挙における投票行動や，地方公共団体における直接請求権などがある。

(2) これも地方公共団体における直接請求が考えられる。地域住民の意思を住民投票によって表明した事例は多数ある。ただし，現代の日本では，この住民投票の結果に法的拘束力は与えられていないので，「実現されていない」ともいえる。

# 関門 A−12 ヘーゲルとマルクス
国家の形成に，人々はどのようにかかわっているのだろうか

## トレーニング問題の解答と解説

### [1] 正解 ③

① 誤文。構造主義の説明となっている。
② 誤文。分析哲学の説明である。
④ 誤文。プラグマティズムの説明である。

### [2] 正解 ②

物質的な生産関係は上部構造ではなく下部構造である。マルクスらの史的唯物論において，人間のあらゆる社会や歴史を支える土台となるのが「下部構造」であり，これに支えられて形成される社会や歴史の側面が「上部構造」である。下部構造にあたるのは，人間の生存に必要な物質を生み出す経済的活動の総体であり，上部構造にあたるのは法律・政治・宗教・哲学など，人間のより精神的・意識的な活動の産物である。下部構造の変動に応じて上部構造も変化するとされる。

つまり，経済的な土台に，政治的・法律的な制度や宗教・哲学などの精神的生活が支えられているのであって，その逆ではない（「人間の意識がその存在を規定するのではなく，人間の社会的存在がその意識を規定する」）。

### [3] 正解 ⑤

ア：オーウェンはいわゆる「空想的社会主義者」の一人。人間の性格形成における環境の影響を重視し，労働者教育や幼児教育なども行った。

イ：フーリエもいわゆる「空想的社会主義者」の一人。

ウ：バーナード・ショウは19世紀〜20世紀に活躍した。緩やかな社会改革を主張し，民主的な議会活動による社会改革と社会主義の理念の実現を唱えた。イギリスの労働党の結成と，労働党の労働者問題や福祉問題をめぐる政策決定にも大きく寄与した。

### [4] 正解 ③

ヘーゲルは『法の哲学』で法と道徳を論じた。所有権のような法や権利の分析だけでは個人の内面やその主体性が見落とされる一方，カント的な道徳は内面的な自由や善しかとらえられず，共同体全体との関わりが欠けている。そこでヘーゲルは法や道徳を支えている共同体そのもののあり方を探究し，家族，市民社会，国家という三つの段階を区分した。それらのなかで，主体どうしがたがいの存在を認めあい（相互承認），そのことによって自由が共同体のなかで実現されていく過程をとらえた。

### [5] 正解 ①

疎外とは一般に，自分の内にあるはずの自分にとって本来的・本質的なものが，対象化されて自分から離れ，自分に対してよそよそしいものになることをいう。マルクスは人間の本質であるはずの労働やその成果が，労働者にとってよそよそしいもの，また労働者を苦しめるものとなる事態を指して，労働の疎外と呼んだ。

①：マルクスは，資本主義社会において，本来は喜びに満ちた人間本来の活動である労働が，苦しみに満ちた作業でしかなくなる労働からの疎外という事態に陥っていると主張した。

②：生産物からの疎外の説明。

③：類的存在からの疎外の説明。

④：人間の人間からの疎外の説明。

## チャレンジ問題の解答と解説

### ① 正解 ②

形式こそ記事を読んでの空欄補充であるが，実際は知識問題である。ヘーゲルの思想に関わる用語を理解できているかが問われている。

## まとめと発展の解答と解説

(1) フランス革命やナポレオンとの関わりにおけるエピソードや言葉を調べてみるとよい。それがヘーゲルの思想にどのように影響したかを整理しよう。

(2) トレーニング［5］の解説を参照のこと。

(3) イギリスではフェビアン協会から労働党が結成され，ドイツではドイツ社会民主党（SPD）が結成されるなど，普通選挙や議会活動を通じて，社会の改良と社会主義の理念の実現を目指す社会民主主義があらわれた。社会主

義に基づく政策にはどのようなものがあるかも調べてみよう。

## 関門 A-13 人間としての在り方生き方と実存主義

20世紀を代表する思想である実存主義は，どのように始まり，どのように展開したのだろうか

### トレーニング問題の解答と解説

**[1] 正解 ⑤**

アは倫理的実存，イは宗教的実存，ウは美的実存の説明文となっている。キルケゴールは，それぞれの段階はまったく異なった生き方であり，飛躍によってしか移行できないとする（質的弁証法）。

**[2] 正解 ①**

「超人」は人間自身を超えて，新しい価値を創造する存在であり，永劫回帰する運命を引き受け，生を肯定する態度をとる。

**[3] 正解 ⑤**

ハイデッガーの思想でほかに押さえておきたいのは「世人（ダス・マン）」「死への存在」。また，「故郷の喪失」「存在忘却」といったハイデッガー後期の思想も知っておこう。

イ：サルトルの思想についての説明。

ウ：ハイデッガーの「世界内存在」は実存思想において重要な語である。

**[4] 正解 ④**

選択肢中の「人間は，あらかじめ自らの本質が定められており」が誤り。サルトルは「実存は本質に先立つ」と語っており，人間の本質は自ら作り上げていくものだと述べている。道具の場合，本質が実存に先立つが，人間は自分の意志で自分が何者であるかを作り上げるのだから，決められた本質を持たない（「人間はみずからつくったところのものになる」）。

①：投企的存在の説明。「全人類への責任」「自ら進んで社会へ身を投じる」「現実を新たにつくりかえていく」がポイント。

②：対自存在の説明。

③：「自由の刑に処せられている」という語の説明。

**[5] 正解 ③**

それぞれ，ア：アウグスティヌス（4世紀），イ：ハイデッガー，ウ：モンテーニュ（17世紀），エ：ヤスパースの主張。

**[6] 正解 ②**

ボーヴォワールは，女性らしさとは社会的に作られたものにすぎないと主張し，その後のフェミニズム運動の先駆けとなる。したがって，「自然本性として具わる『女らしさ』」や「本当の女」なるものはない。

### チャレンジ問題の解答と解説

**1 正解 ①**

ア 誤文。資料中には「いっさいの出来事のなかに実際には存在しないひとつの『意味』をさがし求め」とあり，ニーチェは「歴史的出来事は意味をもつ」とは考えていないことがわかるので誤文。

イ 正文。「生成の目的に関し幻滅することになる」「この幻滅は…全『発展』に関わるこれまでのあらゆる目的仮説が挫折した」といった部分が該当する。ニーチェの思想を理解していれば「おそらく正文だろう」と当たりをつけて読むこともできる。

ウ 誤文。このような内容は資料中には書かれていない。

エ 誤文。資料中には「生成で目差されているものはなにもなく，達成されるものもなにもない」とあり，この選択肢にある「生きる目的」もないし，当然「目的達成」などできないことになる。

### まとめと発展の解答と解説

(1) 限界状況，超越者，実存的な交わり，愛しながらの闘いといった用語を使いながら説明できているかを確認しよう。

(2) 「死への存在」という用語を正しく理解できているかを確認しよう。

(3) 自由な決断とは他の可能性を捨てることであり，自分自身の選択によって全人類の在り方を選択し責任を負うことである。なぜなら，何かを選択するとはその価値を肯定することであり，自分の行為は必ず他人に影響を与えるからである。

## 関門 A-14 公共性の復権と他者についての思考

近代的理性の見直しを主張し，公共性の復権を唱える現代の諸思想には，どのようなものがあるだろうか

### トレーニング問題の解答と解説

**[1] 正解 ①**

① 正文。支配する対象が，いつしか人間となっていった（啓蒙の弁証法）。

② デカルトのボン・サンス（良識）の説明。

③ 古代ギリシアの思想家プラトンの説明。

④ ハーバーマスの「対話的理性」の説明。

**[2] 正解 ④**

④ 正文。この選択肢にある考え方に基づき，インド独立運動を指導した。

① アメリカのキング牧師の説明。

② シュヴァイツァーの説明。

③ マザー＝テレサの説明。

## [3] 正解 ④

文章中の「話したり」「語り合うことによって」がポイント。アーレントのいう「活動」は言葉を介して行われる。したがって④が正文。

## [4] 正解 ②

②が正文。ハーバーマスのいう「対話的理性」は，妥当な手続きとルールに従った他者との自由な対話を通じて，暴力や強制によらずに合意を生み出そうとすることである。人びとが対等にかつ自由に討議した結果出された結論に全員が合意することで，社会の公共性が築かれる。

① 全員が合意する必要がある。
③ 議論で重要なのは互いの意見の違いを明らかにすることではなく，最終的に全員が合意することである。
④ 妥当な手続きとルールのもとでなら，見知らぬ者同士でも成立する。

### チャレンジ問題の解答と解説

#### 1 正解 ①

公共性の復権と他者についての思考を展開した思想家・活動家についての正確な理解を求める問題である。正答は①。
② 南アフリカ共和国で行われてきたアパルトヘイトの撤廃運動を指導したのは，ネルソン＝マンデラである。マララ・ユスフザイはイスラム過激派に銃撃された経験をもちながらも，暴力やテロにひるまず，女性や子どもの人権の大切さを訴える人権活動家で，2014年にノーベル平和賞を受賞した。
③ これはレヴィ・ストロースの説明である。フーコーは，『狂気の歴史』で狂気が西洋近代において理性から分離され，閉じ込めや矯正の対象とするようになる過程を叙述し，西洋近代的な理性も，他者としての狂気を排除することで成立した歴史的産物に過ぎないと指摘した。
④ これはハーバーマスの説明。リースマンはアメリカの社会学者で，現代社会において人々は，他者やマスメディアの動向に敏感に反応し，それらに同調する他人指向型（外部指向型）という社会的性格を示すようになっていると指摘した。

#### 2 正解 ①

プラグマティズムの思想家デューイの思想と，資料の内容を組み合わせる問題。資料の文章と生徒のメモという形式をとり，デューイの思想の理解と資料の読解力を問う。
① 正。aはデューイが説いた創造的知性の説明である。彼は，人間の知性や思考は環境への適応や問題の解決のための道具であり，その働きによって社会を改良し，理想的な民主社会を実現することを目指した。bは，自然な衝動が行動の出発点になるが，「立ち止まり，考え」ること（＝思考）によって観察と記憶とを結合し自分を振り返り，衝動を統御する（＝自分がこれからなそうとする行動の当否を吟味する）ことができると述べている。
② 誤。aの内容は正しい。b「環境の制約や過去の記憶から自由でいられるようにする」が誤り。資料には「観察

と記憶との結合」が「自分を振り返るということの核心」だとある。
③ 誤。a「唯一絶対の普遍的価値に到達すること」は「創造的知性」の目的ではない。プラグマティズムはイギリスの功利主義を土台とし，「役に立つこと」を重視する立場である。その時々の課題の解決に役立つ知性が「創造的知性」である。bの内容は選択肢①と同じ。
④ 誤。aの内容は正しい。デューイは独占資本主義の発展によって民主主義の理想が崩壊の危機にあるとして，これを新しい教育による人間変革によって克服することを説いた。bの内容は選択肢②と同じ。

### まとめと発展の解答と解説

(1) 解答のポイント
・アーレントの著書『人間の条件』を挙げているか。
・人間の行為を「労働・仕事・活動」に分類したことを述べているか。
・人間の行為のうち，活動こそが政治に関わる領域であることを述べているか。
・活動は言語活動によって人々との共同体を形成する営みであるが，この営みが減少し，人々が大衆社会に埋没したことにより全体主義が台頭したことを述べているか。

(2) マスメディアの発達は，一方向型のコミュニケーションであったことから世論操作の危険性を常に孕み，公共圏の消滅・変質につながる危険性があった。インターネットが台頭することで双方向型のコミュニケーションが容易となり，公共圏が再生する可能性が高まったと考えられる。特にSNSの普及により，いつでもどこでも文字・音声・写真・動画といった情報を手軽に交換できるようになり，場所の制限を超え，人々がリアルタイムで議論し合える環境が整った。しかしながら，人々は入手する情報を自分の好みや価値観に合わせて選択できる。つまり，意識的にであれ無意識的にであれ，情報のフィルタリングを行っている。また，インターネット上で考えを共有する人同士の結びつきが強くなり，自己の考えが社会全体の総意であると感じやすい傾向（エコー・チェンバー現象）も見られる。

これらの点を踏まえると，どのような結論が導けるだろうか。

---

## 関門 A-15 公正な社会と個人

どのような原理を用いて，望ましい政治や社会を実現すべきなのだろうか

### トレーニング問題の解答と解説

#### [1] 正解 ④

④ 正文。センが目指す「福祉の目標」は，自分の達成できる状態や活動を，より自由に実現できるようにすること

である。

①および③　誤文。センが提唱する「潜在能力」は生き方の選択肢の幅のことである。そのため，個人の才能のことではない。

②　誤文。センが目指す「福祉の目標」は，財や所得の豊かさを各人が獲得することではない。

[2] 正解　④

④　正文。ノージックは「リバタリアニズム（自由至上主義）」の立場である。他者の権利を侵害しない限りは，個人の自由は最大限保障されなくてはならず，国家の役割は国防や警察などに限られるべきだという最小国家論を提唱した。

①　誤文。「拡張国家」という表現以外の主張は，ロールズの主張である。ロールズは，自由には不遇な人々の生活を改善するための福祉を実施することが含まれているとし，「格差原理」を主張した。また，この「格差原理」を実現するためには，財産など一定の自由については制約を行うことが必要であるとしている。

②　誤文。選択肢に適する国家の姿は「最小国家」ではなく，「拡張国家」であるが，ノージックの主張ではない。

③　誤文。「拡張国家」ではなく，「最小国家」である。

[3] 正解　①

ア　貨幣や私有財産制度のない理想社会を主題にした『ユートピア』の作者である，トマス・モアについての説明である。

イ　『第二の性』の中で，「人は女に生まれるのではない。女になるのだ」と語った，サルトルの哲学のよき理解者であり協力者であった，ボーヴォワールについての説明である。

ウ　格差原理を主張して，公正としての正義を構想したのは，ロールズである。

[4] 正解　⑥

a　コミュニタリアニズムは「共同体主義」とも訳され，個人の属する共同体のもつ価値観を尊重すべきだという主張である。自由主義の原理によっては，価値観の多様化する時代において，相対主義を批判することができなくなると考えている。

b　「負荷なき自我」とは，サンデルがロールズを批判した際に用いた言葉である。サンデルは，善の追求という目的を欠いて，個人的権利保証を優先する無目的な正義論であることや，「無知のベール」下には人間観にコミュニティへの属性がないことを批判した。

c　サンデルの立場から考えると「共通善」が正しい。サンデルは，個人の自由や権利よりも，共同体（コミュニティ）に生きる人々が共有する「共通善」（歴史的・文化的な価値観を共有する共同体における徳）を重視すべきであると主張している。

[5] 正解　③

③　正文。まさにロールズの主張する「公正としての正義」の考え方である。利害や価値観が異なる者たちの間で

も，「公正としての正義」について合意ができるとロールズは考えた。

①　誤文。愛の原理は正義の原理の類比であり，互いに愛し合うことが正義の原理につながるというわけではない。

②　誤文。愛する者に対する行為のみにあてはまる原理は，ロールズが主張する「公正」の考え方とは反することである。

④　誤文。正義の原理に基づく行為は害を受けることも受け入れなければならないが，問題文にある「愛を失う」ような不本意な結果までは求めていない。

## チャレンジ問題の解答と解説

[1] 正解　①

①　正文。ロールズは不平等が許容される条件として，「公正な機会均等」や「格差原理」を主張した。資料の1〜3行目を言い換えれば，人の道徳上の価値が才能や技能に対する需要で決まるものはないということになる。

②　誤文。西洋思想の二項対立的な図式を問い直す必要を説いたのは，デリダである。デリダは新しい哲学を模索しようとして，脱構築を提唱した。

③　誤文。ロールズは，功利主義は公正としての正義に反すると批判した。また，資料からは「才能ある人は道徳的な共通目標のために自らの私財を提供すべき」との主張は読み取れない。

④　誤文。ロールズについての説明は正しいが，資料では「個々人の才能に応じて社会の利益を分配することこそが正義に適う」とは読み取れない。

## まとめと発展の解答と解説

(1)　（例）多様である個々人の自由や権利について最大限尊重し，集団からの圧力を排除する考え方のこと。

(2)　（例）ロールズは，最も不遇な人々の利益を最大化すべきと考えた。それに対しノージックは，最小国家の役割を超えた福祉に否定的で，貧しい人々のために富める者に課税することは，富める者の所有権と自由を侵害すると主張した点において異なる。

(3)　（例）本来「お金で買えないもの」を市場で取引きすることの制限や，学校や病院，公園や交通手段など市民生活の基盤となるものの維持もしくは再構築などが挙げられる。

(4)　（例）置かれた状況や個人的特性は多様であるため，与えられるべきものは人によって異なっており，人が望む善い人生を構成する状態や活動を実現する機能全体を名付けたもの。

# 第2編 基本的人権の尊重と法

## 関門 B-1 近代国家と立憲主義
### 市民革命による民主政治の成立について理解しよう

### トレーニング問題の解答と解説

**［1］ 正解 ⑤**

A コーク（クック）はイギリスの法学者。コモン・ロー優位の立場から王権が絶対主義的に強化されることに反対し，ジェームズ1世によって裁判官を罷免された。「国王といえども神と法の下にある」というブラクトンの言葉を引用して，法の支配を主張した。

B モンテスキューはフランスの思想家。主著『法の精神』の中で権力分立論を展開した。彼の思想には，君主の権力拡大を抑制し，貴族の地位を擁護するという保守的動機も含まれていたが，三権分立の定式はそうした思惑を離れ，やがて近代憲法の成立に大きな影響を与えることとなった。

C ロックはイギリスの哲学者。彼の考え方はアメリカ独立宣言など，後世に多大な影響を及ぼした。主著『統治二論』において，自由・平等な自然状態を脱し，生命・自由・財産を含む固有権の保障を任務とした政府を設立するための社会契約が，人民相互間で結ばれるとした。

**［2］ 正解 ①**

ア ホッブズは，自然権とは自己保存権であり自分の力を用いる自由であるとしている。

イ 自然権を行使するにあたり，自分たちすべてを畏怖させるような共通の権力がない間は「万人の万人に対する闘争状態」であり，「法的真空状態」となる。

ウ 人間が理性によって把握できる法が自然法とされ，実定法よりも上位にある規範とされている。

エ 相互の権利侵害から身を守る唯一の方法は，一個人あるいは合議体に，あらゆる力と強さを譲り渡してしまうことである。

**［3］ 正解 ③**

ア 誤り。法律の根拠なき財産の収用は，基本的人権を侵害しており，法の支配及び実質的法治主義に違反している。

イ 誤り。法律に基づいても，特定の職業につくことを強制することは基本的人権の侵害にあたり，実質的法治主義に違反する。

ウ 正しい。基本的人権を侵害する法律を定めることはできない。

エ 誤り。公共の福祉，いわゆる税制度という観点からは，すべての項目において違反するものではない。

**［4］ 正解 ④**

A 1776年7月4日に東部13植民地の代表者が集まった第2回大陸会議において全会一致で可決した宣言。人権の自然権的性格，人間の平等などが述べられている。起草者はジェファーソン。

B 1789年にフランスの国民議会で採択された宣言。近代の人権宣言の典型的なものであり，国民の自由と平等，自然権としての抵抗権，国民主権などが規定された。ラファイエットが起草。

C 第一次世界大戦後の1919年に制定された。国民主権・男女平等の普通選挙制度などの政治的自由・平等の実現，労働者の権利を大幅に盛り込んだ社会権の規定，公共の福祉による財産権の制限など，当時の世界で最も進んだ民主的憲法といわれた。

### チャレンジ問題の解答と解説

**１ 正解 ⑤**

A フランス人権宣言（1789年）は，個人の自由と平等，所有権，圧政への抵抗権を自然権と規定し，それらの保障が政治の目的であることと国民主権の原理を宣言している。

B ワイマール憲法（1919年）第151条の規定。所有権には限界があり義務をともなうこと，経済的自由は人間たるに値する生活を保障するための原則の範囲内で認められることなどの生存権や労働者の団結権などが明記された。

C イギリスの裁判官エドワード・コーク（クック）についての説明はトレーニング［1］の解説を参照すること。

**２ 正解 ②**

問題文の記述は，権力分立論を展開したフランスの思想家モンテスキューの主著『法の精神』の一部である。権力分立の考え方は，立法・行政・司法という三つの政治権力を分立させ，互いに牽制しあうことで権力の腐敗と濫用を防ぐというもの。

① 誤り。革命権（抵抗権）の重要性を説いたのは，イギリスの哲学者ロックである。ロックの社会契約説では，統治者が人民の信託に反して，人民の利益に反する統治を行う場合，統治者を交代させる権利として明確化された。

③ 誤り。モンテスキューの主張に反する。

④ 誤り。権力者への自然権の譲渡を主張したのは，イギリスの哲学者ホッブズであり，主著『リヴァイアサン』で述べている。

### まとめと発展の解答と解説

「法の支配」はイギリスで発達した考え方で，君主の専制的な支配に対して個人の自由や権利を擁護していく原理である。一方，「法治主義」は19世紀のドイツで確立した考え方で，統治や秩序を維持する方法を重視するためには個人の自由も制限できるとする原理である。

関門 B-2

## 明治憲法と日本国憲法

明治憲法と日本国憲法の違いはどのような点にあるだろうか。そこから何が読み取れるか話し合ってみよう

### トレーニング問題の解答と解説

**[1] 正解 ④**

④ 誤文。明治憲法では地方自治に関する規程はなく，知事も中央政府から任命されていた。背景として，「富国強兵」をスローガンに欧米列強に肩を並べるためには，地方の独自性よりも，統一した国策の推進の方が優先されたという事情がある。

　なお，選択肢後半の記述について，地方特別法を制定するためには住民投票で過半数の同意を得る必要はあるが（日本国憲法第95条），同条にはそれを「事前」に行うという規程はない。

① 正文。選択肢の前半は明治憲法第4条に，後半は日本国憲法第1条に記載がある。なお，「総攬」とはあらゆる権力を一身におさめることをいう。

② 正文。「法律の範囲内で与えられた」ということは，憲法に規定されている権利が法律によって制限されることがあるということである。法律の効力が憲法を上回ってしまうことになり，「法の支配」というよりも「法治主義」的な考え方に陥ってしまう（治安維持法が国民の自由を制限したことを想起しよう）。それに対して日本国憲法では，基本的人権を「侵すことのできない永久の権利（第11条）」と規定することでその普遍性を保障し，実質的な立憲主義を規定している。

③ 正文。法の下の平等が不十分であった。

**[2] 正解 ④**

④ 誤文。松本案をGHQに拒否された日本政府は，GHQが作成した憲法案（GHQ案）を受け入れることを決定した。その後GHQ案を翻訳し，それをもとに作成した「憲法改正案」を第90回帝国議会に提出した（日本国憲法は大日本帝国憲法を改正したものであることにも注意しよう）。

　議会審議の過程でいくつかの修正がなされ，1946年10月7日に可決された。第9条に「前項の目的を達するため，」という文が追加されたり，第25条の生存権規定，第66条の文民条項規定なども追加されているので確認しておくこと。

① 正文。憲法問題調査委員会の委員長は松本烝治である。

② 正文。「マッカーサー三原則（1.天皇は国の最上位にあること　2.国権の発動たる戦争の禁止　3.日本国内の封建的諸制度の廃止）」を基に，GHQ案はわずか10日間ほどで作成された。

③ ①で述べた第90回帝国議会の開催前に改正衆議院議員選挙法による衆議院議員総選挙が行われている。この選挙から20歳以上の男女に選挙権が与えられた。

**[3] 正解 ④**

④ 正文。憲法第3条および第4条第1項の記載内容である。国事行為の内容自体は第6条および第7条に記載されている。

① 誤文。「法律の範囲内において保障されている」のは明治憲法下でのことであり，日本国憲法では「侵すことのできない永久の権利（第11条）」であり「公共の福祉に反しない限り…最大の尊重を必要とする（第13条）」とされている。

② 誤文。民定憲法とは，国民が直接，もしくは国民の代表者によって制定された憲法のことをいう。

③ 誤文。松本案はGHQによって受け入れられず，逆に日本政府にGHQ案が示され，それをもとにした原案が帝国議会による修正を経て成立した。

**[4] 正解 ③**

③ 誤文。このときの選挙制度の改正では，25歳以上の男子に限り選挙権が与えられた（納税資格要件は撤廃）。

①② ともに正文。明治初期，政府は身分制度を廃止し，上層公家・大名を華族，武士を士族，農・工・商を平民とした。なお，財産相続や世襲制など，様々な特権が与えられた華族制度は，日本国憲法の制定まで存続した。

④ 栄典自体は存続している（憲法第7条を参照）。ただし，いかなる特権をともなわないことも憲法に明記されている（第14条）。どのような境遇に生まれるかを選ぶことはできないということである。

**[5] 正解 ②**

② 正文。トレーニング問題の［2］でも述べたように，日本国憲法が制定（大日本帝国憲法の改正）された第90回帝国議会の「前」に改正衆議院議員選挙法によって20歳以上の男女による普通選挙のもと，衆議院議員総選挙が行われた。なお，「公職選挙法」の公布・施行は1950年なので注意。

① 農業基本法は1961年に制定されている。「米・麦中心の農業生産から畜産・果樹・園芸など選択的拡大を目指すこと」が目的の一つとされている同法の内容は，終戦直後の食料事情になじまないことにも着目して判断しよう。

③ 国民皆保険・皆年金が実現したのは，財政的にも余裕が生じ始めた1961年である。

④ 労働基準法は1947年に制定されている。なお，労働組合法は日本国憲法の公布より先に制定（1945年）されている。GHQが労働組合の育成を改革の柱にしていたことが反映されている。

**[6] 正解 ③**

③ 正文。憲法第98条第1項に「この憲法は，国の最高法規であつて，その条規に反する法律，命令，詔勅及び国務に関するその他の行為の全部又は一部は，その効力を有しない。」とある通り。

① 誤文。立法権が国会にあることを示した憲法第41条の規定であり，憲法が国の最高法規であるという原則を示したものではない。

② 誤文。憲法第66条第2項にある規定だが，いわゆる「文民統制（シビリアン・コントロール）」に関しての記載である。

④ 誤文。憲法第92条の内容であり，地方自治の基本的な原則についての記載である。

## チャレンジ問題の解答と解説

### ① 正解　③

「衆議院の議決が国会の議決になる」という部分が誤り。正しくは，60日以内に議決しないときは「参議院がその法律案を否決したものと見なすことができる（憲法第59条第4項）」である。

そしてその後，同条第2項が適用される。つまり「衆議院で可決し，参議院でこれと異なった議決をした法律案は，衆議院で出席議員の3分の2以上の多数で再び可決したときは，法律となる」のである。ただし，同条の第3項に「前項の規程は，…両議院の協議会を開くことを求めることを妨げない」とあることにも注意。

### ② 正解　①

① 誤り。財産権（経済活動の自由）は，精神の自由とは異なり，経済的格差の是正目的（公共の福祉）のために制限されるケースがしばしばみられる。例えば公衆浴場（いわゆる銭湯）は，法規範により一定の地域に複数の設置が認められず，また料金設定も規制されている。これは憲法の経済の自由・財産権の尊重（自由競争）を制限するものであるが，経済格差の是正目的のため，この法規範の違憲審査は緩やかにするべきだという考えから認められている。逆に精神の自由については，その自由を制限する法律に対する違憲審査は，厳しい基準が適用されなければならないという考え方が一般的で，経済の自由との差を「二重の基準」という。

② 正しい。東大ポポロ事件（最高裁判決，1963年）で，一定の範囲内においてでその自由と自治が認められている。

③ 正しい。生存権は憲法第25条で規定されている。

④ 正しい。表現の自由は，言論・出版などを通して国民の自由な政治的意見の表明を保障するものであり，民主主義の実現にとって極めて重要である。

## まとめと発展の解答と解説

(1) 大日本帝国憲法が制定されたのは19世紀末のことである。この時期の世界は，まさに帝国主義が全盛であり，欧米列強からの植民地支配から逃れるためには，いち早く日本を近代国家にする必要があった。国家が一丸となって「富国強兵」に邁進するためには，権力を中央に集中させる必要があり，地方自治や地方分権という概念は足手まといになるという懸念があった。君主の権力が強いプロイセン憲法を最も参考にしたのもこの理由である。

憲法起草者の伊藤博文は，憲法に基本的人権を充実させようとする民権派に対し，「国家を傾けんとするもの」と強く非難していたことも同様の理由である。人権を多

少犠牲にしても，中央集権型の国づくりを優先したのである（「トレーニング問題［1］の解説も参照すること）。

(2) 大日本帝国憲法第11条の「天皇ハ陸海軍ヲ統帥ス」は統帥大権ともよばれ，これを根拠に軍に対する指揮命令権は，憲法上は天皇だけが持つと解釈されていた（統帥権の独立）。議会や政府が軍事予算の削減を主張すると「天皇の統帥権を干犯するもの」として激しく糾弾され，結果的に陸軍・海軍各大臣の発言力は高まっていった。

さらに当時は「軍部大臣現役武官制」があった。この制度は陸軍・海軍各大臣の人事権を，事実上軍部が握っていたことを意味する。そもそも，憲法には内閣の規程もなければ，現在のように首相が他の大臣を任免する規程もなく，したがって首相と軍部が対立したときは，組閣もままならない状況が生じた。

この2点の結果として，首相といえど軍部の意向に抗うことが難しくなり，それが，日本が軍国主義に陥ってしまった主な原因だとされている。

## 関門　B-3　人間の尊厳と平等　−平等権−

平等権の実現に向けて，現代ではどのような取り組みがされているのだろうか

## トレーニング問題の解答と解説

### ［1］ 正解　②

② 正文。アイヌ文化の振興並びにアイヌの伝統等に関する知識の普及及び啓発に関する法律（略称 アイヌ文化振興法）とは，1997年に制定された法律である。アイヌの人々の民族としての誇りが尊重される社会の実現を目的として制定された。

① 誤文。法定雇用率とは，障害者雇用促進法に基づき，民間企業や国などの事業主に義務づけられた，雇用しなければならない障害のある人の割合のことである。

③ 誤文。公共施設などにおけるバリアフリー化の促進について明文化された法律は，いわゆるバリアフリー法（2006年施行，2018年改正）である。

④ 誤文。1996年，神奈川県川崎市が消防を除く全職種で国籍条項を撤廃したことを皮切りにして，現在では11の府県と18の政令指定都市が，一般行政職において国籍条項を撤廃している。

### ［2］ 正解　①

① 誤文。育児・介護休業法においては，男性・女性労働者ともに育児・介護休業の取得を認めている。

② 正文。男女雇用機会均等法第11条にて，事業主がセクシュアル・ハラスメントを防止することの義務を明記している。

③ 正文。臓器移植法第6条3項2において，脳死した者の生存中の意思が不明な場合でも，書面による家族の承諾があれば臓器の摘出ができることを定めている。

④ 正文。憲法第24条1項及び2項に記載がある。

**[3] 正解　③**

③ 正文。ドイツは議院内閣制をとっているが，形式的な大統領が存在する。また，最高裁判所裁判官に占める女性の割合は，日本（17％）よりは多いが，フランス（35％）やアメリカ（25％）よりも少ない割合（21％）であり，2番目に低いことがわかる。

① 誤文。前半の説明はアメリカであるが，女性閣僚の割合が最も高いのは，フランス（50％）である。

② 誤文。半大統領制と国連安全保障理事会の常任理事国という情報から，フランスということがわかるが，女性管理職の割合が最も低いのは，日本（22％）である。

④ 誤文。日本の説明であるが，男性の賃金と比較した女性の賃金は72％で，4か国の中で最も低いことがわかる。

**[4] 正解　⑥**

　考え方アの説明は「形式的平等」にあたり，考え方イの説明は「実質的平等」の説明であることがわかる。歴史的に見ても，形式的平等から実質的平等への移行が行われてきたことを踏まえると，　Y　はイに当てはまることがわかる。

　その実質的平等にあてはまる政策や取組みの例はbである。aは形式的平等の例である。cやdは平等という観点ではなく，特定の条件を付した大学入試を示している。

## チャレンジ問題の解答と解説

**① 正解　④**

ア　インターンシップを踏まえての就職ということが読み取れ，それは雇用のミスマッチを防ぐ取組みであると考えるのが適当である。なお，「スケールメリット」とは，企業が生産規模を拡大して大量生産を行い，製品一つあたりの生産費用を低くし，より多くの利益を得られるようにすることである。

イ　「障がいのある人が…障がいのない人たちと一緒に働いている」との記述から，ノーマライゼーションの考え方を実行に移す取組みと考えるのが適当である。なお，「トレーサビリティ」とは，食品などがいつ，どのような経路で生産・流通・消費されたのかの全履歴を明らかにするシステムのことである。

## まとめと発展の解答と解説

(1) 憲法第14条1項には，「すべて国民は，法の下に平等であって，人種，信条，性別，社会的身分又は門地により，政治的，経済的又は社会的関係において，差別されない。」との規定がある。

(2) （例）社会的・文化的につくりあげられた「性差」のことである。「女らしさ，男らしさ」「男は仕事，女は家庭」といった後天的につくられた男女の性役割や行動様式，心理的な特徴のことをさす。

(3) （例）障がいのある人も健常者も，高齢者も若者もすべて人間として，普通の暮らしをともに送り，生きていくことこそ「ノーマル」であるという実践運動や施策。

(4) （例）病気を理由とする差別

　かつては病気を理由として長期にわたって強制的に隔離されたり，社会参加が制限されるような不遇な経験をした人々がいた。これからはそれらの病気に対する理解を積極的に行い，誰もが互いに配慮をしながらも生きていきやすい世の中を私たちが率先してつくっていくことが大切である。

関門
B－4
## 個人の尊重と人権保障　－自由権－
日本国憲法は，どのように私たち個人の尊重を保障しているのだろうか

## トレーニング問題の解答と解説

**[1] 正解　②**

① 誤文。最高裁は企業における雇用の自由を認め，思想や信条を理由として雇用を拒んでも違法とはいえないと判断した。この訴訟では，憲法の効力が私人間においても適用されるのかという点も争点であったことにも注意。

② 正文。政教分離においては目的効果基準が用いられており，本訴訟では特定の宗教団体を特別に支援するものであると判断され，違憲判決が出された。

③ 誤文。報道の自由は表現の自由から導かれる人権として保障されている。「知る権利」の基礎として捉えられている。

④ 誤文。学問の自由を保障するために，大学の自治が認められている。

**[2] 正解　①**

① 誤文。憲法第33条で「権限を有する司法官憲が発し」とある。司法官憲には，捜査機関である警察官や検察官は含まれないとされており，裁判官を指すとされている。

② 正文。憲法第38条に書かれている。

③ 正文。憲法第31条に書かれている，法定手続きの保障のことである。

④ 正文。憲法第39条に書かれている，遡及処罰の禁止のことである。

**[3] 正解　④**

① 誤文。『チャタレイ夫人の恋人』事件では，わいせつ文書の規制について，公共の福祉の観点から合憲と判断し，翻訳者と出版社社長に有罪判決が下された。

② 誤文。通信傍受法では，令状を必要としている。2016年には対象とする犯罪の範囲が拡大され，立会人も不要である。

③ 誤文。『石に泳ぐ魚』事件は最高裁が初めて小説の出版差止めを認定した事件である。

④ 正文。特定秘密保護法は2013年に成立した法律である。「防衛・外交・スパイ活動防止・テロ防止」の4つの分野で行政機関の長が特定秘密と認定された情報を漏洩すると，最高10年の懲役が科される。安全保障上の必要

性から成立したが，「知る権利」の侵害を懸念する声もある。

**[4] 正解　①**

① 正文。憲法第29条に書かれている。
② 誤文。奴隷的拘束や苦役からの自由は，経済的自由権ではなく身体的自由権に含まれる。
③ 誤文。営業の自由は，憲法第22条の「職業選択の自由」に含まれるとされているが，明文化はされていない。
④ 誤文。身体的自由権も自由権に含まれており，三種類である。

## チャレンジ問題の解答と解説

**1　正解　①**

　条文やマニュアルを読み，書かれている内容を適切に理解できたかを問う問題は今後も出題される可能性が高い。日ごろから，契約書や取扱説明書等をよく読み，主語・述語・目的語の関係を把握する習慣をつけよう。また，読解問題といえども，知識を必須とする選択肢が存在することについては留意すべきである。
　　ア　に入る語句は，公共の福祉である。憲法第29条では「財産権の内容は，公共の福祉に適合するやうに，法律でこれを定める。」と書かれている。公序良俗は，民法第90条に規定されており，これに反する法律行為は無効とされる。
　　イ　には，市町村長が私人の所有する建築物を取り除くことができる例として合致するものが入る。メモによると，「(a)または(b)の状態にない特定空家等については，建築物を取り除くよう助言や指導，勧告，命令をすることはできない。」とある。言い換えると，「(a)または(b)の状態にあれば取り除くことが可能」である。(a)または(b)の条件を満たしているのは，「周辺住民の生命や身体に対する危険がある場合」である。以上のことから，正解は①である。

**2　正解　③**

　会話形式の問題においては，立場や主張を適切に捉えることが必要である。具体例を用いることが多いので，その具体例がどの主張の例となっているのかを考えよう。
　　ア　に入る語句は，規制緩和である。直後のYの発言に「民泊がたくさんできると，」とあり，これは規制緩和による参入者の増加を意味している。また，一般にその後の発言にある，「選択肢が増え」は規制緩和によるメリットとして述べられることが多い表現である。
　　イ　には，直前のYの発言から，「新たに参入することを制限する」例として合致するものが入る。よって，「住宅街において民泊事業を始めることを地方議会が条例で禁止する」が適切である。以上のことから，正解は③である。

## まとめと発展の解答と解説

(1) 逮捕や捜索や押収，通信傍受などで必要である。
(2) 国家と宗教を分離する原則のことで，日本国憲法では国家権力が特定の宗教を支援してはならないとされている。目的効果基準とは，その行為の宗教的目的や及ぼす効果をもとに違憲かを判断すること。
(3) 消極目的規制と積極目的規制がある。前者は，国民にとっての生命や健康等が侵害されないように行われる規制であり，飲食店等の許可制度や医師や弁護士に課せられる資格制度がある。後者は，福祉国家の観点から社会的・経済的弱者の保護を目的として行われる規制であり，電気やガス・鉄道などの事業参入への規制，料金の許認可制がある。
(4) まずは会話文を参考に，規制緩和によるメリットとデメリットを考えよう。次に，会話文以外におけるメリットやデメリットを挙げてみよう。グループで考える際は，KJ法等を用いて考えの可視化をしてみても良い。最後にメリットとデメリットを総合的に判断して，自分なりの答えを出そう。総合的に判断をする際には，自分が大切にしている価値は何かを意識すると，下した判断の根拠となる。
(5) 公共空間においては，背景や考えの違う「他者」の存在を忘れてはいけない。「わがまま」は，その視点が欠けている考えと言えるだろう。

# 関門 B-5 社会権を具体化する制度と課題
## ―社会権―
### 社会権を具体化する制度と課題にはどのようなものがあるのだろうか

## トレーニング問題の解答と解説

**[1] 正解　③**

① 正文。憲法第25条の「健康で文化的な最低限度の生活」という条文は努力義務にしかすぎず，国民一人ひとりに与えられた具体的権利ではない，との考え方を示した。この考え方をプログラム規定説という。具体的権利を保障するものとして，憲法第25条の概念を生かし，生活保護法が規定されている。
② 正文。1982年の最高裁判決で原告が敗訴し終了した。なお，この堀木訴訟後に法律が改正され，併給が認められた。
③ 誤文。希望の職業に就くことを国家に請求できる権利ではない。
④ 正文。憲法第28条において「勤労者の団結する権利及び団体交渉その他の団体行動をする権利は，これを保障する。」と規定している。

**[2] 正解　②**

① 正文。新しい人権には，環境権や嫌煙権，プライバシーの権利，知る権利，自己決定権などがあるが，これらは憲法に明文規定が存在しないため，現代の日本においては，第13条の幸福追求権や第25条の生存権を根拠として主張されている。
② 誤文。憲法第26条では教育を受ける権利を保障してい

るが，一方で第20条第3項において「国及びその機関は，宗教教育その他いかなる宗教的活動もしてはならない。」と定め，公立学校はこの条文に則り，宗教の教義の教育ができないことになっている。

　　また，教育基本法第15条第2項でも明文規定がある。
③ 正文。勤労の権利を保障するため，職業安定法や雇用対策法などの法律で，国民全員が権利を行使できるよう支えている。
④ 正文。国家公務員および地方公務員については，憲法第15条第2項「すべて公務員は，全体の奉仕者であって，一部の奉仕者ではない。」との条文から，労働三権は制限されるという見方である。この是非については，さまざまな意見がある。

**[3] 正解 ②**

　生存権は憲法第25条で「健康で文化的な最低限度の生活を営む権利」と定めているが，最低限度の生活を生活保護法で規定する一方，勤労の権利を支えている側面もある。また，労働基準法では都道府県ごとの最低賃金額を設け，地域の実態に合った最低限度の生活を保障していることも合わせて考えると，②が適切な答えと考えられる。

**[4] 正解 ④**

　憲法の概念を法律で具体的権利として定めていることに注目しよう。
A　勤労権（憲法第27条第1項）を保障するため，職業安定法や職業訓練法が定められている。
B　生存権（憲法第25条）を保障するため，生活保護法などが定められている。
C　団結権（憲法第28条）を保障するため，労働組合法が定められている。

**[5] 正解 ②**

A　「プログラム規定説」は憲法第25条が国の努力義務であり，国民一人ひとりに与えられる具体的権利を保障するものではない，という考え方である。
B　選択肢の通り，憲法第26条第1項ではひとしく教育を受ける権利を保障する教育の機会均等を定めている。
C　団結権を始めとする労働三権について明文化されているのは，労働基準法ではなく，労働組合法である。

　なお，労働基準法や労働組合法，労働関係調整法を合わせて労働三法と呼ぶが，それぞれにどのような明文の規定があるかについても理解しておこう。

## チャレンジ問題の解答と解説

**1 正解 ②**

　ア …あてはまる言葉を考えたとき，資料にある「具体的内容は，その時々における文化の発達の程度，経済的・社会的条件，一般的な国民生活の状況等との相関関係において判断決定されるべきものである」「国の財政事情を無視することができず，また，他方面にわたる複雑多様な，しかも高度の専門技術的な考察とそれに基づいた政策的判断を必要」との内容から，立法府には「広い裁

量」が認められることがわかる。よって，裁量は否定されておらず，広い裁量のもとで，あらゆる条件から，その時々に応じた社会保障内容を立法府が決定するということが読み取れる。

　イ …dにある"法律"は生活保護法のことである。

　前述 ア の解説にもあるが，国の財政事情等の理由から，社会保障給付を削減する際には立法府の広い裁量が認められる一方で，「合理性を欠き明らかに裁量の逸脱・濫用」にならないかにも注意しなければならない。そのような審査を行うべきだとの見方とも読み取れる。

　以上のように，『健康で文化的な最低限度の生活』を解釈するにあたっては，最高裁判所の判例が基準となるのだが，立法を充実すべきだとの見方もある。そのような見方も踏まえた上で，学習を深めていってほしい。

## まとめと発展の解答と解説

(1) （例）1919年に制定されたドイツの共和国憲法である。生存権を世界で初めて規定したほか，男女普通選挙も採用した民主的な憲法であった。
(2) すべて国民は，健康で文化的な最低限度の生活を営む権利を有する。
(3) （例）憲法第25条の規定は，個々の国民に具体的な権利を保障したものではなく，国の政治的・道徳的な指針を示したにすぎないという考え方。
(4) （例）超過勤務の増加
　　「働き方改革」の考え方に則り，企業での雇用数を増やしたり，年次有給休暇等の福利厚生の利用の促進を促す，職務の効率化を図り，定時出勤・定時退勤を行うなどの対策が必要である。
(5) （例）夜間中学校の増設を求める声の増加
　　　　いじめ被害者や不登校者の増大
　　　　インクルーシブ教育の推進　　　等

## 関門 B-6 参政権の保障と国務請求権
### 参政権はどの範囲の人に保障されるべきだろうか

## トレーニング問題の解答と解説

**[1] 正解 ①**

① 正文。憲法第93条で，地方公共団体の長や地方議会の議員などは住民が直接選挙を行う旨が記載されている。
② 誤文。永住資格を有する外国人の参政権については，国政レベルでは認められていない。地方レベルでは，住民投票を認めた例がある。
③ 誤文。参議院議員選挙の被選挙権は満30歳以上とされている。この問題が出題された2009年当時の「成年」は20歳以上であり，現在は18歳以上に引き下げられたが，どちらから見ても，誤文であることがわかる。

④ 誤文。憲法第7条の8及び第61条，第73条の3にて，条約の締結は内閣，承認は国会，認証は天皇が行うこととなっており，国民投票を行う旨の記述は憲法にはない。

[2] **正解** ⑥

A 「不当に干渉しない」という記述から，消極的権利のことであることがわかる。適するのは信教の自由であり，「国家からの自由」にあたる。

B 「一定の積極的な行為を求める」という記述から，国家賠償請求権が適する。積極的行為を求める能動的権利は「国家による自由」にあたる。

C 「意思形成への参画」という記述から，選挙権が適する。意思決定への参画を求める積極的権利は「国家への自由」にあたる。

[3] **正解** ②

② 誤文。公職選挙法第142条の4にて，候補者や政党は電子メールを送信できることとなっているが，個人の送信や頒布は認められていない。

① 正文。憲法第16条に，法律や命令又は規則の制定について請願できる旨が記載されている。

③ 正文。国に対しては憲法第16条の請願権で，地方公共団体に対してはさらに地方自治法を根拠として，署名の提出ができる。

④ 正文。パブリック・コメント制度とは，国や地方の行政機関が政策などの意思決定をおこなう過程で素案を国民や市民に公表し，意見や情報を求めるしくみである。行政手続法では，「意見公募手続等」として制度化されている。

[4] **正解** ⑤

A 選挙で投票できる年齢を20歳から18歳に引き下げることは，その分より多くの若年者の意思を反映させることができるということから，ウの記述がふさわしい。

B 「未成年の子どもを有する親」という記述から，子育てや教育に強い関心をもつ世代という背景がリンクすることがわかる。よって，アの記述がふさわしい。

C 選挙区を有権者の年齢別に分けて構成し，その割合に応じて議席を配分すると，世代ごとの意見を代表する者の一定数の投票が期待できる。よって，イの記述がふさわしい。

[5] **正解** ②

ア 正文。1945年に衆議院議員選挙法が改正され，女性の参政権が認められ，満20歳以上のすべての国民に選挙権が認められた。

イ 正文。憲法第15条1項に示されている。

ウ 誤文。2015年の公職選挙法改正では，選挙権年齢が満20歳以上から満18歳以上に引き下げられたが，参議院議員の被選挙権が引き下げられた記述はなく，これまで通り満30歳以上である。

① **正解** ②

ア 生徒Yの「都道府県や町村の議会議員選挙では，市議会議員選挙と比べると無投票当選の割合が高い」との発言から，資料aが当てはまることがわかる。

イ及びウ 生徒Yの「投票率の変化の背景として，　ウ　が関係している」「これは政治に対する無力感や不信感などから生じる」との発言から，　ウ　は政治的無関心のことであり，それに対応するグラフは右下がりになることが想定されるため，資料bが当てはまる。

エ 生徒Xの「選挙権を行使しやすくするための制度」という発言から，学業や仕事，旅行などで投票日当日に投票所へ赴くことができない人が，投票日よりも前に事前に投票できる制度である期日前投票が，最も適した答えであると判断できる。

**まとめと発展の解答と解説**

(1) （例）選挙があるごとに，投票を行うこと。参政権は，国民が政治に自らの意思を反映させるための重要な権利であり，民主主義の根幹となる。

(2) （例）第15条1項で，国民には公務員の選定及び罷免の権利があるとし，3項に参政権として成年者による普通選挙や4項に秘密投票の原則，第44条で選挙権や被選挙権に関する差別の禁止を定めている。

その他にも，憲法改正の国民投票権や最高裁判所裁判官の国民審査権なども保障されている。

(3) （例）長く日本に滞在し，地域社会と密接な関係をもつ外国人に対して，地方参政権を認めるべきではないか，との議論がある。

(4) （例）憲法第16条には請願権の記載がある。損害の救済や公務員の罷免，法律や命令又は規則の制定・廃止・改正などの請願ができる。行政機関に対し署名を集めたりすることで，その請願権を行使できる。

## 関門 B-7 現代的課題と新しい人権
### こんにちの人権をめぐる課題にはどのようなものがあるのだろうか

**トレーニング問題の解答と解説**

[1] **正解** ③

　ア　にあてはまるのは，「メディア・スクラム」。メディア・スクラムとは，事件や事故が起こった際に，被害者や容疑者，その関係者に多数の取材陣が押し寄せ，過熱した報道が行われることである。

　イ　にあてはまるのは，「アクセス権」。アクセス権とは，マスメディアに対して個人が意見発表の場を提供することを求める権利のことである。ちなみに，「メディア・リテラシー」とは，新聞やテレビなどの内容をきちんと

読みとり，マスメディアの本質や影響について知識を身につけ，ときには批判的な見方も養いながら，使いこなす能力のことである。

「リコール権」とは，地方自治において，有権者の一定数以上の要求によって議会の解散や公職にある者の解職を請求することである。

**[2] 正解 ⑤**

A 「知る権利」は，国の政治に関する情報を国民が自由に入手する権利である。選択肢ウのような，税金の使途が適切かどうかを確認するため，国に対して情報の公開を求めることは，「知る権利」に該当する。

B 「プライバシーの権利」は，私生活をみだりに公開されない権利のことであるが，もともとは一人で放っておいてもらう権利として解されており，近年は社会情勢の変化とともに，選択肢アのように「自らの情報が勝手に利用されないように，その情報をコントロールする」権利として主張されている。ちなみに，選択肢イの「患者が自己の宗教的信念に基づいて，輸血を拒否する」には，「自己決定権」が該当する。

**[3] 正解 ①**

① 正文。四大公害訴訟のうち，新潟水俣病とイタイイタイ病については，疫学的因果関係の推認または証明で，被告側の企業責任や損害賠償が可能とされた。

② 誤文。公害健康被害補償法は1987年に改正され，翌1988年3月には大気汚染に係る指定地域はすべて解除されたが，新たに患者の認定は行われなかった。しかし，現在の大気汚染が総体として，健康への何らかの影響を及ぼしている可能性を否定できないとの判断に立ち，健康被害予防事業の実施や大気汚染の健康影響に関する調査・研究の推進等が行われることになった。

③ 誤文。環境基本法第2条の定義において，「公害」を大気の汚染，水質の汚濁，土壌の汚染，騒音，振動，地盤の沈下（鉱物の掘採のための土地の掘削によるものを除く）及び悪臭であると定めている。

④ 誤文。大阪空港公害訴訟の最高裁判決では，住民らの過去の損害賠償を認めた一方で，差し止め請求については，「不可逆的に航空行政権の行使の取消変更ないしその発動を求める請求を包含することとなる」ため不適法とし，認められなかった。

**[4] 正解 ③**

③ 正文。「通信の秘密」については，第21条2項に記載がある。

① 誤文。「良好な自然環境などを享受する環境に関する権利」，いわゆる「環境権」や，プライバシーの権利，知る権利，自己決定権などの「新しい人権」は憲法には明文での規定はない。ただし，根拠としては第13条の幸福追求権や第25条1項の生存権をもとに，主張がされている。

② 誤文。チャタレー事件の最高裁判決では，わいせつ文書の頒布を禁止した刑法の規定は公共の福祉のための制限

に該当し，合憲と判示した。

④ 誤文。住民基本台帳ネットワーク（住基ネット）訴訟の最高裁判決では，情報漏れの危険はなく，プライバシー権を侵害しないとして，高裁判決を取り消し，住民側の請求を棄却している。

**[5] 正解 ③**

③ 誤文。大阪空港公害訴訟の最高裁判決では，差し止め請求については認められなかった。

① 正文。「環境アセスメント（環境影響評価）」とは，道路・ダム・鉄道・飛行場・発電所・干拓等の開発事業のうち，大規模かつ環境影響の程度が著しいものとなるおそれがある事業について，事業者自身が事前に調査・予測・評価を行うしくみのことである。わが国では1997年に環境影響評価（アセスメント）法が制定され，実施が義務づけられている。

② 正文。「石綿（アスベスト）」とは，繊維状の鉱物で，その飛散物を吸い込むと肺がんなどを引き起こす物質であり，日本では高度経済成長期から建築材などに多用された。近年多くの被害者が出ており，その被害者を救済する法律として，2006年に「石綿による健康被害の救済に関する法律」が制定された。

④ 正文。広島県鞆の浦地区の埋立て・架橋に係る地裁判決では，歴史的な景観の保全を主張する住民らの工事差し止め請求が認められた。

## チャレンジ問題の解答と解説

**① 正解 ②**

著作権法によると，著作物とは，「思想または感情を創作的に表現したものであって，文芸，学術，美術または音楽の範囲に属するもの」とされており，例えば，小説，脚本，論文，講演，音楽，絵画，版画，彫刻などをはじめ，舞踊または無言劇なども該当する。一部例外はあるものの，使用には原則として作者の許諾を得る必要がある。なお，私的に利用する場合には問題にあるように，違法にインターネット上にアップロードされていないかどうかに配慮する必要がある。

**② 正解 ④**

④ 正文。2003年に成立した個人情報保護法では，氏名，生年月日その他の記述などの個人情報を扱う事業者及び行政機関等に対し，適切な取り扱いを求めている。

① 誤文。「組織的犯罪の捜査に際して，捜査機関が電話やインターネット上の通信内容を取得するための手続きを定めている」法律は，1999年8月に成立した通信傍受法である。

② 誤文。「税と社会保障に関する情報を，住民一人一人に「個人番号」を付して管理するための仕組み」はマイナンバー制度である。

③ 誤文。他人のパスワードを無断で利用してアクセスする，いわゆる「なりすまし」は不正アクセス禁止法違反にあたる。

(1) 第13条の幸福追求権や第25条1項の生存権に根拠となる規定がある。

(2) (例) 国民が国や地方の行政内容やその決定過程に関する情報入手を要求する権利のこと。

(3) (例) 私事・私生活をみだりに公開されないよう、自己に関する情報をコントロールできる権利のこと。

(4) (例) 個人情報が無尽蔵に収集され、利活用されることになれば、情報の漏えいや不正利用などのさまざまなリスクが伴うため、個人に関する情報の保護は必要。

# グローバル化と国際人権
## 関門 B-8
グローバル化によって新たに生じた問題にはどのようなものがあるだろうか

## トレーニング問題の解答と解説

### [1] 正解 ③

① 誤文。日本は2010年、南極海における調査捕鯨活動をめぐってオーストラリアに提訴され当事国となった。裁判では、日本が敗訴した。

② 誤文。日本は2007年に、国際刑事裁判所（ICC）設立条約に加入している。

③ 正文。国際司法裁判所では、当事国双方の付託によって裁判が始まる。

④ 誤文。国際刑事裁判所は、集団殺害罪、人道に対する罪、戦争犯罪などの重大犯罪をおこなった個人を裁くための裁判所である。

### [2] 正解 ①

① 正文。1945年8月、日本がポツダム宣言を受諾し、第二次世界大戦が終結した。同年4～6月、サンフランシスコ会議によって、国連憲章が採択された。

② 誤文。1901年にオランダのハーグに設置された、紛争の平和的解決のために当事国の仲裁をおこなう常設機関であり、国際連合の主要機関ではない。

③ 誤文。17世紀以降、国際平和秩序の維持のために勢力均衡方式が重視されてきたが、第一次世界大戦後は、集団安全保障方式に基づいて、1920年に国際連盟が設置された。

④ 誤文。ウエストファリア条約は、17世紀に起こった三十年戦争の講和条約であり、冷戦終結後に採択されたものではない。欧州通常戦略条約（CFE条約）は、1990年に調印された、欧州の通常戦略の大幅削減を目指した条約である。

### [3] 正解 ①・④

日本が未批准なのは、①のジェノサイド禁止条約、④の死刑廃止議定書（死刑廃止条約）である。

ジェノサイド禁止条約に日本が未批准なのは、ジェノサイドが発生した場合、締約国の義務としてその国に対して軍事

的に介入するが、日本国憲法第9条では自衛のための以外の武力行使ができないからである。また、死刑廃止条約については、国内では犯罪抑止や犯罪被害者の立場から、死刑制度の存続はやむを得ないとする存続派が多数であり、国内での意見がまとまっていないため、批准していない。

②の難民の地位に関する条約については1981年に批准している。これによって社会保障制度においては自国民と同等の待遇が与えられるべきとされ、在日外国人の国民年金加入への道が開かれた。③の子どもの権利条約（児童の権利条約、1989年採択、1990年発効）は、日本は1994年に批准している。⑤の人種差別撤廃条約（1965年採択、1969年発効）は、日本は1995年に批准している。

### [4] 正解 ③

① 誤文。子どもの権利条約（児童の権利条約）は、18歳未満の者を「子ども」と定義している。

② 誤文。世界人権宣言に法的拘束力はない。

③ 正文。日本は、国際人権規約B規約を批准しているが、権利を侵害された個人が国際機関に通報できる制度を定めた第1選択議定書と、死刑廃止を定めた第2選択議定書は批准していない。

④ 誤文。2006年に採択された障害者権利条約を、日本は2014年に批准した。

## チャレンジ問題の解答と解説

### 1 問1正解 ①

民主主義とは、全人民の主体的政治参加に基づく自発的な秩序形成である。その実現のためには、選挙により、国民の政治的代表や特定の役職につく人を投票などで選出することが大切である。

② 誤り。民主主義においても、ナチス政権に代表されるように国家目的を優先し、それにともなう国民の人権抑圧を行う全体主義が生まれる場合もある。

③ 誤り。選挙の意義の文ではない。

④ 誤り。選挙の意義の文ではない。

### 1 問2正解 ア① イ④

ア 「日本国憲法の依拠する理念や原則に照らして」とあるので、①の憲法前文「平和主義や国際協調主義」という文言があてはまる。なお、②のような義務づけはない。

イ 「日本の利益に照らしても望ましい」とあるので、④の「人類共通の利益の追求が日本の利益の実現につながりうる」があてはまる。なお、③は「日本の利益より人類共通の利益」があてはまらない。

## まとめと発展の解答と解説

1948年に採択された世界人権宣言は、各国が「達成すべき共通の基準」とされたが、法的拘束力がない。1966年採択の国際人権規約は、人権の保障を義務づけようとしたもので法的拘束力があり、A規約とB規約の二つの選択議定書からなっている。

関門 B-9 自由民主主義の成立と危機

現代において自由民主主義にはどのような課題があるだろうか

## トレーニング問題の解答と解説

**［1］ 正解 ④**

④ 正文。フロムは自由がもたらす不安に耐えられず，権威を求めるようになる，権威主義的パーソナリティを指摘した。このような人々がファシズムを支持したという指摘も行っている。

① 誤文。「一億総中流」は1970年代の言葉であり，第二次世界大戦期は誤り。

② 誤文。むしろマスメディアの影響力は強まっていて，メディア・リテラシーが重要視されている。

③ 誤文。『孤独な群衆』の著者はリースマンである。トックビルは19世紀に活躍したフランスの政治思想家であり，著書に『アメリカの民主主義』がある。

**［2］ 正解 ④**

④ 正文。

① 誤文。杉原千畝は外務省の規則に反してユダヤ人に対しビザ（命のビザ）を発給したため，「日本政府の意向を受け」は誤り。

② 誤文。ワイマール憲法の制定は1919年であり，「第二次世界大戦後」は誤り。

③ 誤文。ヒトラーは敗戦を目の前にして自ら命を絶っているため，裁判所で罪に問われてはいない。また，国際刑事裁判所（ICC）は2003年設置と比較的新しい機関であることにも注意。

**［3］ 正解 ④**

④ 正文。住民投票で合併に対する反対が賛成を上回ることがある。また，住民投票の結果に法的拘束力はないことにも注意。

① 誤文。独立行政法人制度と特殊法人制度が逆である。独立行政法人は1990年代後半から中央省庁等改革の一環として導入された制度であり，大学入試センターや日本学生支援機構がある。特殊法人は特別な法律によって，経営の自主性と弾力性を認めた法人をさし，日本放送協会（NHK）や日本年金機構がある。

② 誤文。郵政民営化では，郵便事業も民営化されたため，「日本郵政公社が引き続き行う郵便事業」は誤りである。

③ 誤文。財政構造改革法が成立してもなお，国債残高は増加傾向にあるため，「減少の一途をたどって」は誤りである。

**［4］ 正解 ②**

多数決は意思決定の方式として，短時間で決定できる点や結果の安定度の高さから，現代において多く採用されている方式である。しかし，採用されなかった少数意見がないがしろにされてしまうことや，政治問題を単純化した上で無責任な政策を主張し大衆に呼びかけるポピュリズムが影響力を持つ点が課題としてある。

② 正文。多数派の専制と呼ばれる，少数意見の封殺が起こりうるため，少数意見の尊重は重要である。

① 誤文。全会一致など多数決以外の意思決定の方式は存在している。

③ 誤文。多数決は，一般的に構成員による討議や議論を経て行われるため，「討議を保障すること」とは矛盾しない。

④ 誤文。裁判員制度など，司法の場でも多数決は採用されている。

**［5］ 正解 ①**

① 正文。日本経団連や日本医師会が代表的なもので，一定の集票能力を有している。

② 誤文。「第四の権力」はマスメディアを指す表現であり，国民ではない。マスメディアは世論の形成に大きな影響を与えている。

③ 誤文。多数者支配型民主主義とは，相対的多数派が少数派の意見を考慮せずに，多数派の主張する方向に導いていくあり方であるため，「意見の異なる政治勢力の間の合意を重視する」は誤り。日本の小選挙区制はこのあり方に陥る危険性がある。

④ 誤文。直接民主制は，国民が直接国家の意思決定に関与する政治形態をさすため，誤り。

さらに学びを深めたい人は，今回の選択肢に登場する用語について，それぞれメリットとデメリットを考えてみよう。

## チャレンジ問題の解答と解説

**①　正解 ⑤**

ア について，イギリスとドイツの総選挙の記述の中で，イギリスは第一党の与党と最大野党の両党，つまり二つの政党で庶民院（下院）の87.4%の議席率を占めているのに対して，ドイツでは第一党と第二党で56.3%の議席を占めていると記されている。提示されている表の「政党制」に当てはめてみると，イギリスは「多数決型民主主義」であり，ドイツは「コンセンサス型民主主義」と考えられる。ゆえに，ア には「多数決」が入り，⑤～⑧にしぼられる。

アメリカの議会制度についての記述では，上院と下院が異なる選挙制度で議員が選出され，それぞれ独立して審議が進められることが記されている。表に当てはめれば，イ には「コンセンサス」が当てはまるので，⑤又は⑥となる。ドイツの州と連邦の役割分担についての「憲法が定める例外事項以外は州の所管」という記述から，連邦憲法に中央政府と州の間で役割が分割されていることがわかる。したがって，ウ には「コンセンサス」が入り，正解は⑤となる。この問題は，細かな知識がなくとも，提示された表と説明文を照らし合わせ順に判別していくことで正解を導くことができる。

(1) 自由の持つ孤独感や不安に耐えかねるからである。サルトルが「自由の刑に処せられている」と述べたように，自由には責任と孤独が伴うため，権力者に服従し，命令に従い生きる方が楽と考えてしまい，逃走してしまうのだ。

(2) 「大きな政府」は政府の介入が大きいため，格差の是正が図られやすく，社会的平等が実現しやすい。しかしその反面，税金が高くなるというデメリットや，高所得者にとっては不公平という批判もある。

(3) 新自由主義は，自由と自己責任を柱とした考え方であり，サッチャーやレーガンがこれに基づき政治を行った。政府の介入は少なく，政府規制の緩和，財政支出の縮小，国有企業の民営化の促進等が政策として挙げられる。

(4) 大衆迎合主義の問題点として，政治問題の単純化が挙げられる。私たちは，表に出ている政策だけで判断を下すのではなく，他の分野の政策はどれほど練られているのか，財源に代表される実現可能性はどれほどか，などについて考える必要がある。

---

## 関門 B-10 世界の政治制度とその特徴

大統領と総理大臣（首相）の違いは何だろう？世界の政治体制を比較し，その特徴を理解しよう

### トレーニング問題の解答と解説

**[1] 正解 ③**

アメリカの政治制度は厳格な三権分立である。大統領は国家元首であり，軍の最高司令官でもある。また行政府の長として国民の間接選挙によって選ばれる。したがって，議会に対する責任はなく，法案提出権も持たない。そのため大統領は，議会に対して国家の全般的状況，経済全般の動向，予算案に関しての情報をそれぞれ一般教書，経済教書，予算教書の形で与えて，政策上必要な審議を求めることが保障されている。憲法上の大統領の権限として，議会へ送られるこれらのメッセージが教書である。なお，議会の立法に大統領が反対するとき，1回に限り拒否権の発動が認められる。また，閣僚は議員であってはならない。

イギリスの議院内閣制では，首相は内閣を率いて行政を司る。安全保障は首相の専権事項とされ，また，大臣から次官までの任命権を持ち，省庁を指揮監督する。下院の多数党の党首が国王によって首相として任命され，下院が内閣を不信任決議したときと総選挙で与党の議席が過半数を割ったときは，辞任することも慣例となっている。

**[2] 正解 ③**

① 正文。上院の議席は各州代表2議席で，任期は6年。2年ごとに3分の1ずつ改選する。上院は条約の締結と高官の任命に対する同意権を持つなど，下院に対して優位

に立つ。

② 正文。貴族院の構成は，貴族や僧正などから成り，任期や定員は不定。最高裁判所の機能は2009年に廃止され，連合王国最高裁判所が設置された。

③ 誤文。解散は衆議院にのみ認められており，参議院には認められていない。

④ 正文。上院（元老院）の議席は348名。3年ごとに半数が改選される。下院（国民議会）は国民による直接選挙で577議席。任期は5年。

**[3] 正解 ②**

① 正文。ロシア革命の指導者レーニンの死後，共産党書記長であったスターリンが政権の座に就き，多くの政敵を粛清し独裁体制をつくった。

② 誤文。ヒトラーは合法的な選挙によって政権を獲得している。なお，クーデターも起こしているが，これは失敗に終わった。

③ 正文。戦時体制下の日本では，大政翼賛会のもとに国民の統制が行われ，政党や労働組合は解散させられた。

④ 正文。インドネシアのスカルノ大統領，韓国の朴大統領，フィリピンのマルコス大統領などがあげられる。発展途上国にみられるこうした強権的な独裁政治を開発独裁という。

**[4] 正解 ①**

① 誤文。アメリカの大統領（行政権）は，国民の選挙によって独自に選出されているため，議会（立法権）・裁判所（司法権）との関係において厳格な三権分立が確立している。大統領は下院の解散権を有していない。

② 正文。イギリスは議院内閣制である。下院は18歳以上の国民の普通選挙で選出される。下院の多数党の党首が国王によって首相として任命される。

③ 正文。フランスは半大統領制ともいわれる。国民の直接選挙で選出される大統領が首相を任命する。首相は議会に出席し議会に対して責任を負う一方で，政府に対しては国民議会が不信任決議の権限を持つために，大統領のもとに議院内閣制が存在する形式となっている。

④ 正文。ドイツは議院内閣制に分類されることが多い。連邦議会（下院）によって選出される大統領は基本的に直接の統治権を有さない。連邦議会で選出される首相の権限が強い。

**[5] 正解 ③**

① 誤文。アメリカは，50の州から成り立つ連邦国家で大統領制（Cに該当）。

② 誤文。イギリスは，イングランド，スコットランド，ウェールズ，北アイルランドから構成されているが，中央政府に統治権が集中しているので，単一国家で議院内閣制（Dに該当）。

③ 正文。フランスには，国民の直接選挙による大統領と，大統領が任命する首相が存在する。首相と閣僚は議会に出席し議会に対して責任を負う一方で，政府に対しては国民議会が不信任決議の権限を持つため，大統領制のも

とに議院内閣制が存在する形式となる。

④ 誤文。ロシアは連邦国家で，大統領と首相が存在しているので半大統領制となる（Bに該当）。

## チャレンジ問題の解答と解説

### 1 正解 ③

まず，政治体制の選択肢として示された「日本国憲法下の日本」「チャーティスト運動の時期のイギリス」「ゴルバチョフ政権より前のソ連」について，その概要を理解していることが求められる。「公共」とともに「歴史総合」での学びも活用しながら，基本的な知識として身に付けておきたい。

次に，問題として提示されている「包括性（参加）」と「自由化（公的異議申立て）」の２つの理論についても，選挙を通じた政治参加に関する理論として，図中の補足の説明を読解し，図の左右，上下で示される高低・強弱の違いをしっかり確認したい。

ア 国政選挙の投票率は低くなっているとはいえ，18歳以上の国民に普通選挙が認められており，包括性は高い。また，憲法に規定する表現の自由，集会の自由，言論の自由，出版の自由などに対する規制もまずはみられないため，公的異議申立ても高く図中の「b」の位置にあると考えられる。

イ チャーティスト運動は，産業革命以降に増大した都市労働者の権利拡大要求運動である。この運動の当事者であった都市労働者たちがどのような状況に置かれていたかをみると，政治的な要求運動が行われていたということで，ある程度の公的異議申立ては可能ではあったが，選挙権は不十分で，運動も弾圧され，政府に対抗できる状況ではなかった。したがって，包括性は低かったと考えられ，図中の位置は「a」と考えられる。

ウ 選挙権は戦前から与えられていて，社会主義の国らしく投票率はほぼ100％であったため，包括性は高かった。しかし，国民が政府に対抗できる状況はほぼ認められておらず，公的異議申立てはなかった。ゴルバチョフが登場して，政治・経済・社会などの面でペレストロイカと呼ばれる改革が進められたが，その後ソ連の崩壊を招いている。図中の位置としては「c」と考えられる。

したがって，a―イ，b―ア，c―ウとなり，③が正解。

問題形式としては，ある理論（考え方）と関連する資料を読解し，提示された選択肢に当てはめ，その上で単純な一問一答ではなく「組合せ」を選択するものである。日頃から，教科書等の説明文も含めて，課題やテーマに関連する資料等を組み合わせて読解する練習を重ねていこう。

### 2 正解 ⑤

世界各国の政治体制について，大統領制と議院内閣制があるが，同じ大統領制をとっているアメリカとフランスについて，アメリカは厳格な三権分立のもとでの大統領制であり，フランスは大統領制と議院内閣制が混合している。その相違点についての理解を問う問題である。提示されている生徒Xのまとめの文章に沿って イ から エ について，適

するものを順に絞り込んでいく。なお， ア については，設問では問われていないが，アメリカの大統領は，まず直接選挙で大統領を選ぶ「選挙人」を選出し，その「選挙人」によって大統領が選ばれる「間接選挙」である。

イ は，アメリカの厳格な三権分立から，大統領は連邦議会に議席をもっていない。したがって，選択肢の⑤～⑧にしぼられる。

ウ は，連邦議会の権限について，議院内閣制と異なる点として，大統領を含む公務員に対する弾劾権（罷免を求める権限）はもっているが，不信任決議の権限はない。したがって，⑤か⑥となる。「もっていない」という文末表現に注意すること。

エ は，フランスの大統領選挙についての理解が必要である。これは直接選挙である。18歳以上のフランス国籍をもつ者は誰でも被選挙権資格を持ち，投票の仕組みは単記２回投票制で，第１回の投票で絶対多数が得られない場合，上位２人で第２回投票が行われる。したがって，正解は⑤。

## まとめと発展の解答と解説

（例）イギリスで確立した議院内閣制は立法権優位であり，アメリカに代表される大統領制は行政権優位の政治体制である。民主集中制は共産党に，開発独裁は軍部に権力が集中している政治体制である。

立法権，行政権，司法権の関係や国家権力が分立しているのか集中しているのか，集中している場合どこに集中しているのかを簡潔に述べる。

## 関門 B-11 世論の形成と民主社会
なぜ政治家が世論に敏感であるか考えてみよう

## トレーニング問題の解答と解説

### [1] 正解 ②

① 正。かつてナチスが宣伝省をつくって，世論操作・情報操作を行った事実がある。

② 誤。こうした法的義務はない。

③ 正。世論調査の絶対視は危険。同じ質問に対して各社の調査結果が異なっていることに注意が必要。

④ 正。報道の自由など表現の自由は，自由権的基本権のうち精神的自由権に属するもので，国民の知る権利の基礎ともなる。

### [2] 正解 ③

① 正文。圧力団体には，経営者団体・労働団体・宗教団体・医師団体・農業団体などがある。

② 正文。マスメディアは，世論を伝達する重要な役割をもち，政治に大きな影響を及ぼすために「第四の権力」といわれる。

③ 誤文。族議員とは，特定分野の政策に精通し，その分野の政策決定に大きな影響力をもつ国会議員のこと。具体的には旧省庁との関連から大蔵族・建設族・厚生族などと呼ばれた。

④ 正文。大衆運動とは，大衆の力によって政治・経済・社会などにおける目的実現のために行う運動のこと。

[3] 正解 ②

① 誤。全体主義を推進したのであって，克服ではない。アーリア至上主義，ゲルマン民族の優越を説き，民族や国家の利益を優先した。

② 正。ドイツのナチス党は，ヒトラーの指導のもとで急成長し，ヒトラーによる独裁政権を樹立した。重要なのは，問題文にあるようにヒトラーが1933年に選挙によって合法的に政権を獲得したことである。大衆民主主義の危険性として指摘される。

③ 誤。ヒトラーが宣伝省を設けて扇動したことは有名だが，テレビの時代ではない。

④ 誤。ヒトラーはベルリン陥落の前の1945年4月に自殺している。

[4] 正解 ④

① 正。マスメディアの多様性を示したもの。

② 正。国民の側は，多様なメディアを批判的に使いこなすメディア・リテラシーが必要。

③ 正。これをアナウンスメント効果という。

④ 誤。日本では，第二次世界大戦前及び大戦中においては内務省，戦後占領期においてはGHQ（連合国軍総司令部）による検閲が行われた。

## チャレンジ問題の解答と解説

### ① 正解 ①

問題文自体が，「情報の読み解き方」を説明している。会話文の中で説明されている事項に従って記事1と記事2を比較しながら，アとイの会話文の空欄に入る記述として，aとb，cとdのそれぞれが示している事象の違いを読み取り，適当なものを選択する。そして，その組み合わせを正答として選択しよう。

## まとめと発展の解答と解説

(1) （例）2011年のチュニジアでおこった「アラブの春」のように政治・社会運動への動員を可能にする一方，SNSで入手した情報は正確さや公平さを確かめることが難しい。

(2) 誹謗中傷が許されないことは当然のこととして，発信する情報の真偽を自ら確認した上で，正しく発信することが，マナーとしても求められる。受信する側の立場に立って何が必要かを考えてみることも大切である。

## 政治参加と主権者（有権者）・選挙と政党

私たちの意見を政治に反映させるためには，どのような改革が必要だろうか。

## トレーニング問題の解答と解説

[1] 正解 ④

① 誤文。都道府県単位の選挙区があるのは，参議院議員選挙で，定数は148人である。

② 誤文。衆議院の比例代表選挙では，政党名を記入する。政党名または候補者名のいずれかを記して投票するのは，参議院の比例代表選挙である。

③ 誤文。重複立候補制度を採用しているのは，衆議院議員選挙である。参議院議員選挙では，重複立候補はできない。

④ 正文。参議院の比例代表選挙では，全国を一つの選挙区としている。なお，衆議院の比例代表制では全国を11のブロックに分けている。

[2] 正解 ①

① 誤文。複数の小選挙区に立候補することは認められていない。小選挙区と比例区の重複立候補は可能である。

② 正文。投票日当日に投票に行けない人が，投票前に期日前投票所で投票できる制度。商業施設や大学内などに設置して投票しやすい環境を用意するケースが多い。

③ 正文。政党助成法に基づく政党交付金のこと。政党活動を行うための費用を，国が政党交付金として交付する。

④ 正文。政治資金規正法は企業や労働組合による政治家個人への献金を禁止している。政治資金団体や資金管理団体を通した寄付は認められ，また，企業から政党への寄付も認められる。

[3] 正解 ①

① 正文。1994年に制定された政党助成法により，国民の税金を政党交付金として政党に交付することとなった。交付要件は，所属国会議員が5人以上いること，または，所属国会議員が1名以上おり，直近の国政選挙（前回の衆院選，前回・前々回の参院選）の得票率が2％以上であること，のいずれかである。

② 誤文。政治資金規正法によって，政治団体の収支及び資産等について記載した政治資金収支報告書の提出を義務づけている。報告書を提出しなかったり，虚偽の記載があったりすると処罰される。

③ 誤文。政治家個人が企業や労働組合から政治献金を受け取ることは，政治資金規正法で禁止されている。

④ 誤文。連座制といって，選挙運動の責任者や出納責任者など候補者と一定の関係があるものが刑に処された場合，候補者の当選は無効となる。無効となった者は，その選挙区から5年間は立候補できない。

[4] 正解 ③

表より，小選挙区制での各党の獲得議席は，A：3（ア・ウ・エ），B：2（イ・オ），C：0である。総獲得票数はA：B：C＝200：200：100なので，A：2，B：2，C：1と

なる（ドント式の計算方法でも同じ値になる）。

① 正文。小選挙区制ではA党が3議席で過半数となるが，総獲得票数による制度ではA党，B党ともに2議席になり，過半数をしめる政党はない。

② 正文。総獲得票数による制度ではC党も1議席獲得する。

③ 誤文。B党は小選挙区制でも，総獲得票数による制度でも2議席で，変わらない。

④ 正文。C党は小選挙区制では議席なしだったが，総獲得票数による制度では1議席を獲得する。

## チャレンジ問題の解答と解説

1  **正解**　(1)で①を選択の場合　(2)は④
　　　　　(1)で②を選択の場合　(2)は③

　次の表にあるような，選挙制度の特徴をふまえて解答すればよい。

| | 長所 | 短所 |
|---|---|---|
| 小選挙区制 | ・有権者が候補者を深く知ることができる。<br>・選挙区がせまいため選挙費用がかからない。 | ・大政党の候補者が当選しやすいため多数党が誕生しやすい。<br>・次点以下の候補者は全員落選するため死票が多くなる。 |
| 比例代表制 | ・議席配分と得票率の差が小さいため死票が少ない。<br>・ゲリマンダーはほとんど行えない。 | ・中小政党の候補者も当選しやすく小党分立になりやすい。<br>・選挙区が広いため選挙費用がかかり政治資金の潤沢な政党が有利になる。 |

2  **正解**　④

　まず，二つの図を構成している政党を確認しよう。

　図aでは自由民主党が300議席に迫る過半数を占めている。図bでは民主党が300議席を越えて過半数を占めている。問題文から図aは第44回，図bは第45回の衆議院議員総選挙であり，図bの総選挙で政権交代が起こったことが読み取れる。戦後の日本政治において，「55年体制」とよばれる体制が1955年に成立してから，総選挙後の政権交代は3度ある。一度目は「55年体制」が崩壊した1993年の第40回総選挙で，この時自由民主党政権から非自民連立の細川政権に変わった。この時にはまだ民主党は結党されていない。二度目は2008年に民主党が総選挙で勝利して政権交代を果たしたときである。さらに三度目は2012年の第46回総選挙で民主党が惨敗し，再び自由民主党が政権を取り返したときである。この問題の図bは，図を構成する政党名から，まさに二度目の政権交代があった総選挙と考えられ，ウはあてはまらない。また，民主党への政権交代前は，自由民主党の小泉内閣が郵政民営化を争点に大勝した総選挙があり，小泉内閣後に安倍内閣（第一次），福田内閣，麻生内閣と続き次の総選挙で惨敗し，民主党政権が誕生している。このことから，イについては適当と考えられる。次に，政権与党が複数の政党によって構成される「連立政権」については，自由民主党が政権を

取っていたときには公明党と連立を組み，民主党が政権を取っていたときには社会民主党や国民新党と連立を組んでいたことから，アも適当といえる。以上から，アとイが適当で正解は④となる。

　日本の政治の動きについて，特に「55年体制」以降の政権交代や連立の動きについては，変化の節目となる総選挙を区切りとして，その総選挙の主な争点や前後の政権の特徴について確認しておこう。また衆議院の選挙制度である小選挙区比例代表並立制の仕組みについても確認しておこう。

## まとめと発展の解答と解説

(例)　リースマンは『孤独な群衆』の中で，政治的無関心を二つに分類している。一つは「伝統的無関心」で，政治的に無知なために生まれる無関心である。もう一つは「現代的無関心」で，政治についての知識や理解力を持っているが，政治に関心をいだかないゆえの無関心をいう。

(例)　政党と利益団体（圧力団体）は，ともに政治的目標を実現するための私的結社である。政党は一般的利益を求めて政権の獲得をめざすが，利益団体は特定の利益の実現は求めるが，政権の獲得はめざさない。

---

**関門**　**B-13**

## 国会の役割としくみ

国会が「国権の最高機関」に位置づけられているのはなぜだろうか

## トレーニング問題の解答と解説

**[1] 正解　③**

③ 正文。日本国憲法第60条2項に，予算について両院協議会を開いても意見が一致しない場合は，衆議院の議決を国会の議決とする旨の記載がある。

① 誤文。国務大臣の任命・訴追の権限があるのは，国会ではなく，内閣総理大臣である（憲法第68条1項，第75条）。

② 誤文。大赦や特赦などの恩赦の決定は内閣に権限があり，認証については天皇が国事行為として行うものである。（憲法第7条の6及び第73条の7）

④ 誤文。憲法第80条1項にて，下級裁判所の裁判官の任命権は内閣にあるとされている。

**[2] 正解　②**

① 憲法第96条1項にて，憲法改正の発議には各議院の総議員の3分の2以上の賛成が必要とされている。

③ 憲法第55条にて，議員の議席を失わせるには，出席議員の3分の2以上の多数による議決が必要とされている。

④ 憲法第59条2項にて，再度衆議院の議決だけで法律を成立させるためには，出席議員の3分の2以上の賛成が必要とされている。

**[3] 正解　①**

① 誤文。「政府委員制度」は1999年制定の国会審議活性化法により廃止されている。これは国会において，国務大

臣を補佐するため内閣から任命された行政部の職員が政府委員として答弁する制度であった。

② 正文。内閣総理大臣は，議席を有していない議院にも，答弁や説明のために出席することができる。

③ 正文。両議院には，どちらも国政調査権を有し，証人を出頭させて証言を求める権限がある。

④ 正文。衆議院は，内閣不信任決議案を提出できる権限を有する。

**[4] 正解 ④**

① 正文。公債のうち，公債金は歳入の6.9％を占め，特例公債金は24.8％を占める。これらを合計すると31.7％になり，質問文にも合致する。その他答弁を含め，誤っている箇所は見られないため，正文である。

② 正文。歳入に占める関税は0.9％で，質問文にも合致する。その他答弁を含め，誤っている箇所は見られないため，正文である。

③ 正文。歳出合計（1,026,580億円）に占める厚生労働省の予算配分（330,366億円）は約32.2％であり，質問文にも合致する。その他答弁を含め，誤っている箇所は見られないため，正文である。

④ 誤文。日本国憲法第86条に内閣の予算作成についての定めがある。答弁に誤りが見られるため，誤文である。

### チャレンジ問題の解答と解説

**① 正解 ②**

ア 議員の任期が短く（4年），解散もあるという生徒Xの発言より，衆議院であることがわかる。

イ 法律案や予算の議決，条約の承認，内閣総理大臣の指名について，両議院の議決が一致しない場合には，一定条件の下に衆議院の議決を国会の議決とする，「衆議院の優越」が認められている。

ウ 憲法改正の承認については，憲法第96条で，各議院の総議員の3分の2以上の賛成で国会が発議し，国民に提案してその承認を経なければならないとする規定がある。そのため，憲法改正の承認においては，「衆議院の優越」が適用できない。

### まとめと発展の解答と解説

(1) （例）国会の構成員である国会議員が，主権者である国民から直接選挙で選ばれていることや，国会が国政の中心であること，法律を制定できる唯一の機関とされていること，などが理由である。

(2) 法律案の議決（第41条・第59条）や，予算の議決（第60条・第86条），条約の承認（第61条・第73条），国政調査権（第62条），弾劾裁判所の設置（第64条），内閣総理大臣の指名（第67条），財務の監督・財政の処理（第83条），課税に対する議決（第84条），決算の議決（第90条），財政状況の報告処理（第91条），憲法改正の発議（第96条）

(3) 毎年1月に召集され，150日間行う通常国会（常会）の

ほか，臨時国会や特別国会，参議院の緊急集会がある。

(4) （例）国会の運営が政党中心で行われているため，法案の成立を急ぐ政府与党が不十分なまま審議を打ち切ったり，各党の国会対策委員のかけひきをへて本会議に上程されたりすることで，国対政治と批判されることがある。

### 関門 B-14 内閣と行政機関
#### 内閣にはどんな役割があるのだろうか

### トレーニング問題の解答と解説

**[1] 正解 ④**

④ 正文。内閣総理大臣は，内閣を代表して行政各部を指揮監督する権限をもつ（憲法第72条）。

① 誤文。内閣は，両議院で一度可決した法案についての再議を求めることはできない。

② 誤文。最高裁判所の長官を任命する権限は，天皇にある。なお，最高裁判所の判事（裁判官）は内閣が任命する。

③ 誤文。憲法改正の承認後，公布を行うのは，天皇の権限である（憲法第96条2項）。

**[2] 正解 ②**

② 正文。復興庁は，2011年3月11日に発生した東日本大震災からの復興を目的として，2012年2月に内閣に設置された。2023年2月現在，2031年3月31日までの間で，別に法律で定める日まで設置される予定である。

① 誤文。原子力規制委員会は，環境省に置かれている。

③ 誤文。内閣法制局は内閣府ではなく，内閣に置かれている。

④ 誤文。内閣総理大臣補佐官は，組織として内閣官房に置かれている。

**[3] 正解 ③**

AとBはすでに日本国憲法で明文化されている。

Cについては，1990年代後半以降行われた行政改革により，内閣機能の強化を図る一環として行われたものである。

**[4] 正解 ④**

④ 正文。2000年に，公務に対する国民の信頼を確保するため，国家公務員に適用される倫理基準を定める法律として制定された。

① 誤文。内閣人事局は，2014年に内閣法にもとづき内閣官房に設置された機関であり，従来省庁ごとに行ってきた次官や局長などの幹部人事を，首相や官房長官の主導で一元管理することを目的としている。一方，人事院は，一般職公務員の職階・任免・給与その他，職員に関する人事行政や職員採用試験などの事務を取り扱う行政機関であり，現在も廃止されていない。

② 誤文。政府委員制度については，1999年に国会審議活性化法により廃止されている。

③ 誤文。国家公務員が利害関係のある営利企業に退職後に

再就職する，いわゆる「天下り」を各省庁の職員が斡旋<sup>あっせん</sup>することは，国家公務員法で禁止されている。

**[5] 正解 ②**

② 正文。1999年に成立した国会審議活性化法において，第8条より第12条まで副大臣の設置に関わる内容が明文化されている。

① 誤文。オンブズマン制度とは，住民の立場から行政などの監察を行う制度であるが，日本では地方公共団体で設けられており，国政レベルでは設けられていない。

③ 誤文。国家公務員倫理法は，平成12年より施行されている。

④ 誤文。国家公務員制度改革基本法は，平成20年より施行されている。

**[6] 正解 ②**

② 誤文。図中の期間で，一般会計上の予算定員の増減は最も変化がないので，減少が最大の要素であるという記述は明らかに誤りである。

① 正文。第一次石油危機は，1973年の第四次中東戦争を契機とする。しかし，人口千人当たり国家公務員等予算定員は1967年から1972年にかけて減少が始まっている。

③ 正文。電電公社，専売公社，国鉄の三公社民営化は，1980年代前半の第二次臨時行政調査会の答申を受けて1985〜87年に中曽根内閣によって行われたので，1982年と1987年の期間は適当である。

④ 正文。郵政民営化は，小泉内閣による「聖域なき構造改革」の中心施策として2007年に行われたので，2002年〜2007年の期間は適当である。

### チャレンジ問題の解答と解説

**[1] 正解 ⑦**

ア 閣議については，内閣法において「内閣は，行政権の行使について，全国民を代表する議員からなる国会に対し連帯して責任を負う」と定められていることから，全会一致による議決が慣行となっている。

イ 内閣法第2条において，「内閣は，国会の指名に基づいて任命された首長たる内閣総理大臣及び内閣総理大臣により任命された国務大臣をもって，これを組織する。」と明示されていることから，「内閣の首長」が正しい。

ウ 法律及び政令には，主任の国務大臣の署名のほか，内閣総理大臣が連署することを必要としている（憲法第74条）。

**[2] 正解 ③**

ア 「公正取引委員会」は，独占禁止法を運用することを目的に，内閣から独立して設けられた委員会である。委員長と4人の委員は学識経験者から任命され，委員の任期は5年で合議制をとる機関である。

イ 資料にある独占禁止法第29条2項の文面を見ると，「内閣総理大臣が，両議院の同意を得て，これを任命する。」とあるので，両議院による同意を要件としつつ内閣総理大臣に任命権があることがわかる。

### まとめと発展の解答と解説

(1) 内閣総理大臣とその他の国務大臣で構成される。（憲法第66条1項）

(2) （例）内閣の構成員である内閣総理大臣と国務大臣は，全員の意思を一致させて国会に対応しなければならない。議院内閣制において，内閣は国会の信任によって存立しており，万が一閣内で意見の不一致があると，政策の遂行に支障をきたすことが考えられる。

(3) 憲法では，第73条に記載がある。法律の執行と国務の総理，外交関係の処理，条約の締結，官吏に関する事務の掌握，予算の作成，政令の制定，大赦・特赦・減刑・刑の執行の免除及び復権の決定がある。

(4) （例）あらかじめ国民から意見・情報を募集するパブリック・コメント制度を活用しつつ，国民が主権者としての意識を持ち，国政を監視し統制していくことが求められている点。

---

**関門 B-15 裁判所の役割と司法参加の意義**
裁判所は私たちの生活とどのように関わっているのだろうか

### トレーニング問題の解答と解説

**[1] 正解 ②**

すべての選択肢が正文であるが，問題文には「司法権の独立を保障する制度に当てはまる記述」との記載がある。司法権つまりは裁判所以外の干渉が見られる記述が今回の正答ということになり，②の「行政機関による裁判官の懲戒」が該当する。

**[2] 正解 ④**

④ 正文。憲法第40条において，無罪判決を受けたときは，国にその補償を求めることができるとされている。

① 誤文。代用刑事施設（または代用監獄）とは，警察署の留置場を刑事施設の代用として用いて，主に勾留中の被疑者を収容する施設のことであるが，捜査中の被疑者について，現在では代用刑事施設を活用する運用が一般的になっている。

② 誤文。裁判員制度が導入されているのは，重大な刑事事件の第一審のみである。控訴審（第二審）では導入されていない。

③ 誤文。少年法第24条3項において，家庭裁判所は少年院送致ができる，とされている。また，2007年の改正において，送致年齢をおおむね12歳以上との基準を設けた。

**[3] 正解 ④**

④ 誤文。死刑判決を受けた人が再審により無罪とされた例の一つとして，「免田事件」がある。

① 正文。検察審査会とは，選挙権を有する国民の中からくじで選ばれた11人の検察審査員が，検察官が被疑者を

裁判にかけなかったこと（不起訴処分）の良し悪しを審査するものであるが，一度検察審査会で起訴相当の議決したものに対し，検察官が改めて不起訴とした場合，再度審査を行い，11人のうち8人以上が「不起訴不当」という判断をしたときには，強制的に起訴を行うとされている。

② 正文。これまでに国民審査において，最高裁判所の裁判官が罷免された例は存在しない。

③ 正文。令和元年（2019年）6月より改正刑事訴訟法第301条の2において，裁判員裁判対象事件及び検察官独自捜査事件の取調べ時における録音や録画が義務付けられた。

**[4] 正解 ③**

③ 正文。統治行為論とは問題文にある通りのことである。

① 誤文。長沼ナイキ基地訴訟では，最高裁は原告の住民に訴えの利益がないとして，高裁からの上告を棄却し，憲法判断を回避している。

② 誤文。全逓名古屋中央郵便局事件の最高裁判決は，当時郵政省に所属し，公務員であった郵便局の職員の職務について，公共性を有し国民全体の共同利益の保障という見地から，争議行為を禁止しても違憲とはならない，つまり合憲であると下している。

④ 誤文。付随的違憲審査制とは，通常の裁判所が具体的な事件を裁判する際に，その事件の解決に必要な範囲内で，適用する法令の違憲判断を行う方式のことである。アメリカやカナダ，日本などでこの考え方が採用されている。

**[5] 正解 ②**

② 前者（違憲判決をためらわないとする）の見解である。民主政治下では多数派の意思によって政治が進められていくわけであるが，少数派の権利が不当に奪われるのを防ぐことも，司法に求められている役割である。よって，司法積極主義の考え方に当てはまる。

① 後者（違憲判決に対して慎重に判断すべき）の見解である。国政調査権は国会にあることから，司法消極主義の考え方である。

③ 後者の見解である。外交など高度な政治的判断が必要とされる事項や，国政の重要事項についての決定は国民に対して政治的な責任を負う機関が行うべき，という考え方は統治行為論に該当することから，司法消極主義の考え方である。

④ 後者の見解である。国民の代表者によって構成される機関，つまりは国会の判断をできる限り尊重すべきという考え方は，司法消極主義の考え方である。

### チャレンジ問題の解答と解説

**① 正解 ②**

ア 裁判員制度は，一般市民が「重大な刑事事件」（例として，殺人や強盗致死傷，危険運転致死など）の第一審に参加する制度のことである。

イ 裁判員の選定については，まず，地方裁判所ごとに，18

歳以上の有権者の中からくじで選ばれた候補者名簿の作成から始まる。その候補者名簿に基づいて「事件ごと」に，くじで裁判員が選任される。

ウ 裁判員に課せられる守秘義務は，裁判員として裁判に参加している間だけではなく，裁判員としての役目が終わった後も守らなくてはならない。なお，義務に違反した場合は刑罰が科せられることがある。

**② 正解 ⑥**

ア 少年法に基づく少年の保護事件の審理を行うのは，家庭裁判所である。家庭裁判所はその他，家庭事件の審理や調停，少年の福祉を害する成人の刑事事件も担当する。

イ 16歳以上の少年が故意の犯罪行為により被疑者を死亡，つまりは殺人事件を起こすなど悪質なものについては，検察官に送致し，起訴することになっている。検察官に送り返すという意味で「逆送」とよばれている。逆送の後，検察官は地方裁判所に公訴を提起することになる。

ウ 2022年4月1日より，成年年齢を18歳とする民法の一部を改正する法律が施行され，選挙権年齢が18歳以上に引き下げられるのと同時に，少年法も改正となり，18・19歳の者が罪を犯した場合には，それら責任ある立場に応じた取扱いとすることとなった。その18歳以上の少年は「特定少年」として，17歳以下の少年とは別に，問題文中の資料にあるような扱いをされることとなった。

### まとめと発展の解答と解説

(1) （例）司法権が行政権や立法権から独立していることにより，個人の基本的人権を守る役割を果たしているから。

(2) 高等裁判所，地方裁判所，簡易裁判所，家庭裁判所

(3) （例）一切の法律・命令・規則または処分・条例などが憲法に違反していないかどうかを，具体的な訴訟事件に関して審査し決定する権限のこと。この権限はすべての裁判所にあるが，終審裁判所である最高裁判所が合憲か違憲かの最終的決定を行うため，「憲法の番人」と呼ばれている。

(4) （例）一般市民が裁判に参加することにより，国民の視点や感覚が裁判の内容に反映され，その結果，裁判が身近になり，国民全員の司法に対する理解と信頼が深まることが期待される。

**関門**
**B-16**

# 地方自治と民主主義
国と地方自治の関係において，どのような課題があるのだろうか

### トレーニング問題の解答と解説

**[1] 正解 ②**

「地方自治は民主主義の学校」は，イギリスの政治学者のブライスが著書『近代民主政治』で述べているが，同様に，

フランスの政治家・政治思想家のトクヴィルも『アメリカの民主政治』の中で，同じようなことを書いている。地方自治と民主主義の関係を，端的に表現する言葉である。

① 誤文。「中央政府をモデル」とするのではなく，逆に，地方の独自性が強調されている。

② 正文。「地域の政治に参加する」という身近な問題を自分たちで解決することが，民主主義を育てる文化をつくることにつながる。さらに「担い手として必要な能力を形成」ということを「学校」という表現が，比喩的に意味している。

③ 誤文。「合併による規模の拡大」については，述べられていない。

④ 誤文。この言葉は，実際の学校教育について述べたのではなく，ブライスのいう「学校」とはあくまでも比喩。

[2] 正解 ①

① 正文。住民が首長と議員を直接選ぶことができる制度を二元代表制という。憲法第93条で，「地方公共団体の長，その議会の議員…は，その地方公共団体の住民が，直接これを選挙する」と定められており，地方自治について，二元代表制を採用している。

② 誤文。地方自治体（都道府県と市町村）の議会の議員の被選挙権をもつのは，日本国民で満25歳以上の者であると公職選挙法第10条で定められている。

③ 誤文。解職の直接請求は，リコールと呼ばれる。イニシアティブは，住民の一定数の署名が得られれば，条例の制定・改廃の請求が行えるという制度であり，地方自治法で定められている。

④ 誤文。副知事・副市町村長の解職請求の請求先は，地方自治体の長（知事・市町村長）であり，選挙管理委員会ではない。請求を受けた長は，請求を議会にかけ，議員の3分の2以上の出席で4分の3以上の同意があれば，当該者は職を失う。直接請求制度は，地方自治法に定められている。

[3] 正解 ①

① 正文。地方自治体は，法律の範囲内で，条例によって課税できる。地方分権改革推進法（2007年4月施行）により，課税自主権が認められ，地方自治体の「独自の税制」の導入が可能となっている。

② 誤文。国の借金である国債の残高は，1990年代後半からの不況が長引き，赤字国債の発行が急増し，巨額の国債残高を抱えることになっている。「減少傾向」とは逆の状況にある。国債元金と利払いの負担（借金の返済）である「国債費」は，国家予算の中でも大きな割合を占め，後世の国民への負担として大きな課題となっている。

③ 誤文。地方交付税は，地方自治体間の財政力の不均衡を国が調整し，適正なものにするために設けられたものである。かつて，ほとんどの地方自治体が「三割自治」とよばれるほど自主財源が少なく，国からの交付税などに頼る状態であり，2004年からの「三位一体の改革」などで地方財政の改革が進められてはいるが，いまだに地

方交付税を受けていない地方自治体は1割程度にとどまり，大半の地方自治体は地方交付税の交付を受けている。

④ 誤文。予算案の審議については，憲法第60条で「さきに衆議院に提出しなければならない」と定められており，衆議院に先議権がある。予算の議決に関しても衆議院が優越している。

[4] 正解 ②

① 誤文。法改正によって，機関委任事務は廃止され，自治事務と法定受託事務に再編された。自治事務は，地方自治体における議案・予算の作成や条例・予算の執行などの事務。法定受託事務は，法律・政令で自治体に義務付けられた国政選挙，旅券の発行，戸籍，生活保護などの事務。

② 正文。憲法第95条において，「一の地方公共団体のみに適用される特別法」つまり特別法は，その住民による住民投票で過半数の賛成を得る必要があることが明記されている。

③ 誤文。憲法第76条において，「すべて司法権は，最高裁判所及び法律の定めるところにより設置する下級裁判所に属する」と定められており，地方裁判所は地方自治体が設置する司法機関ではない。憲法並びに裁判所法によって定められ設置された国の機関である。

④ 誤文。地方自治体の議会は，住民の直接選挙により選出された議員によって構成されており，住民投票条例に基づく住民投票の結果がいかなるものであっても，法的な拘束を受けずに自らその責任を負う。住民投票は，地域に大きな影響を及ぼす事業の可否をめぐって，重要な政策決定に住民の意思を反映させる取り組みとして行われるものであるが，住民投票条例に基づく住民投票には，法的拘束力はない。

## チャレンジ問題の解答と解説

[1] 正解 ①

A 「市町村合併が推進され，市町村の数が減少」という出来事は，1995年に地方分権推進法が制定され，1999年から2010年にかけて「平成の大合併」が進んだことを指している。

B 「公害が深刻化し住民運動が活発になった」のを詳しくみると，四大公害訴訟が1960年代から，騒音・水質汚濁・ゴミ公害などの都市公害・生活公害が1970年代から，ダイオキシン・環境ホルモン・アスベスト公害などが1990年代である。都市部で革新自治体が誕生したのは，1960年代中頃から1970年代後半にかけてである。

C 地方自治法は，「地方自治の本旨」などを定めた憲法第8章に基づくものであり，日本国憲法の制定に伴い，1947年に制定された。

D 大阪市を廃止して新たに特別区を設置するという大阪都構想は，2015年と2020年の2度にわたり住民投票が行われた。

以上のように，古い順に並べるとC→B→A→Dとなる。

知識として，地方自治法が憲法制定に伴い制定されたこと，また，東京都などの都市部で日本社会党や日本共産党などの支援を受けた革新自治体が誕生した時期が，「平成の大合併」と「大阪都構想」よりも古いことを確認できれば，あとは，この二つの出来事の判別で順番を確定できる。逆に，3番目ということであるから，新しい方から順に並べていく方法もある。地方自治に限らず，出来事を時系列で整理し，確認しておく習慣を身につけておきたい。

2 **正解** ⑦

資料1から資料3にかけて，都道府県か市町村のいずれであるかを，順に絞り込んでいく。

資料1では，法律の条文であるため，提示されているいずれかの空欄箇所で，知識として判別できればよいが，提示されている資料1から類推するとすれば，「5 Y は，X を包括する広域の地方公共団体として」から判別できる。

資料2では，職員数の部門を比較してみると，BにはAにない警察がある。警察は都道府県単位となり，Bが都道府県。なお，消防については市町村単位である。

資料3では，税の種類についての理解が求められる。アでは直接税として住民税と事業税があるのに対して，イには住民税のほかに市町村税である固定資産税がある。したがって，資料1〜3の都道府県と市町村の組合せで正しいものは，Y—B—アとなり，⑦が正解となる。

### まとめと発展の解答と解説

(1) 人口の多寡　予算規模　少子高齢化の度合い　など
(2) 一般財源　→地方税
　　取り組み　→人口を増やし，産業を活性化させるなど税収の増加を促す
(3) 住民の生活に関連する社会資本や社会保障についての最低限の基準
(4) 行政への住民の苦情や意見に対応するため
(5) （例）　地方財政改革の一環で，①補助金の減額や廃止，②国から地方への税源移譲，③地方交付税の見直しを一体的に行おうとするものである。その結果，市町村合併などが進展したが，合併により自治体の規模の広域化，福祉や教育，インフラ整備などの面で行政サービスの低下，地域間格差の拡大などの問題が生じたといわれる。
(6) （例）　清掃活動など環境整備への参加
　　災害復興のためのボランティア活動　など

### トレーニング問題の解答と解説

**[1] 正解** ②

主権の及ぶ範囲を正しく理解することが大切。

② 誤文。領空は領土と領海の両方の上空となるため，排他的経済水域の上空は，領空の外側となる。

① 正文。ウェストファリア体制が成立する過程で宗教や言語，歴史など民族としてのアイデンティティを共有する「国民」という概念が定着するようになり「主権国家」が形成された。

③ 正文。勢力均衡方式ではなく，国際組織による集団安全保障体制として国際連盟が創設され，第二次世界大戦後は国際連合がその機能を引き継いだ。

④ 正文。国際法は国際社会の慣習を各国が法として認めた慣習国際法（不文国際法）と，条約などの成文国際法に分けられる。

**[2] 正解** ②

② 誤文。輸入品に関税を課すことは，主権国家に認められている権限（関税自主権）であり，国際慣習となっているわけではない。

① 正文。慣行の積み重ねにより形成された法を国際慣習法という。

③ 正文。国際慣習法には，国際機関によって条約化が進められているものがある。

④ 正文。公海自由の原則は，すべての国民が他国の干渉を受けることなく，公海を自由に使用できるとする国際慣習法として認められてきたが，現在は条約化している。

**[3] 正解** ②

② 正文。国際司法裁判所の裁判官は，国連総会と安全保障理事会の投票で選出される15人で構成され，任期は9年で，3年ごとに5名ずつが改選され，再選も認められる。

① 誤文。国際司法裁判所は，国連の主要機関の一つであるが，安全保障理事会の下に設置された機関ではない。

③ 誤文。国際司法裁判所は，国際連盟が創設した常設国際司法裁判所を引き継いだものである。

④ 誤文。国際司法裁判所は国内の裁判所とは異なり，取り扱う範囲に強制的な管轄権はない。

**[4] 正解** ②

Xの発言内容として合致する文を二つ選択することになるが，国際司法裁判所が判決を下すことに意義があるという趣旨の内容を選ぶ。AとCが正しい内容と判断できるため②が正解となる。

A 国際裁判所の判決を自国の主張の正当性の根拠として外交交渉で活用できることから意義があるという内容であるので，Xの発言内容として適当。

B 集団殺害（ジェノサイド）や戦争犯罪に関する個人の責

任に言及する内容となっていることから，国際刑事裁判所の扱う裁判の内容であり，国際司法裁判所の判決の意義の説明とはならないので，誤り。

C　国際司法裁判所の判決によって，国際法のルールの内容が明確にされるということから，国際司法裁判所の判決の意義の説明と言えるため，Xの発言内容として適当。

D　国際司法裁判所の判決内容に従わないない国に対して，国連安全保障理事会が勧告を出すことはあるが，強制的に執行することができるという事実はないので，誤り。

## チャレンジ問題の解答と解説

### ① 正解　③

③　国連憲章が示す自衛権は，個別的自衛権に加えて，国連憲章第7章第51条において「個別的又は集団的自衛の固有の権利を害するものではない」と集団的自衛権に関しても規定していることから，誤文である。

①　正文。『戦争と平和の法』はグロティウスによって，三十年戦争のさなかである1625年に刊行され，戦争の惨禍を少なくし，人類の平和を実現するために，戦争は正当な理由によるものでなければならないとし，やむをえず戦争を行う場合であっても，国際法に従わなければならないと説いている。

②　正文。国際法は国際社会の慣習を各国が法として認めた慣習国際法（不文国際法）と，条約などの成文国際法に分けられる。

④　正文。1957年，岸内閣は①国連中心外交，②自由主義諸国との協調，③アジアの一員としての立場の堅持，という日本の外交三原則を発表している。

### ② 正解　⑦

発表プリント中の語句（空欄　ア　）と記述（空欄　イ　）の組合せの正しいものを選ぶ。　ア　はC，　イ　はPを選ぶため，⑦。

ア　2002年にオランダのハーグに設置された裁判所であることから，Cの国際刑事裁判所が正しい。2001年の同時多発テロを受けて，国家による問題のみを裁判の対象とせずに，テロや戦争犯罪を行う個人を裁くことのできる国際刑事裁判所が設置された経緯を理解しておく。Bの常設国際司法裁判所は，国際連盟が創設したものであるため，時代が大きく異なる。Aの国際司法裁判所は，国際連盟が創設した常設国際司法裁判所を引き継ぎ，国際連合の主要機関の一つとなっている国際裁判所であり，設置された時代が大きく異なる。

イ　「非締約国が自国民が裁かれることを理由に反発している」という発表プリントの趣旨から，イに該当する記述を選ぶと，主語は「非締約国の国籍を有する者が」という文章となる。Qは「締約国の国籍を有する者が，対象犯罪を行った」という内容であるため，不適当である。Pは，「非締約国の国籍を有する者が，締約国で対象犯罪を行った」という内容であり，Cの国際刑事裁判所で扱う裁判としても合致するため，適当である。Rは，「非

締約国の国籍を有する者が，自国内で対象犯罪を行った」という内容で，締約国の領域内で行われた対象犯罪とならないことから，不適当である。

## まとめと発展の解答と解説

(1)　（例）領域（領土）内に住む人々を，他国から介入されずに支配する権力という意味や，他国からの支配や干渉を受けずに自国のことを自主的に決定するという意味がある。

(2)　（例）国内法は国内において効力を有する法であり，国際法は国家相互の関係や国際社会の秩序を維持するための法で，国家や限られた範囲で国際機関や個人について規律する。また，国際法は国内法と違い，統一的な立法機関がないことや執行や制裁に関する組織が未確立であるという点が指摘される。

(3)　（例）日本はサンフランシスコ講和条約で，南樺太と千島列島に関する権利を放棄した。対日参戦したソ連（現ロシア）に千島列島を与えることがヤルタ協定で決められていたが，日本はヤルタ協定に関与していないこと，第二次世界大戦中の連合国の領土不拡大の原則との関わりで，歯舞・色丹・国後・択捉の諸島は日本固有の領土であると主張している。

関門
B-18

# 国際連合の役割と課題

世界の平和と秩序のために国際連合はどのような役割をはたしてきたのだろうか。またどのような課題を抱えているのだろうか

## トレーニング問題の解答と解説

### [1] 正解　④

④　正文。国連憲章では，総会の評決について拒否権行使に関する規定はない。拒否権の行使に関しては，安全保障理事会の実質事項に関する評決において，常任理事国の同意票を必要とするという形で「拒否権」の行使を認めている。

①　誤文。国連憲章には，植民地の独立に関する規定はない。

②　誤文。国連憲章には，国際紛争の解決手段として，国際司法裁判所による裁判を義務づける規定はない。

③　誤文。国連憲章の第7章において，非軍事的措置と軍事的措置の両方を安全保障理事会が決議できるとしている。

### [2] 正解　②

直接の武力攻撃を受けていないD国が，同盟関係を理由に，C国に武力攻撃を行っているA国ではなく，A国と同盟関係にあるB国に対して武力攻撃を行うことに関しては，集団的自衛権の行使としての正当性が認められないことから，国連憲章に違反する対応に当たる。

①　国連憲章に違反しない。C国が，安全保障理事会が必要

な措置をとるまでの間，A国に対して武力を行使した場合，個別的自衛権を行使したとみなすことができる。

③ 国連憲章に違反しない。E国が，安全保障理事会決議に基づいて，A国との外交関係を断絶することは，国連憲章第7章第42条で認める非軍事的措置となる。

④ 国連憲章に違反しない。F国が，安全保障理事会決議に基いて，多国籍軍を編成してA国を攻撃することは，国連憲章第7章第41条で認める軍事的措置となる。

[3] 正解 ②

国連安全保障理事会の構成は，常任理事国5か国（米，英，仏，ロ，中）と非常任理事国10か国の合計15か国である。非常理事国の任期は国連憲章第23条により，2年とされている。

① 常任理事国は米，英，仏，ロ，中の5か国の構成であり，9か国ではないので誤文。

③ 国連憲章第7章第51条における自衛権として集団的自衛権の行使を認めているので，誤文。

④ 国連の平和維持活動は第6章と第7章の間に位置づけられた活動とされ，第7章に基づく国連軍の活動には該当しない。これまでの国連の活動において，第7章に基づく正規の国連軍は編成されていない。

[4] 正解 ⑥

国連安全保障理事会の表決は，各理事国が一票の投票権を持ち，手続事項は9理事国の賛成によって決定される。その他の実質事項に関しては，5常任理事国を含む9理事国の賛成が必要となる。

A 実質事項に関する決議案に，常任理事国のイギリスが反対しているため，決議は成立しない。

B 手続事項に関する決議案に，常任理事国のフランスを含めた5か国が反対しているが，15か国中9か国以上が賛成しているため，決議は成立する。

C 実質事項に関する決議案に，5常任理事国のすべてを含む9か国が賛成しているため，9か国以上の賛成を得られていることから，決議は成立する。

BとCの決議が成立することから，正解は⑥となる。

[5] 正解 ③

ア 国際連盟が国際組織として行う制裁に関する内容に該当する語句を入れることから，「集団安全保障」を選択する。

イ 国際関係において国家が戦争を放棄することを目的とした規範を選択する。また，国連憲章とイの規範を比較したところ，国連憲章はイに比べて，禁止される行為が拡大していることから，イの規範より後に国連憲章が制定され，武力行為を禁じる効力を持つことになったととらえることができる。「不戦条約」は戦争の違法化につながる条約として，1928年に初めて戦争の全面禁止をうたって調印されたが，条約違反に対する制裁規定を欠いていたことから，空欄のイに該当する。「国際人道法」は，「戦時国際法」，「戦争法」などの国際法を指し，武力行使のときに，「やって良いこと」と「やってはいけないこと」の区別の基準となっている内容であり，戦争を違

法化する内容とは言えない。また，「国際人道法」は具体的な条約名ではなく，1971年に国際赤十字委員会が初めて公式に提唱した国際法の分野をさす用語であり，国連憲章より後に使われている国際法上の分野名であることから空欄のイには不適当である。

アは集団安全保障，イは不戦条約となることから③を選ぶ。

## チャレンジ問題の解答と解説

① 正解 ⑦

ア 『永久平和のために』の著者はカントであるから，bを選ぶ。aのグロティウスは，『戦争と平和の法』の著者である。

イ 安全保障理事会の表決のうち，すべての常任理事国を含む，9か国以上の理事国の賛成を必要とする決定であるため，dの実質事項を選ぶ。cの手続事項は常任理事国の反対があっても，9か国以上の理事国の賛成で成立する。

ウ 国連安全保障理事会が機能不全に陥った場合の国際連合の対応を考えて選択する。朝鮮戦争の際に，国連安全保障理事会が拒否権により機能できない場面で，「平和のための結集決議」により国連緊急総会を通じて勧告を行った事実から，eを選ぶ。fに関しては，国連安全保障理事会の機能とは関わらずに，国連憲章で認めている個別的自衛権の行使に関する内容となっているため，不適当である。

## まとめと発展の解答と解説

(1) 国際社会における勢力均衡と集団安全保障の相違点をまとめてみよう。

（例）勢力均衡による秩序の維持には，軍拡競争や戦争の可能性を残している点に限界がある。それに対して，戦争を引き起こさないしくみとして考えられたのが，すべての国を国際組織に加盟させ，集団内のすべての国家が相互に武力の不行使を約束し，違反した国にほかの加盟国が一体となって制裁を加え，平和を維持しようという集団安全保障である。

(2) 国際連合の課題について，「国連分担金」（財政面）と「機構改革」や「国連職員」（組織面）に着目してまとめてみよう。

（例）国連の運営を支える国連分担金について，加盟国193か国中70以上の国が滞納しており，国連の各機関の活動は各国からの自主的な拠出金に依存しているなどの財政的な課題がある。また，集団安全保障を十分に機能させることができていない安全保障理事会の機構改革や，国連職員の採用や合理化などの組織的な課題もある。

## 関門 B-19 国際政治の現状と課題① 冷戦とその終焉

冷戦はどのように始まり，どのように終わったのか。第二次世界大戦後から現在までの世界の大きな流れをつかもう

### トレーニング問題の解答と解説

**[1] 正解 ②**

日本の警察予備隊は，1950年の朝鮮戦争に際して，マッカーサーの指令に基づき，吉田内閣によって創設されたことによる。したがって，安全保障条約の締結によって，警察予備隊が創設されたという経緯ではないので，②が誤文である。

① 正文。アメリカのトルーマン大統領が1947年に，ギリシャやトルコの共産主義勢力を押さえ込む目的で，軍事的，経済的援助を表明した。

③ 正文。1956年のソ連共産党大会において，フルシチョフが異なる社会体制の国家が戦争で対立することなく平和共存する外交政策を採用した。

④ 正文。インドネシアのバンドンに，独立を果たした旧植民地諸国のうちアジア・アフリカ地域の29か国の代表が集まり「平和10原則」を発表した。バンドン会議はアジア・アフリカ（A・A）会議とも呼ばれる。

**[2] 正解 ④**

1980年代は，1979年のソ連のアフガニスタン侵攻によって，米ソの新冷戦の状況にあった。対ソ連への措置として，アメリカのレーガン大統領がSDI（戦略防衛構想）を打ち出した。

① 誤文。1955年にはスイスのジュネーブにおいて，米，英，仏，ソの首脳による会談（ジュネーブ四巨頭会談）が開かれており，アメリカのニクソン大統領のソ連訪問まで東西間の首脳会談がなかったというのは誤りである。

② 誤文。ベルリンの壁が構築されたことを理由とする，東西ベルリンにおける米ソ両軍による直接的な軍事衝突が発生したという事実はない。

③ 誤文。南北ベトナムの統一は1976年であり，ベトナム戦争でアメリカの軍事行動が本格化したのは1965年以降である。

**[3] 正解 ③**

ハンガリー動乱は，1956年にスターリン批判をきっかけにハンガリー国内で自由化への要求が強まり，大衆が蜂起したことに対して，ソ連が軍事介入によって自由化の動きを封じた事件であり，1989年の東欧諸国の民主化の動きである東欧革命との関連はない。

① 正文。1989年の東欧諸国の民主化の動きは，東ドイツ市民に西側への出国をうながし，東ドイツ政府は壁の開放を決定した。ベルリンの壁の崩壊は，その後，東ドイツの解体を経て，東西ドイツ統一へとつながった。

② 正文。1989年，地中海のマルタ島で行われたアメリカ大統領ブッシュとソ連共産党書記長ゴルバチョフとの会談で，米ソによる冷戦構造の終結を宣言した。

④ 正文。1991年12月，ソ連を構成するロシア，ウクライナ，ベラルーシの3か国の首脳がCIS（独立国家共同体）の構成に合意し，ソ連の解体が決定された。

**[4] 正解 ②**

A～Dに関しては，国際経済の流れに即して，空欄Cに該当するものを選択する。古い順にAは(エ)の1976年に変動相場制に関して正式承認を行ったキングストン合意。Bは(ウ)の1985年にドル高を是正し円高を加速させたG5によるプラザ合意。そして，Cは(ア)の1995年にWTO（世界貿易機関）の発足となる。Dは(イ)の1997年にタイの通貨危機に端を発したアジア通貨危機。

ⅰ～ⅲに関しては，国際政治の流れに即して，空欄ⅱに該当するものを選択する。古い順にⅰは(ク)の1979年ソ連のアフガニスタン侵攻。ⅱはBのプラザ合意後の冷戦体制の崩壊の過程から，(キ)の1989年マルタ島における冷戦終結宣言のマルタ会談。ⅲは，1996年国連によるCTBT（包括的核実験禁止条約）の採択。(ケ)は，2015年7月1日にアメリカとキューバは54年ぶりに国交を回復することで正式合意しているが，Dの後の出来事であるため選択しない。

Cは(ア)，ⅱは(キ)の組み合わせの選択となることから，②が正解。

### チャレンジ問題の解答と解説

**① 正解 ①**

① 正しい。1946～1960年の期間のソ連の拒否権行使の回数は96回と最も多い回数となっている。また，1950年には朝鮮戦争が起きている。

② 誤文。1961～1975年の期間では，イギリスの拒否権の回数11回に対して，ソ連が18回と最も多く，「イギリスが最も多く拒否権を行使している」という部分が誤り。

③ 誤文。1976～1990年の期間で最も多く拒否権を行使している国はアメリカであるが，キューバ危機は1962年の10月の出来事であるため，期間が違う。

④ 誤文。2006～2020年の期間で最も多く拒否権を行使している国はロシアであるが，湾岸戦争は1991年の1月の出来事であるため，期間が違う。

**② 正解 ④**

現在の国際政治の状況から考えて，極めてタイムリーな問題といえる。国際連合の安全保障理事会の議決方法についての理解が求められている。

問いとしては，資料3の修正決議案が採択されるか否かの判断が求められている。そこでまず資料1と資料3の違いを確認する。(1)については違いがない。(2)については，要求に従わない場合の措置として，当初の決議案は「軍事的措置」であり修正決議案は「実効力のある経済制裁」に修正されている。次に，資料2の各理事国の意見のうち，保留ないし反対の理事国の意見内容を確認する。特に，安保理の議決方法として，常任理事国が反対の場合「拒否権」が行使され，採択に至らないことと，安保理の決定は常任理事国を含む9理事国の賛成投票によって行われることを考慮し，常任理事国の意見について特に留意する必要がある。また，賛成数が9

以上であることの確認も必要。常任理事国のC，Dは「軍事的措置」には反対しているが「経済的にダメージを与える策で進むべき」ということで，「経済制裁」には賛成と考えられる。次に常任理事国Eの意見は，「武力に頼らないなら賛成に回る」とあるので修正議決案に「賛成に回る」と考えられる。さらに，非常任理事国F，I，J，K，L，Mは「経済制裁を含め，実効力のある決議」を求めているので，修正決議案に賛成する可能性がある。ただし，常任理事国N，Oは，「制裁措置には反対」「内容に関わらず」との意見なので，修正決議案であっても反対することが予想される。以上の確認に基づいて①～④を読み取り，9か国以上の賛成という条件から，③ではなく，正解は④となる。

別の解法としては，①～④を順に読み取り，資料2の各国の意見から読み取れる立場や主張との矛盾点をもとに，判別していく方法もある。

① A，Bは「決議を速やかに採択することが最重要」といっているわけで，修正決議案に反対するよりも受け入れると考えられる。ゆえに適当ではない。
② N，Oが反対のままであっても，いずれも非常任理事国で「拒否権」をもっておらず，E，K，L，Mが賛成に回れば賛成11，反対2，保留2となり，9か国以上の賛成で採択される可能性がある。ゆえに適当ではない。
③ K，L，Mが保留のままだと，賛成の国が8か国にとどまり，採択されない。ゆえに適当ではない。
④ E，K，L，Mが賛成に回り，各国の意見を考慮すると，賛成11，反対4となり，採択されると考えられる。ゆえに適当である。安保理の「表決手続」についての確認は，重要である。

**まとめと発展の解答と解説**

(1) 冷戦下で，ヨーロッパおよび日本で結成された軍事同盟をまとめてみよう。
　（例）ヨーロッパにおいては，アメリカを中心とする西側陣営は1949年に北大西洋条約機構（NATO）を，ソ連を中心とする東側陣営は1955年にワルシャワ条約機構（WTO）を結成した。日本が関与した同盟としては，1951年に吉田内閣時に，サンフランシスコ講和条約調印とともに締結された，日米安全保障条約がある。
(2) 冷戦終結までの流れについて，経済・軍事・政治に着目して，まとめてみよう。
　（例）1979年ソ連のアフガニスタンへの軍事侵攻によって，新たに米ソの対立が激化し，新冷戦と呼ばれる対決姿勢のもと軍拡競争が行われたが，1980年代半ばになると，アメリカは双子の赤字（財政と貿易赤字）に陥り，ソ連は社会の停滞を打破するために，ペレストロイカとグラスノスチによる改革，新思考外交へ方針転換を行った。1987年には米ソが歩み寄ってINF全廃条約を締結したことに続き，1989年の米ソ首脳によるマルタ会談では，冷戦終結が宣言された。

# 国際政治の現状と課題②
# 軍縮と安全保障

冷戦を背景として，核兵器をはじめとしたさまざまな脅威が高まったことに対して，人びとはどのように対応したのだろうか

**トレーニング問題の解答と解説**

**[1] 正解　④**
　核拡散防止条約（NPT）では，米，英，仏，ロ，中の5か国を「核兵器保有国」と規定していたため，「アメリカ，中国，ロシアの3か国以外の核保有を禁止」という内容が誤りである。
① 正文。中距離核戦力（INF）全廃条約は，1987年，レーガン米大統領とゴルバチョフソ連共産党書記長により調印され，1988年に発効した。
② 正文。包括的核実験禁止条約（CTBT）は，核爆発を伴うすべての核実験を禁止する条約として，1996年の国連総会で採択されたが，その後，インドやパキスタンの核実験の強行があり，いまだ発効していない。
③ 正文。非核地帯は，一定の地域の国が核兵器の製造，保有をせず，地域外の核保有国もこの地域に核兵器を配備しない地域のこと。複数の国の間の条約によって実現している。ラテンアメリカ核兵器禁止条約，南太平洋非核地帯条約，東南アジア非核地帯条約などがある。

**[2] 正解　①**
① クラスター爆弾禁止条約は，2008年にオスロで条約の署名式が開かれ，2010年に発効している。
② 対人地雷全面禁止条約は，1997年にオタワで締結され，オタワ条約ともいう。締約国に保有地雷の4年以内の廃棄を義務づける内容で，1999年に発効している。
③ 化学兵器禁止条約は，1993年にパリで調印され，1997年に発効している。化学兵器の使用だけではなく，開発，生産，貯蔵の禁止も定める内容となっている。
④ NPT（核兵器の不拡散に関する条約）は，1968年に国連総会で採択され，翌年に米・英・ソの間で調印，56か国が署名して，1970年に発効している。核保有国のフランスと中国は1992年に加入した。インド，パキスタン，イスラエルは加入せず，2003年には北朝鮮が同条約からの脱退を表明した。

**[3] 正解　①**
① 誤文。部分的核実験禁止条約（PTBT）の正式名称は「大気圏内・宇宙空間および水中における核実験禁止条約」であり，地下核実験は禁止されていない。
② 正文。包括的核実験禁止条約（CTBT）は，あらゆる空間における核爆発を伴う核実験を禁止する条約で1996年に国連総会で採択された。しかし，インド・パキスタンがこの条約に未署名で核実験を強行した。また，アメリカも未批准であり，基準を満たせず未発効である。
③ 正文。核拡散防止条約（NPT）は，アメリカ・ロシア・イギリス・フランス・中国の5か国を核兵器国と定め，

それ以外の国への核兵器拡散を防止する条約であり、5か国に限定されるという記述は正しい。この条約に加盟する非核保有国は国際原子力機関（IAEA）による核査察を受ける。

④ 正文。第一次戦略兵器削減条約（START I）は冷戦終結後の1991年に、配備する核弾頭数を6000、運搬手段を1600に削減することなどを定めた条約である。

## チャレンジ問題の解答と解説

### ① 正解 ③

ア X国が獲得する点数は「11点」で、その場合はX国が「軍拡」となり、Y国は「軍縮」を選択することになる。アの文章の「Y国が「軍拡」を選択しないという条件」という内容に合致するので、正しい。

イ 誤文である。X国とY国の量は「軍拡」を選択する場合両国はそれぞれ5点を得るが、「軍縮」を選択する場合はそれぞれ10点を得ることから、「軍縮」を選択する場合の方が利が大きくなる。

ウ 「軍縮」を選択した場合に、相手国が「軍拡」を選択すると相手国が自国より高い点数を得ることになるため、相手国の選択にかかわらず、「軍拡」を選択した方が相手国より点数が低くなることは避けられる。「軍拡」を選択する方が大きな利益を得ることができるといえるので正しい。

アとウが適当であるため、③が正解となる。

### ② 正解 ①

核兵器禁止条約は、核兵器の開発、実験、保有、使用を禁止した条約として、2017年の国連総会で採択され、2021年に発効している。核保有国であるアメリカが不参加であり、アメリカの核の傘の下にある日本も参加していない。

②③④はいずれも、「核兵器使用の禁止」を内容としていないため、不適当である。

### ③ 正解 ⑥

NGOが主導的な役割を発揮して採択された多国間条約に該当するものは、イのクラスター爆弾禁止条約とウの対人地雷全面禁止条約である。

ア 新戦略兵器削減条約は、2010年にオバマ米大統領とメドベージェフ・ロシア大統領の間で締結された条約で、ICBM（大陸間弾道ミサイル）の配備数を制限する条約で、NGOの関わりは指摘できない。イとウが該当するため⑥を選ぶ。

イ クラスター爆弾禁止条約（オスロ条約）は、クラスター爆弾の被害の撲滅に向けて、ノルウェーをはじめNGOが協力して条約を成立させた。2008年12月にオスロで調印されたことから、オスロ条約と呼ばれている。

ウ 対人地雷全面禁止条約（オタワ条約）は、地雷禁止国際キャンペーン（ICBL）などのNGOの活動を背景に、1997年にオタワで締結された条約で、オタワ条約と呼ばれている。

## まとめと発展の解答と解説

(1) （例）1963年、アメリカ・ソ連・イギリスはPTBT（部分的核実験禁止条約）に調印し、大気圏内・宇宙空間および水中における核兵器実験を禁止したが、地下核実験は禁止していなかった。

1996年、爆発をともなうすべての核実験を禁止する条約として、CTBT（包括的核実験禁止条約）が国連総会で採択されたが、いまだ発効していない。爆発をともなわない未臨界核実験は、禁止されていない。

(2) （例）核兵器の開発、実験、製造、保有、使用を禁止した核兵器禁止条約は、2017年に国連で非核保有国を中心に122か国の賛成で採択された。アメリカなどの核保有国やアメリカとの同盟による安全保障体制下にある日本は参加していない。

**関門 B−21**

## 国際政治の現状と課題③ リージョナリズム

地球規模のつながりが深まるなか、複数の国家が地域ごとに密接な関係を形成するのはなぜだろうか

## トレーニング問題の解答と解説

### [1] 正解 ①

① マーストリヒト条約はEU設立のための条約で、1991年のEC（ヨーロッパ共同体）首脳会議で、従来のローマ条約を改定して、ヨーロッパの経済統合のみならず政治統合をめざすことで同意され、1992年に調印された。欧州中央銀行の設立と通貨統合の実現を目標として掲げて1993年に発効し、12か国からなるEU（ヨーロッパ連合）が発足した。ECの設立は1967年である。

② ECは、1967年にEEC（欧州経済共同体）、ECSC（欧州石炭鉄鋼共同体）、EURATOM（欧州原子力共同体）が統合して結成された。

③ EU憲法条約の未発効をうけて、2007年にリスボン条約が調印された。EUのさらなる政治的な統合推進や機構改革が確認され、リスボン条約は2009年に発効した。

④ 現在の27か国の加盟国には、ポーランド、チェコ、スロバキア、ハンガリーなど、東欧の旧社会主義国が含まれている。

### [2] 正解 ①

① 欧州共同体（EC）は、1967年に欧州経済共同体（EEC）、欧州石炭鉄鋼共同体（ECSC）、欧州原子力共同体（EURATOM）が統合して結成されたもの。欧州自由貿易連合（EFTA）は、1960年に欧州経済共同体（EEC）に対抗して結成された別組織。

② 正しい。北米自由貿易協定（NAFTA）は、1989年に締結されたアメリカ、カナダの自由貿易協定にメキシコが加わり、1994年に発効した。

③ 正しい。南米南部共同市場（MERCOSUR）は，1995年にブラジル，アルゼンチン，パラグアイ，ウルグアイの4か国で発足し，現在はベネズエラ，ボリビアを含め6か国で構成される共同市場である。

④ 正しい。アジア太平洋経済協力（APEC）は，1989年に設立され，日本やアメリカ，カナダ，オーストラリア，中国，ロシアなど21の国と地域が加盟している。

**[3] 正解 ②**

欧州連合（EU）への道のりについての問題である。

A 欧州経済共同体（EEC）は1958年に設立。

B 欧州中央銀行（ECB）は1998年に設立。

C 共通通貨ユーロの流通が開始したのは2002年。

D 欧州連合（EU）が発足したのは1992年にマーストリヒト条約が結ばれた翌年の1993年。

したがって，古い順に並べるとA→D→B→Cとなり，3番目はBであり，正解は②となる。

**[4] 正解 ⑤**

MERCOSURは，域内貿易依存度の変化が少ないとの記述から，AかDであることがわかる。また，EUはもともと域内貿易依存度が高いという記述から，その変化は少ないと考えられ，これもAかDということになる。AとDを比較して，EUは依存度が高いという記述から，AがEUで，DがMERCOSURである。ASEAN＋3とNAFTAは域内貿易依存度が大きく高まっているとの記述から，BかCとなるが，説明の輸出・輸入の動きを考えると，輸入比率が高まっているBがASEAN＋3と考えられる。したがってCがNAFTAとなる。

### チャレンジ問題の解答と解説

**1 正解 ⑧**

ア 2016年，イギリスでは国民投票によってEUからの離脱を決めた。

イ 2009年の政権交代を機に，ギリシャ政府が巨額の財政赤字を隠していたことが発覚した。これによって，国債発行が困難となり，経済危機に陥った。

ウ 2002年から，ユーロの紙幣と硬貨の使用が開始された。なお，ユーロは決済通貨としては，1999年からすでに利用されている。

エ 1998年，ユーロ圏の金融政策を担う中央銀行として，欧州中央銀行（ECB）が設立された。

したがって，古いものから順に並べるとエ→ウ→イ→アの順となり，⑧が正解となる。

**2 正解 ①**

ア 空欄の後に「アメリカが離脱した後に成立した」とあるので，TPP11（環太平洋パートナーシップに関する包括的及び先進的な協定）となる。TPP11は，日本を含む11か国（オーストラリア，ブルネイ，カナダ，チリ，マレーシア，メキシコ，ニュージーランド，ペルー，シンガポール，ベトナム，日本）が加盟する自由貿易協定（FTA）であり，域内関税撤廃が定められている。地域

的経済統合として世界貿易機関（WTO）を補完する役割を持つ。なお，アメリカはトランプ政権の時に2国間交渉を重視する立場から協定離脱を決めたが，日本も含めた残りの11か国は2018年に正式な署名式を行った。

イ GATT（関税及び貿易に関する一般協定）やそれを受け継いだ世界貿易機関（WTO）の無差別原則として，「ある締約国に貿易上有利な条件を与えた場合に他の締約国にもそれを適用する」という最恵国待遇原則がある。例えば，ある国に対して関税を引き下げた場合，他の国に対しても同様に引き下げることをいう。一方，内国民待遇原則も世界貿易機関（WTO）の無差別原則である。これは外国から輸入された財やサービスに対して，国内のものと同等に扱うという原則である。例えば，輸入品が国内品よりも売れないように別途税金をかけることを禁止することを指す。

したがって，会話文の流れから，アにはTPP11が，イには最恵国待遇原則が入り，正解は①。

### まとめと発展の解答と解説

(1) 民主主義において，国民の意思が政策の決定や施政に反映されない状態を「民主主義の赤字」という。特に，EUの政策に加盟国の国民の意思が反映されないことを指し，イギリスのEU離脱などの事態に結びついたと指摘されている。

(2) EUは加盟国間の経済規模や経済状況が違うために，共通の経済政策には限界もあり，移民の問題も生じ，イギリス国内の様々な不満も重なる中，国民投票の結果，事前の予想に反して離脱が選択された。イギリスのEU離脱については「ブレグジット（Brexit）」という造語（イギリスと離脱を合わせたもの）がある。イギリスでは離脱後も混乱が続いたが，新型コロナウィルス感染症の拡大への対策とロシアのウクライナ侵攻への対応などでEUの存在価値や団結力が再び注目され，イギリスと他のヨーロッパ諸国との関係改善も図られている。

**関門**
**B-22**

## 国際政治の現状と課題④
## グローバル化と国家

国の枠組みをこえるグローバル化が進展する時代に，国家の形はどのように変わりつつあるのだろうか

### トレーニング問題の解答と解説

**[1] 正解 ②**

② このような事例の代表例としては，EUにおける共通通貨であるユーロの発行がある。EU加盟国すべてがユーロの使用国ではないが，共通通貨のユーロを発行して使用するという点で，主権の一部を連合体であるEUに委ねている。

① 初めて各国の主権と平等とが確認されたのは，三十年戦争を終結するために開かれたウェストファリア会議（1648年）で，その際に結ばれたウェストファリア条約によって国家のもつ主権と平等対等の原則が確認され，ヨーロッパに主権国家体制が成立していった。パリ講和会議（1919年）ではない。

③ 国連の安全保障理事会の決定には法的拘束力があり，国連加盟国は，安保理の決定には従わなければならない。

④ 戦争を違法とする考えは強まっているが，朝鮮戦争，ベトナム戦争などを見ると，国家による武力行使は不可能になったとはいえない。また，国連憲章でも，国家の自衛権の行使は認められている。

**[2] 正解 ③**

　まず，アジア通貨危機というのは，1997年7月，タイを中心に始まったアジア各国の通貨の価値の下落現象のこと。タイの通貨バーツの相場が下落し，東アジア，東南アジアの各国経済に打撃を与えた。多額の資金を集め，世界中で株式などを運用して収益を上げ，それを投資家に還元するヘッジファンド（資金を集め，為替・株式・商品などに投資し，売買を繰り返して利益を得る基金）の投機的（売買を繰り返して差益を短期に求める取引）な短期資金の引きあげの影響が大きかった。

③ 原料や部品を輸入に依存している企業は，自国通貨が下落すると輸入のコストが高くなり経営状況は悪化するので，適当ではない。

① ヘッジファンドの影響力は大きく，アジア通貨危機の一つの原因となった。通貨の価値が下落する前に資金を引きあげることによって，巨額の売買益を上げたファンドがあった。

② 危機前のアジア諸国は，株価が高騰するなど一種のバブル経済の状態であった。

④ 危機後，ASEAN諸国と日・中・韓の相互理解を促進する目的で，ASEAN＋3首脳会議が始まった。

**[3] 正解 ②**

② UNDP（国連開発計画）は1966年に設立されたが，アジア通貨危機の発生は1997年である。

① リーマン・ショックとは，2008年9月に経営破綻したアメリカの証券大手リーマンブラザーズが世界経済に与えた影響力の大きさを象徴した言葉である。この事件をうけて，アメリカでは銀行の高リスク投資（利益を得たときにはハイリターンが期待できるものの，逆に危険性も高くハイリスクな投資）などを制限する法律が成立し，銀行本体によるデリバティブ（これまでの債券や株式などの金融商品から派生した新しい金融商品）取引の原則禁止やヘッジファンドとの関係を制限する規制などが行われた。

③ 1998年に金融と財政の分離を目的に旧大蔵省から独立させた金融監督庁が，2000年に大蔵省の金融企画局と統合して金融庁となった。金融行政を司る機関で，検査・監督・監視を通じて金融システムの安定，利用者の保護・利便性の向上，公正かつ透明な市場の確立をめざす。

④ ヘッジファンドなどの機関投資家の組織が，短期的な利益を追求する投機的な活動として，莫大な資金を短期に引きあげたことが，アジア通貨危機の原因ともなった。

**[4] 正解 ①**

① 日本がインドネシア，フィリピンと結んでいるEPAは，看護や介護の分野においてインドネシア人やフィリピン人が日本で就労することを可能にしたものであり，2018年8月までに5600人が入国している。

② TPPはシンガポール，ニュージーランド，チリ，ブルネイの4か国で2006年に発足し，2010年にアメリカなどが加わり交渉が始まった。日本は国内での反対が多かったこともあり，TPPに参加の表明をしたのは2013年である。当初からは参加していない。

③ IMFによる融資は現在でも続けられており，1997年のアジア通貨危機の際は，タイや韓国などに，近年では，ギリシャに対して融資を行った。

④ サービス貿易に関するルールがまとまったのは，東京ラウンドではなく，ウルグアイ・ラウンドである。

**[5] 正解 ④**

　a〜dの問題について，以下のように確認する。

a 産業の空洞化とは，為替レートの上昇などにより賃金・生産費が外国に比べて相対的に割高となり，製造業全体の価格競争が失われ，その結果，国内の重要産業が海外への直接投資などによって国外に生産拠点が移り，国内の生産が停滞することをいう。

b 先進国と発展途上国の所得格差が大きいため，外国人労働者は，本国より賃金の高い国へと就労先を求めて移動する。技能実習生制度など合法的な手続きの場合もあるが，不法就労などの外国人労働者問題が生じる場合もある。

c 知的所有権とは，著作権や商標権，特許権のことをさす。インターネットの普及によって，これらの権利が侵害されやすい状況が生じている。

d 外国為替市場における投機的な通貨の売買（短期的資本移動）によって，為替相場が乱高下する場合がある。具体的な事例としては，アジアの通貨危機などがある。

　解答としては，a〜dのすべてについて明確に原因と結びつけなくとも，3点について確定できれば，正解を導くことができる。

**[6] 正解 ③**

③ 売上高で上位の多国籍企業であるウォルマート・ストアーズ（アメリカ）やロイヤル・ダッチ・シェル（オランダ）の2014年の収益が，年間5000億ドル未満である。同年の日本のGDPは4.6兆ドル程度であるから，誤り。

① 企業の海外展開で，国内の産業の空洞化が生じる場合がある。

② 企業が海外に生産拠点を移転させることによって技術が伝わり，進出先の国は生産力や所得が増大する。

④ 外国企業が自国資源によって多額の利益を上げる状況

は，自国資源に対する恒久主権を主張する資源ナショナリズムが高まるきっかけとなる。

## チャレンジ問題の解答と解説

1 設問で特定化され，提示されている資料の中で取り上げられている事項と，選択肢で説明されている事項とを関連付けながら，正解を導いていく。

### 問1　正解　①

「国際経済の混乱」への対応策が求められている。BIS規制は金融機関の自己資本比率に関するもので，BIS規制により金融機関の貸し倒れを防止し，財務的安定性を維持することが目的であるので，　X　にはアがあてはまる。イの預金の一部を保証して預金者の不安を抑えるのは，ペイオフである。

IMFによる安定化は，SDR（特別引出権）を行使して，外貨準備に余裕のある国からの外貨交換で，外貨準備の補完をすることができる対応策なので，　Y　にはウがあてはまる。エのセーフガードは緊急輸入制限措置であり，発動するのはWTOである。

したがって，　X　はア，　Y　はウとなり，①が正解となる。国際経済に関する基本的な用語は確認しておこう。

### 問2　正解　③

国際資本移動について，その動きを示す「協調」などの表現と関連する制度について確認しておこう。

　X　について，別添資料の中で，前提条件として，「金利の高さにのみ影響を受ける場合，各国が金融政策によって金利を変化させることで資本の流出入量が変動する」とある。国際的な資本移動が生じやすくなるためには，国家間の金利に差が生じることが必要である。差が生じるということから，各国の金融政策は，独立した「自立的」なものとなる。

　Y　について，国際間の資本移動は，その国の為替相場に影響を与えるため，各国が独立して金融政策を行うと，為替相場は変動せざるを得ない。そのため，独立した金融政策を行う場合「固定相場制」を採用することは困難である。以上のことから，　X　は「自立的」，　Y　は「固定相場制」となり，③が正解となる。

### 問3　正解　②

② 貨幣は，モノと違ってそれ自体の品質の劣化による価値の下落はなく，物品購入に備えて蓄えておけば，いつでも好きなときにモノと交換することができる。この購買力を保つことができる機能が，貨幣の価値貯蔵機能である。

① 税金を納めるために貨幣を使用するのは，貨幣の支払い機能である。

③ 商品の取引を仲立ちするのは，貨幣の交換手段機能である。

④ 商品の価値を測るのは，貨幣の価値尺度機能である。

## まとめと発展の解答と解説

グローバリズム（グローバリゼーション）とは，地球全体を一つの共同体とする考え方で，従来の国民国家の枠をこえた人類の協力，動きを示している。環境破壊・戦争・貧困などの問題に対して，政治・経済など広い分野でこの動きは急速に進んでいる。今日，「地球規模で考え，地域で行動する」ということが求められている。「世界の人々の暮らし」に焦点を当てながら，具体的な事例をあげてみよう。

# 関門　国際政治の現状と課題⑤
## B-23　現代の紛争と人権擁護
### 現代の紛争にはどのような特色があるのだろうか

## トレーニング問題の解答と解説

### [1]　正解　①

タリバン政権は，イラクではなくアフガニスタン。2001年9月11日（9.11事件）の同時多発テロ後，アメリカはテロ組織アルカイダとその支援国に対する攻撃を宣言し，10月にはアフガニスタンを攻撃し，イスラム原理主義武装勢力のタリバン政権を崩壊させた。2003年には，大量破壊兵器の保有を理由にイラクを攻撃し，フセイン政権を崩壊させた。2011年末にはアメリカ軍は撤退したが，イラクでは宗派対立など混乱状態は収まっていない。

② ルワンダでは，1990年から1994年までツチ人の反政府ゲリラ組織とフツ人の政府軍による内戦が行われていたが，1994年以降内戦が激化した。国連の平和維持部隊が同国内に展開されたが，大量虐殺を防ぐことができず，1998年にアナン事務総長が謝罪した。

③ 旧ユーゴスラビア解体後，ボスニア・ヘルツェゴビナ内のセルビア人とクロアティア人，ムスリム（イスラム教徒）の間で民族紛争が繰り広げられ，1992年にボスニア・ヘルツェゴビナが独立を宣言したが，宗教的対立によって内戦は激化し，ムスリムの虐殺，女性への暴行など人道問題が発生した。1995年，ボスニア和平協定が結ばれたが，真の和平への道はなお遠い。

④ ソマリア沖合のアデン湾では海賊行為が多発し，タンカーや貨物船が襲撃された。日本も2009年に海賊対処法を制定し，自衛隊を派遣できるようにした。2011年には，海賊対処法に基づくアデン湾での自衛隊の活動のため，ジブチ国内の空港に駐機場・隊舎等を開設している。

### [2]　正解　④

PKO（平和維持活動）は，国連が紛争当事国の同意を得て派遣する。PKOの要員は派遣国の同意の下に編成・派遣されるもので，国連加盟国に要員の提供義務はない。

① 冷戦終結後は民族紛争が起こりやすくなり，2002年のインドネシアからの東ティモールの独立，2011年にはスーダンからの南スーダンの独立などの事例がある。

② 民族紛争による負傷者は，国家間の枠組みではなかなか擁護されないケースがあり，国連等の国際機関とともに

NGO（非政府機関）等の関与が多くなる。

③ 民族紛争の過程で発生した個人による大量虐殺などの重大な人道上の犯罪を裁くため，国際刑事裁判所が設立されている（1998年に国際刑事裁判所設立条約を採択，2002年に発効。日本は2007年に加盟した）。

[3] **正解 ③**

武力行使について，国連憲章において認められているのは，安全保障理事会が必要な措置を取るまでの自衛を目的とした武力行使のみである。停戦の決定後は，武力行使を停止しなければならない。

①④ 国連憲章は第2条第4項で「すべての加盟国は…武力による威嚇又は武力行使を…慎まなければならない」としている。

② 加盟国への武力行使があった場合，国連憲章は個別的自衛権や集団的自衛権を固有の権利として認めている（国連憲章第7章第51条の自衛権の規定）。

[4] **正解 ③**

国際政治が複雑化する中，国連の役割について再確認すること求められている。[3]に続いて[4]においても，国連憲章の規定に基づく問題に取り組む。手元の資料集等で，ぜひ国連憲章を一覧し，そこで想定され規定されている事項を確認しよう。

③ 国連憲章で規定されている集団安全保障体制の枠組みが，どのようになっているかで判断する。国連憲章の第42条は，「安全保障理事会は，国際の平和及び安全の維持又は回復に必要な空軍，海軍又は陸軍の行動をとることができる」と規定し，第43条では，「加盟国は，安全保障理事会の要請に基づき，特別協定に従って，国際の平和及び安全の維持に必要な兵力，援助及び便益を安全保障理事会に利用させることを約束する」と規定している。さらに第51条では，「加盟国に対して武力攻撃が発生した場合には，安全保障理事会が国際の平和及び安全の維持に必要な措置をとるまでの間，個別的又は集団的自衛の固有の権利を害するものではない」とする。第53条では，「いかなる強制行動も，安全保障理事会の許可がなければ，地域的取極に基いて又は地域的機関によってとられてはならない」とする。A国の行動は，国連安保理によって侵略行為と決議されているので，A国の武力行使にB国が参加すること自体，国連加盟国がとる行動ではない。国連憲章は，前文及び19章111か条からなっているが，第1章の「目的及び原則」とともに，第5章「安全保障理事会」，第7章「平和に対する脅威，平和の破壊及び侵略行為に関する行動」の部分に注目しておきたい。

①②④はいずれも国連憲章が規定する行動である。①と②は第51条，④は第43条に関連している。

## チャレンジ問題の解答と解説

**1 正解 ⑥**

ア 「個人であって，利用可能なすべての国内的な救済措置」，

また「書面による通報を委員会に提出することができる」とは個人による通報制度のことであることから，「市民的及び政治的権利」に関するB規約の第一選択議定書の条文にあたると判断し，Cと組み合わせる。

イ 「すべての者」が「干渉されることなく意見を持つ権利」とあるので，自由権を規定するB規約の条文にあたると判断し，Bと組み合わせる。

ウ 「教育についてのすべての者の権利」は，社会権や教育権を規定するA規約の条文にあたると判断し，Aと組み合わせる。

したがって，A─ウ，B─イ，C─アとなり，⑥が正解となる。

**2 正解 ③**

細かな年号までは知識として求められないまでも，各選択肢で示されている出来事については，冷戦終結という大きな区切りの前後に，少なくとも位置付け，歴史的な経過のもとその発生の順番などは，理解しておくことが求められる。

③ 1962年のキューバ危機のことである。キューバ革命を経て社会主義の政治体制をとることになったキューバに，当時のソ連がミサイル基地建設にとりかかると，アメリカが海上封鎖を行った。核戦争の一歩手前までいったが，ソ連のフルシチョフの譲歩で戦争は回避された。キューバ危機だけが，冷戦終結を宣言した1989年のマルタ会談の前の出来事となる。

① 2003年のイラク戦争である。フランスやロシアなどが反対する中で，アメリカとイギリスがイラク攻撃を行い，フセイン政権を倒した。理由とされた大量破壊兵器の保有は，アメリカの情報の誤りだったことが後に判明した。

② 1992年のソマリアに対する多国籍軍の派遣である。ソマリアでは部族間の対立が続き，内戦が頻発したことから，国連による多国籍軍の派遣が行われた。しかし，武装勢力の抵抗が強く，多数の犠牲者が出て失敗に終わった。

④ 1999年のNATO軍によるセルビアへの空爆である。ユーゴスラビアでは，1980年のチトー大統領の死後，1989年に冷戦が終結したこともあり，多民族の連邦国家が解体する中で，民族対立が表面化し，いくつもの紛争が起きた。NATO軍は人道的立場からセルビアへの空爆を行った。

**3 正解 ④**

「パレスチナ地方」「イスラエル」「第四次中東戦争」「パレスチナ解放機構」などから，生徒XとYの会話のテーマが，パレスチナ問題についてのものであり，「暫定統治」「分離壁の建設」などから，現在の状況にいたるまでの事柄を取り上げていると理解する。その上で， ア については，イスラエルとパレスチナ解放機構の間で成立した事柄， イ についてはガザ地区と組み合わさったパレスチナ人が暫定統治する地域， ウ は分離壁の建設を進めている者，という空欄に入る事項を分類しながら選択肢から正解を導く。必ずしも3つの知識が正確でなくとも，少なくとも2つの知識

が確実であれば，選択肢から正解を導くことはできる。

このパレスチナ問題に限らず，現代社会で起こっている出来事について，その関連事項をひとまとまりとして，結びつけて理解しておくことが求められている。資料集などの図解を活用するとよい。

### まとめと発展の解答と解説

(1) 問題の中で取り上げられている，コソボ紛争やソマリアへの多国籍軍の派遣などが例としてあげられる。当事国ではなく，他の国や国際機関の介入である点に留意して例をあげてみよう。

(2) 国連憲章の規定として，まずは非軍事的な措置が講じられるが，それらの措置では不十分と認められたときに，国際の平和及び安全の維持のために必要な軍事的措置が講じられるとされている。「人道的介入」といわれた事例などを見直しながら，誰がどのように，どのような手続きを経て認めるのかなども含めて許されるのか，考えてみよう。

### 国際政治の現状と課題⑥ 多文化・多民族社会に向けて 差別と共生

関門 B－24

異なる人種・民族・宗教が共存する社会を目指すうえでどのような考え方が大切だろうか。また現在の世界においてどのような課題があるだろうか

### トレーニング問題の解答と解説

[1] 正解 ①

最近の民族紛争の中には，コソボ紛争のように多数派民族による少数民族の排除などの行為が，国際的な非難の対象となった事例がある。

② 誤文。主要な国民国家として，アメリカやロシアを例に考えても，単一の民族構成ではなく，少数民族を含んでいる。

③ 誤文。ナショナリズムは復古的な主張とは言えない。第一次世界大戦後のヨーロッパに拡がり，第二次世界大戦後にはアジア・アフリカへ拡がり，そして現在のウクライナ侵攻にもみられる風潮である。

④ 誤文。アメリカでは，2001年の同時多発テロ以後，対テロ戦争へのナショナリズム的な主張が多くみられた。

[2] 正解 ②

A コソボ紛争はセルビア共和国内のコソボ自治州で，多数派のアルバニア人とセルビア人との対立が1998年頃から顕在化し，両者の戦闘が長期化した紛争。アの説明が該当する。

B パレスチナ問題は，パレスチナ地方におけるパレスチナ人とユダヤ人と間の紛争であり，1948年にイスラエルが建国され，度重なる中東戦争で土地を追われたパレ

スチナ難民は抵抗運動を展開してきた。インティーファーダとは，イスラエル占領地におけるパレスチナ住民の非武装抵抗をさす。このことから，ウの説明が該当する。

C チェチェン紛争は，ロシアからの独立を目指すイスラム系住民とそれに反対するロシアとの紛争。1991年にチェチェン共和国は独立を宣言するが，ロシア側はこれを認めず内戦となった。1996年に和平合意が成立したが，1999年に再びロシアが攻撃し，国際社会から非難された。このことから，イの説明が該当する。

Aはア，Bはウ，Cはイの組み合わせとなり，②が正解。

[3] 正解 ①

キング牧師は，アメリカで人種差別撤廃のための公民権運動を指導した。1963年のワシントン大行進などの非暴力の公民権運動が評価され，1964年にノーベル平和賞を受賞した。

② 誤文。マララ・ユスフザイは，パキスタンの女性教育活動家であり，あらゆる子どもの教育を受ける権利実現に向けた取組みが評価され，2014年に当時17歳にしてノーベル平和賞を受賞した。

③ 誤文。フーコーは，『狂気の歴史』『監獄の誕生』の著者で，理性と狂気の概念を明らかにしたポスト構造主義の思想家。「野生の思考」は，野蛮人の思考でもなければ未開人類の思想でもないとする考え方で，同名の書物はレヴィ・ストロースの主著でもある。

④ 誤文。リースマンは，アメリカの社会学者。1950年に『孤独な群衆』という著作で，人々の性格や指向は，個々のそれぞれの性格に由来しているのではなく，社会環境に由来するものだとする「社会性格論」を主張した。「対話的理性」は，圧力をかけたりすることなく対話を交わす理性のことで，民主主義の基盤の一つであると，ドイツの思想家のハーバーマスによって主張された考えである。

### チャレンジ問題の解答と解説

1 正解 ②

ア 誤文。2011年から2013年にかけて庇護申請数は増加し，ギリシャ，オーストリア，ドイツの割合は減少しているが，シリア難民が増加した背景として，「アラブの春」による政権交代を推察している点が誤りである。「アラブの春」は，2010年から2011年にかけて，中東や北アフリカで起きた政治変革のことをさし，チュニジアやエジプト，リビアにSNSを通じて波及した民主化運動である。シリアの反政府運動への影響や政府による反政府勢力への弾圧の影響は指摘されるが，政権交代は実現していないことから誤りである。

イ 正文。「アラブの春」と呼ばれる民主化運動の影響は，シリアにも波及し，政府軍と反政府勢力の武力衝突が本格化してシリアは内戦状態となり，さまざまな要因により紛争は長期化した。そのことにより，2015年，2016年と庇護申請者数が急増したと言える。

ウ 誤文。2017年に庇護申請者は減少しているが，バグウ

オッシュ会議とシリア難民の減少の関連はない。パグウォッシュ会議は，核兵器の使用に関して，1957年にアインシュタインら科学者によって，カナダのパグウォッシュで開かれた会議。

**2** **正解** ⑧

ア 難民の認定率はカナダが54.9%と最も高いことから，bのカナダを選ぶ。

イ カナダが採用している政策名を選ぶことから，多様な人種や民族が共に暮らす国家を建設してきたことも踏まえて，dのマルチカルチュラリズム（多文化共生主義）を選ぶ。ユニラテラリズム（単独行動主義）とは，2000年以降にアメリカがとった対外的な行動をさす。

ウ 難民に対して迫害の危険がある領域への退去強制を禁止しているノン・ルフールマンの原則の説明となることから，f「帰国後に迫害される恐れのある申請者を送還してはならない」を選択する。

アはb，イはd，ウはfの組み合わせとなることから，⑧が正解となる。

#### まとめと発展の解答と解説

(1) （例）経済的理由などにより，法的地位に関係なく，定住国を変更した人々は移民と呼ばれている。難民とは，難民条約によって，人種，宗教，国籍，政治的意見，または特定の社会集団に属していることなどを理由に，自国にいると迫害を受ける，または迫害される恐れがあるために他国に逃れている人々とされている。

(2) （例）介護士の送出国にとっては，日本の福祉や医療に関する制度や技術を自国に取り入れる際の研修先の確保ができることはメリットになるが，有能な人材の流出や移民として国外へ人口が流出してしまうことがデメリットである。

日本にとっては，高齢社会による人手不足を補い，介護士等として日本で働く外国人労働者が納める税金や社会保険料で，社会経済活動や社会保障体制を補完することができるメリットがある反面，外国人労働者との共生に欠かせない，外国人研修生や技能実習生制度，入国管理局における外国人への人権侵害への対応や外国人労働者の家族の受入れ体制の整備など，課題も多く指摘されている。

関門
B-25

### 紛争解決に向けた取り組みと課題
増え続ける難民について，私たちはどのように関われるのだろうか

#### トレーニング問題の解答と解説

[1] **正解** ③

③ 国連難民高等弁務官事務所（UNHCR）は，難民の保護

と救済を目的に1951年に設置された機関であり，人道的な立場から難民の権利を守り，食糧・医療・住居などの援助を行い，国内避難民もその支援の対象としている。戦争・内戦・自然災害などの理由によって，元々の居住地から逃れて，自国内の別地域にて避難生活を送っている人々を国内避難民という。難民は国外に避難したケースを指す。活動の資金は，各国政府と民間からの拠出でまかなわれている。

① 難民条約では，「人種，宗教，国籍，政治的意見や特定の社会集団の所属により，自国にいると迫害を受けるために他国に逃れた人々」を難民と定義している。「貧困から逃れるために国境を越えてきた人々」（経済難民）は，難民条約上の難民には含まれない。

② 日本は，1982年に難民条約に加入した。社会保障制度は自国民と同等の待遇が与えられるべきであるとされ，在日外国人の国民年金加入が始まった。

④ 難民条約は，第二次世界大戦後の1951年に，ジュネーブで開かれた国連全権委任会議で採択された。

[2] **正解** ④

④ 経済的理由で自国を離れ，自国以外で経済機会を求める人々を経済難民という。

① 政治難民とは，人種，宗教，思想的立場等によって自国で迫害を受け，外国に逃れる者で，貧困や政治資金を集めるために亡命する者ではない。

② 環境難民とは，生活できないほどの環境の悪化（砂漠の拡大など）で自国を離れる人々で，立ち退きを強制された人々ではない。

③ 紛争難民とは，内乱等で自国を離れることを余儀なくされた人々で，貧困や犯罪が原因ではない。

[3] **正解** ③

ア 「…隣国に軍事併合され，…住民投票の結果，2002年に独立…」という記述から，東ティモールと判断できる。特に「独立」からBとなる。

イ 「1979年の大国による侵攻…2001年の国際的介入…」から，アフガニスタンと判断できる。「大国」とはソ連のことである。「人権を抑圧してきた政権」とは，タリバン政権で，Aとなる。

ウ 「…多数派と少数派との対立…内戦…大量虐殺…難民が流出…」から，ルワンダとわかる。「多数派と少数派の対立」は，ツチ人とフツ人の対立のことで，Cとなる。

[4] **正解** ④

④ 「貧困と飢餓の撲滅や教育の普及」などをめざして，2015年までの達成を目標として国連で取り組んでいたのは，ミレニアム開発目標（MDGs）であり，未達成の部分は「持続可能な開発のための2030アジェンダ」に引き継がれた。国民総幸福（GNH）は，1976年にブータンで提唱されたもので，GNPなどの量的な指標に代わって，心理的な幸福感や健康，教育などの9つの分野の聞き取り調査から数値化された質的な豊かさを示す指標である。

① 新国際経済秩序（NIEO）樹立宣言は，1974年の国連資源特別総会で採択されたもの。南北問題解決のために，それまでの先進国中心の経済秩序に対して，開発途上国が自国の資源の自由な管理などを提唱したもの。

② 人間開発指数（HDI）は，国連開発計画（UNDP）が作成したもので，保健水準（平均寿命），教育水準（成人識字率と就学率），所得水準（一人あたりのGNI）の3つの指標を用いて，その国の平均達成度を算出し，各国の福祉や生活の質をはかる目安とする。0〜1の数値で示され，1が最高とされる。

③ 後発開発上国（LDC）とは，発展途上国の中でも特に経済発展などが遅れた諸国。国連が1974年に導入した経済区分で，開発途上国の中でも①低い所得水準，②乏しい人的資源，③経済の脆弱性（例えば，食料の供給などが安定しないなど）の3つの基準に基づく。現在，アフリカを中心に40か国を超える国が指定されている。最貧国とも呼ばれる。

## チャレンジ問題の解答と解説

### 1 正解 ③

マイクロファイナンス（マイクロクレジット）とは，貧困層や低所得層に向けて，少額の融資を無担保で行うことにより，経済的な自立を促そうとするもので，グラミン銀行がその代表例である。グラミン銀行は，バングラデシュのムハマド・ユヌスが創設者である。したがって， ア は無担保， イ はグラミン銀行となり，③が正解となる。

選択肢にあるアジアインフラ投資銀行（AIIB）は，アメリカや日本が中心を担うアジア開発銀行（ADB）に対抗するため，中国が主導して2016年に設立した銀行である。インフラ整備のための投資をアジア，中東，アフリカなどで積極的に行っている。

### 2 正解 ①

世論調査などの資料データの読み取り問題であるが，「回答項目」で示されている事項の特徴を捉え，数値の多少とその結果を導くと考えられる指向や世代的な傾向とを組み合わせながら考察し判断する。解法としては，選択肢が長文のため手間がかかるが，順番に提示の資料データと突き合わせ，矛盾のないものを絞り込んでいくことが求められる。

① 18〜29歳の年齢階級をみると，イ「国際社会での日本への信頼を高める必要がある」で58.6％と最も高く，オ「先進国として開発途上国を助けるのは人道上の義務又は国際的責任」が23.5％と最も低いので，①が正解。

② 18〜29歳以外のいずれの年代でも，エ「日本の経済に役立つから」ではなく，ア「資源などの安定供給の確保」の回答の比率が最も高くなっているため誤り。

③ ア「資源などの安定供給の確保」を比較すると，30〜39歳（50.0％）と40〜49歳（52.7％）の差は2.7％となっているが，エ「日本の経済に役立つから」での回答の比率（30〜39歳が43.8％，40〜49歳が43.3％）の差が最も小さい（0.5％）ため誤り。

④ ウ「戦略的な外交政策」を比較すると，50〜59歳（44.2％）と60〜69歳（47.9％）の差は3.7％となっているが，オ「先進国として開発途上国を助けるのは人道上の義務又は国際的責任」での回答の比率（50〜59歳が39.0％，60〜69歳が46.5％）の差が最も大きい（7.5％）ため誤り。

## まとめと発展の解答と解説

(1) 紛争への対応として，国際社会がその国の人々を保護するために，どのように，どこまで支援できるのか，法的根拠を明らかにするとともに，武力介入の政治的・道徳的な正当性が問われている。今日，国際社会における日本の役割は，ますます増してきている。日本並びに国際社会のこれまでの取組みについて，目的・動機と経過，その結果について資料集などを活用してまとめておこう。

(2) 環境破壊，貧困，紛争，麻薬，感染症，人権侵害，民族差別など，世界が直面している問題は多岐にわたる。一人ひとりの生存・生活・尊厳を確保するために，市民社会の組織や個人の行動として取り組むべきことを，自分の事として考えてみよう。難民を生み出してしまう紛争の原因を整理し，それを予防する取組みを広げていくことが，国際社会の喫緊の課題であることを理解しよう。

<br>

**関門 B-26 日本の戦後外交と課題**
国際社会には，どのような貢献の仕方があるのだろうか，考えてみよう

## トレーニング問題の解答と解説

### [1] 正解 ②

日本外交の三原則とは，「西側」＝「自由主義国」との協調（④），国連中心主義（③），「アジアの一員」としての立場（①）のことである。②の唯一の被爆国として，核抑止体制を主導することは，日本外交の三原則には含まれない。

### [2] 正解 ①

日本の安全保障の取組みについて，その経過を確認しておくことが必要である。

A PKO（国連平和維持活動）協力法は1992年に成立し，同法に基づいて自衛隊がはじめて海外派遣されたのは，1992年9月から1993年9月のカンボジアに対する派遣である。

B 周辺事態法は1999年に成立し，「日本周辺地域における，日本の平和と安全に重大な影響を与える事態」とされる「周辺事態」への対処を定めた法律である。なお，2015年に重要影響事態法が成立し，周辺事態の考え方は，「そのまま放置すれば日本への直接武力攻撃に至る恐れがあるなど，日本の平和と安全に重要な影響を与える事態」とされる「重要影響事態」の考え方に取って代わられた。

C 「武器輸出三原則」が「防衛装備移転三原則」に改定されたのは2014年である。したがって，古いものから年

代順に並べるとA→B→Cとなり，正解は①である。

## [3] 正解 ④

④ 日本のODAは，1980年代後半から1990年代にかけて複数年で世界第一位であった。しかし，2010年代には低下している。1992年のODA大綱は，2015年には開発協力大綱へと改定されている。

① 発展途上国のうち，とくにアジア諸国への援助が中心である。また，国連開発計画（UNDP），国連児童基金（UNICEF）などの国連関連の諸機関への拠出や世界銀行などの国際機関を通じた援助も行っている。

② 無償援助のみではなく，有償援助（借款）もあり，こちらの比率の方が高い。

③ DAC（開発援助委員会）諸国は，対GNI比で0.7％以上を支出目標としていたが，日本は長年0.2％台であった。

## [4] 正解 ②

「人間の安全保障」とは，軍事・外交による安全保障ではなく，環境破壊・貧困・疫病・難民など様々な要因から人間の生活の尊厳を守っていこうという考え方をいう。「複数の国の軍隊が共同で訓練する」というのは軍事面での安全保障の典型例である。

①「他国の公衆衛生分野に援助を行う」，③「植林活動や環境教育を行う」，④「民族紛争における人権侵害を防ぐ」というのは，いずれも「人間の安全保障」としての取組みといえる。

## [5] 正解 ②

② 2010年に名古屋で開催された生物多様性条約締約国会議（COP10）において，遺伝資源の利用から生じる利益を，利用国と資源を提供した原産国で適正に配分することを目的とする名古屋議定書が締結された。

① 新国際経済秩序（NIEO）樹立に関する宣言は，経済社会理事会ではなく，1974年の国連資源特別総会で採択された。

③ 日本の政府開発援助（ODA）の1年当たりの援助額は，1980年代後半から1990年代にかけて複数年で世界第一位であったが，21世紀に入るとその額は減少し，近年は世界で第4位から第5位の水準となっている。

④ 2015年の閣議決定で示された「開発協力大綱」では，災害救助などの非軍事的目的であれば他国軍への支援を検討するということが明記された。

国際社会における日本の役割は，多方面で高まってきている。それらの動きについて概観し，ターニングポイントとなっている出来事や事柄について整理しておこう。

## [6] 正解 ①

① APEC（アジア太平洋経済協力会議）は，この地域の持続的発展に向けた協力の枠組みで，日本は1989年の設立当初からのメンバーとして，貢献している。

② DAC（開発援助委員会）は，OECD（経済協力開発機構）の下部機関であり，内閣府に設置されたものではない。

③ 青年海外協力隊は，自衛隊ではなく，外務省所管の独立行政法人国際協力機構（JICA）が行っている海外ボラ

ンティア事業である。

④ 現在に至るまで，正式な意味での国連軍は組織されていない。自衛隊は，PKO協力法に基づいて国連平和維持活動に協力を行っている。

## チャレンジ問題の解答と解説

### 1 正解 ③

③ 資料の中の空欄の前の文章を読んで判断する。「一人ひとりが幸福と尊厳を持って生存する権利を追求する」とあり，さらに「人間一人ひとり，…その保護と能力強化」とあるので，国家による安全保障ではなく，人間中心の視点からの安全保障として一人ひとりの生活の安全を保障することを目的とする，人間の安全保障の内容にあてはまる。

① ユニバーサルデザインとは，障がい者であるか健常者であるかに関係なく，すべての人にとって使いやすいデザインのこと。

② シビリアン・コントロールは「文民統制」のことで，軍隊の暴走を防ぐために文民による政府や議会が，軍隊を民主的に統制していくこと。

④ 平和五原則とは，中国の周恩来とインドのネルーとの間で，1954年に合意した平和原則のこと。領土主権の尊重，相互不可侵，内政不干渉，互恵平等，平和共存からなっている。

### 2 正解 ②

インド，インドネシア，タイ，バングラデシュ，フィリピンの各国の状態を類推しながら，ア～ウそれぞれのグラフの特徴と付き合わせ，データを特定化していく。

アは，2002年から2015年にかけて，2倍以上に増えている。5か国の平均値ではあるが，取り上げられている国の中に，工業化が進み，経済成長が著しいインドなどが入っていることから，3つのデータのうち，工業化や経済成長と関連する「電力発電量」と考えられる。

イは，3つの中で唯一2002年から2015年にかけて減少している。援助を得ながら経済発展が進み，食料不足などが改善されたと考えると，データとして減少するのは「栄養不良の人口割合」となる。

ウは，ほぼ横ばいのデータである。5か国の中にバングラデシュやフィリピンなども含まれており，貧困問題などの解決が望まれるなど，「平均寿命」のデータであると考えられる。また，アとイの特定ができれば，残りのデータとして，ウが「平均寿命」であると判断することもできる。

したがって正解は，②となる。

## まとめと発展の解答と解説

日本が，国際社会に向けて貢献すること，地球的規模の課題解決に尽力する取組みは，ますます増えてきている。それらの取組みについて，優先順位を考えながらあげてみることは，これまでの学びを整理する上で大切なことである。一応3つの課題としたが，思いつくままにあげてみよう。

# 第4編 現代の経済社会と国民生活

## 関門 B-27 消費者の権利と責任

「賢い消費者」になるには，何が求められるのだろうか

### トレーニング問題の解答と解説

**[1] 正解 ①**

用語と具体例を結び付ける問題。教科書の内容と身近な問題とを結びつける学習が，「公共」では不可欠である。それぞれ，ア：「安全を求める権利」を保護する例，イ：「意見を聞いてもらう権利」を保護する例，ウ：「選択できる権利」を侵害する例。

**[2] 正解 ⑥**

共通テストでも知識が問われる問題は出題されるし，思考問題でも知識が基盤となることが多い。教科書や資料集，用語集等で語句の意味や法律の内容を正確につかむようにしよう。

ア 製造物責任法はいわゆるPL法で，1995年施行。

イ 消費者保護基本法（1968年制定）にかわって2004年に制定された。消費者「保護」から消費者の「権利尊重」「自立支援」へと目的が変わったことを押さえておこう。

ウ 消費者契約法は2001年4月から施行。2006年の法改正で，この選択肢にある内容が導入された。2018年には，成年年齢引き下げ（2022年〜）にともなう消費者被害の拡大を懸念し，デート商法や就職セミナー商法などに言及した法改正が行われた。

**[3] 正解 ①**

前半は「消費者主権が常にたしかなものであるとは限らない」という文言から，消費者の行動が生産者側の影響を受け，消費者側の主体性が失われている内容になっているａが入る。後半は，ｄの選択肢が誤文。消費者保護基本法が消費者基本法に改正された。このような「変化」「推移」が問われる問題では，語句や内容が入れ替わっていることで誤文となっていることがあるので注意しよう。

**[4] 正解 ③**

いわゆる「18歳成人」の説明である。

① 契約とは2人以上の当事者の申し込みと承諾によって成立する法律行為であり，口頭での申し出でも互いの合意があれば成立する。

② 消費者と事業者では，持っている情報の質・量や交渉力に格差があるので，消費者契約法では，消費者の利益を守るために契約の取り消しができる事例を定めている。例えばうそを言われた（不実告知），不利になることを言われなかった（不利益事実の不告知）など，不当な契約が行われた場合は消費者契約法に基づき契約の取り消しができる。

④ 無過失責任の原則とは，製造物の欠陥で消費者が身体・生命・財産に損害を受けたとき，製造者に「故意・過失がなくても」賠償の責任を負わせることである。

**[5] 正解 ②**

ア・イ 未成年者は保護者の同意を得ずに締結した契約を取り消すことができるようになっている（未成年者取消権）。成年年齢に達すると親権の対象とはならなくなり，保護者による保護がなくなることから，この権利は失われる。

ウ 民法第90条に，「公の秩序又は善良の風俗に反する事項を目的とする法律行為は，無効とする」と定められている。

### チャレンジ問題の解答と解説

**1 正解 ④**

① 環境に配慮した商品を購入することはエシカル消費につながる。

② 地域の活性化や環境への配慮に基づく消費は，エシカル消費につながる。

③ いわゆるフェアトレード製品のことで，公正かつ持続可能な社会の形成に参加することにつながる。なお，エシカル消費は持続可能な開発目標（SDGs）のゴール12「つくる責任 つかう責任」に関する取組みとされている。

### まとめと発展の解答と解説

(1) 成年年齢になると，自分自身でできることが増える。つまり，一人で契約ができるようになると考えればよい。それにより，トラブルが発生した場合でも自分自身の責任で対処する必要がある。

(2) 「安全を求める権利」「知らされる権利」「選ぶ権利」「意見を聞いてもらう権利」の四つ。1975年にフォード大統領が「消費者教育を受ける権利」を追加した。

(3) 悪質商法にはマルチ商法，キャッチセールス，アポイントメント商法，パーティー商法，現物まがい商法，霊感商法などがある。新聞社のサイトなどで検索してみよう。また，家庭科の教科書・資料集も参照してみよう。

(4) エコマークやFSCマークなど，さまざまなものがある。

## 関門 B-28 国民経済とGDP

私たちの生活と国全体の経済活動とはどのようにかかわっているのだろうか

### トレーニング問題の解答と解説

**[1] 正解 ②**

国富とは国民の経済活動によって蓄積された成果をあらわすもので，非金融資産（実物資産）と対外純資産の合計に等しい。よって，「株式」という金融財産は国富には含まれないことになる。なお，無形非金融資産として，特許権，商標権，著作権も含まれる。

## ［2］正解　③

　GDPに含まれるもの，という設問なので，GDPの定義を確認する。GDP（国内総生産）は「一定期間内に**国内で**生産された財・サービスの合計（付加価値）」であるから，AとCが該当する。Bは「日本人アーティスト」の生産した財・サービスであるので，GNP（国民総生産）であれば含まれる。

## ［3］正解　⑥

　景気循環の類型の中でも，ジュグラーの波は主要な型であり主循環とも呼ばれる。企業の設備投資の変動が景気循環に与える影響が大きいことがわかる。なお，この問題では触れられていないがクズネッツの波（住宅やビル建築を起因とする，周期20年前後の景気循環）もある。

## ［4］正解　①

　「一国における，ある時点の実物資産と対外純資産の合計」とは国富のこと。フローは消費や所得などにおいて一定期間の財・サービスや貨幣の流れをみるもので，代表的なものには，例えばGDPや国民所得（NI）などがある。

② これは国内純生産（NDP）の説明。国民所得はさらに「間接税－補助金」を差し引く（価格表示で間接税の分だけ高くなっている額と補助金の分だけ安くなっている額を修正する）と計算できる。

③ グリーンGDPは，GDPから環境を悪化させないために追加的に必要な経費の推計額を差し引いたもの。

④ これは実質経済成長率の説明。

## ［5］正解　⑧

$$実質GDP = \frac{名目GDP}{GDPデフレーター} \times 100,$$

実質経済成長率（この問題では実質GDP成長率）＝

$$\frac{本年度の実質GDP - 前年度の実質GDP}{前年度の実質GDP} \times 100 である。こ$$

れらの式に代入すれば $\frac{a}{94} \times 100 = 500$ より　a = 470，$\frac{520 - 500}{500} \times 100 = 4$ より c = 4 となる。b については設問文中の「この国では，2015年と2016年の一人当たりの名目GDPが同じ」という部分に着目すれば，$500 \div b = 470 \div 47$（= 10）が成り立つので，b = 50 である。

### チャレンジ問題の解答と解説

## ①　正解　①

　まず，国内総生産において民間最終消費支出が約6割を占めていることは知っておこう。そうすれば①と③に絞られる。そして，メモ中では増加額が示されているが，選択肢では対前年度増加率が問われていることに注意する。「割合」は比べる量÷もとにする量であるから，「もとにする量」が小さく「比べる量」が大きい民間企業設備投資のほうが，増加率が高くなると判断できる。このように，選択肢の前半を知識で，後半を思考で判断するというパターンもあるので，「知識で解くのか，その場で思考するのか」を見抜いて解けるようにしよう。

## ②　正解　①

　問題文で示された「合成の誤謬」という考え方を理解し，提示した経済活動が「合成の誤謬」にあてはまるかについて考察できるかが問われている。合成の誤謬とは「自分だけ，あるいは，一企業にとって合理的で正しいと思う行為が，全体としてみた場合には正しいとは限らない」ことだと問題文中に示されている。

ア　企業が人件費を削減するために無期雇用を有期雇用へと積極的に置き換えた結果，需要が大規模に縮小するという事象が発生している。つまり，企業が人件費の削減による利潤の確保という合理的で正しいと思う行為を選択した結果，需要の縮小による利潤の減少という不利益が発生している。

イ　家計が貯蓄するのは生活を安定させるためであるが，その結果として給与水準が低下する＝家計の生活の安定が脅かされている。つまり，家計が貯蓄という合理的で正しいと思う行為を選択した結果，それとは逆の結果となってしまっている。

ウ　金融機関が経営基盤の強化を図るために企業への貸出を制限した結果，設備投資の拡大を諦めて，リストラを図る企業が増えた＝企業の経営への悪影響，家計への悪影響が起こっている。これは問題文中に示された合成の誤謬に当てはまる。

　すべての選択肢で，ある経済主体が「合理的で正しいと思う行為」を選択した結果，不利益が生じてしまうわけだから，すべてが合成の誤謬に当てはまる。

　この問題のように，学問上の重要な概念ではあるが高校生にとってはなじみがないものについて出題されることがある。設問文中で十分に説明されている。落ち着いて読み解けば解答できるので，惑わされないようにしよう。

### まとめと発展の解答と解説

(1) 国民純福祉（NNW）や国連が考案した「幸福度指数」などがある。

(2) 生産と雇用がどのように変化するか，政府や中央銀行はどのような政策をとるか，といった点からまとめてみよう。

## 関門 B-29　市場の機能と価格

さまざまな取り引きが行われる経済活動の場である「市場」とは何なのだろうか

### トレーニング問題の解答と解説

## ［1］正解　⑦

　問題文の状況を踏まえて曲線のシフトを考えると，「製品を生産するために使用する原材料の価格が下落」
→供給曲線が右にシフトするので，新たな市場均衡点はHになる。
　その後「製品に対する人気が落ちた」

→需要曲線が左にシフトするので，新たな市場均衡点はGと
なる。

**［2］正解　①**

ア　スニーカーの人気が高まった場合，需要曲線は右にシフ
トするのでD°になる。

イ　価格が30％変化すると一足当たり1万3千円，数量は
20％変化すると9,600足となる。売上総額は「価格×数量」
で計算できるので，売上総額の変化は4,480万円となる。

**［3］正解　②**

物質的な生産のあり方（下部構造）が法律や政治など（上
部構造）を規定するとした。

① リストは保護貿易を追求すべきであると主張した。

③ ケインズは，失業が生じるのは規制緩和が不十分である
ためではなく有効需要の不足にあり，完全雇用を実現す
るには，政府が公共投資をして有効需要を創出する必要
があると主張した。

④ フリードマンは，市場原理を重視し，財政支出を削減す
べきだと唱えた。

**［4］正解　③**

見慣れないグラフだが，設問文をヒントに考えていこう。

まず，「賃金率の上昇とともに労働時間を増やしたいと思
う」というところから，縦軸（賃金率）と横軸（労働時間）
がともに増加しているグラフである③・④が残る。次に，あ
る一定水準以上に賃金率が上昇すると労働時間を減らす傾向
があるということから，縦軸は増加し続けているが横軸が減
少に転じている③を選ぶ。このように，グラフの問題では縦
軸と横軸が何を表しているかを確認する必要がある。

**［5］正解　④**

ケインズは，「総供給＞総需要」の状態になったとき不況
が発生すると分析し，この場合は需要を喚起するため政府が
公共投資を行うべきであると示した。経済成長を実現させ
る，すなわちY（＝GDP）を増加させるにはどうしたらよ
いかを，以下の式のそれぞれの項目が何を意味しているか理
解しながら考えてみよう。

$$Y = C + I + G + (X - M)$$
（GDP）（民間消費）（民間投資）（政府支出）　輸出　輸入

## チャレンジ問題の解答と解説

**① 正解　②**

右下がりの曲線が労働需要曲線（＝求人数），右上がりの
曲線が労働供給曲線（＝求職者数）であることがわかれば，
それぞれの現象に応じてグラフをシフトしていくことで正答
を導ける。

ア　労働供給曲線が左にシフトする。

イ　労働供給曲線が右にシフトする。

ウ　労働需要曲線が左にシフトする。

エ　労働需要曲線が右にシフトする。

## まとめと発展の解答と解説

(1) それぞれ，需要側（＝消費者）の事情・供給側（＝企業）
の事情が変化することでシフトする。

(2) 「見えざる手」と表現したが，この表現にはどのような
含意があるか，イメージできるだろうか。

(3) 一言でいうと「需要と供給のバランスが崩壊した」とい
うことになるが，なぜバランスが崩壊するのか，それに
よって何が起こるのかまで考えてみよう。

(4) 資本主義と対比させてまとめるとよい。社会主義の「長
所」が何なのか，それが現在の資本主義経済にどのよう
に取り入れられているかも考えてみよう。

## 市場の限界と政府の役割
**関門 B-30**
市場の機能にはどのような限界があるのだろ
うか。市場がうまく機能しないときの政府の
役割はどのようなものだろうか

## トレーニング問題の解答と解説

**［1］正解　④**

カルテルは，同一産業内の独立企業同士が協定を結んで市
場を独占することにより，最大の利潤を得られるようにする
ことをいう。企業の合併によって市場への占有率を高めるこ
とをトラストという。

①②③は正文。

**［2］正解　④**

外部不（負）経済とは，他の経済主体の経済活動が，直接
の市場の取引きを通さずに悪い影響をあたえることである。
大規模娯楽施設が建設されたことで起きる交通量の増加によ
る悪影響はこの例と言える。

① 他の経済主体の影響ではないため，誤文。

② 財務情報の不正がその企業に影響している事例であり，
他の経済主体が影響を受けている事例ではないため，誤
文。

③ 新しい駅の影響で地価が上昇するというプラスの影響で
あるため，外部経済の例である。

**［3］正解　①**

一般道路や公園などの公共財に関して，多くの人が同時に
消費できることを「非競合性」という。「複数の人々が同時
に消費できる」という内容が非競合性に該当する。

② 価格の下方硬直性のこと。

③ 公共財の「非排除性」のこと。

④ 「規模の経済」（スケールメリット）のこと。

**［4］正解　⑤**

A　市場が寡占状態にある場合の政府の対策としては，競争
をうながす目的から，ウの新規参入の促進を選択。

B　外部不経済への政府の対策としては，外部不経済の原因
となる製品の生産を規制する，アの生産の制限を選択。

C　公共財については政府が供給を担うことから，イの政府

による供給を選択。

Aにウ，Bにア，Cにイの組み合わせとなるので，正解は⑤。

## チャレンジ問題の解答と解説

### ① 正解 ⑦

「外部経済を拡大させる施策」を選択するということで，他の経済主体の経済活動が，直接の市場の取引きを通さずにプラスの影響をあたえることをうながす施策は，Cのみである。景観を良くすることに貢献する企業を増やす施策を通じて，広く観光業の業績が向上し，漁村の経済を向上させる効果を期待できる。

A　設備のメンテナンスが，市場取引の直接の関係外の経済主体に影響を及ぼすとは言えないため，該当しない。

B　水質汚濁をもたらす外部不経済に対する施策であるため，該当しない。

### ② 正解 ①

独占禁止法は市場を独占すること，不当に取引きを制限すること，不公平な取引きをすることを禁じている。販売価格を小売店に強制することは，不当に取引きを制限することに該当する。

② 誤文。市場メカニズムに任せると供給されない財について，公共財として政府が供給を行う。

③ 誤文。労働条件の最低基準を監視しているのは，労働基準監督機関である。厚生労働省内に置かれた労働基準局，都道府県労働基準局，都道府県管内の労働基準監督署がそれにあたる。

④ 誤文。食糧管理制度は，主食としての米の生産，流通を管理していた制度であったが，1995年に廃止されている。消費者が食の安全のために情報を得られる仕組みではない。

### ③ 正解 ②

「市場の失敗」の原因について，4つのキーワードが示されている。簡潔にその内容を確認する。

「外部経済」とは，他の経済主体の経済活動が市場における取引きを通さず直接によい影響を与えること。「外部不経済」とは，他の経済主体の経済活動が市場における取引きを通さず直接に悪い影響を与えること。「情報の非対称性」とは，取引きされる財・サービスの品質などの情報内容が，各経済主体の間で格差があること。「独占・寡占」について，市場において，売り手又は買い手が1社しかない状態が独占。2社以上の少数の売り手又は買い手が存在し，市場を支配している状態が寡占であり，市場における自由な経済活動が制約され，市場機構による資源の適正配分ができなくなる分野やその限界をしめす「市場の失敗」の原因となる。

ア　事業者が一社又は数社に占められ，市場メカニズムが働きにくいということで，「独占・寡占」にあてはまる。

イ　中古車の売り手と買い手の間で，車の修理歴やエンジンの不具合など，中古車の品質に関する情報に格差があることを示しており，「情報の非対称性」にあてはまる。

ウ　近くに工場ができたことによって大型トラックの通行量

が増え，交通渋滞が頻繁に発生し，交通事故の件数も増加した。悪い影響を受けていることから「外部不経済」にあてはまる。

エ　夜間に外灯を点灯することで，夜間の犯罪発生件数が減少し，安心して生活できるという良い影響を受けたことから「外部経済」にあてはまる。したがって，正解は②となる。

## まとめと発展の解答と解説

(1)　(例) 市場における取引きでは適切に資源配分されない財は，公共財として，政府によって供給される。

そのほか，市場における取引きに直接参加していない経済主体がプラスの影響を受ける外部経済やマイナスの影響を受ける外部不経済。市場での自由な取引きの結果，特定の財やサービスを供給するのが一つの企業もしくは少数の企業だけという独占市場や寡占市場。市場を通じた自由な取引きにおいて，売り手と買い手に商品に関する情報の格差が生じている情報の非対称性。などがある。

(2)　(例) 公共財の性質には，多くの人が同時に消費できる非競合性と，対価を支払わない人を排除できない非排除性がある。例えば，灯台の光は付近を航行するすべての船舶が同時に利用でき，誰かが利用していても同時に他の人も利用可能である。また，利用者からの料金の徴収は不可能である。

(3)　(例) 取引きされる財，サービスの品質などについての情報が，消費者と財やサービスの提供者の間で格差がある。中古車市場で，事故車などの情報が売り手にはわかるが，買い手にはわからない場合などが例である。

---

**関門 B-31**

## 金融とそのはたらき

金融はなぜ必要なのか。金融機関や政府はどのような役割をはたしているのだろうか

## トレーニング問題の解答と解説

### [1] 正解 ①

日本の家計の金融資産の内訳は現金・預金の占める割合が50%以上を占めている（2021年3月末）。保険・年金は30%未満，株式はおよそ10%程度である。

② 誤文。日本では，大企業の銀行離れが進み，間接金融から直接金融への移行が進んでいる。

③ 誤文。ノンバンクは，預金業務を行わない金融機関であり，消費者金融がその具体例である。

④ 誤文。信用創造は，銀行が信用力を背景に，預金量をこえる資金量を貸し出すことをいう。企業による債務返済状況に関わらず，信用創造機能をはたらかせて，資金を社会に供給する。

**[2] 正解 ③**

銀行は預金の一部を支払い準備として手元に置いて残りを貸し出すことによって，最初の預金（本源的預金）をこえる金額の預金通貨を創造することができる。この銀行による機能を信用創造という。信用創造の金額は，「信用創造額＝本源的預金÷支払準備率－本源的預金」という計算式で求めることができる。

この計算式にあてはめて計算すると，2000万円÷（20/100）－2000万円＝8000万円となる。

**[3] 正解 ③**

管理通貨制度では，金の保有量に規定されない不換紙幣が発行され，中央銀行の管理の下で発行する通貨量をコントロールしている。

① 誤文。取引の仲立ちは価値貯蔵手段ではなく，交換手段である。貨幣の機能には，交換手段，支払い手段，価値貯蔵手段，価値尺度がある。

② 誤文。マネーストックとは，社会全体に流通している通貨量をさし，国内の個人や法人が保有している通貨を合計したもの。

④ 誤文。預金通貨は，金融機関に預金されている通貨であり，小切手を利用して決済手段として利用されたり，一定の条件のもとで現金通貨に交換することができることから，財・サービスの対価の支払手段として用いられることはある。

**[4] 正解 ②**

外国為替市場で自国通貨を売る介入を行った場合，外国為替市場における自国通貨の供給が増加することになり，自国通貨の為替レートは下落することから，この介入によって自国通貨の価値を切り下げることになる。

① 誤文。国債の売りオペレーションを行うと，市中銀行の保有する資金を中央銀行が吸収することになるため，世の中に出回る通貨量は減少してしまい，ますますデフレーションが進行してしまう。

③ 誤文。政策金利を高めに誘導すると，資金需要と銀行貸出は減少するため，金融引き締めとなってしまう。

④ 誤文。預金準備率操作とは，日本銀行が市中銀行に対して，預金の一定割合（預金準備率）を強制的に預金させる制度である。預金準備率を引き上げると，日本銀行への預金量が増え，市中銀行などの金融機関の貸し出せる資金量が減るため，企業への貸出しは増加しない。

**[5] 正解 ①**

ア D社の預金1000万に対する，A銀行の預金（支払い）準備金が300万であることから，支払い準備率は30％となる。

イ 490万となる。E社のB銀行への預金700万に対して，預金準備率が30％であるため，図のXは210万となる。700万から預金準備の210万を差し引いた490万がB銀行が貸し出すことのできる融資額となる。

ウ 1960万となる。預金準備率が40％なので，A銀行の融資額は1000万－400万＝600万となる。B銀行は600万

－240万＝360万をF社に融資し，F社のC銀行への預金は360万となる。新たに3つの銀行が受け入れた預金の増加額は，1000万＋600万＋360万＝1960万である。

アは30，イは490，ウは1960なので①が正解となる。

**チャレンジ問題の解答と解説**

**① 正解 ②**

2021年3月における日本国債の保有者構成比は，日本銀行が48.4％を占め，2011年3月の8.2％より大幅にその割合を高めている。その理由は，この間にアベノミクスによる量的・質的緩和が実施され，日本銀行による国債保有高と種類を増やしたことによる。

① 誤文。日本銀行の金融引締め政策を反映した場合，日本銀行が持つ国債を金融機関に売ることになる。日銀が国債を政府から直接引き受けることは禁じられている。

③ 誤文。日本銀行の金融引締め政策を反映した場合，日本銀行が持つ国債を売ることになるので，日銀の保有割合は低下する。

④ 誤文。財政法第5条により，日銀が国債を政府から直接引き受けることは禁じられている。これを国債の市中消化の原則という。

**まとめと発展の解答と解説**

(1) （例）賃金や原材料費の上昇によって起きるコストプッシュ・インフレーション。国民の購買力の向上や政府の財政支出の伸びによって生じるディマンドプル・インフレーション。輸入品の価格上昇や輸出拡大による貿易黒字が原因で，通貨供給量が増大して生じる輸入インフレーションなどがある。

(2) （例）日本銀行が行う金融政策の中心的な手段はオペレーション（公開市場操作）である。不況対策として，公開市場操作を通じて，資金供給を行う場合は日銀が市中銀行から国債などを買う，買いオペレーションを行い，インフレーションを抑制するために資金吸収を行う場合は日銀が市中銀行へ国債等を売る，売りオペレーションを行うことで，政策金利の水準をコントロールしている。その際，金融政策決定会合（日銀総裁，副総裁2名，審議委員6名）が，金融政策の基本方針を決定している。

**関門 B-32 財政及び租税の役割**

財政はなぜ必要なのか。財政はどのようにその役割をはたしているのだろうか

**トレーニング問題の解答と解説**

**[1] 正解 ⑥**

A ウ。累進課税の機能によって所得の高い人から納税されたものを原資として，生活保護や福祉サービスを提供することで，所得の不均衡を是正するはたらきを所得の再

分配という。

B イ。市場に委ねていては，適切に供給されない財やサービスを供給する政府の役割が，資源配分の調整である。

C ア。公共投資の増減によって，経済の変動を調整している政府の役割は，景気の安定化である。

**[2] 正解 ④**

ア 納税者と税負担者が同一となる税は，所得税などの直接税である。

イ 納税者と税負担者が異なる税は，消費税などの間接税である。

ウ 消費税は間接税であるので，文章中のイに該当することから「後者」となる。

エ 消費税の問題点である逆進性についての説明となることから，「低く」を選ぶ。食料品など生活必需品にまで課税されると，低所得者の税負担の割合が大きくなる。

**[3] 正解 ④**

基礎的財政収支の赤字を歳入と歳出の両面から縮小させるものは，税収を増やすことによる歳入増と，財政支出を縮小して国債費を除いて歳出を減らすことである。B「消費税を増税して租税収入を増やす」とイ「公共事業を縮小して，国債費を除く支出の金額を減らす」の組み合わせを選ぶことから，④が正解。

## チャレンジ問題の解答と解説

**① 正解 ②**

資料から読み取れる内容は，消費税が5.3兆円から21.7兆円と16.4兆円増額していることと，社会保障の費用が11.6兆円から35.9兆円に24.3兆円増額していることである。社会保障の費用の増額は，消費税の増額よりも大きいので，アが正しい。

基礎的財政収支の黒字の状態を示す図は，税収等よりも政策的経費の方が少ない図bを選ぶ。アと図bの組み合わせとなるので，正解は②。

**② 正解 ②**

消費税の逆進性とは，所得の低い人ほどが税負担が重くなる問題のことである。可処分所得（個人所得のうち直接税や社会保険料などを差し引いた部分）に占める消費税負担額の割合を個人A，B，Cで比較すると，個人Aは，27万円÷300万円×100＝9％。個人Bは，35万円÷500万円×100＝7％。個人Cは，52万円÷800万円×100＝6.5％となり，所得の低い個人Aの負担が重いことから，逆進性を示す内容に該当する。

① 誤文。カの額が高いことではなく，可処分所得に占める割合から負担の重さを考える。

③ 誤文。可処分所得の高い人ほど，表中オの値は低くなっている。

④ 誤文。表中のキは，軽減税率を適用した場合の負担額の比較であり，可処分所得の高いCが49.0と最も高くなることから，逆進性を示す内容とは言えない。

## まとめと発展の解答と解説

(1) （例）大きな政府のメリットは，不況の際に国債の発行を拡大してでも景気にてこ入れを行うことで，不況による国民生活への影響を抑えようとする，また，必要な福祉政策の充実を図り，所得の再分配機能を高めることで，格差の拡大を抑えようとすることである。一方，大きな政府のデメリットは，財政の赤字や行政の肥大化を招いてしまうことで，経済運営が非効率になったり，財政赤字に対する将来世代の負担を大きくしてしまうことである。

小さな政府のメリットは，財政の基礎的財政収支の健全さを優先し，効率の良い行財政が実行される，経済活動の自由を尊重し，企業や民間の活力，市場の機能を生かした経済システムを構築することができることである。一方，小さな政府のデメリットは，経済活動における政府の役割について，効率を重視する反面，縮小している部門について，公共サービスが受けられなくなったり，各経済主体の自己責任が大きくなる分，社会保障や教育などについても自己負担が大きな社会システムとなることである。

(2) （例）歳入に占める公債金収入の割合は32％（2019年度），歳出にしめる国債費の割合は23％（2019年度）と国債の発行残高の増加によって，基礎的財政収支（プライマリーバランス）の赤字が固定化しており，弾力的な歳出の余地を奪い，国家財政を硬直化させてきている。今後は増税を含めた歳入増と，効率化を図って歳出減を行うことが求められるが，これらの改革は，税と財政における「公正」さを検討しながら進める必要がある。

**関門 B−33**

## 日本経済のあゆみと現状

現在の私たちを取り巻く経済の基礎は，どのようなあゆみを経て形成されたのだろうか

## トレーニング問題の解答と解説

**[1] 正解 ②**

② 正文。エネルギー価格の高騰により，重厚長大型産業から比較的エネルギー消費の少ない軽薄短小型産業への転換が進んだ。

① 誤文。国内製造業の中心は，逆に軽工業から重工業に変化した。

③ 誤文。円高により日本人の人件費が相対的に高騰したため，労働集約型産業は逆に海外への進出を加速させた。

④ 誤文。戦後を通して，第二次産業就業者数が第三次産業就業者数を上回ったことはない。なお，既に1950年代半ばには第三次産業就業者数が第一次，第二次産業よりも多くなっている。

**[2] 正解 ④**

④ 正文。バブル崩壊後の銀行は，いわゆる不良債権に苦し

んだため，貸し渋りと呼ばれる貸し出し抑制を行った。企業投資も民間消費も伸び悩み，デフレ傾向が強まった。

① 誤文。バブル崩壊後は一貫してマネーサプライを拡大する金融緩和政策が採用されている。なお，マネーサプライの拡大は，金利の低下とそれにともなう円安傾向をもたらすので，貿易収支は赤字傾向になる。

② 誤文。消費者物価はむしろデフレーションの傾向を示していた。

③ 誤文。卸売物価も消費者物価も大きく上昇していない。スタグフレーションは第一次石油危機の際に顕著にみられた現象である。

## チャレンジ問題の解答と解説

### ① 正解 ②

「2010年に世界第二の経済大国になった」とあることから中国のことを指していることが分かる。グラフを読みとっても，2010年以降の消費者物価指数は，毎年プラスである。

① 誤文。「2001年に量的緩和政策を採用」とあることから，日本のことを指していることが分かるが，グラフを見ると2001年には消費者物価指数が上昇しておらず誤りである。

③ 誤文。「リーマン・ショックの震源地」とあることから，アメリカのことを指していることが分かる。しかしグラフでは，2009年に消費者物価指数は僅かだがマイナスとなっており，誤文である。

④ 誤文。「アパルトヘイト撤廃後…」とあることから南アフリカであることが分かるが，グラフによると2004年には消費者物価指数が2％を下回っており誤りである。

このような問題では，データに基づき経済状況を読み取る力が求められる。普段から教科書や資料集，あるいは『世界国勢図会』や新聞等のグラフに接し，その傾向を読みとる習慣をつけておこう。

### ② 正解 ⑤

21世紀になってからの日本，アメリカ，ドイツの3か国の経済状況の変化について，名目賃金，実質賃金，年間総実労働時間のデータに基づき，国際比較しながら考えさせる問題である。

その際，名目と実質について，物価の変動との関連についての理解を前提としながら，提示された「メモ」の空欄に当てはまる動きを判断し，その組み合わせを選択させる問題である。

名目と実質についての基本的な知識理解と提示された統計資料を組み合わせながら考えさせる問題であり，今後，共通テストにおいて求められる力を示している。

ア 図3に基づいて判断することになる。折れ線グラフの傾斜が緩やかなため，増加と減少を見誤るかもしれないが，グラフ左端と右端を比べれば明らかである。⑤から⑧に絞り込む。

イ 「メモ」のなかで名目賃金指数について，「日本は総じて横ばい」「アメリカとドイツは上昇傾向」とあり，アに

おいて年間総実労働時間が減少していれば，単純に「単位時間あたりの名目賃金」は上昇したことになる。これにより，⑤と⑥に絞り込む。

ウ 名目と実質の違いや物価の変動との関連についての知識理解が求められるが，「メモ」の日本の状況についての説明も参考としながら，図1のアメリカとドイツの名目賃金指数が大きく上昇していることから，ウは上昇と考えられる。したがって，アは減少，イは上昇，ウは上昇となり，正解は⑤。

## まとめと発展の解答と解説

(1) 例えば，わが国では1990年代に金融ビッグバン（キーワードはフリー，フェア，グローバル）が本格化したが，それにより様々な金融商品が国境を越えて市場で取り引きされるようになった。このことは，円相場や日経平均株価が，国内経済の実態とは無関係に，大きく影響される事態をもたらした。

また，大規模小売店舗立地法（2000年）にみられるような規制緩和の動きや，ＧＡＴＴウルグアイラウンドの農業合意（1993年）なども21世紀直前に起きた大きな変化である。これらにより，流通・小売，農業面で日本はグローバルな競争にさらされることとなった。

(2) （例）「規制緩和とセーフティ・ネット」

良くも悪くもグローバルな競争がますます激しくなることが予想される。その競争から新たなイノベーションが起こり，日本の生産性が向上することが期待される。ただ，新しいことに挑戦するということは，当然リスクも大きい。若く意欲のある人材が起業しようとする際，失敗したとしても何度もやり直せるような仕組み（セーフティ・ネット）の構築が，同時に必要になるのではないか。

**関門**
**B-34**

## 現代の企業と社会的責任

企業とは何をしている経済主体なのだろうか。その存在意義は何なのだろうか

## トレーニング問題の解答と解説

### [1] 正解 ②

クーリングオフの求めに応じるということは，特定商取引法という法律に従って対応しているということである。①は食品表示法，③は労働基準法，④は会社法などに違反している。なお，コンプライアンスで遵守すべきは法律だけでなく，社会規範も含む。

### [2] 正解 ③

③の状況の一方で，コロナ禍でのサプライチェーンの寸断や円安の進行により，生産拠点の回帰の動きも見られる。

① 大企業と中小企業との格差是正から，中小企業の多様で活力ある成長発展へと転換された。

② 中小企業は，事業者数で99％，従業者数で約7割，出荷額等で約5割を占めている。

④ ニッチ産業は他企業が進出していない隙間（くぼみ）分野で活動することに特徴がある。ベンチャー・ビジネスは新技術や独自で高度な研究開発能力を活かすことに特徴があり，半導体やバイオ産業のような先端技術分野のみならず流通・サービス分野にも進出している。つまり，すべてのベンチャー・ビジネスがニッチ産業に進出する訳ではないので誤文である。

[3] 正解 ④

① 誤文。出資するということは会社の所有権を与えられるとともに，経営に参加する権利も与えられるということ。ただし，会社の規模が拡大すると所有と経営の分離が進展していく。

② 誤文。株式会社の最高意思決定機関は株主総会であり，株主総会において取締役が選定される。

③ 誤文。株主は有限責任であり，出資額を超えて責任を負うことはない。

[4] 正解 ④

企業の社会的責任をはたす活動として，メセナ（芸術活動への支援）やフィランソロピー（企業による，社会問題そのものの解決を図る慈善活動）がある。「信用創造」は，銀行がその社会的信用を背景に，預金量をはるかにこえる資金を貸し出すこと。「アウトソーシング」は外注という意味の語で，企業が業務の一部を専門の会社に委託すること。「ロビー活動」は，議会や政府に対して圧力をかける活動をすること。アメリカで発達している。

## チャレンジ問題の解答と解説

① 正解 ④

これまでのセンター試験と同様に，知識・理解を問う設問である。

④ 地場産業とは，ある特定の地域で，その地域の特性や伝統を生かした特産品を生産する産業のこと。各地の漆器や陶磁器の生産，福井県鯖江市の眼鏡フレーム生産などが有名。

① これはR&D（リサーチ＆ディベロップメント：研究開発）の説明。M&Aは2つ以上の企業が一つになったり（合併），ある会社が他の会社を買収したりすること。1980年代後半から日本でも行われるようになっている。

② これはトラストの説明。カルテルは同一産業の各企業が市場における競争を排除するために協定を結ぶことで，価格の維持やつり上げにより利潤を得るために結ばれる協定を価格カルテルという。カルテルは独占禁止法で原則禁止されている。

③ 中小企業基本法における中小企業の定義は，従業員数もしくは資本金でなされる。

② 正解 ③

①と同様に知識・理解を問う選択肢と，コロナ禍という時事問題への関心・理解を問う選択肢がある。日々のニュース報道にも注意を払っておこう。

③は，ネットショッピングの利用増にともない，運送業者や，ゲームの開発・製造・販売に関わる企業の売上が増加した。

①は，コーポレート・ガバナンスの説明。例えば，株主は社外取締役を選び，取締役会が株主に利益をもたらすよう監視する。リストラクチャリングは企業経営上，収益の悪い部門を削るなどその事業の再構築を図ることで，日本ではバブル崩壊後に中高年労働者の解雇・退職という形で進行した。

②は，株主への利潤の分配率（いわゆる配当など）が上昇すれば内部留保分への配分率は下落するので，設備投資に回す余裕はなくなると考えられる。

④は，2006年の会社法改正で株式会社設立のための最低資本金額が1円に引き下げられ，いわゆるベンチャー・ビジネスなどが起業しやすい環境が整えられた。

③ 正解 ②

表の読み取り用語の正確な理解が求められる問題。

②の間接金融に該当するのは銀行等借入であり，アメリカでの割合は1999年も2017年も低いことが読みとれる。これが正文である。

①の他人資本に該当するのは銀行等借入と債権。1999年12月末の割合が高い。

③の直接金融に該当するのは株式・出資金である。日本の企業はアメリカの企業よりも直接金融の割合が低い。

④の自己資本に該当するのは株式・出資金である。アメリカの企業は日本の企業より自己資本の割合が高い。

## まとめと発展の解答と解説

(1) 各社のWebサイトなどで情報を得られる。各企業が急速に事業を拡大する過程とともに，社会をも大きく変えた，その先進性にはどのような点があったのか確認しよう。

(2) いわゆるCSR（企業の社会的責任）を果たすことが求められており，その大前提としてコンプライアンス（法令遵守）がある。それぞれの企業のメセナやフィランソロピーの事例を調べ，それがどのステークホルダー（利害関係者）に貢献しているのかを確認しよう。SDGs実現に向けた取り組みと関連していることも多い。

(3) ソーシャルビジネスによって，課題を解決しようとする事業の事例。例えば高齢者の介護を行うデイサービスの中で特色ある取り組みをしている事例，過疎地域の活性化を図るために地域の特産品を活かした商品を製造する事例など，さまざまな事例がある。

# 関門 B-35 雇用と労働問題

こんにちの日本にはどのような労働問題が存在しているのだろうか

## トレーニング問題の解答と解説

### [1] 正解 ④

日本では主に労働基準法によって，労働者の就労の条件等を規定している。

① 正文。雇用保険法で規定された，雇用保険（失業保険）に関する記述である。

② 正文。労働基準法第7条で規定されている，「公民権行使の保障」に関する記述である。

③ 正文。労働基準法第32条で規定されている内容である。あらかじめ設定された総労働時間の中で自由に始業や終業の時間を決められる，フレックス制なども覚えておこう。

④ 誤文。労働基準法第35条において，休日数は最低1回とされており，「最低の休日数を2日と定める規定」は誤り。

### [2] 正解 ④

① 正文。ただし，巫女や女優など例外も存在している。

② 正文。教育訓練だけではなく，昇進の機会を与えないことも禁止している。

③ 正文。労働基準法第4条で規定されている，「男女同一賃金の原則」に関する記述である。

④ 誤文。かつては制限されていたが，1999年にその規定は撤廃された。女性が深夜労働を制限されると，企業による女性の雇用は抑制されてしまう。

### [3] 正解 ③

① 誤文。労働者派遣は，派遣会社が派遣するため，「公共職業安定所（ハローワーク）が労働者を派遣する」は誤り。

② 誤文。年功序列賃金制の説明になっている。年俸制は業績や評価に基づいて年間の賃金を決定する制度である。

③ 正文。ワークシェアリングは，一人ひとりの労働時間を減らし複数の人間で労働を分かち合うことで，雇用の維持・創出を図ることである。

④ 誤文。仕事の成果に基づいて賃金が支払われる歩合給の説明になっている。

### [4] 正解 ④

① 誤文。バブル崩壊以降，段階的に派遣労働に関する規制緩和が行われ，そのたびに増加している。

② 誤文。労働者の能力や，仕事の成果をもとに賃金を決定する考え方を採用する企業が増えている。

③ 誤文。労働組合の組織率は戦後60％程度であったが，70年代からは減少傾向で，近年は20％を下回っている。

④ 正文。年間総実労働時間は，減少傾向であるものの，未だドイツやフランスよりも長い。また，近年は総労働時間だけではなく，労働生産性への注目も高まっている。

### [5] 正解 ④

派遣労働者の雇用主は派遣会社であるため，派遣先企業は手続きや業務を派遣会社に任せることができ，様々なコストを抑えることが可能になる。

① 正文。派遣会社が労働者に賃金を支払うため，賞与や福利厚生等の費用を払う必要がなく，人件費を抑えることができる。

② 正文。正規労働者とは違い，派遣会社が募集や人選を行うため，時間や手間を減らすことができる。

③ 正文。派遣労働は必要な時期に必要な期間，要請が可能であるため，決められた範囲で活用できる。

④ 誤文。正規雇用の労働者と比べ，派遣労働者には雇用期間の制限もあり，一般的に技能や能力を身に付けさせる上ではコストがかかると考えられている。

派遣労働については，企業側だけではなく，労働者側のメリットやデメリットを整理することも必要である。

### [6] 正解 ③

① 男女雇用機会均等法により，性別を理由とする募集や採用等が禁止されている。

② 男女雇用機会均等法により，性別定年制は禁止されている。

③ 社会的や構造的な差別によって不利益を被っている人々に対し，一定の範囲内で特別な機会を提供することにより，実質的な機会均等を図る，いわゆる「ポジティブ・アクション」の例である。設問の趣旨に合致しているため，これが正解である。

④ 男女労働同一賃金については，2020年に改正された待遇差の解消を目指す各法律の中に含まれている。

## チャレンジ問題の解答と解説

### ① 正解 ③

⑦ 抵触しない。労働基準法第32条と第35条で規定される，1日あたりの労働時間8時間，1週間あたりの労働時間40時間を下回っており，休日も1日以上与えられている。

④ 抵触しない。労働基準法第14条で，終身雇用を除けば原則として3年を超える契約はできないが，今回の雇用契約期間は3年であり，抵触しない。

⑦ 抵触する。労働基準法第39条で，雇い入れから6か月以上の継続勤務と全労働日の8割以上の出勤で有給休暇は付与されると規定されているため，「付与なし」は労働基準法に抵触する。

よって，答えは③となる。

共通テストでは，知識を覚えるだけではなく，実社会に近い資料において，その知識を使えるかという視点で作られた問題が多く出題される。授業で習った言葉が実社会でどのように現れるのかを日々の生活で意識しよう。

### ② 正解 ①

1985年に成立した男女雇用機会均等法だが，成立当初は多くの項目が罰則なしの禁止か企業の努力義務に留まっていた。しかし，1997年に改正され，平等処遇が禁止規定に強

化されたり，事業主にセクシュアル・ハラスメントの防止義務（記述ア）が課されたり，是正勧告に従わない企業に対して公表などの制裁措置（記述イ）が行われるようになった。2006年の改正では，間接差別の禁止や男性に対するセクシュアル・ハラスメント防止義務が加えられた。2016年には，事業主に女性の妊娠・出産等を理由とした嫌がらせ，いわゆるマタニティハラスメントの防止措置（記述ウ）が義務づけられた。

## まとめと発展の解答と解説

(1) 1日あたりの労働時間8時間，1週間あたりの労働時間40時間などがあげられる。

(2) 企業側の問題点は，就業期間の制限があったり，重要な仕事を任せられなかったりと，長期的に人材を育成することができないころである。また，労働者にとっては，不安定かつ低賃金があげられる。このため，未婚者が増加し少子化につながるとされている。

(3) 仕事と私生活（プライベート）の調和である。このことを促進するためには，ワークライフ・バランスを意識している企業への補助や，労働者への意識喚起などが考えられる。

(4) 労働問題は，日本的雇用慣行の変化により表面化した問題だけではなく，女性や障がい者，高齢者といった人権的な問題も存在しているため，幅広い視野で考えることが重要である。また，30年後はAIのさらなる発展が予想される。AIが現状の問題を解決へ導くのか，新たな問題の原因となるのかは，一人ひとりが考え，さらに友人や教員と交流してみよう。

## 関門 B-36 社会保障の役割としくみ

社会保障とはどのようなもので，どのような機能を持つのだろうか

## トレーニング問題の解答と解説

### [1] 正解　d

a 正文。憲法第25条第2項には，「国は，すべての生活部面について，社会福祉，社会保障及び公衆衛生の向上及び増進に努めなければならない。」とあり，日本の社会保障制度の根拠となっている。

b 正文。

c 正文。

d 誤文。国民皆年金が実現したのは，国民年金法の全面施行（1961年）の時であるが，基礎年金制度が導入されたのは1985年改正時である。

### [2] 正解　②

① 正文。1989年から20歳以上の学生も第1号被保険者として強制加入となった。

② 誤文。積立方式で始まったが賦課方式（各年度の現役労働者の支払い保険料から支給する）をベースにした修正賦課方式が採用されている。賦課方式の原資調達比率が拡大しつつある。

③ 正文。2017年から年金の受給資格期間が「25年以上」から「10年以上」に短縮された。

④ 正文。2015年10月1日より，公務員及び私学教職員も厚生年金に加入することになった。共済年金の職域加算は廃止され，退職等年金給付が創設された。また，第2号被保険者等とは厚生年金の加入者をさすが，ここには公務員及び私学教職員も含まれる。

### [3] 正解　③

① 誤文。世界で初めて社会保険制度が設けられたのはドイツである。社会主義者鎮圧法とセットで覚えておくとよい。

② 誤文。ベバリッジ報告をもとに「ゆりかごから墓場まで」をスローガンに社会保障制度を整備したのはイギリスである。

③ 正文。

④ 誤文。日本最初の社会保険制度は，戦前の健康保険法（1922年制定，1927年施行）である。

### [4] 正解　②

① 誤文。国民年金は基礎年金であり，20歳以上の国民全員が加入することになっている。

② 正文。介護保険は40歳以上が保険料を負担する他，65歳以上がサービス利用料の1割（一定以上の所得者の場合は2割ないし3割）を自己負担する。

③ 誤文。健康保険組合のない事業所の被用者は協会けんぽ管掌健康保険，健康保険組合がある場合は組合管掌保険，船員は船員保険，公務員は各種共済保険に加入し，それ以外の者が国民健康保険に加入する。2008年に75歳以上を対象に後期高齢者医療制度が始まったが，批判が多く，新しい制度を模索中である。

④ 誤文。労災保険は事業主が全保険料を負担する。

## チャレンジ問題の解答と解説

### [1] 正解　③

「資料の数値のみから読みとることができる内容」という条件がある。このような問題の場合，下線部⑦〜㉓について，順に提示されている資料と照合して，発言通りに言い切れるかどうかを確認していく。予断や思い込みに陥らないように，客観的な資料の読解力が求められている。

① 下線部⑦は，「児童手当支給額の経年での変化」を資料1から読みとるとあるが，資料1は，児童手当支給対象の児童の区分と月額の金額のみが示されており，読みとることはできない。

② 下線部⑦は，「保育所等を利用する児童数の増加傾向」が示されているとあるが，資料2は，保育所等の待機児童数の推移であり，保育所等を利用する児童数ではない。

③ 下線部⑦は，「対GNP比でみた家族関係社会支出の規模が日本の2倍以上の国がある」という内容であり，資料

3を見ると，日本の1.6％に対してイギリス，スウェーデン，ノルウェーが2倍である3.2％以上になっていることを読みとることができる。

④ 下線部㊉は，「プライマリーバランスが悪化している」とあるが，「基礎的財政収支」のことを指す「プライマリーバランス」とは，国債発行を除く税収などの歳入と，国債の元利払い（国債費）を除いた政策的経費などの歳出との比較を指し，財政の健全化を図るバロメーターのこと。資料4は，社会保障の給付と負担の現状であり，このグラフからプライマリーバランスが悪化しているかどうかを読みとることはできない。

以上のように，「文章や資料を読みとり知識をあてはめる問題」であるが，多くの文章や資料を読み解き，設問に答える「手際の良さ」が求められる。資料の表題や資料に付されている注意書きなどに注目すると，容易に正誤の判別を導くことができる。

#### まとめと発展の解答と解説

市場経済においては，個人が自由な経済活動をすることによって競争が生まれ，より良いくらしや効率的な社会が実現する。しかし，事業に失敗するなどの理由で，生活が成り立たなくなることがある。また，病気や障がいなどの要因から，経済活動に十分に参加できない可能性もある。自由な経済活動をすることにともなうリスクや，経済活動に対する制約を，社会全体で支え保障するしくみが社会保障である。

## 関門 B-37 少子高齢化と財政の維持可能性
少子高齢化がなぜ財政の問題と関連するのだろうか

#### トレーニング問題の解答と解説

[1] 正解 ③
① 誤文。運営主体は市町村である。
② 誤文。40歳以上になると保険料を負担する。
③ 正文。介護保険法により，要介護認定（要介護1〜5，要支援1〜2）は介護認定審査会が行うとされた。
④ 誤文。3割ではなく，1割〜3割である。

[2] 正解 ②
① 正文。社会福祉の一環として老人福祉法が制定された。
② 誤文。高齢者雇用安定法は65歳までの雇用促進をめざす法律であり，老齢年金受給年齢引上げにともない，定年から老齢年金を受給するまでの生活の安定を図るものである。
③ 正文。
④ 正文。成年後見制度は，認知症，知的障がい，精神障がいなどの理由で判断能力が不十分であり，財産管理や契約締結，遺産分割の協議が難しかったり，不利益な契約を結んだりする可能性がある人々の保護や支援のために

整備された。

[3] 正解 ④
図で示されているが，アメリカは先進国の中では出生率が高いことから高齢化率は低い。また，社会保障は自助努力型であり，社会保障給付費の対国内総生産比は低めである。

一方，スウェーデンは福祉国家のモデルとして取り上げられることの多い高負担・高福祉の国であり，社会保障給付費の対国内総生産比も高い。高齢化率が高いのに対し，社会保障給付費の対国内総生産比が低めのCは日本だと判断できる。

残るAとBだが，イギリスはかつて「ゆりかごから墓場まで」と呼ばれる社会福祉の充実を図っていたが，サッチャー元首相による小さな政府をめざす改革（サッチャリズム）以降，社会保障を縮小している。よって，Aがイギリス，Bがドイツであり，正解は④となる。

[4] 正解 ①
① 正文。待機児童とは「保護者が保育園に入れたいのに入れずそのまま待機している子ども」のこと。共働き率，女性の就職率，核家族的世帯の増加などの要因がある。そこには，例えば仕事にも復帰できず，収入が見込めず，ひいては虐待や育児放棄にもつながりかねない問題が含まれている。また，保育士の資格を持ちながら就業していない人も多く，人材の有効活用にも同時に取り組む必要がある。
② 誤文。「高齢社会」から「超高齢化社会」へと移行した。65歳以上の人口の割合（高齢化率）が21％超で超高齢社会とされる。日本の高齢化率は2017年時点で27.7％。
③ 誤文。2005年に合計特殊出生率が1.26と過去最低を記録した後，やや上昇傾向にはなったことがあった。
④ 誤文。「引き下げ」ではなく「引き上げ」が正しい。

[5] 正解 ⑥
アメリカは低負担・低福祉の国なのでCのグラフであることが読み取れる。Bのグラフは租税負担率が高いため，イギリス・北欧型の社会保障制度であることが読み取れ，スウェーデンである。

Aのグラフは社会保障負担率が高いため，ドイツやフランスなどの大陸型の社会保障制度であると考えられ，フランスが該当する。

#### チャレンジ問題の解答と解説

[1] 正解 ⑥
北欧型は，税による一般財源を中心に身分や所得の多寡に関係なく無差別平等に保障する。一方，ドイツやフランスなどの大陸型は社会階層に応じて制度を運営し，生活水準に応じた保険料で運営され，カバーできない分は公的扶助で補う。

日本では世代間格差の縮小のために消費税を財源として組み入れているが，逆進課税（低所得者には負担増）との指摘がある。2000年から開始された介護保険法は40歳以上の国民全員から徴収する保険料と税金，65歳以上の利用者本人が負担するサービス費用の1割を財源とする（※一定の所得

者の場合は2割～3割負担）。

2 **正解** ⑧

社会保障制度の中の年金制度について，基本的な理解を問う問題である。日本の社会保障制度が，年金保険も含まれる社会保険，公的扶助，社会福祉，公衆衛生の4つの柱からなっていることの理解が重要であり，特にその財源について，社会保険については「保険料」という形での負担金によってまかなわれていること，その他は公費としての税金等でまかなわれている区別の理解が必要。また年金制度等の財源について，保険加入者が払い込んだ保険料の積み立て原資から支給する「積立方式」と各年度の現役労働者の支払い保険料から支給する「賦課方式」があり，賦課方式を基本として一部に積み立て方式を取り入れた「修正賦課方式」があることを確認しておくこと。なお，日本の年金制度は，積み立て方式を中心にスタートしたが，現在は賦課方式がベースとなっているため，「修正積立方式」と呼ぶ場合がある。

以上を理解した上でア～ウ，X～Zを順に確認する。

アは，税金を財源とすることから社会保険以外となり，公的年金には該当しない。

イは，年金を支給する期間の現役労働者の保険料でまかなうので，「賦課方式」に相当する。したがって「積立方式」にはあてはまらない。

ウは，「現役時代に納めた自身の保険料」で「年金給付を賄う」ということなので，「積立方式」にあてはまる。

したがってア～ウについては，ウとなる。

Xは，「現役世代に対する年金受給世代の比率」に注目しながら，「年金受給世代の比率が高まる」と「保険料負担の増大」や「年金受給額の削減」というデメリットを指摘していることから，現役世代が年金支給を賄う「賦課方式」の特徴と考えられる。

Yは，「人口構成の変動の影響は受けにくい」とは現役世代と年金受給世代の人口比率の変動に影響されないということ。「急激なインフレ…将来受け取る予定の年金の価値が目減り」から，「積立方式」と考えられる。

Zは，「保険料の未納の問題は生じない」ということで，財源として「保険料」によらない，公的年金制度以外の記述と考えられる。

したがって，組み合わせとしては，ウとYが適当であり，正解は⑧となる。

## まとめと発展の解答と解説

社会保険制度は，経済活動に不可欠であり，今後も維持していかなければならない。しかし，現状のままでは公費負担のため，政府債務が維持不可能な水準となる。2014年以降，2度の消費税引き上げが実施され，社会保険制度の維持に大きく貢献した。しかし，消費税には所得の低い人ほど所得に占める割合が高いという逆進性があるとされ，その賛否はわかれている。

# 国際的な経済取り引きと国際収支

国際的な取り引きにはどのようなメリットとデメリットがあるのだろうか

## トレーニング問題の解答と解説

### [1] 正解 ①

まず，食糧1単位・機械製品1単位の生産に必要な労働者数は次のようになる。

| | 食糧1単位 | 機械製品1単位 |
|---|---|---|
| A国 | 14人 | 15人 |
| B国 | 12人 | 10人 |

① 機械製品1単位の生産を取りやめたとき，その代わりに増産できる食糧の生産量を考えると，A国は約1.1単位，B国は約0.8単位であり，A国がB国よりも大きい。よって正文。

② 食糧1単位の生産を取りやめたとき，その代わりに増産できる機械製品の生産量を考えると，A国は約0.9単位，B国は約1.2単位であり，B国がA国よりも大きい。よって誤文。

③・④ A国が食糧の生産に特化し，B国が機械製品の生産に特化すると，両国全体で，食糧の生産量と機械製品の生産量がともに増加する。よって両方とも誤文。B国は食糧も機械製品もA国より効率よく生産できる（絶対優位にある）が，A国が，国内で比較したときにより効率よく生産できる（比較優位にある）食糧の生産に，B国が機械製品の生産に特化すれば，世界全体で見たときに生産量は増加している。

### [2] 正解 ③

図中の項目をそれぞれの収支に分類すると，貿易・サービス収支…特許使用料の受け取り25億ドル，電気機器の輸入代金（＝支払い）35億ドルで差し引き10億ドルの支払いなので－10億ドル，第一次所得収支…株式の配当の受け取り40億ドル，国債の利子の受け取り10億ドルで合計50億ドルの受け取りなので＋50億ドル，第二次所得収支…医薬品のための無償資金援助（＝支払い）5億ドルと外国人労働者による家族への送金（＝支払い）10億ドルで合計15億ドルの支払いなので－15億ドルとなる。

### [3] 正解 ②

A 2012年に赤字に転じていることから貿易収支（東日本大震災に伴う原子力発電所の停止による化石燃料輸入の増加で赤字となった）。

B 年々黒字が拡大していることから第一次所得収支。

C 年々赤字幅が縮小していることからサービス収支。

なお，サービス収支はインバウンド客（海外からの観光客）増大などもあり，2019年に，今の統計を取り始めた1996年以降で初めて黒字となった。

### [4] 正解 ④

B国では繊維製品1トンの生産に必要な労働投入量（人）

は200である。その対価として半導体を8,000個輸入すると
しよう。同じ個数をB国内で生産するとすれば必要な労働投
入量（人）は200であるから，このとき「等価交換」となっ
ていることがわかる。一方で半導体を1万個輸入するとすれ
ば必要な労働投入量（人）は250であり，「200」のものを輸
出した結果「250」だけ輸入できることになる。すなわち，
半導体を8,000個以上輸入すれば本来「お得」，つまりB国は
貿易による利益を常に得られることがわかる。

① A国内では半導体1.5万個と繊維製品1トンとの価格が
　等しくなる。
② B国内では半導体1万個と繊維製品1.25万個との価格が
　等しくなる。
③ A国では繊維製品1トンの生産に必要な労働投入量（人）
　は120である。その対価として半導体を8,000個輸入す
　るとして，同じ個数をA国内で生産するのに必要な労働
　投入量（人）は64である。つまり，「120」輸出して「64」
　だけ輸入しているから「損」をしていることになる。

### チャレンジ問題の解答と解説

1 **正解** ②

　経済のグローバル化に関する先進国（日本）と発展途上国・
新興国との資本取引について，示された図から考えていく。
ア　aが適当。日本ではなく発展途上国・新興国に関する内
　容で，日本企業の進出後，つまり外資の導入直後の状況
　を考えればよい。「工業化の進展」の段階としては，輸
　出指向型で国内産業を育てていく段階で，「自国資本」
　を使うのはこの段階より後といえる。そのためaが適切
　である。
イ　dが適当。直前のチャートは「日本企業による部品供給」
　であることから，製品の中間材を日本から輸出して，発
　展途上国・新興国で完成品を生産することとなっている
　ことがわかる。日本は完成した最終製品の輸入が増える
　ことから，dの文が適切であることがわかる。

### まとめと発展の解答と解説

(1) 「比較優位」という言葉の意味，なぜ両国にとって必ず
　メリットがあるかを説明できているかが重要。
(2) 関税と非関税障壁がキーワード。また，保護貿易が認め
　られるケースについて確認しておこう。
(3) 戦後復興期，朝鮮特需，神武景気といった戦後日本の経
　済のあゆみと関連させて確認しておこう。また，国際収
　支発展段階説についても調べてみよう。

## 経済のグローバル化と相互依存関係の深まり

経済のグローバル化や自由貿易の進展によって，社会のあり方はどう変わっていくのだろうか

### トレーニング問題の解答と解説

[1] **正解** ④
① 1ドル＝120円から1ドル＝130円になったとき，「数が
　大きくなったので円高」と誤解する人は多い。アメリカ
　で1ドルの商品を購入するのに日本円でいくら出せば購
　入できるか考えてみると，1ドル＝120円から1ドル＝
　130円になったということは10円多く出さなければいけ
　ないことになる。つまり，円の価値が10円下がり，安
　くなったことになる。つまり円安になったということで
　ある。反対にドルは円に対して1ドルあたり10円価値
　が上がり高くなった，つまりドル高になったということ
　である。
② 金・ドル本位制ではなく変動為替相場制。金・ドル本位
　制はドルを基軸通貨とし，金1オンス＝35ドル，1ド
　ル＝360円とする固定相場制。
③ 円高を是正するためには，ドルの需要と円の供給を増や
　せばよいので「ドル買い・円売り介入」をすることにな
　る。

[2] **正解** ④
① GATTの基本原則は「自由・多角・無差別」であり，
　これはWTOにも引き継がれている。
② ウルグアイ・ラウンドではモノの貿易だけでなく金融・
　情報通信などのサービス分野や知的財産権も交渉の対象
　とし，1994年4月に合意文書の署名がなされた。
③ これはGATTの承認方式（コンセンサス方式）。WTO
　では一国でも支持すれば承認される（ネガティブ・コン
　センサス方式）。

[3] **正解** ②
① 1930年代の世界的な不況下で，各国は為替切下げやダ
　ンピングにより競争力改善を図った。この政策は，自国
　の国際収支を改善させた反面，他国の国際収支を悪化さ
　せたため，近隣窮乏化政策とよばれた。
③ この結果，1971年8月には金・ドル交換停止（ドル・
　ショック／ニクソン・ショック）に至り，固定相場制へ
　の復帰を合意したスミソニアン合意（1971年12月）を
　経て，1973年2月には変動相場制へと移行した。
④ いわゆるサミットやG8・G20のこと。

[4] **正解** ②
　1ドル＝105円であるとき4億ドルの売り上げがあったの
で，円に換算した売上は105（円／ドル）×4億（ドル）＝
420億円。為替レートが1ドル＝115円になったとき4億ド
ルの売り上げがあったので，円に換算した売上は115（円／
ドル）×4億（ドル）＝460億円。したがって，460億円−
420億円＝40億円だけ売り上げが増加した。計算自体は平易

だが，重要なのは「円安になると輸出に有利，円高になると輸出に不利」ということが数字で明らかになることである。

## チャレンジ問題の解答と解説

### ① 正解 ③

抽象的な文言を，具体的な事例にていねいに照らし合わせていこう。

ア 「現地旅行会社」とあるので「サービス提供者が自国にとどまり」に該当。サービスを受けているのは海外から来たマツキさんなので「他国から自国に来た消費者」に該当。したがってⅡ。

イ 「日本の運輸会社の現地支店」とあるので「サービス提供者が他国に商業拠点を設置」に該当。したがってⅢ。

ウ 「日本人ピアノ奏者が，日本から研修先の町を訪れて開催した単独コンサート」とあるので，「サービス提供者である人間が他国に移動し，その国でサービスを提供」に該当。したがってⅣ。

### ② 正解 ④

購買力平価説についての知識がなかったとしても，説明を踏まえていけば解ける。

アメリカにおける「SEIKEIバーガー」の販売価格は5ドル，日本における「SEIKEIバーガー」の販売価格は600円なので，1（ドル）：$a$（円）＝5（ドル）：600（円）より$a$＝120。したがって購買力平価説の外国為替レートは1ドル＝120円ということになる。実際の為替レートは1ドル＝99円なので，1ドル当たり21円（120円－99円）だけ円高ドル安である。

## まとめと発展の解答と解説

(1) 世界恐慌後の保護貿易政策により世界貿易が縮小し，それが第二次世界大戦の一因となったことへの反省から，世界貿易を拡大・発展できる仕組みの整備が進められる中で設立された。

(2) たとえば円高・円安について，輸出・輸入，海外からの日本への旅行者・投資家（日本から海外への旅行者・投資家）といった観点などからまとめてみよう。重要なのは，円高・円安のどちらが得かは一概には言えないということである。

(3) 貿易収支，金利差，国際情勢，政策介入などがあるが，一番大きな要因は投機による国際資本移動である。1日でどれだけの金額が取り引きされているか，調べてみるとよい。また，長期的な為替レートの決定要因については購買力平価説がある。

---

## グローバル化と地域主義
### 世界の国々はどのように結び合おうとしているのだろうか

## トレーニング問題の解答と解説

### [1] 正解 ④

1952年にECSCが結成され，経済統合のあゆみが始まった。このときの加盟国は，旧西ドイツ・フランス・イタリア・ベルギー・オランダ・ルクセンブルクの6か国。さらに，1957年のローマ条約でEECとEURATOMが成立し，1967年にはこれら3組織が統合されECとなった。

① マーストリヒト条約ではなくリスボン条約（2009年）。EU統合が経済統合から政治統合へと向かっていることを押さえよう。なお，マーストリヒト条約（1992年）はEU発足に関わるもの。

② イギリスでは2016年の国民投票においてEUからの離脱派が勝利し，2020年1月31日に離脱した。

③ 欧州経済共同体（EEC）ではなく欧州中央銀行（ECB）。1998年に設立され，本部はドイツのフランクフルトにある。

### [2] 正解 ④

① ノルウェーはEUに加盟しておらず，EFTA（欧州自由貿易連合）に加盟している。EFTAがEEC（EC）に対抗するためイギリスを中心に結成（1960年）されたが，後にイギリスは離脱しECに加盟した。なお，EFTAは現在も存続している（スイス・ノルウェー・アイスランド・リヒテンシュタインの4か国）ことを押さえよう。

② NAFTA（現，USMCA）の加盟国は，アメリカ合衆国・カナダ・メキシコの3か国。

③ ペルーをはじめとする中南米諸国（メキシコ・チリなど）も加盟している。

### [3] 正解 ⑥

判断のポイントは図中の加盟国数。EU加盟国が28か国，ASEAN加盟国が10か国（いずれも2017年1月時点）であることは押さえておきたい。USMCAはトレーニング問題[2]の解説のとおり3か国。なお，この問題では"NAFTA"と記載されているが，設問の図中（注4）にある通り，2020年にはUSMCAに移行している。

### [4] 正解 ①

日本が締結した経済連携協定（EPA）により，インドネシア・フィリピン・ベトナムから看護や介護の分野における外国人労働者を受け入れている事例がある。

② TPPの交渉はシンガポール，ブルネイ，ニュージーランド，チリの4か国で開始され，2005年6月に調印，翌年5月に発効している。日本が協議に正式参加したのは2013年7月で，最終的にはアメリカ，オーストラリア，マレーシア，ベトナム，ペルー，カナダ，メキシコを含む12か国で交渉が行われた。現在までにイギリス，韓国，タイ，フィリピンなどの国々も協定への参加を希望しており，2021年9月には中国と台湾が正式な加盟を申請

---

した。このように，時事問題に関わる内容でも経緯や内容について正確な理解が求められる。教科書や資料集で確認しておこう。

③ 経済統合は「域内貿易制限の撤廃→共通関税の実施→資本，サービス，労働力の移動→規制，租税，経済政策の共通化→予算・通貨体制の共通化」と進展していくことが多い。FTAは経済統合の最高度ではない。

④ マーストリヒト条約で計画された経済通貨同盟は，欧州中央銀行（ECB）の設立と通貨統合を実現するのが目標であり，固定相場を維持することを目的とはしていない。

**[5] 正解　④**

設問文に沿って計算していこう。

ア　A国はB国からのみ製品Xを輸入するとき，輸入関税が40％かかるとき700円，輸入関税がゼロのとき500円が販売価格となる。したがって，この差額200円が関税収入ということになる。

イ　A国とC国がFTAを結ぶと，販売価格はB国からのみ製品Xを輸入していたときの700円から，C国から輸入関税ゼロで輸入したときの600円に下がる。したがってこの差額100円分だけ製品Xの販売価格が下がる。

ウ　政府が失った関税収入200円と，製品Xの販売価格低下による消費者の恩恵としての100円分の差額は，100円である。

### チャレンジ問題の解答と解説

**① 正解　ア：①，イ：②**

選択肢を検討していくと，③：イギリスはすでにEFTAから離脱しているので選択肢自体が誤文。また，④：イギリスはEUには加盟したもののユーロを導入しておらず，選択肢自体が誤文。残った①・②を残留支持の理由になりそうなものと離脱支持の理由になりそうなものに分類すれば正答が導ける。一見「思考問題」に思える問題も，知識を活用することで解きやすくなることが多い。

### まとめと発展の解答と解説

(1) ユーロ紙幣流通による国際競争力の高い国・弱い国における利点，「財政統合なき通貨統合」の問題点について検討してみよう。

(2) たとえば，食料安全保障の考え方などがある。

(3) 表形式で整理してみるとまとめやすい。

## 関門　B-41　貧困と格差

グローバル化が進んだ国際社会において浮き彫りとなっている問題は何だろうか

### トレーニング問題の解答と解説

**[1] 正解　③**

① 正文。南北問題，南南問題と言われるように，地理的な位置関係では，相対的に南に位置する国に貧困者は多い傾向にある。

② 正文。飢餓の原因は，様々な面から考えることが可能であるものの，これらの原因が複合的に存在することにも注意が必要。

③ 誤文。アフリカの国々の間における，資源保有国と資源非保有国の間の格差が問題となっているため，「大きな差がない」は誤り。

④ 正文。テロも様々な要因で発生しており，貧困による社会不安もその要因の一つである。

**[2] 正解　③**

① 誤文。モノカルチャー経済は特定の品目の生産や輸出に頼る経済体制を言うが，一般的にその品目は農作物や資源であり，「少数の工業製品」は誤り。

② 誤文。人間開発指数は，平均寿命，教育水準，所得水準の指標を用いるため，「失業率」は誤り。

③ 正文。ミレニアム開発目標は2015年までを期限としており，2016年からはSDGsに引き継がれた。目標期限は2030年である。

④ 誤文。「デフレーション」ではなく，正しくは「累積債務」である。累積債務がかさむと，デフォルト（債務不履行）に陥る危険性が高まる。

**[3] 正解　①**

① 誤文。ミレニアム開発目標が採択されたのは国連ミレニアムサミットであり，「先進7か国財務相・中央銀行総裁会議（G7）」は誤り。

② 正文。発展途上国の開発が遅れた要因の一つとされている。

③ 正文。石油輸出国機構（OPEC）がこの資源ナショナリズムを主張し原油価格を大幅に値上げしたことで，オイル・ショックを引き起こした。

④ 正文。特に南南問題は，資源を保有し工業化を果たした開発途上国と資源非保有の開発途上国の間の格差問題であり，その貧困の度合いは深刻である。

**[4] 正解　④**

① 誤文。新国際経済秩序樹立宣言（NIEO）は発展途上国の一方的な優遇を基本としたものであり，「先進国の」は誤り。

② 誤文。国連貿易開発会議（UNCTAD）は南北問題解決のために1964年に設立された国連の機関であり，「南南問題の解決を主目的として」は誤り。また，南南問題は資源ナショナリズムが主張された1970年代～80年代に生まれた問題であり，時期も異なっている。

③ 誤文。政府開発援助（ODA）には無償資金協力などの贈与があり、「必ず返済しなければならない」は誤り。日本は円借款が多く、贈与比率の低さが問題であったが、近年アフリカ諸国への贈与が増えていて、贈与比率は高くなっている。

④ 正文。1997年には国際的なネットワーク組織として、フェアトレード・ラベル機構（FLO）が設立されている。

## [5] 正解 ②

① 誤文。日本は8.2倍であるが、ノルウェーは3.2倍であり、「最も小さい」は誤り。

② 正文。アメリカは14.7倍であり最も大きい。

③ 誤文。チリの所得上位2階級の所得シェアの合計は76.1パーセントであり、「80パーセント以上を占めている」は誤り。

④ 誤文。ノルウェーの所得下位3階級の所得シェアの合計は43.7パーセントであり、「60パーセント以上を占めている」は誤り。

さらに学びを深めたい人は、このグラフから読み取れることを書き出してみよう。第Ⅴ階級の割合が高く、第Ⅰ階級の割合が少ないほど、国内の所得格差が大きいと言える。

## チャレンジ問題の解答と解説

### 1 正解 ②

① 誤文。新国際経済秩序樹立宣言（NIEO）が採択されたのは、国連資源特別総会であるため、「国連環境開発会議（地球サミット）」は誤り。

② 正文。人間の基本的ニーズ（BHN）は、衣食住や教育、医療など、生きる上で必要なものへの欲求のことである。

③ 誤文。1990年代はODA大国と呼ばれ、世界第1位であったため、「2位」は誤り。

④ 誤文。開発援助委員会（DAC）は「経済協力開発機構（OECD）」の下部組織であり、「国際通貨基金（IMF）の下部機関」は誤り。

### 2 正解 ④

ジニ係数は0に近いほど格差が小さく、1に近いほど格差が大きいことを示す指標である。また、当初所得から再分配所得を引いた差が、大きければ大きいほど格差是正効果が高いと言える。

① 誤文。30～34歳の年齢階級の方が0に近く、格差は小さい。

② 誤文。当初所得から再分配所得を引いた差は、60～64歳の年齢階級の方が大きいため、格差是正効果は60～64歳の年齢階級の方が高い。

③ 誤文。35～39歳の年齢階級の方が0に近く、格差は小さい。

④ 正文。当初所得から再分配所得を引いた差は、60歳から年齢が上がるにつれて増えている。これは年金や医療保険制度の利用による影響である。

ジニ係数は国内の格差を知る際に用いられる。

## まとめと発展の解答と解説

(1) 南南問題は、発展途上国の中における格差問題であり、資源を保有しているか、いないかがその主要因として挙げられる。

(2) 貧困は紛争やテロにつながる。なぜなら、貧困が進むと、生きるための犯罪が増加し治安が悪化する。治安が悪化すると社会不安を引き起こし、紛争やテロへとつながっていく。

(3) まずは現状を知ることが大切である。教科書だけではなく、ニュース等で今世界でどれくらいの人がどのように貧困と格差で苦しんでいるのかを知識として得よう。その次に、身近なことから、アイディアを考えていこう。

(4) 日本は、生きる上での必要最低限の生活水準を満たしているかという「絶対的貧困」よりも、国内の水準における「相対的貧困」の方が問題として存在している。特に、非正規雇用社員が増加したことによるワーキング・プアの増加や、親の困窮が子に影響を及ぼす貧困の世代間連鎖は解決すべき課題である。

# 第5編 持続可能な社会をつくる

## 関門 C-1 地球環境問題と環境倫理

地球環境を守るために，私たちには何ができるのか。また，何をしなければならないのか

### チャレンジ問題の解答と解説

**[1] 正解 ②**

　この問題は地球環境問題に関するものである。共通テスト対策に限らず，学びの積み重ねとして，他の諸課題についても同様であるが，関連する事項について日頃から，この問題の表のように，内容ごとに分類整理しておくことが大切である。

　具体的な地球環境問題と個別に関連する枠組条約，そしてその条約内容を具体化した議定書等が表の形で整理されている。

　まず　ア　について，これは地球環境問題の基本であり，気候変動枠組条約と京都議定書とも関連する，地球温暖化である。したがって，①と②にしぼられる。次にオゾン層破壊について，その原因のフロンガスの生産・使用を禁止したモントリオール議定書の知識があれば，　イ　にあてはめて，②を直接選択してもよいし，地球温暖化について京都議定書の次に結ばれたパリ協定の知識があれば，　ウ　にあてはまるパリ協定を先に選択して，②を導いてもよい。

**[2] 正解 ②**

　気候変動問題，つまり地球温暖化の問題に関連して，気候変動枠組条約と京都議定書並びにパリ協定については，その主な取り決め内容とその後の経過について，概略は基本的事項として確認しておきたい。

　まずIの　ア　には，気候変動枠組条約が入り，①～④にしぼられる。IIについては，二酸化炭素の排出量ということで，その国・地域の経済の状況と関連づけながら判断する。2015年のパリ協定以前の状況として，アメリカ，日本などは，結果として大幅削減とはならずに，ほぼ現状維持であったのに対して，経済成長の著しい中国はインドなどとともに，特段の削減をせず二酸化炭素の排出量を増加させていることなどを考慮して，　ウ　と　カ　をしぼり込む。

**[3] 正解 ④**

　世界の平均気温の上昇を，1850年頃の産業革命以前に比べて2℃未満に抑制するために，二酸化炭素の削減をめざし，京都議定書やパリ協定が結ばれた。二つの議定書等の相違点を整理しておこう。

④ パリ協定は京都議定書と異なり，先進国と発展途上国の別なく，すべての締約国が温室効果ガス削減に取り組むことを義務づけた新たな枠組みである。しかし，「共通だが差異ある責任」として先進国から発展途上国への資金援助を義務づけている点も特徴として留意しておきたい。

① パリ協定は，すべての締約国に，削減する義務ではなく，削減目標を5年ごとに見直すことを義務づけている。

② 京都議定書，パリ協定の両方で，先進国，発展途上国を問わず，すべての締約国に同様に温室効果ガスの削減の義務が課されたわけではない。京都議定書においては，先進国に対してのみ排出抑制の義務が課された。

③ 京都議定書において，一律の温室効果ガス削減目標が課されたわけではない。

　京都議定書とパリ協定のように，諸問題についてはその解決のために，段階的に合意が形成され，取組みが進められている。その段階的な合意内容等に注目しながら知識を整理しておこう。

**[4] 正解 ④**

　酸性雨被害という課題に対する「姿勢」としては，自国の繁栄のために他国民を犠牲にしてはならないというものであり，Aの「被害を与える形での経済発展を避けるべきだ」と整合する。次に，この課題自体に関する説明を記した「記述」としては，アとイの「バーゼル条約」は，有害廃棄物の国境を越えた移動（輸出）やその処分の規制などを定めた条約であることからはずれ，また仮に，選択文中の「長距離越境大気汚染条約」についての知識がなくとも，酸性雨の被害は東アジアよりも欧米諸国，特にヨーロッパで深刻化していることから，エにつながる。諸問題に関連する知識を，フルに活用して考察し，判断する取組みを重ねておきたい。

**[5] 正解 ②**

② 地球環境，特に自然環境については，人類だけのものではなく，「自然の生存権」として生物個体，生物種，生態系，景観といった人間以外の自然物にも人間と同じように生存権があるとする考え方があり，世代間倫理，地球有限主義と並んで環境倫理の一つとして主張されている。

① 実際に規制するためには，因果関係が科学的に証明されていることが求められる。

③ グリーン・コンシューマーは，緑の消費者という意味で，消費者が主体的に環境を大切にするという立場から商品を購入したり，企業の監視などをする消費者のことで，国が国民から募金を集める活動とは違う。

④ 「共有地の悲劇」とは，アメリカの生物学者ハーディンが用いた言葉で，多数がアクセスできる共有地を，それぞれが自由にその資源等を利用し消費すると，その資源自体が荒廃し，人々が共倒れになるという現実をさす。そもそも選択文のような行為は，環境倫理的に全く許されるものではない。

**[6] 正解 ⑦**

　産業廃棄物の最終処分場の建設という事例を通して，環境問題について，身近な地域における取組みとその考え方について，自分の事として考える問題である。まず，問題文中のCさんの考え方・意見，そしてAさんの主張について，それぞれの内容を把握する必要がある。Cさんは，周辺住民の「生活環境に影響を生じさせる」から設置反対の意見を述べ，A

さんは,「最終処分場は社会的に必要不可欠な施設」と指摘
している。意見の違いを調整し,合意を形成するプロセスに
ついても,参考となる問題である。

ア 「周辺住民の同意」を条件としているのは,Cさんと同
　じ見解。

イ そもそも最終処分場をどこにも設置すべきではないとし
　ており,このような意見は,AさんもCさんも述べてい
　ない。

ウ 「設置しないわけにはいかない」と認めている点は,A
　さんと一致し,「特定の地域の住民が……阻める仕組み」
　というのは,「周辺住民」や「自分の家の近く」のよう
　に限定的な表現とは違って示す範囲が広げられた表現で
　はあるが,Aさんとしては「自分の家の近く」と理解す
　ることもできる。一応は類似した表現として,その趣旨
　は一致しており,賛同可能な範囲と考えられる。

　この問題は,対立する意見を例示して議論の場面を「問題
の場面設定」として想定し,「周辺住民」「自分の家の近く」「特
定の地域の住民」といった異なる表現を示しながら,その意
味合いを読み取り,一致点を見いだす力を問うている。異な
る意見を例示しながら,合意形成するプロセスを問うといっ
た類似の問題も考えられる。ア～ウの見解例自体もリアルな
設定で興味深い。正解は⑦となる。

### まとめと発展の解答と解説

(1) 人類の活動と自然環境の関わり,さらに,人類の様々な
　　活動によってもたらされる影響や結果について予測し,
　　持続可能な未来を築くことができるかという視点を持っ
　　て,わたしたちが自分の事として,環境を守る意味や必
　　要性を考えてみよう。

(2) 世界中の人々は皆,よりよい社会,より豊かな生活を望
　　んでいると思うが,そのすべてを実現するためには,ど
　　れほどの資源やエネルギーが必要なのだろうか。「政策」
　　とは,目的に応じた手段方法の選択を伴うものである。
　　気候変動を止めるために,どのような選択をするのか,
　　具体的に現在進行中のどのような「政策」を見直すのか,
　　または新たにどのような「政策」に取り組むのかを,考
　　えてみよう。

## 資源・エネルギー問題と持続可能な社会づくり／人口増加と食料・水資源

「人口爆発」は,資源・エネルギー問題,そして食料問題にどのような影響を与えるのだろうか

### チャレンジ問題の解答と解説

[1] 正解 ⑦

　3Rとは,従来の大量生産・大量消費・大量廃棄の社会か
ら,廃棄物を減らして資源の有効活用をはかる循環型社会を
形成する過程で必要とされる取組みを,3つの英語の頭文字
で示したもの。リデュース（Reduce）は設計の工夫などで
廃棄物の発生を抑制すること。リユース（Reuse）は,使用
済みの製品や部品をそのまま再使用すること。リサイクル
（Recycle）は,原材料や部品を資源として再生利用すること。
また循環型社会形成推進基本法は,2001年に施行され,ゴ
ミを出さない社会として物質循環の確保,出したゴミについ
ては資源として再利用するなど,環境負荷の低減を規定して
いる。

a ガラス瓶の再使用でリユース。

b 紙パルプに加工しての再生利用でリサイクル。

c 飲料容器の設計の工夫でリデュース。

d 温水利用はあるが,ゴミを焼却する通常のゴミ処理。

　3Rにあてはめて優先順位をつけると,c→a→b→dの
順と考えられる。したがって,⑦となる。正解を導くには,
3Rについての理解が必要である。

[2] 正解 ⑤

ア 化石燃料に替わる新しいエネルギーへの流れについて,
　2020年段階での先を見通した取組みについて示してい
　る。aの「使用をゼロ」にすることは,なかなか実現困
　難であり,bが適当と判断される。

イ 固定価格買取制度は,2012年に,新たなエネルギーを
　増やすために,新たに導入された政策である。また,d
　の原子力エネルギーは,廃棄物の処理や事故対策などの
　問題を抱えることなどから,cの再生可能エネルギーが
　あてはまると判断される。

ウ 化石燃料の割合が減り,特に太陽光などの再生可能エネ
　ルギーによる発電が増えていることから,制度導入後の
　2019年は図eと考えられる。したがって,正解は⑤とな
　る。

　問題の中で提示された説明文や図表データを,説明の流れ
にしたがって関連付け,最も適当なものを選択していく問題
形式である。この問題では再生エネルギーについての知識程
度で,特に詳しい事前の知識がなくとも,文脈の読み取りで
正解を導くことが可能と考えられる。日頃から図表データを
交えながら,諸課題の「概要」を把握（関連事項の大まかな
把握）する学びが大切である。

[3] 正解 ①

カ 「子どもが給食以外に十分な食事がとれない」から,「2
　飢餓をゼロに」があてはまる。

キ 空欄の前後の「子どもを通学させる動機」と「女子教育」
　から,「4　質の高い教育をみんなに」があてはまる。

ク 「女子が早くに結婚させられてしまう」と「一定の教育
　を受けた女性」から,「5　ジェンダー平等を実現しよう」
　があてはまる。

ケ 「栄養状態が良く,乳幼児期の死亡率が低く」から,「3
　すべての人に健康と福祉を」があてはまる。

2度目のカ 「干ばつに苦しむ地域での食料確保」から,同
　　様に「2　飢餓をゼロに」があてはまる。

2度目のケ 「栄養バランスを整え」から，「3 すべての人に健康と福祉を」があてはまる。

2度目のク 「女性が地域社会において」から，「5 ジェンダー平等を実現しよう」があてはまる。

以上から，正解は①となる。SDGsの17の目標について，その内容の理解は必要ではあるが，説明文を順に読み取れば，正解を導くことができる。

**[4] 正解 A：②，D：③**

まず，日本，アメリカ，ドイツのいずれも先進国であり，③の二酸化炭素排出量の割合は，3か国の経済活動の規模と排出削減の取組状況によって順位がつく。また，対世界排出量合計比であるということから世界全体を100%とした場合の数値が表に記載される。A，Bのように，数値の合計が100を超えたり，Cのようにマイナスの数値になることはない。したがって，Dは③となる。

次に①の食料自給率について，アメリカが国内消費を大きく上回る食料生産の大国であることから，Bは①と考えられる。さらに，表のアはアメリカと見られる。

次に残りの②の国民負担率と④の公債依存度については，②の国民負担率が3か国についてマイナスの数値になることは考えられないので，Cはあてはまらず，②はAとなる。したがって，Aが②，Bが①，Cが④，Dが③と判断できる。ゆえに，正解はAが②，Dが③である。

事前の知識として，詳しい数値を知っていなくとも，問題の中で示されて各統計データの特徴を理解し，それらを提示された数値にあてはめながら筋道立てて判別する力が求められている。

**[5] 正解 ④**

日本，中国，ナイジェリア，ロシアの4か国の経済構造について，提示されている貿易輸出品の主要3品目の表と資料の説明文とを関連づけながら，国を特定していく。まず，資料の日本と中国の説明文から，主要な貿易輸出品が工業製品であることと，逆に資源・エネルギーについては，海外から多くを輸入している点を読み取り，日本と中国が表イと表エのいずれかであると判断できる。次にナイジェリアの説明文の中の「モノカルチャー経済」から，貿易輸出品が特定の品目に偏っていると考え，表ウがナイジェリアで，残る表アがロシアであると考えられる。したがって正解は④である。

### まとめと発展の解答と解説

(1) 人間が，生活に伴う活動によって地球上の自然環境に「環境への負荷」という形で影響を及ぼしていること，さらに経済活動が進み，人口が増加し，居住範囲が広くなることにより，自然環境が破壊される範囲も拡大していることを，まず理解する。その上で，人間が活動するために消費する資源・エネルギーを，どのようなものに置き換え，その消費のあり方を変えていくことが，「環境への負荷」を軽減し，「環境破壊」を防ぐことにつながるのか考えてみよう。

(2) 地球の資源には限りがある。人口が増加する中，国際社会が限られた食料や水資源を確保し，適切に配分するために，どのような課題を解決し，具体的にどのような取組みが今求められているのか，世界を見渡して考えてみよう。

## 関門 C-3 日本経済再生の方策と現状
### 現在の日本経済の課題は何だろうか

### チャレンジ問題の解答と解説

**[1] 正解 ⑤**

A 「原油価格の高騰により急激なインフレーションと不況」は，1973年と1979年の石油危機の時期と考えられるが，日本が戦後初のGNPマイナス成長となったのは，1974年である。このことからAはイの時期があてはまる。「戦後初のマイナス成長」については，確認しておこう。

B 「構造改革」「規制緩和」さらに「金融の自由化」については，2000年以降の政策であり，エがあてはまる。

C 「企業の積極的な設備投資」「消費革命」「高い経済成長」から，日本が経済大国へと発展した高度経済成長の時期と考えられ，アがあてはまる。

D 原油価格の高騰後の経済の状況を説明しており，1979年の第二次石油危機以降のウがあてはまる。

したがって，正解は⑤となる。この問題としては問われていないが，発展的な取組みとして，①1990年から95年にかけて，②2010年の直前（2008年），③グラフ右端の2020年に，有効求人倍率が下落しているのはなぜなのか，その原因や背景について，それぞれの時期の出来事を確認しておこう。

**[2] 正解 ③**

ア 物価を引き上げるための金融政策が入る。他の条件が一定であるとして，物価を引き上げるための金融政策として，通貨供給量を増やす金融緩和政策が進められると考えられる。

イ 公共事業が増大し，新たな需要を創造するためには，財政支出を拡大し，需要を拡大して景気浮揚をめざすことが考えられる。ケインズの有効需要政策を思い出そう。

ウ 新産業を育成するということで，新分野への投資や企業の参入を促す取組みが考えられる。外資導入や民間企業の投資を促進するためには，規制を強化するのではなく，緩和する政策がとられる。

したがって，アはA，イはD，ウはEとなり，正解は③となる。

**[3] 正解 ⑤**

ア ジニ係数とは，貧富の差を表す指標で，1に近いほど格差が大きく，格差がないときは0となる。「上昇した場合，所得格差が拡大した」は適当である。

イ 「税の累進性」とは，課税対象の金額が増えると，より高い税率が適用される課税の仕組みを表している。累進

69

性を強化した場合，資産を多く相続する者は，高い税率が適用され，税負担は重くなる。

ウ　公的扶助とは，日本の社会保障制度を形成する４つの制度のうちの一つで，社会保険の対象とならない生活困窮者などの最低限の生活を確保することをめざし，国家が生活を援助する制度である。国の財政機能の一つとして，所得再分配機能を果たしていると考えられる。

したがって，日本における個人の経済格差について，記述として正しいものは，アとウで，正解は⑤となる。

経済格差という課題に関連させて，ジニ係数，税の累進性，公的扶助などの知識を組み合わせた問題である。現実社会の諸課題に関連させながら，幅広く知識を整理しておくことが大切である。

[4] 正解　③

「所得格差が広がり相対的貧困が深刻化している」という背景によって，「子どもに生じている問題」を２つ取り上げている。１つは，「問題１　教育の機会不平等」，もう１つは，「問題２　社会的な孤立」である。問題としては，「問題２」に対応した取組みを，判別することが要求されている。この点に留意して，ア～エの取組みの内容を読み解いていきたい。

ア　「友達や周囲の人との関係が疎遠」という問題への取組みであり，人とのつながりを問題として上げているので，ｂにあてはまる。

イ　勉強時間を確保するために，「有料の補習」を行うということで，相対的貧困の深刻化とは全く別の取組みと考えられる。

ウ　貧困のために，生活のなかでの旅行や遊園地にいくという体験が，学校行事以外できない子どもへの助成の問題である。具体的にはキャンプを開催したり，企業が遊園地に招待したりして，生活上の経験不足を補うための取組みであり，ｂにあてはまる。

エ　「十分な学力があるにもかかわらず，経済的な理由により」ということから，「問題１　教育の機会不平等」に対応して，給付型奨学金制度を設けるという取組みであり，ａにあてはまる。

したがって，ｂにあてはまる取組みは，アとウとなり，正解は③である。

[5] 正解　④

表のケースＡとケースＢを比べて，可処分所得が50万円／月から増加した場合，平均消費性向は低下し，可処分所得が減少した場合，平均消費性向が上がることが見て取れる。

「メモ」について，可処分所得とは，個人所得から直接税（所得税）や社会保険料などの非消費支出を差し引いた残りの部分を示すことから，アにはｂが入る。なお，消費支出とは，個人や家計が生活を維持するために使う支出のことで，食料費，住居費，教育費，被服費などにあたる。また，消費性向とは，消費者が得た所得の中から，どの程度を消費に向けるかを示した数値である。

次に，表から算出される消費支出の合計額は，実際にケースＡとケースＢで計算してみると，ケースＡで175（=50×

0.7×5），ケースＢで161（=20×0.9＋40×0.8＋50×0.7＋60×0.6＋80×0.5）となり，イにはｃが入る。したがって，正解は④となる。

まとめと発展の解答と解説

(1)　土地不動産や株式などに流れた資金の動きに注目しながら，「バブル経済」に向かう経過を理解し，崩壊後に金融機関が大量に抱えた不良債権とその処理が，その後の日本経済に与えた影響を整理しよう。

(2)　日本経済は大変厳しい状況にあると言われる。財政赤字が深刻化し，国債に依存する財政のあり方について，財政の健全化を示す指標である「プライマリー・バランス（基礎的財政収支）」に注目しながらその実態をまず確認し，財政の赤字を軽減し，健全化させていく政策を考えてみよう。

(3)　新たな産業を興し，国内の雇用を確保し，その産業を育成しながら，地方を活性化させ，地域格差を克服するためには，どのような取組みが求められているのだろうか。答えは一つではない。キーワードとして示されている起業，雇用，地域振興を手がかりに，自由に考えてみよう。

**関門 C-4**

**現代の諸課題についての「身近な事象」を考える**

この「場面」や「社会的な事象」は，いったい何をあらわしているのだろうか

チャレンジ問題の解答と解説

[1] 正解　②

②　「店舗の商品である傘を持ち去った」ことは窃盗であり，傘を盗んだ罪として起訴され罰金刑に処せられることは，罪を定めた法律に従って国家が直接強制しているものといえる。

①　契約締結時に，契約の条件を十分に確認しなかったのは，Ｊ自身の落度と考えられ，国家による直接の強制にはあたらない。

③　Ｌの行為によってアカウントから削除されたのは，会員規約に従って事業者が行ったものであり，国家による直接の強制にはあたらない。

④　所属する部活動の決まりとして，集合時刻の10分前に集まらなければならなかったわけで，注意されたのは，国家による直接の強制にはあたらない。

法の役割について，選択肢の中で記述されている「身近な場面」を通して，考えて判断することが求められている。問題とは直接関わらないが，18歳成人として，「契約」については特に留意したい。

[2] 正解　④

Ａ～Ｄで示された防衛機制や葛藤について，身近な事例や場面と結びつけて判別することができるか，その理解の程度

が問われている。

ア　紛失した1冊が欲しいという欲求と，10巻セットを買う出費を避けたいという思いの葛藤であり，Bがあてはまる。

イ　「食べてみたい」という欲求があるが，売り切れの張り紙を見て，思わずつぶやいたということなので，無意識の反応として，できない理由をあげて自らを守る，Dがあてはまる。

ウ　大好きなアーティストのライブに行きたい思いと，地元の花火大会に数年ぶりに会う友人と一緒に行きたい思いという，ともに求める思いの葛藤であり，Aがあてはまる。

したがって，正解は④となる。

[3]　正解　③

経済学の本の中で示された「意思決定」の考え方を，提示された身近な場面にあてはめて考える。

この「意思決定」に関わる費用の考え方としては，実際に支出した金額と，実際には選択しなかった場合に得られたり，支出したりしたであろう金額の，合計を考えるというものである。

ア　大学4年間に支出する合計金額と，その間に就職した場合得られたはずの4年間分の所得ということで，この費用の考え方にあてはまる。

イ　新しい機械を購入し，工場に設置する場合の費用についての事例で，単純な機械の入れ替えにかかった費用の合計であり，あてはまらない。

ウ　スイーツの費用と5時間並んでいた時間に働いたとしたときの報酬の合計で，この費用の考え方にあてはまる。

したがって，③が正解となる。この費用の考え方に類似した経済の事項として，「機会費用」（ある選択をしたことで得られた利益と，その選択をしたことで獲得できなかった最善の利益との差額を指す）についても確認しておこう。

[4]　正解　②

日本の農業の現状，あるいは農業政策の現状について，具体的な事例に沿って問われた問題である。

a　米以外の農作物の生産が広く奨励されたのは，米作中心の食糧管理制度から新食糧法へと農業政策が転換したことによる。食糧管理制度と新食糧法の違いについては，重要事項であり，確認しておこう。

b　農業就業者の後継者不足と高齢化は深刻であり，農業に対する将来性を広げるために農作物の付加価値を高め，農業所得を増やしていく施策が，「攻めの農林水産業」などとして提起されている。

c　「農産物の関税撤廃」によっては，結果として，海外農産物の輸入増加がもたらされ，「輸入制限の強化」とは逆行する。

したがって，正しいものはbのみであり，正解は②となる。

[5]　正解　④

地方自治体が新たにアウトソーシング（事業の外部委託）した例を，事例から判別する問題であり，事業の主体がどこにあるのか，に注目する。

④　地方自治体が管理していた国際交流センターの管理を民間企業に請け負わせたということで，外部委託にあてはまる。

①　地方自治体が求職者相談会を催しており，外部委託にあたらない。

②　新商品の開発を行う部署を地方自治体内に新設したわけで，外部委託にあたらない。

③　建設する事業者への助成金の交付であり，対象となる地域が増え，地方自治体の業務は増えており，外部委託にあたらない。

したがって，正解は④となる。

[6]　正解　⑥

「先進国と開発途上国の医療資源の格差問題」について，2人がディスカッションしている。2人の意見を見比べて，マツキさんの意見に対して，「（その）政策だけでは問題は解決しない」とスミスさんが述べている点に注目する。この2人の意見の関係をふまえた上で，X〜Zを読み解いていこう。

X　特許の保護期間の延長を主張している。

Y　資金を準備し，治療薬を購入して供給することを主張している。

Z　状況や必要性を考えて，一時的に特許権を保護の対象外とすることを主張している。

Xについては，2人とも主張していない。マサキさんは，「特許権者の利益を害することにはなるが」と前置きしていることから，　ア　にはZが入り，スミスさんの「製薬設備・技術をもたない国もある」「開発途上国の人々が治療薬を今すぐ使えるようにする」とあることから，　イ　にはYが入ると考えられる。したがって，正解は⑥となる。

2人のディスカッションのテーマは，現実社会においても重要な課題の一つといえる。

この問題の解法としては，特段の予備知識は必要なく，提示された文章から，2人の意見の特徴を抜き出し，相互の関係に留意しながら選択肢にあてはめて考えることで，正解を導けばよい。

**まとめと発展の解答と解説**

共通テストの出題傾向として，「身近な教材」が積極的に取り上げられている。「身近」として，空間的に身近である「地域教材」，時間的に身近である「時事教材」，感覚的に身近である「興味教材」があり，今回取り上げた問題は特に，設問の中の資料等がこれらの教材で構成されている。では，このような「身近な教材」の問題に対して，どのように取り組んだら良いのか。ポイントとしては，その教材に「同調する」ことである。つまり，説明等の流れに沿って，自分の事として考えることを心がけよう。多くの知識を暗記するのではなく，提示された話題やテーマについて，自然に思い描く力（事実を素直に受けとめ，意図を読み解き，流れを想像する力）を身につけよう。そのためのトレーニングとして，ここにあげた6つのテーマについて，「身近な事象」を自由に思い描いてみよう。